Curso de Teología PATRÍSTICA

Historia y Doctrina de los Padres de la Iglesia

Colección Raíces

Xabier Pikaza Ibarrondo

EDITORIAL CLIE
C/ Ferrocarril, 8
08232 VILADECAVALLS
(Barcelona) ESPAÑA
E-mail: clie@clie.es
http://www.clie.es

CURSO DE TEOLOGÍA PATRÍSTICA
ISBN: 978-84-19055-29-3
Depósito Legal: B 22099-2022
Teología cristiana
Historia
REL067080

Acerca del autor

Doctor en teología y filosofía, **Xabier Pikaza Ibarrondo** es uno de los más reconocidos teólogos españoles del momento.

Estudió en la Universidad Pontificia de Salamanca, la Universidad de Santo Tomás (Roma) y el Instituto Bíblico (Roma). Amplió sus estudios en las universidades de Bonn y Hamburgo, en Alemania. Obtuvo el Doctorado en Teología en la Universidad Pontificia de Salamanca (1965) y un Doctorado en Filosofía en la Universidad de Santo Tomás en Roma (1972). Ha desempeñado funciones docentes en diferentes universidades europeas y americanas.Desde 1972 fue profesor en la Facultad de Teología de la Universidad Pontificia de Salamanca, y Catedrático 1975-1984. Entre 1985 y 1989 realizó una investigación en el Pontificio Instituto Bíblico de Roma y en otras universidades preparando algunas publicaciones.

De 1989 a 2003 fue profesor titular de Teología Dogmática en la Universidad Pontificia de Salamanca, y tuvo a su cargo la enseñanza de la Fenomenología de la Religión. En 2003 dejó este puesto debido a las diferencias doctrinales y se retiró a la vida privada con su esposa, continuando con la investigación y escribir libros y dar conferencias en España y América.

Continua su labor como investigador y escritor, y ha publicado más de treinta obras en los campos de la teología, ética e historia de la religión.

Las principales editoriales religiosas cuentan con él en su lista de autores. Ha impartido numerosos seminarios y dictado conferencias sobre temas religiosos en España y América.

Índice

III
PADRES ALEJANDRINOS
LA IGLESIA EGIPCIA

V
PADRES LATINOS I
ETAPA ANTIGUA (SIGLOS II–VII)

VI
PADRES LATINOS II
ETAPA TARDÍA (SIGLOS VIII–XII)

VII
PATRÍSTICA BIZANTINA
HISTORIA, AUTORES Y TEMAS

Prólogo

Este curso expone y razona el itinerario antiguo y la importancia actual de los Padres de la Iglesia, centrándose en los orientales (de lengua griega) y en los occidentales (de lengua latina), desde el siglo I al VIII d. C., con una ampliación hasta el XII/XIV, siguiendo la Patrología de J. P. Migne (1800–1875), editor francés que publicó una serie extensa de textos de los Padres, dividida en dos partes: *Latina* (París 1844–1855) con 218 volúmenes, desde comienzo hasta finales del siglo XII; y *Graeca* (París 1857–1866) con 166 volúmenes, desde el comienzo hasta el XV[1].

Estrictamente hablando, la Patrología podría terminar en el siglo VIII d.C., tanto en occidente (renacimiento carolingio), como en oriente (grandes cambios vinculados al islam y a la disputa de los iconoclastas), tras lo cual se inicia, en un lado y en otro de la Gran Iglesia, una vida y teología nueva en un plano social y religioso, antes de la separación de las dos cristiandades (siglo XI). Pero en sentido extenso, como indicará este curso, la era patrística se dilata y mantiene a lo largo del primer milenio, y de un modo más preciso hasta el siglo XII, antes de la escolástica latina (en occidente) y hasta el XIV, con el desarrollo del palamismo y la oración hesicasta (en oriente).

En ese tiempo, por más de mil años, el único texto (curso) de teología cristiana era la Biblia, la Escritura por excelencia, que, siendo libro de historia y literatura, de liturgia, oración y derecho, de economía, geografía y política etc., era también y sobre todo el libro de la *Palabra de Dios* (=teo–logía), no solo para los judíos (*Torah* o Ley nacional), sino para los cristianos que la tomaban e interpretaban como "curso" de la

---

[1] La *Patrología Latina* (PL) comienza con Tertuliano (siglo II-III d. C.) y termina con Inocencio III (1161-1216), en el momento del paso de los Padres del siglo XII a los escolásticos del XIII, como pondré de relieve en cap. 6º. La *Griega* (PG), comienza con Clemente de Roma (siglo I d. C.) y llega hasta el XV, con B. Besarión (1403-1472) y los padres del tiempo de la caída de Constantinopla (1453) en manos de los turcos; a pesar de ello, no llegaré al siglo XV, sino que solo al XIV, con G. Palamas (1296–1359), en quien desemboca y culmina, a mi juicio, la patrología ortodoxa antigua del oriente cristiano.

revelación de Dios, tal como culmina Jesucristo. Desde ese fondo he querido destacar en este "curso" el trayecto (itinerario) de los Padres de la Iglesia a lo largo de más de un milenio.

J. P. Migne publicó su *Curso* (*Patrologiae Cursus completus*), con cientos de textos, a gran formato, en las series ya dichas. Yo me limito a ofrecer un esquema básico de Teología de los Padres de la Iglesia, retomando materiales que empecé a catalogar con mi amigo *E. Tourón del Pie* (1934–1996), primer Decano de la Facultad de Teología de San Dámaso, Madrid, cuando impartimos juntos un *curso de historia de la teología* en la Universidad Pontificia de Salamanca (1979-1980), él la parte moderna, yo la antigua[2]. Años después (2017–2018) preparé el tema para la Facultad de Pedagogía Religiosa del *Instituto Raspanti* de Morón, Buenos Aires. En recuerdo de Eliseo Tourón, por gratitud al Instituto Raspanti y por fidelidad a *la Editorial Clie,* que mantiene vivo el legado de los Padres de la Iglesia, he querido redactar por fin este.

En principio, los cristianos no tenían textos de teología, pues ni siquiera los tratados principales de los Padres de la Iglesia (Orígenes, Agustín, Juan Damasceno…) se tomaban como tales, el único libro y texto de teología y vida cristiana era la Biblia, con su Antiguo y Nuevo Testamento, leído en hebreo y, sobre todo, en griego, tanto en la traducción de los judíos alejandrinos (los LXX) como en la versión original del Nuevo Testamento. Los cristianos tradujeron además la Biblia a otros idiomas (sirio y latín, copto y etíope, árabe, armenio y georgiano, gótico, viejo eslavo etc.), manteniendo así viva su memoria y adaptando su teología a las diversas culturas de la antigüedad.

En esa línea, los libros de la Biblia fueron por siglos el único texto o curso de teología. En principio, esos escritos no tuvieron autoridad independiente, sino que se entendieron como ampliación o comentario poético, litúrgico, místico o moral y doctrinal de la Escritura, que se siguió tomando como "sacra página", texto sagrado de la revelación, Libro por excelencia, que podía leerse en varias perspectivas o sentidos:

---

[2] Cf. X. Pikaza, "Memoria bio-bibliográfica de Eliseo Tourón", *Boletín de la Merced,* Madrid 1997. Cf. también *A los profesores Juan Luis Ruiz de la Peña y Eliseo Tourón del Pie in memoriam,* Revista Española de Teología, Madrid 57 (1997).

- *Sentido histórico–literal.* Los Padres de la Iglesia quisieron descubrir y explicar la Biblia, siendo fieles a ella, contando de nuevo su historia y explorando su sentido. Así lo hicieron especialmente los de la escuela de Antioquía y, por extensión, los de Siria, que han sido y siguen siendo, como indicaremos, los mejores expositores de la Biblia a lo largo de la historia del cristianismo.
- *Sentido alegórico, fundamento de una teología más racional.* Otros Padres pusieron más de relieve la doctrina o mensaje básico de la Biblia, en una línea que será básicamente contemplativa, no de discusión, sino de expansión del misterio. Esa perspectiva ha sido especialmente desarrollada por los autores de la escuela de Alejandría, que siguen siendo los iniciadores de una reflexión más honda del contenido doctrinal de la Escritura.
- *Sentido moral, Biblia práctica.* Los Padres han insistido en la Biblia como libro de experiencia personal y compromiso social, elaborando así, a partir de ella, una comprensión bíblica y cristiana del sentido de la vida humana. Esta perspectiva que ha sido cultivada por todas las escuelas, aunque ha recibido un desarrollo especial en la patrología latina y después en la teología de occidente, católica y protestante.
- *Finalmente, los Padres descubrieron en la Biblia y desarrollaron a partir de ella un sentido anagógico o contemplativo,* que trata de explorar la experiencia orante de la Biblia y su culminación mística y escatológica. Esta línea ha sido también desarrollada por todas las escuelas, aunque ella es más propia de la escuela bizantina, como pondré de relieve al final de este curso, al ocuparme de la oración hesicasta (de pacificación interior).

Según eso, la patrística no tenía más libro o curso de teología que la Biblia. Solo a partir del siglo XIII, por interés de *sistema (dogma)* y de *organización (vida eclesial*) se empezaron a elaborar en el occidente latino (y en menor medida en oriente) unos libros autónomos, con valor propio, de Derecho y Teología Dogmática, de Moral y Eclesiología o pastoral práctica, y se fueron imponiendo, como normativos, mientras la Biblia quedaba (y se olvidaba) en el fondo como lectura arcana o cantera sagrada de la que se extraían propuestas, normas o doctrinas para una Iglesia que empezaba a producir su propio cuerpo legal y doctrinal, diciendo que seguía apelando a la Escritura, pero separándose de hecho de ella.

La Patrística se extendió a lo largo de más de doce siglos de la Iglesia, cuando la Biblia era la norma inmediata de su vida, de manera que no había al lado de ella (y mucho menos por encima) unos libros y tratados independientes de Derecho, Moral, Eclesiología y Dogma. Pues bien, ella termina, de un modo consecuente (con los valores y pérdidas que ese cambio implica) a partir del siglo XIII, cuando la Biblia dejó de ser fuente inmediata de vida cristiana, de manera que los nuevos teólogos no fueron ya "padres", fundadores de Iglesia, sino pensadores autónomos, responsables de su propio pensamiento.

Lógicamente, ese esquema de los cuatro sentidos de la Biblia, iniciado por los alejandrinos (con Orígenes) y culminado en los últimos latinos del siglo XII tuvo también sus riesgos, con alegorías separadas de la letra y doctrinas místicas, morales o canónicas superpuestas al mensaje fundante de los textos, como pusieron de relieve los Reformadores del XVI, volviendo a la Escritura, en una línea histórico–literal (más conforme con la escuela antioquena de Siria), no en contra de la tradición patrísticas, sino para refundarla[3]. Ellos no quisieron abandonar la patrística, sino volver a ella de un modo más Bien, para redescubrir y recrear con su ayuda el mensaje de la Biblia como texto inmediato y directo de vida y doctrina.

No todas las lecturas bíblicas de la patrología son iguales; por eso habrá que discernir entre ellas, como quiero hacer en este curso. Pero todas pueden ser ilustrativas e iluminadoras, para volver a la Biblia, es decir, a Jesús, como quisieron los reformadores y muchos católicos "romanos" del siglo XVI, recuperando la experiencia y tradición de los Padres, no en contra de la Biblia (ni para sustituirla), sino para entender y aplicar mejor su sentido, en cada momento de la vida de la iglesia. En esa línea, la patrística ofrece un elemento común de unidad entre ortodoxos, católicos y protestantes, para el mejor conocimiento de Jesús y su mensaje, conforme a la Escritura.

Teniendo eso en cuenta, he querido recoger en este curso las aportaciones fundamentales de los padres de la Iglesia, elaborando una teología fundamental, con dos ramas o vertientes principales (griega y latina). Seguirán estando en la base otras tradiciones (en especial y de un modo sobresaliente la alejandrina/copta y la antioquena/siríaca), pues ellas son fundamentales para entender la tradición griega y latina, en el principio de la iglesia. Pero dejo luego a un lado sus formulaciones posteriores (a partir del VII–VIII d. C.), para centrarme al fin en la patrística latina y bizantina, conforme al esquema que sigue:

[3] Para el estudio de la exégesis patrística y medieval de la Biblia sigue siendo básica la obra de H. de Lubac, *Exégèse médiévale: les quatre sens de l'Écriture* I-II, Aubier, Paris 1959

1. *Padres apostólicos*. Recoge la vida y obra de los primeros cristianos, desde el I d. C. a finales del II, todos de lengua griega, aunque puede haber ya en ese tiempo textos en lengua aramea (siríaca), copta e incluso latina. Estos Padres, llamados apostólicos porque recogen la primera experiencia de la iglesia, son testigos privilegiados del surgimiento y teología del cristianismo, que muestra desde el comienzo una gran libertad. Ellos son la base de toda la patrística, entendida en forma testimonial, expositiva y contemplativa, más que argumentativa. A ellos debemos volver, para conectar con Jesús, en la raíz de la Escritura cristiana. Nos fijamos especialmente en Clemente Romano, Didajé e Ignacio de Antioquía.

2. *Padres apologistas*. Este capítulo expone la obra de los primeros teólogos estrictamente dichos, de finales del II hasta mediados del III d. C., que escribieron en griego (Justino, Ireneo...), menos Tertuliano, que lo hace en latín. Con ellos pasamos de la experiencia inmediata al primer testimonio razonado de la Gran Iglesia, con elementos de exposición argumentativa, utilizando el pensamiento de su tiempo, en línea social, cultural y administrativa. Estos nuevos maestros de la su fe empiezan a razonar de un modo organizado sobre la experiencia y obra de Jesús, situándola dentro del contexto sapiencial del helenismo y del espacio político–social del Imperio romano. Son "apologistas" porque defienden la validez intelectual y social del evangelio, en contra de los gnósticos de dentro y de los paganos de fuera de la iglesia.

3. *Padres alejandrinos, iglesia copto/egipcia* (siglo III–IV d. C.). Fueron los primeros teólogos estrictos, en diálogo con el pensamiento griego (empezando por Clemente de Alejandría y Orígenes), y en su contexto surge la "herejía" arriana y la respuesta ortodoxa, expresada en el Concilio de Nicea (año 325) y expandida en la teología posterior de Atanasio y Cirilo Alejandrino. Este ha sido, en un sentido intelectual, el momento más brillante de la patrística cristiana, centrada en la identificación de Jesús de Nazaret con el "logos", esto es, con el pensamiento o "palabra" de Dios, como sentido del cosmos y principio de la historia humana. Estos padres siguen siendo los teólogos de base de las iglesias, desde la perspectiva de la encarnación de la Palabra, de tal forma que todos los cristianos posteriores podemos llamarnos en algún sentido "alejandrinos".

4. *Padres sirios, Iglesia oriental* (siglo IV–V d.C.). Junto a los alejandrinos (y en contraste con ellos) se elevan los padres orientales, más en

concreto los de Siria, cuyo centro eclesial y cultural es Antioquía, insistiendo más en Jesús–hombre histórico, mesías de Israel, que en Jesús–Logos de Dios, entendido como divinización del ser humano. En este contexto pueden situarse los padres capadocios (Basilio, Gregorio de Nisa y Gregorio Nacianceno), en torno al Concilio de Constantinopla I (año 381), con Juan Crisóstomo y los comentaristas sirios de la Biblia, que insisten más en su sentido histórico–literal que en el alegórico o teológico, evidentemente sin negarlo. Por la variedad de sus propuestas y la riqueza de sus perspectivas esta es quizá la tendencia patrística que más puede influir en nuestro tiempo. Como he dicho, todos podemos ser alejandrinos; pero todos somos también siro–antioquenos, formamos parte de un camino eclesial que sigue abierto hacia el lejano oriente (India, China), como la iglesia siria antigua.

5. *Padres latinos* (siglo III–VII d. C.). Estuvieron más interesados en cuestiones de moral y de organización jurídico–administrativo de la Iglesia que en temas de estricta teología o exégesis de la Biblia. En esta línea empiezan destacando autores como Cipriano e Hipólito, con Hilario de Poitiers, Jerónimo y Ambrosio, pero el pensador más significativo fue sin duda San Agustín, cuyo influjo (con sus limitaciones) ha sido determinante en la iglesia y teología de occidente, no solo en la era patrística, sino también en la Escolástica del XIII–XIV y en la Reforma de XVI. En esa línea, el futuro de las iglesias occidentales se juega y se decide en torno a la actualización crítica del legado agustiniano con sus preguntas esenciales y sus problemas abiertos. Todos somos discípulos de Agustín, sin olvidar que en el momento final de la patrística latina antigua sobresale la aportación jurídica y doctrinal de la teología hispana (concilios de Toledo).

6. *Patrística latina tardía* (siglo VIII–XII d. C.). En sentido restringido la patrística acaba con el despliegue del monacato celta y la reforma o renacimiento carolingio (entre el VIII y IX d. C.), que marcará la Iglesia posterior de occidente, con sus rasgos jurídicos y jerárquicos, centrados en el "primado" del obispo de Roma. De todas maneras, esa reforma y la misma teología del primado de Roma quedaron al principio sin desarrollar, pues a lo largo de casi dos siglos (desde mediados del IX al principio del XI d. C.) la iglesia de occidente cayó en una especie de letargo para despertar en el siglo XII con grandes intelectuales como Anselmo, Bernardo, Ricardo de San Víctor, los últimos "padres" de la iglesia latina. Después en el siglo XIII, con la escolástica, empieza una historia y teología diferente, ya fuera de la patrística.

7. *Patrística griega tardía* (siglo VIII–XIV d. C.). En un contexto distinto, pero complementario, se sitúan los últimos Padres de la Iglesia oriental, cuya primera etapa culmina en los grandes pensadores del VII y principios del VIII (Dionisio Areopagita, Máximo, Juan Damasceno), con quienes se desarrollan o al menos se plantean los grandes temas y las aportaciones finales del oriente cristiano: la experiencia sacral de las imágenes, la visión pneumatológica de la Madre de Jesús, la experiencia comunitaria de la Trinidad, la oración como inmersión y despliegue en lo divino. Después, tras la crisis de los iconoclastas (resuelta en sentido "ortodoxo" en Nicea II, 787 d. C.), quizá tras un tiempo de latencia, viene el desarrollo final de la patrística de oriente, a pesar de la ruptura entre la iglesia católica romana y la ortodoxa bizantina (mediados del siglo XI). En ese contexto, antes y después de la ruptura, he presentado a los dos últimos "padres" de la iglesia de oriente, Simeón Nuevo Teólogo y G. Pálamas, evocando el tema de la oración hesicasta.

Divididos así, estos capítulos del libro no ofrecen solo un curso de conjunto de la teología patrística (en la línea de algunas obras que citamos en la bibliografía final), sino una introducción a la primera *teología* de la Iglesia, tomada en un sentido extenso, no como dogmática o estudio general de la doctrina, sino como despliegue de la vida de la Iglesia, abarcando pensamiento y experiencia, recuerdo de Jesús y compromiso creyente, en una perspectiva de gran variedad y libertad de las iglesias, entendidas a modo de comunión de comunidades, como relectura vital y razonada de la Biblia, que ha seguido siendo el único "texto" base de teología de la Iglesia.

En esa línea he querido insistir en la unidad y diversidad de la teología patrística, a pesar de que ella ha podido desembocar en la ruptura entre las comunidades de oriente y occidente (siglo XI) antes de la nueva ruptura y recreación de la Reforma Protestante del XVI. Como he dicho, en las iglesias había muchas diversidades, pero se mantenía una fuerte experiencia y compromiso de comunicación teológica (doctrinal) y práctica (de diálogo). En esa línea, este curso quiere ser un "canto" a la diversidad de la teología, pero también una llamada a la unidad más honda de las iglesias, en el reconocimiento mutuo y en el compromiso común por el evangelio.

Teniendo eso en cuenta es bueno (necesario) volver en nuestro tiempo (año 2020) a la Patrística, no solo para conocer lo que fueron las iglesias, en plano de recuerdo del pasado, sino para asumir su testimonio de *fidelidad* y *creatividad creyente,* dentro de unas circunstancias cambiantes, de tipo cultural y político, personal y eclesial, para recuperar de esa forma su impulso. Como indica el título del libro, me interesa la doctrina (teología) de los Padres, en forma de "curso", como desarrollo unitario de doctrinas (no de historias y obras particulares) en una línea de pensamiento y vida cristiana.

Ciertamente, al tratar de la teología he de ocuparme también de otros aspectos de las comunidades, de forma que el libro podría titularse *Introducción a la historia de la Iglesia primitiva.* Pero más que la vida de la iglesia en general he presentado aquí su pensamiento, tal como se expresa en sus "padres", entendidos como líderes intelectuales, en gran parte varones, dirigentes de comunidades, sin tratar de las mujeres, no porque carezcan de importancia, sino porque su obra intelectual y su memoria, expresada de otras formas, no ha sido recogida hasta ahora con igual interés por las iglesias. En esa línea, este curso ha querido ser voluntariamente limitado, siguiendo la perspectiva de la historiografía actual:

- *Me fijo en las personas (los "padres") más que en los procesos y escuelas generales, aunque tengo siempre al fondo esos procesos.* Evidentemente, he debido situar las líneas de pensamiento y vida de las iglesias, para entender e interpretar su visión de Cristo, sobre todo en tiempos de cambio (crisis arriana, renacimiento carolingio o ruptura entre oriente y occidente). Pero, como he dicho, insisto más en las personas, de forma que este libro podría tomarse como un *diccionario de padres de la iglesia,* en la línea de un libro que he dedicado al tema (*Diccionario de Pensadores Cristianos,* Verbo Divino, Estella 2010) y de los diccionarios específicos que cito en la bibliografía final.
- *Quiero ofrecer una visión abierta y positiva de esa historia,* siendo, en lo posible respetuoso ante todas las opciones, sin apoyar en las disputas a unos más que otros. Pero, al mismo tiempo, he querido ser confesionalmente cristiano, en el sentido originario de ese término, pues creo que en el fondo de esta "historia patrística" del pensamiento y vida de la iglesia se manifiesta y despliega el Espíritu de Cristo, aunque no he querido imponer nunca mi visión, a fin de que el lector (ortodoxo, protestante, católico, agnóstico, de otra religión…) se sienta en libertad para optar por una perspectiva u otra, sin imponer un "dogmatismo" histórico de base.
- *Sin decirlo a cada paso, pienso que hay una línea unitaria que lleva de los Padres Apostólicos de cap. 1 a los Bizantinos (cap. 7),* en forma de continuidad

y avance básico. Esa es una línea de "lectura" unitaria y múltiple que, conforme al ritmo del libro, desemboca en los padres latinos del siglo XII y en los "ortodoxos" (bizantinos) del siglo XII–XIV, con temas y trabajos abiertos todavía, para que sigamos caminando con (desde) ellos en el momento actual (siglo XXI). No hemos superado los temas y caminos que ofrecía la Patrística, en ellos seguimos viviendo como cristianos, tanto ortodoxos como católicos y protestantes, no para anular nuestras diferencias (o renunciar sin más a nuestras singularidades), sino para caminar desde ellas, mirándonos, esto es, aprendiendo unos de otros y ayudándonos mutuamente[4].

Los siete capítulos del libro están escritos con una orientación didáctica más que de investigación puramente académica, con esquemas, resúmenes y comentarios que situarán a los lectores ante el despliegue de la revelación bíblica, retomada y transmitida por los "padres" o testigos antiguos, no en contra de la Biblia, sino desde el fondo de ella. Lógicamente, este *Curso* no quiere sustituir al texto base (la Escritura), sino ayudar a entenderla mejor desde las nuevas circunstancias histórico–culturales de la cristiandad. La Patrística es, por tanto, un patrimonio y valor común de las iglesias (ortodoxo, católica y reformada), pues todas asumen el tesoro de su historia y tradición.

Los siete temas, semejantes en extensión, son de algún modo independientes, de manera que pueden estudiarse de un modo separado. Pero, al mismo tiempo, van marcando un progreso (un curso) de tipo temático y cronológico, y de esa forma ofrecen una visión de conjunto del principio del cristianismo, hasta el siglo XIV d. C.

---

[4] Como verá el lector, en la base de la Patrística siguen estando los *Padres Apostólicos* del siglo I–II d. C., que vienen muy pronto, tras la Biblia, cuyo mensaje, testimonio y doctrina recogen, y los *Apologistas* del III, que son los primeros defensores y expositores de la tradición cristiana, en contra de aquellos que rechazan o critican su mensaje. Siguen estando también en el principio de la patrística las dos grandes teologías de los primeros patriarcados: *La alejandrina* (egipcia), de carácter más doctrinal; *La siríaca* (de Antioquía, Asia Menor…), de carácter más histórico. Muchos de nosotros, cristianos occidentales, seguimos viviendo y avanzamos a lomos de *la patrística latina,* cuya figura más significativa sigue siendo Agustín, con las reformas posteriores de la iglesia carolingia (siglo VIII–IX) y la reforma gregoriana (siglo XI). Pero, al mismo tiempo, somos deudores de la patrística bizantina, cuyos herederos directos, los cristianos ortodoxos del siglo XXI, viven inmersos en un tipo de patrística ampliada, que sigue formando parte de la tradición universal de las iglesias.

He querido que este libro tenga un orden académico con un desarrollo temático que pueda seguirse y entenderse de un modo interactivo, con estudios y propuestas de los mismos lectores, interesados en recorrer este camino. No quiero solo enseñar cosas, sino recrear lo que ha sido y sigue siendo el despliegue de la iglesia, que se puede concretar desde el esquema del ver–juzgar–actuar:

- *Ver–conocer.* No seremos cristianos cultos (ni podremos transformar nuestra iglesia) sin un conocimiento básico de su primera teología, representada por los "padres", iniciadores y testigos del primitivo cristianismo, como muestra el desarrollo de los siete temas, cuyo contenido puede y debe ser completados con la bibliografía final.
- *Juzgar–interpretar.* Este curso ofrece no solo materiales para conocer, sino cauces y motivos para valorar lo conocido. No ofrece un conocimiento total, no trata de la aportación de mujeres (excepto de alguna como Hildegarda de Bingen), ni expone por extenso los debates entre iglesias, con disputas, herejías y concilios, sino que se ocupa básicamente de los autores (padres), aunque sus aportaciones y ausencias (sobre todo de mujeres) harán que valoremos el pasado y presente de la teología y vida de las iglesias.
- *Actuar.* Además de conocer y juzgar, como todo verdadero curso, este libro nos invita a seguir caminando. Para ello se atreve a volver al principio, no para quedar en el pasado, sino para recrear desde allí el camino actual de las iglesias, que debemos recorrer, de formas complementarias, para conocernos y colaborar mejor (ortodoxos y evangélicos, católicos y los restantes cristianos), pues todos venimos (dependemos) de la fe y la vida de aquellos primeros Padres de la Iglesia.

Es importante el conocimiento básico de los contenidos, no para quedarse en ellos, sino para recrearlos, en forma de reflexión y actualización personal y eclesial. En esa línea ofrezco al final de cada capítulo unos esquemas de evaluación y aplicación, con preguntas sobre la comprensión e importancia de cada unidad, que servirán para medir el grado de conocimiento y para transitar de un modo más activo por los caminos antiguos, abriendo quizá nuevos, desde el principio de Jesús, en nuestro tiempo. La bibliografía final (con las notas a pie de página sobre cada autor y sus obras principales) servirá para situar y ampliar el conocimiento de los temas.

La renovación de la catequesis, la teología y la práctica cristiana, depende del mejor conocimiento de Jesús y de la Biblia. Pero, al mismo tiempo, ese nuevo conocimiento resulta inseparable de la vida y teología de los Padres, no para quedarnos en su pasado, sino para actualizarlo, en Jesucristo, Mesías de Dios y Señor de las Iglesias. En esa línea resulta esperanzada y muy prometedora la atención que se ha venido dando a la Patrología, no solo en España sino en los países de lengua castellana, en los últimos treinta años, desde que mi amigo Eliseo Tourón era decano de la Facultad de San Dámaso en Madrid, donde se fomentaron desde entonces los estudios de patrología.

Especial mención merece en ese campo el esfuerzo de algunas editoriales especializadas, como la *Biblioteca de Autores Cristianos* (BAC, Madrid) con sus ediciones clásicas de Padres (desde los Apostólicos hasta Agustín, Anselmo y Bernardo...). Es también importante la aportación de Ciudad Nueva (Madrid), con sus tres colecciones principales: *Fuentes Patrísticas (=FP), Biblioteca de Padres de la Iglesia (=BPI)* y *La Biblia comentada por los Padres de la Iglesia.*

Finalmente, quiero destacar el esfuerzo de la Editorial CLIE, con las colecciones dirigidas por A. Ropero (*Lo mejor de los Padres, Grandes autores de la fe)* y su proyecto de una *Biblia Patrística,* con introducciones y notas tomadas a partir de los Padres de la Iglesia. Desde ese fondo he querido elaborar este *Curso,* en cuyo planteamiento y desarrollo ha influido especialmente mi mujer, Mabel, a quien interesa y emociona toda la tradición patrística, especialmente oriental (bizantina), con el "culto" a los iconos y la oración contemplativa, formulada como la lectura y experiencia orante de la Biblia.

San Morales de Salamanca, España
Primavera 2022

I

Padres apostólicos

Los cristianos vivieron más de un siglo (de la muerte de Jesús a la segunda mitad del II) sin Escritura propia, pues su Biblia era la misma de Israel, hasta que añadieron su Nuevo Testamento, formado por libros que se habían ido escribiendo, desde 1 Tesalonicenses, hacia el 49/50, hasta 2 Pedro, hacia 130/150 d. C. En ese largo siglo se sitúa la obra de los Padres Apostólicos, cuya temática divido en cinco partes:

1. *Primeros grupos y escritos.* A modo de introducción, presentaré en forma esquemática algunos textos antiguos, que no se consideran apostólicos, ni forman parte del Nuevo Testamento, pero que nos ayudan a entender el pensamiento, vida y problemas de la primera iglesia. Entre ellos se sitúan de un modo especial los llamados apócrifos.

2. *Primera de Clemente,* secretario y quizá presbítero (algunos dicen Papa) de la Iglesia de Roma. Su carta, escrita en torno al 96 d. C. a la comunidad de Corinto, expone temas de administración eclesial, que parecen especiales de Corinto, pero que pueden darse en otras iglesias del imperio. Clemente define y sanciona (partiendo de Rm 13:1-7) la organización de comunidades con vocación de pervivencia dentro del orden de Roma.

3. *Didajé.* Es una especie de catecismo y ritual judeocristiano, escrito en Siria, unos años después, en torno al año 100 d. C., en un contexto cercano al evangelio de Mateo. Refleja la actividad y experiencia de pequeñas comunidades rurales que reciben la visita y dirección de carismáticos itinerantes, ofreciendo el mejor testimonio de la antigua misión cristiana, atendiendo a Jesús y al Antiguo Testamento más que a Roma.

4. *Ignacio de Antioquía,* Obispo de Siria, acusado y trasladado a Roma, donde fue martirizado entre en el 120–130 d. C. Del ámbito rural antiguo, muy tradicional (Didajé) pasamos a la novedad "abismal" de Ignacio, con sus grandes valores y sus fuertes riesgos, donde la mística de la jerarquía y el orden sacral del conjunto parece importar más que la vida y libertad interna de las comunidades Sus cartas han destacado por vez primera el sentido "místico" de la jerarquía, como medio para expresar la novedad de Cristo, expresada de un modo especial por obispos, presbíteros y servidores de las comunidades.

5. *Otros Padres apostólicos*: Hermas, Pseudo–Bernabé, Papías, Pseudo–Clemente, Policarpo, carta a Diogneto... Todos ellos trazan, desde

perspectivas distintas y complementarias, el perfil de la nueva Iglesia que interpreta y actualiza, desde la Pascua de Jesús, el mensaje abierto de la Biblia, trazando así caminos de despliegue del Cristianismo.[5]

[5] Edición de los Padres Apostólicos en PG 1-2, con ediciones y traducciones en diversas lenguas. En español, cf. *Padres Apostólicos*, BAC, Madrid 2002; A. Ropero, *Obras escogidas de los Padres apostólicos,* Clie, Viladecavalls 2018; J. Ayán, *Padres apostólicos,* Ciudad Nueva, Madrid 2010; *Padres Apostólicos. Siglo I-II,* Kindle, Ivory Falls 2018. Bibliografía en R. Trevijano, *Patrología,* BAC, Madrid 2005, 6. Cf. J. González, *Historia del Pensamiento Cristiano,* Clie, Viladecavalls 2010, 67-94.

I

Punto de partida
Primeros grupos y escritos

Antes de exponer los grandes textos (Clemente, Didajé, Ignacio) evocaré el contexto eclesial en que han surgido, presentando, de un modo rápido y casi simbólico, el primer despliegue de las iglesias. Así lo haré en dos momentos diferentes, pero complementarios.

Presentaré primero los itinerarios eclesiales, empezando por el testimonio del libro de los Hechos, para esbozar después las "trayectorias", esto es, los espacios y caminos de expansión e identificación de las iglesias (Siria, Egipto, Asia, Roma...). De ellas seguirá tratando, de algún modo, todo ese curso de patrología.

Me ocupará después de los primeros escritos conocidos de la iglesia, que no son bíblicos (no están incluidos canon del NT), pero tampoco se pueden llamar "apostólicos". Son en gran parte apócrifos y gnósticos, y pueden catalogarse como literatura extrabíblica cristiana. Sin tener en cuenta ese trasfondo no podrán entenderse los Padres de la Iglesia.

1. Grupos y trayectorias[6]

El libro de los Hechos (Hch 2) vincula el nacimiento de la Iglesia con la fiesta de Pentecostés, a los cincuenta días de Pascua (diez tras la Ascensión del Señor). Esta es una fecha simbólica, pero con un fondo histórico. Es normal que los discípulos se reunieran en Pentecostés, conmemorando el "nuevo Pacto" de Dios con su pueblo, celebrando

[6] Sobre el origen de la iglesia y sus diversas perspectivas o trayectorias, cf. W. Bousset, *Kyrios Christos. Geschichte des Christusglaubens von den Anfängen des Christentums bis Ireneus,* Vandenhoeck, Göttingen 1967; J. D. Crossan, *The Birth of Christianity,* Harper, San Francisco 1999: J. D. G. Dunn, *El cristianismo en sus comienzos III. Ni griego ni judío,* Verbo Divino, Estella 2018; M. Goguel, *La Naissance du Christianisme,* Payot, Paris 1956; H. Köster, *Introducción al Nuevo Testamento,* Sígueme, Salamanca 1998; L. W. Hurtado, *Señor Jesucristo. La Devoción a Jesús en el cristianismo primitivo,* Sígueme, Salamanca 2008; H. Räisänen, *El nacimiento de las creencias cristianas,* Sígueme, Salamanca 2011; G. Theissen, *La religión de los primeros cristianos,* Sígueme, Salamanca 2002. En sentido más extenso, cf. T. E. Brown y J. P. Meier, *Antioch and Rome. NT Cradles of Catholic Christianity,* Chapman, London 1993; J. V. Fusco, *Le prime Comunitá Cristiane,* EDB, Bologna 1995; 8; J. Roloff, *Die Kirche im NT,* GNT 10, Vandenhoeck, Göttingen 1993; L. Schenke, *La comunidad primitiva,* Sígueme, Salamanca 1999; P. H. Vielhauer, *Historia de la literatura cristiana primitiva,* Sígueme, Salamanca 1991.

la resurrección de Jesús y esperando su próxima venida (culminación de Pascua de Resurrección). Pero Jesús no vino de una forma externa para instaurar el Reino (como sus discípulos esperaban), sino que les ofreció su Espíritu, para iniciar el camino de la Iglesia. En ese contexto del Nacimiento de la Iglesia, el libro de los Hechos cita los lugares de procedencia de los primeros cristianos:

> Cuando se produjo este estruendo, se juntó la multitud; y estaban confundidos, porque cada uno les oía hablar en su propio idioma. Estaban atónitos y asombrados, y decían: Mirad, ¿no son galileos todos estos que hablan? ¿Cómo, pues, les oímos nosotros cada uno en nuestro idioma en que nacimos? Partos, medos, elamitas; habitantes de Mesopotamia, de Judea y de Capadocia, del Ponto y de Asia, de Frigia y de Panfilia, de Egipto y de las regiones de Libia más allá de Cirene; forasteros romanos, tanto judíos como prosélitos; cretenses y árabes, les oímos hablar en nuestros propios idiomas los grandes hechos de Dios (Hch 2: 6-11).

Este pasaje ofrece un mapa de iglesias, pues evoca los lugares de donde provenían (y donde se ubicaban) los judeocristianos helenistas del comienzo, que estaban en Jerusalén para celebrar la fiesta, entendida y cumplida ya, desde y con, Jesús resucitado. En un nivel, Lucas (=autor de Hechos) supone que todos los participantes eran judíos de la diáspora, venidos según Ley a Jerusalén para celebrar la segunda de las fiestas establecidas por el Pentateuco (la tercera será Tabernáculos, con la Llegada del Reino). Pero, en otro plano, él supone que ellos venían de todas las naciones (lenguas) del mundo a las que estaba llegando en su tiempo (o debía llegar pronto) el evangelio, y así ofrece la primera geografía de los los cristianos, divididos en seis grupos:

1. *Partos, medos, elamitas;* habitantes de Mesopotamia. No son del Imperio romano, sino de la diáspora oriental del judaísmo. Este es el único lugar del NT en que ellos aparecen, a no ser que estén al fondo del relato de los magos (Mt 2), donde se abre el abanico misionero de la Iglesia hacia el Oriente, en la línea del judaísmo posterior del Talmud de Babilonia (=Imperio persa, entre los siglos IV-VIII). Parece claro que en tiempos de Lucas (hacia el 100 d. C.) había cristianos de esa procedencia. Así los evoca el comienzo de Hechos.

2. *(Habitantes) de Judea: Iglesia de Palestina.* No se sabe si «Judea» se toma aquí en sentido estricto, aplicándose a Jerusalén y a su entorno,

o si incluye también Galilea y lo que llamaríamos hoy «las tierras de Israel». Es claro que en esos lugares había cristianos no solo cuando escribe Lucas, sino en tiempos anteriores (cf. 1 Ts 2:14; Gá 1:22; Hch 9:31). De todas formas, resulta extraño que el texto no cite a Galilea, aunque ello se debe quizá al hecho de que los que hablan son "todos galileos". En ese contexto se puede afirmar que la Iglesia está fundada en unos galileos que hablaron y anunciaron el mensaje pascual a todas las naciones.

3. *De Capadocia, Ponto y Asia, de Frigia y Panfilia.* Esas regiones forman parte del Asia Menor (actual Turquía), donde se sitúa gran parte de la misión de Pablo y en esos lugares residen también las comunidades a las que se dirige 1 P 1:1, formando un espacio importante en el despliegue de la Iglesia primitiva. Resulta extraño que Lucas no aluda a Siria, Cilicia y Galacia y a las regiones más griegas (Macedonia, Acaya) donde Pablo había misionado.

4. *De Egipto y de las regiones de Libia más allá de Cirene.* Sobre los cristianos de la diáspora del Norte de África habla poco el Nuevo Testamento, aunque por otros datos sabemos que los hubo desde muy pronto y que fueron significativos (cf. Hch 18:24). La cristiandad egipcia será después muy importante, como muestra el desarrollo de la Iglesia de Alejandría.

5. *Forasteros romanos, tanto judíos como prosélitos.* No se sabe si alude a los habitantes del Imperio en general o solo a los de Roma capital (lo que parece más probable). Tampoco se sabe si son forasteros (*epidêmountes*) en Roma o si lo son en Jerusalén, donde habrían venido para las fiestas de Pentecostés. Sea como fuere, las comunidades de Roma (formadas por judíos y prosélitos) son muy antiguas, como sabemos no solo por el NT (Rm 1:7; 15:22-33; Hch 28), sino por testimonios paganos (Tácito y Suetonio).

6. *Cretenses y árabes.* La presencia de los grupos anteriores parecía más previsible en Hechos. Esta resulta más extraña, aunque debe tener un sentido. A la misión entre los árabes alude Pablo en Gá 1:17 (cf. Hch 9:19-22). De los cristianos de Creta tenemos noticia por la carta a Tito (Tt 1:5, 12), vinculada a la memoria de Pablo. No sabemos por qué se han unido estos grupos. Creta es una isla griega del Imperio; los árabes pueden formar parte del Imperio (reino nabateo) o quedan fuera (igual que los partos, medos, elamitas y mesopotámicos del primer grupo).

Según este esquema, el cristianismo parece vinculado a la diáspora judía, que acude a Jerusalén para volver a sus raíces y descubrir en ellas (en el judaísmo pentecostal de Jerusalén) la novedad del evangelio. Eso significa que la Iglesia nace por el Espíritu de Cristo como experiencia carismática. Quedando eso firme y pasando del texto de Pentecostés a la historia posterior, podemos decir que hubo al principio diversas tendencias o trayectorias eclesiales, entre las que pueden y deben insertarse los Padres Apostólicos, o primeros teólogos cristianos. Conforme a esta visión, la iglesia nace a modo de comunión de Iglesias, con diversas trayectorias, entre las que destacan:[7]

1. *Trayectoria judeo-cristiana.* Fue la primera, y a ella pertenecen todos los autores del Nuevo Testamento, desde Pablo y Mateo, hasta el autor de Hebreos y del evangelio de Juan. En esta línea se pueden citar obras cristianas de fondo judío, escritas en diversos lugares, como el Pastor de Hermas y la Carta de Bernabé, con algunos autores gnósticos (partidarios de un cristianismo más intimista, de experiencia interior, pero muy vinculados al judaísmo), que en general siguieron caminos propios, separados de la "gran Iglesia".

2. *Trayectoria siria.* Es la más importante y rica en el despliegue posterior de la Iglesia, como informa Lucas, en Hechos 13–15. En ese contexto surgieron, desde tendencias distintas, la Didajé y las obras de Ignacio de Antioquía, con otros textos de orientación gnóstica, como el Evangelio de Tomás y las Odas de Salomón, que han tenido mucho influjo en el cristianismo posterior, no solo en Siria, sino (y sobre todo) en Egipto (100-150 d. C.).

3. *Trayectoria egeo/griega.* Está vinculada a los centros de misión de Pablo (Corinto, en Acaya-Grecia, y Éfeso, en Asía), que actúan como focos de irradiación en el entorno. Aquí se escribieron probablemente algunos textos importantes del Nuevo Testamento como las cartas de la Cautividad (Colosenses y Efesios) que ponen de relieve la "unidad mística" de la Iglesia, lo mismo que el Apocalipsis de Juan y la obra de Lucas (Lc-Hch). En esa línea se sitúan, ya fuera del Nuevo Testamento, autores como Policarpo de Esmirna y más tarde Ireneo de Lyon.

---

[7] Cf. J. Robinson y H. Köster (eds.), *Trajectories through Early Christianity*, Fortress, Philadelphia, 1971.

4. *Trayectoria romana* (judeo-cristianos, Pedro, Pablo). El mejor testimonio de esa iglesia lo ofrece 1 Clemente (100 d. C.), texto clave que acentúa la exigencia de organización social del cristianismo. Una generación más tarde, los escritos de Hermas (Pastor, 130 d. C.) muestran el carácter judeo–apocalíptico de esta iglesia, impregnada de un fuerte moralismo, que conserva la memoria de Pedro (y de Pablo) y que recibirá más tarde una gran importancia.

5. *Trayectoria alejandrina o egipcia.* Apenas conocemos el origen y los rasgos de esa primera Iglesia, aunque podemos distinguir en ella una tendencia más proclive al gnosticismo (tradición de los apócrifos, con Tomás y Felipe) y otra de tipo sapiencial; en esa línea avanzarán, en perspectiva ortodoxa, los primeros catequistas–teólogos del cristianismo: Clemente (150-215) y Orígenes (185-254).

6. *Trayectoria gnóstica.* Sus manifestaciones más explícitas pertenecen a tiempos posteriores, pero ellas aparecen pronto, empezando probablemente en Samaria y Siria. En esa línea, la Iglesia corrió el riesgo de convertirse en una escuela filosófica, de carácter intimista, interpretando la experiencia apocalíptica y mesiánica de Jesús como un despliegue espiritual propio de cada creyente, sin iglesia estrictamente dicha. De ese tiempo son ya las especulaciones de los primeros gnósticos (representados simbólicamente por Simón Mago), cuyas doctrinas desembocarán más tarde en tratados como los de Valentín, Basílides y Carpócrates.

Esas trayectorias conservan la certeza de que la Iglesia es una, conforme a la confesión de Ef 4:5: "Un solo Señor, una sola fe, un solo bautismo...". Pero entre ellas había gran variedad de tendencias e interpretaciones. Eso significa que la Iglesia y la teología nace siendo una y múltiple, al mismo tiempo, no en forma de imposición de una sobre otras, sino de comunión de comunidades, de manera que la misma fe se expresa a modo de comunión creyente en Cristo, en una línea que desembocará en la confesión "trinitaria", conforme a la cual la experiencia de Cristo Dios se entiende y despliega en forma de comunicación no de imposición de unos sobre otros.[8]

[8] Así lo puso de relieve E. Peterson, en varios trabajos de *Tratados teológicos*, Cristiandad, Madrid 1966. Cf., en texto separado, *El monoteísmo como problema teológico*, Trotta, Madrid 1999.

2. Apócrifos y gnósticos. Primera literatura cristiana

Como he dicho, los cristianos vivieron más de un siglo (del 30 d. C. a la segunda mitad del s. II) sin Escritura propia, pues su Biblia era la misma de Israel (AT), tanto en su canon corto (hebreo, texto masorético) como en el largo (los LXX: Biblia Griega). Pero, en un momento dado, tras el 150 d. C., a medida que crecía su identidad dentro (a partir) del judaísmo, los cristianos fueron creando (fijando) su Escritura propia (NT) que añadieron al canon del Antiguo Testamento.

El canon cristiano fue creciendo a partir de las cartas de Pablo y de sus seguidores (Corpus Paulino), con evangelios sinópticos, Hechos de Apóstoles, evangelio y cartas del Discípulo Amado (Corpus Juaneo), y Cartas Católicas (Santiago, 1–2 Pedro, Judas) con el Apocalipsis. La composición y límites de ese canon se fue trazando por comunicación y pacto entre iglesias (Antioquía y Éfeso, Roma y Alejandría...). En ese sentido, el NT proviene de un acuerdo fáctico de comunidades e incluye solamente libros que, según la tradición, provienen de los apóstoles y cumplen dos normas básicas: Universalidad y carnalidad:

- *Origen apostólico.* El NT quiere mantener el testimonio de la primera iglesia de Jesús, de la que provienen y con la que desean vincularse todas las posteriores, aceptando así el testimonio de los "apóstoles", como transmisores de la doctrina y experiencia pascual de Jesús.
- *Universalidad.* El canon excluye a los que aceptan solo un tipo de iglesias (judíos sin gentiles, gentiles sin judíos etc.), de forma que quiere ser "católico", en el sentido original de la palabra (incluye a los diversos grupos cristianos), siendo "ortodoxo", excluye a los exclusivistas radicales, como algunos judeo-cristianos, que parecen expulsar de la iglesia a los gentiles.
- *Carnalidad.* El canon excluye también a los que ponen en riesgo la encarnación de Jesús y rechazan la apertura social del evangelio (como algunos gnósticos). De esa forma rechaza una espiritualización anti–carnal del cristianismo, que niega la afirmación básica de Jn 1:14: El Verbo de Dios se hizo carne.

En esa línea quedan fuera del canon no solo los libros de los Padres Apostólicos (que son buenos, pero no provienen de los apóstoles), sino también aquellos que pretenden ser de los apóstoles (se dice que han sido escritos por algunos de ellos como Tomás, Santiago o Juan...), pero no recogen la doctrina universal del evangelio. Lógicamente, estos últimos libros no forman parte de la *patrología,* ni pueden ser estudiados entre los "padres apostólicos", pero son significativos, y tienen que ser citados aquí, pues forman parte de la literatura y teología del primitivo cristianismo.

Entre esos libros no apostólicos los más significativos son los "apócrifos" o escondidos, pues se dice que lo han sido precisamente por su santidad, porque son "esotéricos", propios de iniciados, en contra de los "exotéricos", que son públicos, para todos (es decir, que pueden ser utilizados, leídos y comentados, abiertamente en la iglesia). Los textos no canónicos ni apostólicos más significativos de este primer período son, como he dicho, los apócrifos.[9]

a. *Evangelios no canónicos, de tipo judaizante*

Fuera del canon quedan algunos evangelios considerados tardíos (no apostólicos), exclusivistas (solo para judeo–cristianos) o de carácter devocional y/o legendario, para entretener a los lectores, no para fundar la iglesia de Jesús, escritos entre finales del I y finales del II d. C. En principio no son gnósticos, sino más bien judaizantes.

Ev. Pedro	*De tipo judeocristiano,* origen sirio y contenido básicamente "ortodoxo", que recoge la historia de la pasión de Jesús. Parece que deriva de los sinópticos, especialmente de Mateo. Ofrece una visión simbólica y muy plástica del descenso de Jesús a los infiernos y de su resurrección. En principio podría haber sido incluido en el canon, junto al evangelio de Mateo. Pero las iglesias no lo juzgaron necesario, y así ha quedado olvidado hasta los últimos decenios, en los que ha recibido gran atención por parte de los especialistas

[9] Esa distinción entre libros eso– y exo–téricos no es siempre clara. Entre las ediciones de los apócrifos, cf. A. Santos Otero, *Los Evangelios Apócrifos. Textos griegos y latinos,* BAC 148, Madrid 1975; A. Piñero (ed.), *Textos gnósticos. Biblioteca de Nag Hammadi. I. Tratados filosóficos y cosmológicos. II. Evangelios, hechos, cartas. III. Apocalipsis y otros escritos,* Trotta, Madrid, 1997-2000. Presentación general y comentarios: G. Aranda (ed.), *Literatura judía inter-testamentaria,* Verbo Divino, Estella 1996; H.-J. Klauck, *Los evangelios apócrifos. Una introducción,* Sal Terrae, Santander 2006; A. Piñero, *Fuentes del Cristianismo, Tradiciones primitivas sobre Jesús,* El Almendro, Córdoba 1996, 367-475; C. Moreschini y E. Norelli, *Historia de la literatura cristiana antigua griega y latina, I. Desde Pablo hasta la edad constantiniana,* BAC, Madrid 2006. Visión de conjunto del tema, con esquemas detallados de textos, con sus diversas tendencias teológicas y eclesiales en F. Rivas, *El nacimiento de la Gran Iglesia,* en F. Aguirre (ed.), *Así empezó el cristianismo,* Verbo Divino, Estella 2010, 427–470. Visión general en *Ciudad Biblia,* Verbo Divino, Estella 2020, 40–45.

Ev. Hebreos	*El más conocido de los evangelios judeo-cristianos* (citado por Clemente de Alejandría, Orígenes, Dídimo, Jerónimo, etc.). Parece vinculado a la tradición de Santiago, hermano del Señor (de quien se conserva en el Canon la carta de su nombre), y defiende una teología que parece adopcionista. Más que el Hijo de Dios, en sentido estricto, Jesús aparece aquí como un hombre transformado (adoptado) por Dios en el bautismo. Algunos piensan (pensamos) que podría haber sido aceptado en el canon, con ciertas adaptaciones, como el evangelio de Juan, pero la iglesia no lo hizo, quizá por tomarlo como exclusivo para hebreos o judaizantes.
Ev. Nazareos	*Suele llamarse de los Nazarenos (por la patria de Jesús) o de los Nazareos,* por interpretar a Jesús como nazareo, perteneciente a un grupo de judíos más nacionalistas. Es un texto judeo-cristiano, citado por varios Padres de la Iglesia y puede relacionarse con el evangelio de los *Ebionitas* (los Pobres). Insiste en el carácter israelita de Jesús, en una línea que ha terminado pareciendo heterodoxa no solo para los cristianos (por exclusivista, en línea nacional), sino para los judíos rabínicos (por ser muy cristiano).
Proto–evangelio Santiago	*De tipo devocional y muy ortodoxo.* Atribuido a Santiago (hermano del Señor). Combina y recrea tradiciones de la infancia de Jesús (Mt 1-2; Lc 1-2), desde una perspectiva judeocristiana. Defiende el nacimiento virginal de Jesús y la virginidad de su madre, diciendo que los "hermanos" de Jesús fueron hijos de un primer matrimonio de José, que sería viudo y con familia al casarse con María. Texto de cierta tendencia doceta. Ha tenido gran influjo en la tradición ortodoxa oriental, y ha sido la fuente de inspiración de una parte considerable de la devoción mariana de las iglesias antiguas. Presenta a Joaquín y Ana como padres de la Virgen María y ha servido para extender un tipo de intensa devoción mariana, de tipo sentimental y moralista, en las iglesias antiguas. Actualmente, los católicos lo toman como evangelio "devocional"; los protestantes, en general, no le dan importancia.

b. *Evangelios apócrifos, línea gnóstica*[10]

En el comienzo de la Iglesia, entre finales del I y comienzos del III se extendió por la iglesia, especialmente en oriente, un tipo de "gnosis",

[10] Para una introducción al tema, cf. Cf. J. Trebolle, *La Biblia judía y la Biblia cristiana. Introducción a la historia de la Biblia,* Trotta, Madrid, 31998; R. Trevijano, *La Biblia en*

esto es, una visión intelectual, intimista, de Jesús, como pondré de relieve en el capítulo siguiente (padres apostólicos). Aquí citaré solo unos pocos más significativos. Algunos tienen mucho valor histórico e incluso doctrinal (teológico), pero no han sido reconocidos por la Iglesia, especialmente porque no destacan (o no aceptan) la "carne" de Cristo y el compromiso social–comunitario de la Iglesia

Evangelio de Tomás	*Consta de 114 logias o dichos,* que pueden compararse con los dichos de un documento llamado Q (del alemán Quelle, fuente) en el que parecen inspirarse los evangelios de Mateo y Lucas. Muchos de sus dichos provienen de una tradición antigua, pero han sido recreados o transmitidos en una línea gnóstica, es decir, de identificación intimista de Jesús. Se atribuyen al apóstol Tomás (=el Mellizo), que parece identificarse con Judas, vinculado a la tradición de Santiago, hermano del Señor, quien se eleva aquí como dirigente y guía máximo (espiritual) de la Iglesia. Este evangelio se conocía solo en parte, pero se ha encontrado el texto entero, en idioma copto, en una biblioteca de monjes antiguos (en Nag–Hammadi)
Evangelio de Felipe	*Colección de dichos sobre temas éticos y sacramentales,* en la línea del evangelio anterior de Tomás, pero con tendencia más gnóstica. Es muy significativo el hecho de que el Evangelio de Juan haya destacado la figura de estos dos "apóstoles" (Tomás y Felipe), diciendo que dialogaron con Jesús y le preguntaron cosas importantes (secretas) en la Última Cena (cf. Jn 14:5, 8; 20:24-29). Este evangelio destaca el misterio de la cámara nupcial o unión interna del discípulo con Cristo, con imágenes matrimoniales, que no han de entenderse en sentido físico externo, sino contemplativo, de unión del alma con el Dios interior. En esa línea pone de relieve la relación mística entre Jesús y María Magdalena, en forma de identificación espiritual.

el cristianismo antiguo. Prenicenos. Gnósticos. Apócrifos, Verbo Divino, Estella 2002.

Ev. María Magdalena	Es un evangelio pascual (como los siguientes: de Santiago, Juan, el Salvador y Judas). No habla de la vida y muerte de Jesús, sino de la enseñanza secreta que él habría compartido con María Magdalena, después de la resurrección, como indicando que su doctrina y vida histórica ha sido secundaria (carnal y ya pasada), pues lo que importa en la fe es la experiencia directa de su encuentro con Jesús resucitado. Este evangelio aparece así como iluminación espiritual, para creyentes "iniciados", es decir, para sabios, que tienen un contacto directo con Jesús, sin necesidad de Iglesia. Es normal que no hayan sido aceptados en el canon.
Apócrifo de Santiago y evangelios de Juan, el Salvador, de Judas…	El *Apócrifo de Santiago* recoge la doctrina secreta que Jesús resucitado habría ofrecido a su hermano, que así aparece como el gran Gnóstico o Sabio de la Iglesia antigua, acompañado por Pedro, a quien él debe iniciarle en la sabiduría secreta de la salvación. Santiago y Pedro quedan así descritos como como garantes de la gnosis dentro de la iglesia En esa misma línea, se conserva un evangelio con enseñanzas ocultas que Jesús resucitado habría ofrecido a *Juan Evangelista,* recreando en forma gnóstica un tipo de mito de la creación, a partir de símbolos de Gn 1-2, en una línea platónica más filosófica que bíblica. Por su parte, el *Evangelio del Salvador* forma parte de los diálogos, de Jesús con sus discípulos, conforme a un tipo de literatura iniciada ya por Jn 14-16, en el relato de la Última Cena, en el que Jesús va respondiendo a las preguntas de sus discípulos. En una línea algo distinta se sitúa el Evangelio de Judas, de tipo gnóstico y origen más tardío, de un grupo llamado *setiano,* porque pone de relieve la figura de *Set,* el hijo bueno de Adán y Eva, engendrado en lugar de Caín (cf. Gn 4, 5). Este evangelio ha sido "descubierto" y editado con gran propaganda (año 2006). No contiene datos nuevos sobre la historia de Jesús.

c. *Otros apócrifos*

Con los evangelios de tendencia gnóstica, podemos citar otros apócrifos, de diverso tipo, en su mayoría más tardíos, que dividimos en tres grupos, que son en general de un momento posterior, del siglo III al IV d. C.:

Apócrifos de la Navidad y de la Asunción de la Virgen	Fueron quizá los más conocidos y extendidos y quisieron llenar un "hueco" importante de la historia cristiana: *a.* *Hay apócrifos del Nacimiento.* El más importante es el ya citado (*Proto–evangelio de Santiago*). Pero a su lado aparecieron, desde el siglo III–IV en adelante una serie de evangelios, entendidos como lectura piadora y novelada, entre los que destacan el *Pseudo–Mateo y el Árabe de la Infancia,* del que Mahoma tomó algunos relatos simbólicos sobre María y Jesús, conservados en el Corán y admitidos como "palabra de Dios" por los musulmanes. *b.* *Apócrifos Asuncionistas.* A partir del siglo IV d. C. se crearon y extendieron diversos evangelios de tipo simbólico y edificante sobre la muerte y asunción de la Virgen María, atribuidos a *Juan Evangelista* y a *José de Arimatea.* Entre estos evangelios, que se escribieron y extendieron hasta el siglo XIII, hay algunos que aún se "celebran" en ciertas fiestas, como en el *Misterio de Elche,* en España (representado cada año el 15 de agosto).
Hechos de los Apóstoles *De tipo novelado piadoso, en línea gnóstica, escritos en griego y siríaco*	Son obras de edificación (entretenimiento) y propaganda, que *quieren completar el relato del libro de los Hechos.* Algunos pueden conservar datos antiguos, pero la mayoría son tardíos. Se pueden contar entre ellos varios ciclos, que han seguido escribiendo hasta la Edad Media. a. *Hechos de Pedro:* relatan especialmente su enfrentamiento con Simón Mago, a quien habría vencido en una especie de gran juicio, en Roma. b. *Hechos de Pablo y Tecla.* Ofrecen una interesante visión de las mujeres en la iglesia antigua, con datos que a veces son fiables, de tendencia encratita, es decir, ascética, contraria al matrimonio. c. Hechos de *Juan,* con su martirio (de tendencia gnóstica). d. *Hechos de Tomás,* también de línea gnóstica.[11]

[11] Están siendo especialmente estudiadas las Actas o Hecho de Pablo y de Tecla, porque ofrecen una visión muy significativa de la presencia y misión de las mujeres en la primera iglesia. Entre las ediciones, cf. J. K. Eliott, *The Apocryphal New Testament: A Collection of Apocryphal Christian Literature in English Translation,* Oxford UP, 1993; D. R. MacDonald, *The Legend and the Apostle: The Battle for Paul in Story and Canon,* Westminster Press, Philadelphia 1983.

Tratados gnósticos de Nag Hammadi. *Y textos citados en escritos de Santos Padres, en especial de San Ireneo.*	1. *Introducción.* La primera teología cristina, desarrollada de forma sistemática, fue producida por gnósticos, contra los que combatirán los padres "ortodoxos", en especial Ireneo de Lyón, que al refutarlos cuidadosamente nos ha permitido conocer con cierta precisión su pensamiento. Algunos textos básicos de la gnosis han aparecido en la Biblioteca de Nag Hammadi, Egipto (descubierta el 1945), entre ellos varios Evangelios Apócrifos (ya citados), a los que podemos añadir numerosos tratados sobre el origen y caída de las almas, sobre el despliegue interior de Dios en forma de trinidad o cuaternidad, etc. 2. *Teología.* Los cristianos de la «gran iglesia» (Padres Apostólicos y Apologistas) fueron más sobrios y tuvieron más reparo en desarrollar temas teológicos, repitiendo en general formulaciones del NT. Por el contrario, los gnósticos, con menos prevenciones eclesiales y doctrinales, pudieron mostrarse más audaces en su forma de exponer la visión de Dios (entendido como génesis vital) y de explicar la condición del hombre (a quien conciben como un ser caído). En general, son dualistas: distinguen dos "dioses" o poderes (uno malo, otro bueno) y dos principios humanos (material y espiritual). Trataremos de su doctrina en cap. 2, al ocuparnos de los Padres Apologistas.

Estos escritos de tipo gnóstico, algunos de ellos muy antiguos, nos permiten situar mejor la patrística, tanto en un plano histórico como teológico. Los padres apostólicos no son los primeros escritores cristianos de libros y doctrinas dentro de la iglesia, sino que a su lado han existido, desde el mismo siglo I d. C., autores de varias tendencias, sobre todo de tipo "intelectual" (gnóstico), que tienden a interpretar a Jesús de un modo más espiritualista, desligado, por una parte, de la historia de Israel y, por otra, del compromiso histórico–social de la iglesia.

En general, con la excepción de algunos textos como el Proto–Evangelio de Santiago, estos escritos han sido excluidos desde el principio de la tradición oficial, en la que se sitúan los Padres Apostólicos, aceptados y transmitidos por la "Gran Iglesia" (es decir, por el conjunto de las comunidades que se consideran ortodoxas). En este contexto y desde ese fondo, podremos ya fijar y presentar las notas de los escritos de los Padres Apostólicos:

- *No son textos de apóstoles,* aunque la Iglesia los considera cercanos a ellos y les concede gran autoridad después de la Biblia (y de las definiciones de los primeros concilios). No hay un "cuerpo" fijo de Padres

Apostólicos (equivalente al canon del NT), pero casi todos han sido reconocidos y aceptados desde antiguo por la Gran Iglesia.

- *Son textos fundantes de iglesia,* no libros puramente devocionales o de entretenimiento piadoso (como algunos evangelios), ni tampoco heréticos en el sentido posterior de la palabra (como algunos textos gnósticos). La iglesia les concede especial autoridad porque son antiguos y porque su doctrina aparece en continuidad con la de los apóstoles, es decir, con el Nuevo Testamento.
- *Son textos variados, con orígenes y temas distintos;* pero reflejan, desde varias perspectivas, el impacto de la vida y pascua de Jesús en el despliegue de la iglesia. Todos ellos (menos la Didajé, descubierta en tiempos más recientes) han gozado (y siguen gozando) de gran autoridad en las iglesias, sin distinguir entre ortodoxos, católicos y reformados.

II
Clemente de Roma[12]

La carta Clemente, secretario (no "Papa") de la iglesia de Roma, a los cristianos de Corinto, sobre la organización ministerial de su iglesia, ha sido escrita en torno al 95/96 d. C. y constituye el testimonio más antiguo y más claro de una visión de la iglesia, que tiende a configurarse como *organismo sagrado,* conforme a los modelos del Imperio romano, entonces vigente. El motivo es sencillo: En Corinto han surgido disturbios: algunos jóvenes parecen haber depuesto a unos presbíteros (más ancianos), por razones que no quedan claras, quizá con el fin de introducir otro régimen organizativo (¿un tipo de episcopado monárquico?), quizá por diferencias doctrinales (¿una visión más gnóstica del evangelio?).

La comunidad cristiana de Roma siente que está en riesgo el orden eclesial e interviene a través de Clemente, su portavoz, defendiendo a los destituidos y pidiendo a los causantes del "motín" que se alejen, exilándose voluntariamente, para que el conjunto de los fieles recupere el orden perdido. No es mucho más lo que sabemos sobre la discordia, pero el delegado de Roma se siente con autoridad para intervenir en los asuntos de Corinto, por razones de fe común, de tradición apostólica (es heredera de Pedro y Pablo) y quizá por influjo del entorno: Igual que *Roma política,* interviene en asuntos de imperio, así *Roma cristiana* puede hacerlo en los asuntos de iglesia. Una carta de este tipo, con sus argumentos de sociales, resulta impensable fuera del ámbito imperial de Roma.

---

[12] Obra: PG 2. Texto bilingüe y comentario D. Ruíz Bueno, *Padres Apostólicos,* BAC, Madrid 2002; J. Ayán Calvo (ed.), *Clemente de Roma, Carta a los Corintios - Homilía anónima (Secunda Clementis).* Ciudad Nueva, Madrid 1994; A. Jaubert, *Clément de Rome. Épitre aux Corinthiens,* SCh 167, Paris 1971. Introducción y presentación temática en A. Ropero, *Obras escogidas de los Padres apostólicos,* Clie, Viladecavalls 2018. Cf. también, K. Beyschlag, *Clemens Romanus und der Frühkatholizismus. Untersuchungen zu 1 Clemens 1-7,* BHT 35, Tübingen 1966; A. Ehrhardt, *The Apostolic Succession in the first two centuries of the Churchm,* London 1953; M. Giraudo, *L'ecclesiologia di San Clemente Romano,* Bologna 1943; J. P. Martín, *El Espíritu Santo en los Orígenes del Cristianismo. Estudio sobre 1 Clemente, Ignacio, II Clemente y Justino Mártir,* PAS, Roma 1971, 29-66; R. Trevijano, *Patrología,* BAC, Madrid 2005, 14–22; R. F. van Cauwelaert, "L'intervention de l'Église de Rome à Corinthe ver l'an 96": *RHE* 31 (1935) 267-306; K. Wengst, *Pax Romana and the Peace of Jesus Christ,* SCM, London 1987, 105-117.

Nos hallamos ante el primero y más duradero de los intentos de *inculturación* romana del evangelio. Todo el cristianismo occidental quedará marcado por esta *interpretación política* del mensaje de Jesús, por la que se vincula la filosofía helenista y la tradición sacral del judaísmo (comunidad sacerdotal del templo) con el Derecho Romano, para ofrecer una visión unitaria y "eterna" del orden de la iglesia. El autor de esta carta piensa que la Iglesia debe estructurarse en forma de "poder religioso", en la línea del Antiguo Testamento (como nuevo y más alto Israel político–sacral), conforme a la experiencia y mensaje de Jesús, inculturado (actualizado) según el modelo de la administración romana.

En esa línea, la carta de Clemente (=1 Clem) afirmará que *Dios es orden,* un sistema armonioso que vincula a los diversos grupos de cristianos, vinculando el mesianismo judío de Jesús y el monoteísmo bíblico con el Imperio romano. Por eso, el autor se apoya en la línea sacral/sacerdotal del templo de Jerusalén más que en el mensaje de no violencia radical de algunas profetas y más que en la infinitud radical y en la presencia liberadora del Dios israelita, que se vincula con los pobres y excluidos de la sociedad como pone de relieve la legislación más antigua del Pentateuco (al referirse al derecho de huérfanos, viudas y extranjeros) y el mismo libro Job.[13]

Esta carta plantea ya a finales del I d. C. el tema clave de la relación entre Jesús y el César, entre el Evangelio (Biblia) y el Derecho de Roma. Siendo judío de estirpe y cultura, Jesús había nacido y vivido como súbito de Roma, un Imperio marcado por la memoria de Julio César, a quien muchos habían tomado como Hijo de Dios, hombre "divino", cuyo "genio" revivía en los "césares" o emperadores que le sucedieron. La vida y proyecto de César (100-44 a. C.) trasformó la política de Roma a partir de Octavio que tomó su nombre como título (César), el 27 a. C., siendo llamado Augusto (Supremo, Divino).

Julio César, asesinado el 44 a. C. por partidarios del orden social republicano, vino a convertirse en signo de la divinidad de la Roma, re-viviendo (re-sucitando) en sus sucesores "divinos", de manera que cada emperador aparecerá como revelación de un tipo de divinidad romana. Pues bien, Jesús no fue un César, ni su mensaje y camino se puede comparar con el de Roma, pero esta carta de Clemente supone que aquello que el César quiso hacer en un plano político-militar lo hizo Jesús en un nivel mesiánico, anunciando e instaurando el Reino

---

[13] He desarrollado el tema en *Dios judío, Dios Cristiano,* Verbo Divino, Estella 1996, 214-219.

de Dios, a través de un tipo de armas superiores y de organización más perfecta. Por eso, la iglesia aparece, a su juicio, como un auténtico imperio eclesiástico.

Roma simboliza la racionalidad religiosa y social, que se impone no solo por armas imperiales, sino también, y sobre todo, por "derecho divino", universal, que los césares quisieron extender (imponer con fuerza militar y "autoridad" jurídica) en todo el mundo. En esa línea, el Imperio romano (siendo una institución militar) vino a presentarse como institución jurídica al servicio del orden y unión (concordia) entre todos los pueblos. De una forma lógica, los evangelios han situado a Jesús en el tiempo del César Augusto (cf. Lc 2:1) y Tiberio (Lc 3:1), pero añadiendo que «padeció bajo Poncio Pilato», representante de Roma, para mostrar con toda claridad que el mensaje y camino de Cristo es contrario al imperio.

Pero el tema resultaba complejo y recibió respuestas diferentes. La de Mc 12:13-17 (devolved al César lo que es del César y dad a Dios lo que es de Dios) ha podido y puede interpretarse de diversas formas, lo mismo que la (posible) glosa de Rm 13:1-7, donde se pide a los cristianos que acepten el poder del César, sometiéndose a su espada y pagando tributos. Ciertamente, Jesús había anunciado la llegada de Dios según las profecías y esperanzas de Israel; pero en aquel contexto su Reino debía interpretarse en el trasfondo del Imperio sagrado (sea en sumisión o en oposición a Roma). En ese contexto, el Apocalipsis de Juan presentará a Jesús como opuesto al imperio, con su emperador, sus soldados, su ideología y su comercio, como he puesto de relieve en un comentario dedicado al tema.[14]

El Apocalipsis, escrito desde una comunidad de Asia Menor (quizá desde Éfeso) por un profeta judeo–cristiano de Palestina, casi al mismo tiempo que la Carta de Clemente (hacia el 95/96) d. C., insistía en la oposición radical entre Jesús y el César, entre el evangelio del "cordero degollado" y el Derecho Romano (que justifica la persecución y muerte de los cristianos). Pues bien, en contra de eso, en esos mismos años este Clemente de Roma, vinculado quizá (como liberto o esclavo) a una familia imperial, escribe esta carta, defendiendo el "orden imperial de la Iglesia" y vinculando así el Evangelio de Jesús con el Derecho Político. De un modo natural, parte de la Iglesia antigua tomará a Jesús

[14] He desarrollado este motivo, desde diversas perspectivas, no solo en un comentario al *Apocalipsis*, Verbo Divino, Estella 2005, sino en los *Comentarios a Marcos y Mateo*, Verbo Divino, Estella 2012 y 2017, y en *No podéis servir a Dios y al dinero. Teología y economía*, Sal Terrae, Madrid 2019.

como *Basileus*, Gran Rey, y a la comunidad de los cristianos como nuevo y más alto Imperio Religioso, en el contexto de la antigua Roma.

Esta carta de Clemente es posterior a las auténticas de Pablo, y a las de la cautividad (Colosenses y Efesios); también es posterior a los evangelios de Marcos y Mateo y quizá al de Lucas. Pero parece anterior al libro de los Hechos, al evangelio de Juan, con las cartas pastorales (1–2 Timoteo, Tito), y también algo anterior a la Didajé, de la que trataré a continuación. En ese contexto quiero situarla[15].

1. Orden romano–cristiano, obediencia en la Iglesia

Ciertamente, 1 Clem es un escrito cristiano, pero algunos de sus comentaristas y lectores se han atrevido a decir que insiste más en la armonía y obediencia de los fieles de la iglesia que en los perseguidos y hambrientos de las bienaventuranzas. Estas afirmaciones pueden ser exageradas, pero es claro que la carta (1 Clem) defiende un tipo de iglesia cristiano–romana de tipo "imperial", situando la iglesia dentro de una visión universalista de la jerarquía de los seres, que forman un sistema unificado de sacralidad y obediencia. Así pueden entenderse los tres momentos de su argumentación, que es filosófica (helenista), jurídica (romano) y sacral (judaísmo de ley y templo).

1. Plano filosófico: obediencia cósmica, orden humano. Dios ha creado el mundo con un orden, a fin de que todas las cosas le obedezcan. Clemente interpreta la creación no solo como obra de gracia, sino de poder; no como misterio de vida que se expande gratuitamente, sino como expresión de un Dios de poder, que crea el mundo para tenerlo sometido, de forma que los hombres son súbditos de Dios más que amigos:

> Pues con grandísimo poder fijó sólidamente los cielos y con su inteligencia inabarcable los ordenó. Separó la tierra del agua que la rodeaba y la estableció sobre el sólido fundamento de su voluntad y con su mandato ordenó que existiesen los animales que sobre ella van y vienen sin parar. Una vez que tuvo dispuesto el mar y los animales que en él viven, los encerró con su poder (33, 3).

---

[15] Es evidente que no todos los exégetas e historiadores estarán de acuerdo con la datación que aquí propongo. Por eso no quiero insistir en el tema. Por otra parte, la fijación cronológica tiene su importancia, pero no es definitiva para entender este escrito ni el que sigue (Didajé). He presentado mi opinión sobre el tema en *Gran Diccionario de la Biblia*, Verbo Divino, Estella 2015 y en *La Palabra se hizo carne. Teología de la Biblia*, Verbo Divino, Estella 2020.

Desde ese fondo ha interpretado 1 Clem la realidad del ser humano a partir de un orden jerárquico donde cada uno ha sido colocado por Dios en su lugar: unos para mandar, otros para obedecer. Por eso dice que "el buen obrero toma con confianza el pan de su trabajo; el perezoso y negligente no mira cara a cara a quien le da el trabajo" (33, 1).

Esta desigualdad responde a la naturaleza de las cosas, de manera que el obrero ha de estar sometido al patrono. Ciertamente, ha de haber solidaridad entre todos, pero de forma jerárquica, en una línea asimétrica: "El fuerte cuide del débil, y el débil respete al fuerte; el rico provea al pobre, y el pobre dé gracias a Dios porque hay alguien que puede suplir su necesidad..." (38, 2).

2. *Plano político: obediencia imperial.* 1 Clem sitúa la iglesia en un contexto donde se toman como base y referencia los principios de la visión jerárquica del sistema militar romano. Clemente sabe, sin duda, que ese imperio ha perseguido a los cristianos; pero, en contra de Ap 13-18 (que mira a Roma como signo de Satán y pide a los creyentes que no lo acepten), insiste en sus "valores buenos":

> Así, pues, hermanos, marchemos como soldados, con toda constancia, en sus inmaculados mandatos (=mandatos de Dios). Reflexionemos sobre los que militan bajo nuestros jefes: ¡qué disciplinada, qué dócil, qué obedientemente cumplen las órdenes! Todos no son prefectos, ni tribunos, ni centuriones, ni comandantes de cincuenta hombres y así sucesivamente, sino que cada uno en su propio orden cumple lo ordenado por el emperador y por los jefes... (37, 1-3).

Clemente se siente a la vez cristiano y romano, y en esa línea concibe a la Iglesia como un ejército bien unificado. Ciertamente, esta no es una experiencia nueva, pues la habían asumido desde antiguo los judíos partidarios de la Guerra Santa, que vieron a Yahvé como *Sebaot*, Comandante del Ejército celeste. Una visión como esta la habían desarrollado también los esenios judíos de Qumrán (cf. *Regla de la Guerra*), que entendían al pueblo de Israel (al menos escatológicamente) como una comunidad o ejército celeste de soldados puros en pie de guerra, para la gran batalla de Dios en el fin de los tiempos (cf. también Ap 14:1-5).

Pero 1 Clem ha vinculado ese simbolismo sacro–militar con el Imperio de Roma, defendiendo así un tipo de obediencia eclesial que, más que en la experiencia y mensaje de Jesús, centrado en la importancia de los excluidos y en la comunión de vida abierta a los marginados, parece fundarse en el orden jurídico–militar de Roma. Desde ese fondo, algunos han pensado que para 1 Clem y para algunos teólogos posteriores la obediencia de fondo político militar acaba siendo para el conjunto de la Iglesia más significativa que la fraternidad y comunión de amor del evangelio.

3. *Plano bíblico: obediencia levítica judía.* 1 Clem ha podido pasar sin dificultad de la obediencia romana (militar) a la levítica judía (sacerdotal), nivelando así la diferencia entre Israel, Roma y la iglesia. Ciertamente conoce y cita Hebreos, pero da la impresión de que invierte o, al menos, transforma su argumento, pues Hebreos rechaza un tipo de sacerdocio levítico (del templo de Jerusalén), para recuperar el "orden" de Melquisedec (que es el de Cristo), mientras 1 Clem valora a los sacerdotes y levitas de Aarón, a quienes pone cerca de Jesús (cf. 32, 2).

> Dios no mandó que las ofrendas y ministerios se cumpliesen al azar y sin orden, sino en tiempos y ocasiones definidos... Así pues, los que hacen sus ofrendas en los tiempos fijados son sus aceptos y bienaventurados, pues obedeciendo las leyes del Señor no se descarrían. Pues al *Sumo sacerdote* le fueron dados sus propios ministerios y a los *sacerdotes* les fueron asignados sus propios lugares, y *los levitas* tenían servicios propios; *el hombre laico* estaba sujeto a preceptos laicos... (40, 2-5).

En esa línea, se ha podido decir que 1 Clem insiste más en un tipo de obediencia judía según ley que en la experiencia de amor y libertad del Evangelio, como gracia y fraternidad universal, conforme a Jesucristo, tal como ha sido interpretado por San Pablo (prescindiendo de la glosa de Rm 13:1-7) y los primeros cristianos. Conforme a ese criterio, 1 Clem ha podido aplicar a la iglesia unos textos de organización sacral del templo de Jerusalén, sin reinterpretarlos desde Jesús (a diferencia de lo que habían hecho Pablo y Hebreos, Marcos y Mateo, por no hablar de Esteban en Hch 7).

1 Clem vuelve a poner en el principio y centro de la iglesia una serie de disposiciones y reglamentos sacrales de Israel, de forma que él entiende el cristianismo como un judaísmo jerárquico universal, abierto a todos los pueblos, pero en línea de ley, conforme a la ideología imperial de Roma. Lógicamente, él ha debido acentuar la importancia de las disposiciones jerárquicas del judaísmo, declarando *que aquellos que iban (que van) en contra del orden dispuesto por Dios eran dignos de la muerte* (41, 3-4), cosa que no responde al Sermón de la Montaña ni a la condena a muerte de Jesús por motivos no solo religiosos, sino político–sociales.

2. Aplicación cristiana. Origen e identidad de la iglesia romana

Se suele afirmar que Jerusalén y Galilea dieron al cristianismo su hondura mesiánica, manteniendo firme la identidad humana de Jesús, su ideal y camino de Reino, en la línea de los profetas de Israel. Por su parte, las iglesias de Antioquía y Alejandría dieron a la Iglesia su hondura teológica, tal como se expresa en los grandes concilios de Nicea y Calcedonia. Roma, en fin, le dio su "ley", es decir, su organización jurídica, partiendo de eso que se ha llamado y se sigue llamando derecho romano, asumido y recreado por el Derecho Canónico de la iglesia.[16]

Esa organización ha sido esencial para la iglesia romana, de forma que algunos (tanto católicos como protestantes) han tendido a decir que ella se funda más en el Derecho Romano (canónico) que en la Biblia. En esa línea, se ha podido añadir que la verdadera "patria", esto es, la "tierra santa" de los católicos ha sido de hecho Roma. Ciertamente, queda al fondo la Tierra Santa de Jesús que es Jerusalén con Galilea, queda la Escritura como texto "heráldico" de consulta, pero el auténtico libro que regula la vida de muchos católicos ha terminado siendo el Derecho Canónico, conforme a una experiencia y camino que empezó con Clemente, secretario de la Iglesia de Roma.

1. Vuelta al principio. Discordia en Corinto. La carta de Clemente no es un tratado jurídico, ni un compendio de doctrina cristiana (como puede ser la Carta a los Romanos de Pablo), sino un mensaje de aviso que la iglesia importante de Roma envía a los cristianos de Corinto donde, en un momento de discordia, algunos se han rebelado en contra de la autoridad anterior, nombrando otros jerarcas (quizá una forma nueva de entender la autoridad eclesial).

En ese contexto, 1 Clem identifica el pecado con la discrepancia y con la falta de sometimiento de los cristianos "rebeldes". Su culpa es la insubordinación y la discordia "en torno al nombre (=función) del obispo" (44, 1). Más en concreto, algunos presbíteros han sido arrojados de su ministerio (47, 2), de tal modo que (según Clemente) los

[16] Clemente es el primer "padre romano" de la Iglesia, y su doctrina ha sido fundamental para la justificación del derecho canónico. Pero él ha influido también en las iglesias ortodoxas, siendo discutido (a veces aceptado, a veces rechazado) por algunas iglesias reformadas, que se han estructurado como "iglesias nacionales", en las que la obediencia al Estado se admite también como punto de partida de la vida de las comunidades.

"insumisos" han roto la norma de obediencia que fundaron los apóstoles, cuando establecieron sucesores dignos y decidieron que estos sucesores nombraran a su vez otros nuevos, como hombres bien probados en su fe y su ministerio (44, 1-2).[17]

Según eso, los que han destituido a los presbíteros anteriores han cometido un pecado contra el orden del evangelio, pues los ministerios cristianos y la obediencia jerárquica constituyen el centro de la iglesia. En este contexto debemos advertir que 1 Clem no defiende un tipo concreto de autoridad, como podía ser un episcopado monárquico (que no se había implantado todavía en Roma, ni en Corinto), sino la autoridad como tal, esto es un tipo "orden sagrado", representado, en este caso, por los presbíteros oficiales, establecidos en Corinto, conforme a una tradición de origen judío.

Estos son los argumentos básicos de Clemente, pero si queremos hacernos una idea de su teología y de su "derecho eclesial", deberíamos escuchar a aquellos a quienes él condena, que eran quizá partidarios de un cambio en la organización de los ministerios. Posiblemente, los "rebeldes" habían querido sustituir a unos presbíteros anteriores, más tradicionales, para imponer en la comunidad una estructura "monárquica" (episcopal), dirigida por cristianos jóvenes, en la línea posterior de Ignacio de Antioquía. Solo sabemos que esos "jóvenes" quisieron reformar (superar) del poder el "presbiterio" anterior, suscitando así las iras y la intervención de la iglesia de Roma.

La respuesta de 1 Clem ha sido fundamental para el despliegue posterior de la iglesia de occidente (y de la ortodoxia oriental), que insisten la importancia de la jerarquía "cristiana", aunque hayan debido introducir varias adaptaciones e interpretaciones en el texto de Clemente, que defiende una estructura presbiteral (colegiada) y no monárquica de la comunidad, en contra de lo que se impondrá después en el conjunto de las iglesias (con el nombramiento de obispos). De todas formas, la teología básica de Clemente, con la autoridad como signo de Dios, y con su visión de una especie de pacto entre Jesús y Roma, es decir, entre la Biblia y el Derecho Romano, ha marcado un hito en la visión de los ministerios cristianos, con elementos judíos (obediencia sacral: templo, sacerdotes, levitas) y romanos (obediencia militar: imperio).

En ese contexto, los aspectos mesiánicos y liberadores de Jesús, sobre los principios de fraternidad y comunicación múltiples de

[17] Cf. A. M. Javierre, *La primera "diadoché" de la Patrística y los "ellógimoi" de Clemente Romano*, SIT, Salesianum, Torino 1958.

carismas, tal como habían sido destacados por Pablo (1 Cor 12–14), por Mateo (cf. 18:15-20 y 23, 1-7), han pasado a segundo plano, de manera que se ha impuesto una visión jerárquica del poder, con rasgos quizá más filosófico-políticos que evangélicos. Este mensaje ha podido servir para que el evangelio se "encarne" en la estructura jurídica romana, promoviendo así un *sistema eclesial de poder* con sus valores prácticos, pero con sus deficiencias de fondo.

La Carta de Clemente ha sido un texto clave para un tipo de iglesia jerárquica romana, de manera que muchos han considerado este escrito como el más importante del cristianismo después de la Biblia. Es evidente que esa opinión no puede aceptarse, pero nos obliga a estar atentos ante los problemas de poder en la sociedad y la iglesia, un tema que sigue siendo esencial no solo para los católicos, sino también para los ortodoxos y los protestantes, entre los que existen actualmente diversas tendencias, no solo entre las iglesias establecidas (tradicionales), sino entre las confesiones libres.

En esta línea, bien entendida y reformulada, esta carta puede ser importante para aceptar un tipo de justicia en las iglesias, de forma que nadie puede imponer su violencia o capricho sobre otros y también para exigir que se cumpla un tipo de compromiso social, a favor de los pobres y excluidos, en oposición, si hace falta, a los poderes económico–políticos del mundo. Pero ella puede utilizarse también para imponer en la iglesia un tipo de poder social contrario al evangelio.

Debemos recordar que el mensaje de 1 Clem no es definitivo, ni se puede aplicar de un modo automático, pero, si lo tomamos de forma crítica, puede ayudarnos a pensar, a vivir y organizarnos con justicia, a fin de que una interpretación particular de evangelio no nos lleve a ser injustos y violentos con los otros. De esa forma, de pronto, esta carta, la primera de los Padres de la Iglesia, nos sitúa de lleno ante un tema urgente de tipo religioso y social, que ha de ser interpretado y resuelto a partir del evangelio de Jesús y de toda la teología de Pablo (no desde Rm 13:1-7 en exclusiva).

2. Identidad romana. Primer principio, la obediencia. Sea como fuere, en el principio de la estructuración "jurídica" de la Iglesia de Roma se encuentra esta carta de Clemente que ha entendido la institución cristiana a partir de la obediencia cósmica, social y levítica del Antiguo Testamento de Israel (en el contexto del Imperio romano). En ese fondo han quedado quizá al margen o menos desarrollados (¡no negados!)

otros aspectos esenciales del evangelio (anuncio de reino y gratuidad, llamada a los pecadores y curación de los enfermos, opción por los excluidos y fraternidad universal).

Sea como fuere, la "aportación jurídica" de la iglesia de Roma, simbolizada por 1 Clem, ha podido tener también elementos positivos, y en ese sentido el cristianismo occidental ha tenido la suerte de haberse vinculado con el "genio" de la organización social y el derecho del imperio, defendiéndose así de posibles arbitrariedades particulares de algunos líderes exaltados. En esa línea, Clemente ha interpretado el orden católico, universal, del evangelio en la línea de los envíos jerárquicos de Jesús, de manera que para algunos juristas romanos la tarea principal de Jesús fue el establecimiento de una jerarquía universal, que define y marca la identidad de la Iglesia, tanto en Corinto, donde habían surgido ciertas disensiones, como en Roma, donde el mensaje de Jesús ha sido interpretado jurídicamente como fuente de unidad cristiana:

> Jesucristo fue enviado de parte de Dios... y los apóstoles de parte de Cristo. Los dos envíos sucedieron ordenadamente conforme a la voluntad de Dios. Por tanto, después de recibir el mandato (de Cristo) ... los apóstoles partieron para evangelizar que el reino de Dios iba a llegar. Consiguientemente, predicando por comarcas y ciudades establecían sus *primicias*, constituyéndolos, después de haberlos *probado* por el Espíritu, como obispos y diáconos de los que iban a creer. Pues en algún lugar la Escritura dice así: "estableceré a sus obispos en justicia y a sus diáconos en fe" (42, 2-5).

El centro de la Iglesia es aquí la jerarquía, el principio es la obediencia al mandato de Dios, y solo después (en un momento secundario) vienen otros que definen su identidad. Según eso, Jesús ha venido a crear la autoridad, pues la sumisión es lo primero, y la fraternidad, entendida en forma de comunión gratuita de todos los hombres, viene en un segundo momento. Esta fue una faceta importante de la vida cristiana, desarrollada de forma consecuente por la Iglesia de Roma, hasta la actualidad, en una línea de "imperio". Pero muchos cristianos (incluso católicos) han pensado y siguen pensando que esta interpretación jurídica de la unidad y la obediencia resulta unilateral y perniciosa para el evangelio, pues Jesús no se ha revelado en el orden jurídico de Roma, sino en el amor gratuito, en la llamada los excluidos del imperio, en la comunión generosa y gratuita de todos los hombres, como han puesto de relieve los sinópticos, Pablo y Juan.

III

Didajé. Primera guía de vida cristiana[18]

Tras 1 Clemente viene Didajé, con motivos y argumentos de tradición eclesial, no de autoridad jurídica. Clemente se apoyaba en el orden y derecho del imperio. La Didajé viene, en cambio, de un contexto judeo–cristiano, cercano al de Mateo, con tradiciones propias del mensaje y vida de Jesús. Ciertamente, el tema tiene semejanzas (el surgimiento de una autoridad que responda al mensaje y camino de Cristo), pero los caminos y las soluciones son distintas: (a) 1 Clem apela al orden de Roma; la Didajé remite a la enseñanza de Jesús. (b) 1 Clem quiere mantener sin cambios la estructura de la comunidad; la Didajé parece favorable a una transformación, en línea de evangelio. Por otra parte, la transmisión e influjo de los textos ha sido muy distinta.

- *La carta de Clemente fue leída y comentada en las iglesias,* siendo traducida muy pronto al latín y al copto, y publicada en el Códice Alejandrino del siglo V, que contiene casi todo el AT (LXX) y el NT, lo que indica que en ciertos ambientes se consideraba como texto canónico.
- *Por el contrario el texto de la Didajé fue poco leído y comentado en la antigüedad,* de tal forma que su memoria se había perdido, hasta que su texto fue descubierto al parecer en una biblioteca de Jerusalén el año 1873, siendo publicado diez años más tarde (1883).[19]

---

[18] Texto bilingüe y comentario en D. R. Bueno, *Padres Apostólicos,* BAC, Madrid 2002; J. J. Ayán, *Didaché, Doctrina Apostolorum, Epístola del Pseudo-Bernabé,* FP, Ciudad Nueva, Madrid 1993. Cf. también A. Ropero, *Obras escogidas de los Padres apostólicos,* Clie, Viladecavalls 2018. Para una visión de conjunto de los temas de la Didajé, cf. J. P. Audet, *La Didachè. Instructions des Apôtres,* EB, Gabalda, Paris 1958; S. Giet, *L'Énigme de la Didachè,* Ophrys, Paris 1970; A. de Halleux, "Les Ministères dans la Didache": *Inenikon* 53 (1980) 6-29; A. Lemaire, *Les ministères aux origines de l'Église,* LD 68, Paris 1971; G. Schöllgen, "Die Didache als Kirchenordnung": *JahrAntChris* 29 (1986) 5-26; A. Trobajo, "Ministerios jerárquicos en los Padres Apostólicos": *StTel* 27(1986) 249-277; R. Trevijano, *Patrología,* BAC, Madrid 2005, 6–14; Ph. Vielhauer, *Historia de la Literatura Cristiana Primitiva,* Sígueme, Salamanca 199, 751-759. Para el surgimiento y sentido de los ministerios, cf. H. von Campenhausen, *Ecclesiastical Authority and Spiritual Power,* Hendrickson, Peabody MA 1997; A. Faivre, *Ordonner la Fraternité. Pouvoir d'innover et Retour à l'ordre dans l'Église ancienne,* Cerf, Paris 1992; *Naissance d'une hiérarchie,* Beauchesne, Paris 1977; R. A. Campbell, *The Elders. Seniority within Earliest Christianity,* Clark, Edinburgh 1994.

[19] El texto es copia de un MS anterior (1056), cf. R. Trevijano, *Patrología,* BAC, Madrid 2005, 7.

A partir de su publicación, la Didajé ha venido a estar en el centro de todas las investigaciones sobre el cristianismo primitivo. Didajé, significa *doctrina* (enseñanza), y ese es el nombre que se ha dado a este libro dedicado a la organización ministerial y ritual de la iglesia. Debió surgir en Siria (hacia el 100 d. C.), donde se había redactado también, años atrás, el Evangelio de Mateo, con el que se asemeja. Su título completo es *Doctrina del Señor por medio de los Doce Apóstoles,* y es el más significativo de los escritos apostólicos que trata del paso de unos ministerios de tipo itinerante (apóstoles y profetas), a otros de tipo establecido (doctores y obispos), en un contexto en que son ya muy importantes los ritos de iniciación e identificación cristiana (Bautismo, Eucaristía...).

Resulta significativo y extraño el hecho de que la Didajé no haya sido conocida y aducida en las controversias posteriores sobre el ordenamiento y organización de las iglesias (a diferencia de 1 Clemente e Ignacio de Antioquía). No es un evangelio (como los sinópticos), ni una carta (como las de Pablo), sino un manual de catequesis, de administración y ritos, que refleja la actividad y experiencia de unas iglesias en gran parte rurales, formada por pequeñas comunidades que siguen recibiendo la visita y dirección de animadores evangélicos (carismáticos itinerantes), como los que existieron en la primera misión de Galilea (cf. Mt 10:5-15), para configurarse al mismo tiempo, en forma de iglesias establecidas, con doctores y obispos propios, pero sin la autoridad que quiere 1 Clem, ni la visión sacral del episcopado, como querrá Ignacio de Antioquía.

La Didajé se sitúa en el paso que lleva de los misioneros ambulantes a los ministros fijos de las iglesias de aldeas o poblaciones más extensas. Ciertamente, está al fondo el evangelio de Jesús, pero más que los evangelios sinópticos, insiste en el surgimiento y estructura de unas comunidades autónomas, todavía muy cercanas al judaísmo, dispuestas a mantenerse y vivir conforme al mensaje de Jesús, de un modo sencillo, sin ningún tipo de pretensiones de poder.

La Didajé es un texto arcaico, y así recoge elementos de la primera misión de los cristianos en Galilea y en el entorno cercano de Siria. Pero, al mismo tiempo, es renovador, pues refleja las tendencias y posibilidades de unas iglesias, que se están organizando y extendiendo, en zonas rurales de oriente, en un contexto donde muchos hablaban el arameo, la lengua de Jesús (aunque este libro se haya conservado en griego, lo mismo que el evangelio de Mateo, que tiene también un fuerte trasfondo arameo). En ese sentido, por su sencillez y moderación, por su falta de pretensiones, pero también por su manera de estructurar la conducta y misión de las comunidades, la Didajé es quizá el texto más importante y significativo del principio de la cristiandad.

Su testimonio resulta básico para conocer el sentido y despliegue de unas iglesias del entorno de Siria que están pasando de un contexto mesiánico judío (que aún parece dominante en Mateo) a un orden universal de sacralidad y vida liberada, en Jesús, sin imposiciones ni dictados jerárquicos, sino desde la misma experiencia de las comunidades. En esa línea, la Didajé nos proporciona el mejor testimonio del funcionamiento de unas iglesias, miradas desde abajo (desde la misma comunidad), con ministerios de la palabra y de la fraternidad, que tenderán a estabilizarse y organizarse conforme al ejemplo de los sacerdotes y levitas del Antiguo Testamento, pero con una tendencia y finalidad distintos, desde la perspectiva de la vida y mensaje de Jesús.

La Didajé nos sitúa de esa forma ante la primera teología de una iglesia donde, con la figura de Jesús (a quien nunca se le ve por separado, como objeto de una adoración independiente, a diferencia de lo que sucede ya con el mismo Pablo), resulta esencial la vida de las comunidades, entendidas como espacio de maduración humana. Conforme a la visión de la Didajé, Jesús está presente en la experiencia y vida de las comunidades, esperando la resurrección total, es decir, el cumplimiento de su mesianismo.

1. Apóstoles y/o profetas: itinerantes y sedentarios

Lo primero que sorprende es la importancia que Didajé otorga a los ministros del evangelio, unos itinerantes, otros sedentarios, vinculados entre sí, como en las comunidades primitivas de Galilea (y en la misión de Pablo, tal como indica 1 Cor 12–14). Unos y otros tienen en común su carácter carismático. Los ministros de la iglesia son voluntarios del evangelio, hablan en nombre de Jesús y/o de la Iglesia, y lo hacen, con autoridad, por experiencia, pero se distinguen entre sí por su manera de relacionarse con las comunidades. (a) *Unos son itinerantes (apóstoles, profetas)*, y así van animando y creando iglesias, como los enviados de Jesús en Mt 10:5-15. (b) *Otros son sedentarios (maestros y obispos o supervisores)*: forman parte de las comunidades en las que residen y a las que sirven. La Didajé los vincula expresamente (cf. 11, 3-6), suponiendo que son importantes para la Iglesia.

– *Los itinerantes* pueden *dar gracias* en las comunidades por donde pasan (¿dirigir la palabra, celebrar la liturgia?), y hacerlo cuando quieran (10,

7), de forma que su ministerio, inspirado por el Señor, no puede ser juzgado por la comunidad que los recibe (11, 2. 7.11). Están ligados a Jesús, a su forma de vida, a su desprendimiento (no tienen nada, cf. Mt 10:5-15 par.). Por eso son falsos aquellos que enseñan una doctrina que no es la de Jesús (11, 2) o que viven a costa de la comunidad, interpretando su ministerio como trabajo que ha de ser bien pagado (11, 5.9).

- *Los sedentarios,* en grupos cristianos de una pequeña ciudad o aldea pueden y deben dirigir por dentro, la vida de las comunidades que han sido edificadas por apóstoles-profetas, pero que necesitan pronto un tipo de organización autónoma, con sus propios ministerios, para mantener su identidad interna (de grupo) y para defenderse de posibles falsos profetas itinerantes que dicen y no hacen, viviendo a costa del evangelio en vez a su servicio (como había puesto de relieve el evangelio de Mateo 23:1-12).

Se complementan así las dos autoridades: *los profetas/apóstoles itinerantes* expresan el misterio de Jesús con su palabra de anuncio; *los obispos y maestros sedentarios* mantienen, fortalecen y celebran el amor de Cristo en las comunidades. Al comienzo, eran más importantes los *apóstoles/profetas itinerantes,* carismáticos supra-comunitarios (fundadores de comunidades) y por eso se les mantenía en veneración, aunque, como hemos visto, la comunidad podía rechazarles si es que no cumplían en su vida lo que anunciaba. Esos itinerantes tenían por tanto eso, una autoridad mayor, pues son representantes del evangelio universal.

Pero en un momento dado, ellos pueden establecerse en un lugar y vincularse de una forma estable a una iglesia a la que ofrecen sus servicios de una forma duradera, dentro de ella, pudiendo así recibir un "sustento" o medio de vida de parte de los cristianos de la comunidad a la que ofrecen sus servicios:

> Todo *profeta* (*prophêtês*) verdadero que quiera establecerse entre vosotros es digno de sustento. Igualmente, el *maestro* (*didaskalos*) verdadero merece también su sustento, como trabajador… Tomarás toda primicia del lagar y de la era, de los bueyes y ovejas, *y se las darás a los profetas, pues ellos son vuestros sumos sacerdotes*... Igualmente, cuando abras un cántaro de vino o aceite, darás las primicias a los profetas. Toma las primicias de tu plata y vestido y de toda posesión, según te pareciere, y dalas conforme a mandamiento (13, 1-7).

Estos profetas establecidos en una comunidad, con los maestros que habitan en ella, aparecen como "sacerdotes", en sentido originario, hombres sagrados o ministros de la iglesia, ocupando así el lugar de los sacerdotes que en otro tiempo servían en el templo de Jerusalén.

Según eso, la iglesia empezó a estar animada por *carismáticos itinerantes*, esto es, por personas que hablaban en nombre de Jesús como apóstoles y profetas, realizando así un servicio "supra–comunitario". Pero en un momento dado, esos itinerantes tendieron a establecerse, por opción personal o por tarea de evangelio, viniendo a formar parte de la estructura propia de cada iglesia.

- *Surgió así el ministerio instituido de cada comunidad,* con profetas y maestros (obispos) propios de ella. La Didajé supone que esos ministros establecidos forman una "autoridad animadora" de tipo estable, reconocido por la comunidad. Ciertamente, los cristianos carecen de sacerdotes estrictos, como los del Antiguo Testamento, que ofrecían sacrificios cruentos en el altar y administraban las primicias del templo. Pero en su lugar, como servidores comunitarios, han surgido estos nuevos profetas (maestros y obispos). Lógicamente, dado que ellos se ocupan del servicio de una Iglesia, las iglesias tienen que ocuparse de ellos, ofreciéndoles un tipo de mantenimiento.
- *En esa línea se planteó el tema del "salario" como forma de sostenimiento de los ministros,* tema del que se había ocupado Pablo (1 Cor 9:1-14). Significativamente, para fundar la administración económica de las comunidades, la Didajé ha debido acudir a la simbología sacerdotal del Antiguo Testamento, diciendo que los *profetas y maestros* sustituyen a los *sumos sacerdotes* de Israel, que no poseen tierra propia, ni realizan un trabajo productivo, como los restantes miembros de la comunidad, ni son tampoco itinerantes, sino que viven de limosna de las comunidades (como los apóstoles-profetas anteriores). Por eso, a fin de que puedan realizar con libertad su ministerio, deben ser sostenidos con las primicias de los frutos y trabajos de las comunidades.

En un tiempo anterior (en otros ambientes de Iglesia), los sacerdotes del templo habían sido enemigos de Jesús, contribuyendo a condenarle a muerte (como destaca la tradición de los evangelios). Por su parte, la carta a los Hebreos había mostrado que los sacerdotes de templo no tenían ya función alguna y que debían ser sustituidos por un sacerdocio no jerárquico (de Melquisedec), expresado en la misma vida de los creyentes, unos al servicio de los otros, sin templo externo. Pues bien, en contra de eso, aquellos mismos sacerdotes de Israel, organizados en forma de tríada (sumos sacerdotes, sacerdotes intermedios y levitas), empiezan a tomarse ahora en la Didajé como un modelo de vida para los nuevos ministros cristianos.

2. Obispos y diáconos: ministerios de la comunidad establecida

Este fue un cambio muy significativo. Tras la caída del Templo (70 d. C.), el judaísmo rabínico (establecido como federación de sinagogas) abandonó el ministerio concreto de los sacerdotes, tomándolos como "referente imaginario" de una historia antigua ya pasada (pues no hay templo donde puedan oficiar). Pues bien, a diferencia de ellos, algunos cristianos sintieron la necesidad de recuperar un tipo de sacerdocio o, mejor dicho, de ministerio sagrado, entendido en forma comunitaria.

Ciertamente, en principio, ese sacerdocio cristiano se concibe de un modo abierto, como sacerdocio propio del conjunto de la comunidad, sin necesidad de sacrificios animales, un sacerdocio centrado en el ministerio de la vida y pascua de Jesús, de forma que todos los cristianos eran iguales y sacerdotes ante Dios. Pero, de un modo consecuente, en otra línea, ese "sacerdocio universal" de los creyentes tenderá a expresarse en los ministros concretos de las comunidades, de manera que los profetas y maestros de la Didajé pueden terminar apareciendo como sucesores de los sacerdotes del Antiguo Testamento, como siguen diciendo hasta hoy ortodoxos y católicos, a diferencia de los evangélicos (reformados) que tienden a rechazar los ministerios sacerdotales en la Iglesia.

De un modo normal, por su mismo carácter carismático (actuaban de manera más libre, más imprevisible, movidos por su inspiración y su conocimiento), dentro de unas iglesias ya establecidas, los apóstoles y profetas de principio fueron perdiendo importancia, de forma que las comunidades se vieron obligadas a elegir e instituir de un modo programado a sus ministros. Una comunidad estable no puede quedar solo a merced de carismáticos voluntarios, y así lo ha mostrado la redacción final de Didajé, donde se dice que cada iglesia debe instituir a sus ministros, que no son ya *carismáticos* puros, sino *servidores estables*, conocidos y re-conocidos por las comunidades, como *obispos y diáconos* (cf. Flp 1:1).

> Elegíos *obispos y diáconos* dignos del Señor, varones mansos, no codiciosos, fiables y probados: también ellos os administran la *liturgia* de los profetas y maestros. No los despreciéis, pues ellos son los *honrados* entre vosotros, con los profetas y maestros (Did 15, 1-2).

Siguen estando en el fondo los carismáticos antiguos (apóstoles, profetas y maestros voluntarios), a quienes este pasaje de la Didajé toma aún como modelos. Pero la comunidad se ve obligada a constituir (elegir y establecer) funcionarios o ministros estables, llamados *obispos* (supervisores) y *diáconos* (servidores), para así encauzar y organizar la vida y misión de la Iglesia. Significativamente, a diferencia de Hch 14:23 y Pastorales (1 Timoteo y Tito), la Didajé no acepta (o, al menos no evoca) el ministerio, quizá más aristocrático y patriarcal de los presbíteros (entendidos en sentido original como "senadores" o ancianos de las familias más importantes de las comunidades).

Los *obispos* (supervisores) y *diáconos* (servidores) tienen carácter colegiado, y en esa línea parece que la Didajé no conoce (aunque tampoco rechaza) un tipo de episcopado monárquico (que se extenderá e impondrá más tarde en las grandes iglesias establecidas, como muestran las cartas Ignacio de Antioquía de Siria, de las que hablaré en el próximo apartado). Sea como fuere, la Didajé nos sitúa ante una iglesia de *obispos* y *diáconos,* ambos en plural (como en Flp 1:1), una iglesia que puede compararse con la de Mt 23:34, dirigida por *profetas y maestros.*

Estas nuevas autoridades siguen en la línea de Jesús, pero surgen (han sido establecidas y avaladas) ya por las iglesias. Ciertamente, aquí se supone un tipo de *sucesión ministerial* (de los profetas/maestros de Jesús pasamos a los obispos/diáconos posteriores), pero no se puede hablar de una cadena estricta de sucesión de ministerios, como quiso poner de relieve 1 Clemente y como destacará Ireneo.

Estos ministerios estables brotan de la estructura carismática y comunitaria de la iglesia, siguiendo el impulso y mandato de Jesús, pero sin haber sido definidos de un modo estricto por él. Ciertamente, se inspiran en Jesús, pero surgen por impulso de la Iglesia, a imitación de los que existían en aquel contexto social (especialmente en el judaísmo del entorno), con elementos propios de los sacerdotes y levitas del Antiguo Testamento.

3. Nuevo culto eucarístico

La novedad de la Didajé está en trazar una relación, implícita pero clara, entre liturgia eucarística y ministerios eclesiales. Parece que hasta entonces (y en otros contextos) las palabras de Jesús en la Cena (¡haced esto en memoria mía!: Lc 22:19; 1 Cor 11:24-25) se tomaban como dirigidas a toda la comunidad. Por otra parte, los textos del Nuevo Testamento no relacionaban los ministerios eclesiales y la *presidencia* eucarística (si se puede utilizar esta palabra). En sentido estricto, tampoco *Didajé* lo hace, y así puede hablar de bautismo y eucaristía (Did

7-10), sin decir quien preside o realiza el rito, aunque se puede suponer que intervienen *profetas y maestros* (cf. 10, 7; 11, 9).

Pero, tras haber afirmado que la comunidad se reúne el día del Señor (14, 1) a fin de "partir el pan", para asegurar la importancia del rito (es decir, de la celebración cristiana), el texto añade "escogeos, pues, *obispos y diáconos*" (15, 1). En esa línea se puede suponer que esos obispos y diáconos están al servicio de la celebración, interpretada como *sacrificio puro* (*thysia kathará:* 14, 1), de manera que la iglesia empieza a entenderse en claves litúrgicas y sacrales. Desde ese fondo sigue el texto, vinculando el perdón (la reconciliación cristiana con la celebración), como hace también el evangelio de Mateo (cf. 18:15-18):

> Todo el que tenga contienda con su compañero no se junte con vosotros hasta que no se haya reconciliado, para que no profanar vuestro sacrificio. Porque este es el sacrificio que dijo el Señor: "en todo lugar y todo tiempo se me ofrece un sacrificio puro, porque yo soy Rey grande, dice el Señor, y mi nombre es admirable entre las naciones" (Did 14, 2-3; cf. Mt 18:15-20).

Ese pasaje incluye la cita de la "profecía" de Ml 1:11, 14 (en todo tiempo y lugar se me ofrecerá un sacrificio puro...), y así presenta a las iglesias como pueblo sacerdotal (verdadero Israel), esparcido por el mundo y celebrando el auténtico sacrificio. En esa línea, la Didajé tiende a resacralizar la vida cristiana, de manera que los dirigentes de la iglesia (obispos-diáconos, que sustituyen a los profetas-maestros) vienen a presentarse como *sumos sacerdotes* (uniendo 13, 3 con 15, 1-2), ofreciendo con y por Jesús el sacrificio universal de la vida mesiánica. La Didajé no ha reglamentado la función de esos *obispos/diáconos* como presidentes de la celebración; pero la iglesia posterior avanzará en esa línea, elaborando una especie de nueva teocracia, identificando el "poder" de Dios con la celebración de Jesús, en torno al "pan mesiánico" de la Cena del Señor.

De un modo consecuente, la Iglesia asume en su celebración elementos sacrales (sacrificiales) propios de Israel, y así empieza a interpretarse como institución de culto. Los ministros siguen siendo inspectores (obispos) y servidores (diáconos), subordinados a la comunidad; pero una vez que la iglesia ha tomado una línea sagrada, avanzando por ella (como hemos visto en Clemente y veremos en Ignacio, Justino e Ireneo), los obispos (y presbíteros) de la iglesia podrán identificarse con los sacerdotes del Antiguo Testamento, recreando así la sacralidad del judaísmo del Templo.

En ese contexto surgirá más tarde una estructura sacerdotal, derivada de la autoridad originaria de Jesús, que se expresa a través de unos ministros que garantizan el orden religioso del conjunto. De un modo consecuente, para garantizar la continuación de la experiencia sacral israelita, esos ministros tomarán elementos del Antiguo Testamento (y del culto de Jerusalén), pero interpretados a partir de la experiencia y vida de Jesús, que se ha entregado en amor por todos los hombres, a partir del judaísmo, aunque superando reinterpretado de un modo mesiánico universal por el mismo Jesús.

Resulta difícil separar las comidas ordinarias y las celebraciones de la Cena del Señor, de manera que las oraciones de la Didajé podrían ser en principio *bendiciones de mesa,* proclamadas en las reuniones de la comunidad. Posiblemente no existía una distinción estricta entre *comidas comunitarias* (como las de algunos grupos judíos) y *liturgias eucarísticas* en el sentido posterior de la palabra, en la línea de la *Cena del Señor* (cf. 1 Cor 11:17-34), ni *misa sacrificial,* como las *missarum solemnia* de tiempos posteriores, pero había eucaristía, acción de gracias a Dios por Jesús, en un contexto de comida, como indican las palabras emocionadas que marcan el sentido de su celebración:

- *(En lo referente a la eucaristía)*: Debéis decir la eucaristía así: Te bendecimos Padre nuestro, por la vida y el conocimiento que nos has hecho conocer mediante Jesús, tu servidor. A Ti la gloria por los siglos de los siglos. (Amén).
- *(Sobre la fracción del pan)*: Te bendecimos Padre nuestro, por la vida y el conocimiento que nos has hecho conocer mediante Jesús, tu servidor. A Ti la gloria por los siglos de los siglos. (Amén). Como este pan partido, esparcido antes por las lomas, ha sido recogido y se ha hecho uno, así tu Iglesia sea reunida en tu reino desde los confines de la tierra. A Ti la gloria y el poder por los siglos... (Amén).
- *(Tras haber comido, diréis así la eucaristía)*: Te bendecimos Padre santo, por tu santo nombre, que has hecho habitar en nuestros corazones; y por el conocimiento, la fe y la inmortalidad que nos has hecho conocer, a través de Jesús, tu siervo. A Ti la gloria por los siglos. (Amén).
- *Oración.* Acuérdate, Señor, de tu Iglesia, para liberarla de todo mal y perfeccionarla en tu amor. Reúnela, santificada, desde los cuatro vientos, en tu reino, que Tú le has preparado. A Ti el poder y la gloria por los siglos. Amén. Hosanna a la casa de David. El que es santo, lléguese. El que no, arrepiéntase. *Marana tha.* Amén (Did 9–10. Cf. *Padres apostólicos. Didajé,* BAC, Madrid 1950, 86–87).

En ese contexto nos sitúa la *Didajé,* libro de instrucción y primer catecismo ritual de la iglesia, en una línea más semejante al judeocristianismo de Mateo que a la misión a los gentiles de Pablo. De esa forma regular la vida de unas comunidades muy ancladas en la herencia judía de Jesús, en un tiempo en que parecen aproximarse cambios de estructura y dirección eclesial. Algunas de sus soluciones no responden quizá a nuestros problemas, pero nos ayudan a entenderlos y quizá a solucionarlos:

- *Didajé vincula ministerios itinerantes, de tipo supracomunitario, y sedentarios, de cada iglesia,* desde la memoria de Jesús, de una forma carismática, sin necesidad de una autoridad establecida de tipo jerárquico. Lo que vincula a las comunidades es el testimonio de Jesús, la experiencia de su recuerdo y presencia salvadora.
- *Didajé ofrece el testimonio de comunidades tradicionales,* en la línea de un judaísmo que se expande y universaliza a través del mesianismo de Jesús, que no es de tipo político triunfalista, sino de comunión, abierta al perdón y a la comunicación de vida entre los creyentes, en línea de amor y servicio mutuo, no de imposición legal.
- *Los ministerios* no se establecen de manera jerárquica, sino se servicio comunitario, que puede implicar una dedicación total, de forma que los ministros pueden y deben recibir una ayuda económica de las comunidades, dentro de una comunión básica de vida. Por eso, los *signos cristianos,* bautismo y eucaristía, garantizan la comunión de todos los creyentes, desde el recuerdo y presencia sacramental de Jesús.[20]

[20] La Didajé plantea y resuelve así los problemas de fondo de 1 Clem, en una línea de búsqueda comunitaria, no de imposición, apelando al evangelio, no al Derecho Romano, aunque apelando a los signos y modelos de un Antiguo Testamento, de tipo sacerdotal y jerárquico. Cf. *Historia de Jesús,* Verbo Divino, Estella 2015 y de *Sistema, libertad, iglesia. Instituciones del Nuevo Testamento,* Trotta, Madrid 1999.

IV

Ignacio de Antioquía[21]

1. Obispo de Siria

Clemente era "organizador" eclesial en la línea del Derecho superior de Roma. La Didajé era un catecismo abierto a los cambios de vida, desde una base de evangelio (con fuerte influjo judío). Ignacio, en cambio, es un místico de la jerarquía y de la unidad eclesial, inmerso en el Dios en quien "vivimos, nos movemos y somos", como decía el Pablo en Atenas (Hch 17:28), pero insistiendo más que Pablo en elementos de mística helenista vinculados al cristianismo; en esa línea, él ha sido el primero que (profundizando quizá en la experiencia de fondo de los Efesios, pero en una línea distinta) ha descrito a la Iglesia como espacio místico de unión/comunión con Dios, por de Jesús, a través de unos ministros que expresan y encarnan su identidad, insistiendo más en su aspecto místico que en su organización y poder social.

Él se presenta como obispo de Antioquía de Siria hacia el 120 d. C., acusado por problemas vinculados al orden de la Iglesia y enviado a Roma donde será ejecutado y morirá como mártir. Era socialmente significativo (a diferencia de los diáconos y obispos rurales de la Didajé), y así fue enviado a Roma (retomando el camino de Pablo: cf. Hch 22–28). En esa línea, a través de su testimonio público de Jesús y en especial de su muerte, como enemigo de un Imperio auto–divinizado, Ignacio vincula su experiencia de Dios con el honor y la vida de la Iglesia, entendida como revelación sagrada.

---

[21] Obras: PG 5. Cf. J. J. Ayán, *Ignacio de Antioquía. Cartas,* Ciudad Nueva, Madrid 1991; Ruíz Bueno, *Padres Apostólicos,* BAC, Madrid 2002; A. Ropero, *Obras escogidas de los Padres apostólicos,* Clie, Viladecavalls 2018. Cf. también J. Fernández, "Teología de la comunidad en San Ignacio de Antioquía": *Lumen (Vitoria)* 24 (1975) 193-228; J. P. Martín, *El Espíritu Santo en los Orígenes del Cristianismo. Estudio sobre 1 Clemente, Ignacio, II Clemente y Justino mártir,* PAS, Roma 1971; J. Rius-Camps, *Las cartas auténticas de Ignacio,* Rev. Catalana de Teología 2 (1977) 31–149; *The Four Authentic Letters of Ignatius, the Martyr,* AnOr, Roma 1979; W. R. Schoedel, *Ignatius of Antioch,* HCHCB, Fortress, Philadelphia 1985; M. Thurian, "L'organisation du ministère dans l'Église primitive selon Saint Ignace d'Antioche": *Verb.Caro* 21 (1967) 26-38; R. Trevijano, *Patrología,* BAC, Madrid 2005, 30–38; A. Vilela, "Le presbitérium selon Saint Ignace d'Antioque": *BLE* 74 (1973) 161-186; R. Weijenborg, *Les Lettres d'Ignace d 'Antioche. Etude de critique littéraire et de théologie,* Brill, Leiden 1969; S. Zañartu, "Aproximación a la Eclesiología de Ignacio de Antioquía": *Stromata* 38 (1982) 243-281.

El autor de 1 Clemente había sido un pensador social cristiano, vinculado a la justicia de Roma, interpretada en forma de obediencia, de manera que su visión de la Iglesia retomaba rasgos y motivos del imperio. En contra de eso, *Ignacio es un místico de Jesús crucificado*, un servidor eclesial, enamorado de la muerte entendida como entrega y comunión con Cristo, un hombre que en tiempos de crisis de las comunidades ha descubierto y/o potenciado la función de los obispos monárquicos (con su colegio de presbíteros y diáconos), para superar el riesgo de una disolución gnóstica del evangelio (entendido de un modo intimista) y la interpretación política del Cristianismo.

Ignacio es *jerarca de una iglesia importante*, alguien que busca y promueve la unidad social concreta de las comunidades, presididas por obispos (con presbíteros y diáconos). Ha recogido influjos de Pablo (en la línea de Efesios) y de los Evangelios de Juan y de Mateo (quizá del mismo Lucas), y piensa que el mensaje de Jesús corre el riesgo de perderse, por disputas entre cristianos gnósticos o iluminados interiores y judaizantes que quieren retomar un tipo de ley rabínica.

En un momento de cambios estructurales, él quiere fortalecer la cohesión de la iglesia, insistiendo en la unión de los cristianos, vinculando el orden social de la iglesia (desde la obediencia a obispos, presbíteros y diáconos) con un tipo de elevación mística (unión en Cristo y muerte recreadora en manos del Dios crucificado). Su preocupación no es un mensaje bien formulado (como quieren las Cartas Pastorales, 1–2 Tm y Tito, de la tradición de Pablo, donde el presbítero/obispo era ante todo servidor de la Palabra), ni el establecimiento de una autoridad legal de obediencia (como en 1 Clem), sino la vinculación de los creyentes entre sí y con Dios (en Cristo), a través de una fuerte armonía eclesial, promoviendo en esa línea el surgimiento de una *jerarquía* entendida como principio sagrado de vinculación o armonía divina, más que de sometimiento social.

Desde ese fondo insiste en la necesidad de una vinculación de los creyentes, en línea de comunión mística, pues el mismo Dios de Cristo se expresa en la armonía de amor de los creyentes, presidida por obispos, servidores (=testigos) de la revelación de Dios en Cristo. En esa línea, él habla de unas iglesias unidas en torno a los obispos, presbíteros y diáconos. Pero no sabemos si quiere describir una institución episcopal que ya existía (ya se había impuesto) en iglesias como Antioquía, Esmirna y otras, o si quiere, más bien, fundarla y promoverla, pues hay iglesias donde parece que no existe todavía (como quizá en Roma) o ambas cosas a la vez.

No todos los investigadores aceptan la autenticidad del conjunto de las cartas, conservadas en su nombre, pues parece que algunas han sido interpoladas o incluso creadas más tarde, para así justificar el surgimiento de la jerarquía episcopal. Aquí no puedo profundizar en el tema, sino que me limito a decir que, en principio, tomo como auténticas las siete cartas de la tradición (Efesios, Magnesios, Tralianos, Romanos, Filadelfios, Esmirniotas y Policarpo), aunque es verosímil la hipótesis de un "corpus reducido" (Romanos, Magnesios, Tralianos y Efesios) con interpolaciones posteriores, a las que se añaden después otras cartas (Filadelfios, Esmirniotas y Policarpo), en el siglo III y IV, para fundamentar el episcopado monárquico y la jerarquía de la iglesia.[22]

Sea cual fuere la extensión original de los textos, su propuesta de fondo (la formación de unas iglesias definidas por una institución mística de obispos, presbíteros y diáconos) ha terminado triunfado en el conjunto de las iglesias antiguas. Frente a la invisibilidad de los gnósticos (que quieren una Iglesia espiritual) y la identificación con la estructura del Imperio romano, Ignacio ha insistido en la visibilidad social, pero no imperial, de las iglesias, con obispos, presbíteros y diáconos. Esa propuesta ha sido esencial en la historia de la Iglesia, aunque no se identifica sin más con la de Jesús, para quien el centro de la comunidad son los pobres, enfermos y excluidos.

2. Análisis de textos. Esquema básico

1. *En armonía con el obispo.*Los cristianos corrían el riesgo de convertirse en grupos desarticulados, donde cada uno interpretaba a Jesús a su manera, sin orden ni unidad comunitaria, sin identidad frente al Imperio, de manera que ellos terminaban aislados y abandonados a su impulso. En contra de eso, Ignacio quiere que las comunidades sean grupos de comunión de vida, en torno al obispo:

> Estáis tan armonizados con el Obispo, como la iglesia con Jesucristo y Jesucristo con el Padre, a fin de que todo suene al unísono (Efesios 5:1). No os conviene abusar de la poca edad de vuestro obispo, sino, mirando en él la virtud de Dios Padre, tributarle toda reverencia. Así he sabido que vuestros santos presbíteros no tratan de burlarse de su condición juvenil..., sino que, prudentes en Dios, le obedecen o, por mejor

[22] A favor del canon breve, J. Rius Campos, *The Four Authentic Letters of Ignatius, the Martyr*, AnOr, Roma 1979. Cf.///C:/Users/Equipo/Downloads/65837-Text%20de%20 l'article-99773-1-10-20080128.pdf

> decir, no a él sino al Padre de Jesucristo, que es el obispo de todos... (Magnesios 3, 1).

Las iglesias expresan y despliegan la armonía de Dios, como canto musical, en torno al Padre Dios y a Jesús (en torno al obispo y los presbíteros), formando así una trinidad sagrada, en línea de polifonía celeste, que se encarna en la Iglesia. Por medio del obispo, los creyentes se integran en la armonía de la música más alta, como recuerda Ignacio a la comunidad de Magnesia, donde han surgido desavenencias entre los presbíteros (autoridad colegiada de ancianos) y el obispo monárquico más joven.

2. *Sometimiento mutuo.* No se trata por tanto de que unos dominen sobre otros, como puede suceder en el imperio, sino de que todos se sometan, es decir, se integren de un modo gozoso y profundo, unos con otros, en la unidad de Dios Padre, con el Cristo:

> Como el Señor no hizo nada sin el Padre, ni por sí, ni por sus apóstoles, así vosotros tampoco hagáis nada sin contar con el obispo y los presbíteros (Magn 7, 1). Someteos al obispo y unos a los otros, como Jesucristo al Padre según la carne, y los apóstoles a Cristo y al Padre y al Espíritu, para unidad corporal y espiritual (Magn 13, 2)

Someterse significa amarse, buscando cada uno el bien de los otros más que el suyo propio, aceptando la autoridad (esto es, el valor y presencia) de unos jerarcas que ocupan en lugar de Cristo en Flp 2:6-11 (cf. Ef 5:21), aunque ya no es Cristo el que somete bajo los poderes del mundo, sino que los cristianos son los que se someten al obispo. En ese sentido, en la línea de Flp 2:1-5, Ignacio instituye una mística de *sometimiento universal,* en amor y respeto mutuo, partiendo del obispo y los presbíteros.

3. *Que todos sean uno.* Ignacio no busca la uniformidad por ley, sino una comunión que se establece a través del respeto, la acogida y ayuda mutua, conforme a la necesidad de las iglesias, de forma que los diáconos o servidores de la unidad (en un plano económico y social) son signo y presencia de Cristo, con los obispos y presbíteros:

> Respetad todos a los diáconos como a Jesucristo, lo mismo al obispo, que es figura del Padre, y –a los presbíteros, sanedrín de Dios y colegio apostólico. Sin estos no hay iglesia (Tralianos 3, 2). Sean uno con el obispo, los presbíteros y diáconos constituidos según el sentir de Jesucristo,

> a quienes (Dios) afianzó firmemente, según su propia voluntad, por el Espíritu Santo (Filipenses, Saludo).

La Iglesia se instituye así como Trinidad de amor humano, una línea de familia. El obispo es padre, los presbíteros forman un tipo de senado apostólico (¿Espíritu Santo?) y los diáconos representan al Cristo servidor, que vincula a todos, hombres y mujeres, por su amor y entrega activa. Esta llamada a la unidad eclesial sin imposición de unos poderes superiores (pero con jerarquía de amor, como en Jn 17:22-23, Gá 3:28 y Ef 4:4-6) se entiende en forma de vinculación concreta de los fieles, animados por una jerarquía de amor y entrega mutua, no de subordinación de unos a otros.

4. Eucaristía, comunión de vida en Cristo. La comunión de la Iglesia se expresa y realiza en la comunicación concreta de los creyentes, en torno al obispo que es, en cada iglesia, el signo y testimonio de unidad, entendida como celebración gozosa de fe y vida, en unos momentos en que unos cristianos tendían a separarse, formando comunidades privadas de iniciados gnósticos, o diluyéndose en el orden impositivo del Imperio.

> Los que son de Dios y de Jesucristo están con el obispo… y quienes arrepentidos volvieren a la unidad de la iglesia también serán de Dios... Esforzaos por frecuentar una sola eucaristía, pues una es la carne de nuestro Señor Jesucristo y uno el cáliz para unirnos con su sangre, uno el altar, como uno el obispo, con los presbíteros y diáconos, consiervos míos... (Filipenses 3:2-4:1). Seguid todos al obispo, como Jesucristo al Padre, y al presbiterio como a los Apóstoles; reverenciad a los diáconos, como al mandato de Dios. Nadie haga algo referente a la iglesia sin el obispo. Solo es fiable la eucaristía con el obispo o su delegado. Donde está el obispo esté la muchedumbre, donde está Jesucristo está la iglesia universal. Sin el obispo no se puede bautizar... (Esmirniotas 8, 1).

No todos aceptaban el orden que Ignacio propone, pues el texto supone que en las iglesias había divisiones. Por eso, sus cartas han de entenderse en clave apologética, como alegato por la unión de los creyentes, en torno al obispo, con el presbiterio (cuerpo colegial de ancianos) y los diáconos, formando así un tipo de comunión concreta, de comunicación social de vida, por encima del Imperio que les somete por la fuerza o de una gnosis que les abandona en su soledad. Para superar esos riesgos, Ignacio propone un estilo de unidad y comunión eucarística, como experiencia suprema de comunicación en amor.

3. Visión de conjunto: unidad mística eclesial

Los textos que acabamos de presentar constituyen la mayor defensa antigua de la unidad episcopal (social) de la iglesia. Todo nos permite suponer que la institución del episcopado monárquico empezaba a consolidarse (hacia el 120 d. C.), sin extenderse a todas las comunidades, pues algunas, de tipo más judío, seguían animadas por presbíteros y/o diáconos, pero sin obispos (como parece suceder en Roma, pues al dirigirse a su comunidad Ignacio no saluda al obispo, sino a la iglesia entera).

Las Cartas Pastorales, escritas quizá en esos mismos años (hacia el 120 d. C.), en una línea de tradición de Pablo no conocen o no exigen ni promueven un episcopado monárquico, al servicio de la unidad de los creyentes. Ignacio, en cambio, insiste en la "autoridad" espiritual de los obispos, como portadores y signo del misterio "carnal" de la Iglesia, entendida en forma de comunicación integral de los creyentes. Esos obispos no son "gerentes" de iglesias, ni ejercen una autoridad dominadora, ni están sobre las comunidades, sino que aparecen como testimonio y signo personal de unidad comunitaria. Ignacio ha vinculado así la *unión de la iglesia*, como experiencia de comunión divina, y *la mediación episcopal*, que así aparece como signo de comunión socio–espiritual de los creyentes. Esa es la constitución jerárquica de las iglesias, no en línea de poder, sino de comunión en Dios de todos los creyentes.

- *Esta visión del episcopado resulta lógica*, pues a medida que la iglesia se amplía resultan más difíciles de coordinar las funciones de presbíteros y diáconos, al servicio de la comunión concreta de los creyentes. En sentido estricto, ni Jesús ni los primeros apóstoles pensaron en crear este tipo de obispos, como los de Ignacio. Pero ese tipo de obispos surgieron, con su función de promover y simbolizar unidad mística de la Iglesia. En esa línea, los obispos derivan de Jesús y de los apóstoles, de manera que ciertas iglesias posteriores (como la ortodoxa y la católica) han afirmado que la constitución del episcopado es de origen evangélico y pascual (divino), a diferencia de otras iglesias reformadas que no admiten la constitución episcopal de la Iglesia (aunque pueden hablar de un tipo de obispos como administradores "no sacrales" de las comunidades).
- *Ignacio insiste en la fundamentación mística del episcopado.* Para establecer la autoridad del obispo (con presbíteros y diáconos), él no quiere ni puede fundarse en argumentos filológicos (de libros del Antiguo o Nuevo Testamento), ya que, como dice "mis archivos y libros son

Cristo crucificado y resucitado" (cf. Filadelfios 8, 2). Pues bien, en la línea de ese Cristo, para expresar la unidad y comunión de la Iglesia, no en forma de poder imperial, sino de servicio, él ha insistido en la función simbólica y "carnal" (encarnada) de los obispos, utilizando argumentos místicos, que varían de unas cartas a otras, pero que terminan fundándose en la comunión trinitaria, que es signo y principio de toda comunión humana.

- *Una jerarquía sagrada.* Ignacio relaciona unidad jerárquica (mística) de la Iglesia y celebración litúrgica. Según el evangelio, Dios se revela en los excluidos del sistema o en la unidad de amor de los creyentes. En esa línea, Jesús no viene a crear una nueva institución celebrativa, sino a crear un movimiento de solidaridad y salvación humana, empezando por los excluidos y pobres. Sin negar eso, para fundamentarlo, Ignacio vincula revelación de Dios y autoridad sagrada. De un modo consecuente, siendo servidores de la comunidad, los ministros son signo de Dios, un tipo de jerarquía, no para dominar sobre las iglesias, sino para promover un tipo de celebración y comunión en medio de ellas, al servicio de los pobres.

Las cartas de Ignacio se encuentran en el fondo de un fascinante (y peligroso) proceso de institucionalización cristiana, donde el evangelio de Jesús y la herencia de las primeras comunidades se vinculan con un tipo de racionalidad jurídica (Roma) y de mística de comunión sagrada (iglesias de oriente). En ese contexto serán fundamentales los escritos del llamado Dionisio Areopagita, del que me ocuparé en cap. 7, al final de este libro. Pero ya aquí debo adelantar algunos de sus argumentos simbólicos, en la línea de Ignacio de Antioquía.

Conforme a la teología mística de Dionisio, que desarrolla teológicamente la experiencia básica de Ignacio, la iglesia es *un orden jerárquico y gradual de autoridad* que proviene de Dios y *desciende,* a través de Cristo/Logos y del Espíritu, que es Alma divina de toda realidad, hasta el mundo inferior de la materia, para expresarse en forma de Iglesia, y *ascender de nuevo* a lo divino. En ese contexto resultan esenciales los jerarcas "místicos" de la iglesia, en línea de testimonio más que de poder social:

- *El obispo* posee la ciencia de las Escrituras, en clave de perfección, siendo así una especie de "Biblia encarnada", de manera que puede revelar su conocimiento y santidad desde lo alto, como *tearquía,* con autoridad divina, porque está directamente iluminado por Dios.
- *Los sacerdotes (presbíteros)* reciben y comparten la iluminación del obispo y la transmiten a los estamentos inferiores de la Iglesia, no en línea de dominio, sino de comunicación mística. Ellos ofrecen así los

símbolos divinos a los fieles y purifican a los «profanos», engendrándoles para la gracia a través de los sacramentos.
- *Los ministros (diáconos)* van dirigiendo a esos profanos hacia la purificación de los sacerdotes, ayudándoles en sentido material (social), pero, sobre todo, espiritual para que puedan realizar la obra divina, dentro de un todo armónico entendido como gran canto de misterio (Dionisio, *Jerarquía eclesiástica* V, 1).

Los ministerios de la iglesia se integran de esa forma en una visión sacral del mundo, presidida por la veneración y presencia del Misterio Divino, que se expresa por la Encarnación de Cristo y la Efusión del Espíritu Santo, en una serie de comunidades concretas que expresan la grandeza y brillo del misterio de Cristo en la "carne" de su vida personal y social. Según eso, la obediencia cristiana a la jerarquía no es sometimiento, sino comunión y participación gozosa en la vida de Dios, a través de la "jerarquía", es decir, del orden divino de la realidad.[23]

[23] Para conservar y transmitir su inspiración evangélica, la Iglesia se integró en una cultura y espiritualidad de tipo místico y sacramental, presidida (no dominada) por obispos, presbíteros y diáconos. Esa visión no responde, ni se puede aplicar, a la vida de todas las iglesias, pero ha sido y sigue siendo importante en la tradición ortodoxa y católica, con elementos discutibles, pero otros muy valiosos, recordando que los ministros de la iglesia no son gerentes de empresa, ni funcionarios de una organización civil, sino testigos del misterio de Dios en Cristo.

V

Otros autores y libros

Además del Clemente, Didajé e Ignacio, hubo en el principio otros "padres" significativos. Algunas de sus obras se han perdido, otras se conservan: Son escritos de tipo apocalíptico, de origen en gran parte judío, pero con interpolaciones cristianas (4 Esdras, Ascensión de Moisés etc.), evangelios "apócrifos" de tipo gnóstico, hechos de apóstoles, etc. He citado algunos de esos textos al comienzo de este capítulo; aquí expongo algunos más significativos (Carta de Bernabé, Carta a Diogneto), con otros que han sido también importantes al principio de la Iglesia:

1. Carta de Bernabé (siglo II d. C.)[24]

Según Hechos, Bernabé fue un judeo–cristiano originario de Chipre, que puso sus bienes al servicio de la Iglesia (cf. Hch 4:37), vinculándose después con Pablo con quien colaboró en la primera misión a los gentiles (cf. Hch 9:27; Hch 13-15), hasta que ambos se separan (Hch 15:39) para seguir caminos diferentes. Pablo ratifica ese último dato (Gá 2:1, 9, 13), afirmando que lo hicieron por sus diferencias en su forma de entender las comidas compartidas, pero recuerda a Bernabé de forma muy positiva (1 Cor 9:6).

Pues bien, hacia el año 130 d. C., un autor desconocido tomó su nombre para publicar una carta/tratado que ha tenido gran importancia en la Iglesia y que, en algunos lugares y momentos, ha llegado a formar parte del canon del Nuevo Testamento. Esa "carta" es, por un lado, muy judía, una relectura del texto bíblico anterior; pero, al mismo tiempo, es muy antijudía, pues afirma que todo el Antiguo Testamento ha de ser interpretado y transformado de manera alegórica desde la perspectiva de Jesús, ya que carece en sí mismo de verdad.

En esa línea, Bernabé supone que las leyes y prácticas rituales del Pentateuco y de la Biblia Hebrea deben entenderse de manera

---

[24] Texto: PG 2. Ediciones bilingües: D. Ruiz Bueno, *Padres apostólicos,* BAC, Madrid 1950; J. Ayán, *Didaché, Doctrina apostolorum, Epístola del Pseudo-Bernabé,* FP 3, Ciudad Nueva 1992. Cf. A. Ropero, *Obras escogidas de los Padres Apostólicos,* Clie, Viladecavalls, 2018; R. Trevijano, *Patrología,* BAC, Madrid 2005, 22–30.

alegórica como referidas a Jesús, y que aquellos que las entendieron (y entienden) de un modo literal desconocen y pervierten su sentido. A su juicio, entendido al pie de la letra, el judaísmo nacional (legal) va en contra de la revelación de Dios; desde ese fondo interpreta, en forma simbólica no solo el sábado y las fiestas, sino la circuncisión y las normas dietéticas y sexuales de la Ley israelita.

Esta carta propone una solución que es en parte semejante a la de Marción (cf. caps. 2 y 5), quien afirmaba que el Antiguo Testamento es en realidad anticristiano, de manera que debe ser expurgado de la Biblia. Ciertamente, Marción es más radical (en lo externo), pero Bernabé puede resultar al fin, más efectivo, pues priva al judaísmo de su legitimidad histórica, de su diferencia religiosa y de su identidad teológica, aunque conservando sus libros en el canon. De todas maneras, un tipo de exégesis como esta de Bernabé resultaba usual en los círculos judíos de aquel tiempo, aunque los rabinos la efectuaron con fines distintos, no para devaluar la ley judía, sino más bien para afianzarla.

De todas maneras, a pesar de su anti-judaísmo, esta carta ofrece una de las visiones más significativas de la exégesis bíblica de la primera mitad del siglo II d. C., tanto desde una perspectiva cristiana como judía, situándose y situándonos con gran "libertad" ante la Biblia judía (Antiguo Testamento), mostrándonos la necesidad de interpretarlo de un modo "espiritual", más allá de la letra del texto. Muchos exégetas, tanto ortodoxos, como católicos y protestantes, desde diversas perspectivas, siguen en la línea de este Bernabé, con sus valores, pero también con sus riesgos de subjetivismo, en una línea que puede ser muy piadosa, pero que corre el riesgo de separarse del verdadero mensaje de la Biblia.

2. Carta a Diogneto (siglo II d. C.)[25]

Diogneto (=Conocido de Dios) es el destinatario histórico o simbólico de un manifiesto a favor del cristianismo, escrito entre el II y el III d. C. Su texto se había mantenido ignorado hasta ser redescubierto en el siglo XV, de manera que no dejó huellas en el cristianismo antiguo. No conocemos a su autor. Algunos han pensado que Diogneto (que al parecer habría preguntado por la identidad y sentido de los cristianos)

---

[25] Obras: PG 2. Texto bilingüe en D. Ruiz, *Padres Apostólicos*, BAC Madrid 1950; J. J. Ayán, *Padres Apostólicos*, Ciudad Nueva, Madrid 2010; A. Ropero, *Obras escogidas de los Padres Apostólico*, Clie, Villadecavalls 2018.

sería el emperador Adriano, o un tal Claudio Diogneto, procurador de Egipto, o un tutor del Emperador Marco Aurelio.

Lo cierto es que el escrito pasó inadvertido en el cristianismo antiguo, a pesar de tener gran fuerza y ser uno de los testimonios más ricos y sorprendentes de la identidad cristiana, que empieza así: «Preguntas, Diogneto, qué Dios es ese en el que confían los cristianos y qué género de culto le tributan para que así desdeñen el mundo y desprecien la muerte» (Diogneto 1). A partir de aquí sigue su argumento:

> Los cristianos no se distinguen de los demás hombres ni por su tierra, ni por su lengua, ni por sus costumbres. En efecto, ellos no establecen ciudades exclusivas suyas, ni usan lengua alguna extraña, ni siguen un género de vida especial (solo para ellos). La doctrina que les es propia no ha sido hallada gracias a la inteligencia y especulación de hombres curiosos, ni hacen profesión, como algunos hacen, de seguir una determinada opinión humana, sino que, habitando en las ciudades griegas o bárbaras, según a cada uno le cupo en suerte, y siguiendo los usos de cada región en lo que se refiere al vestido y a la comida y a las demás cosas de la vida, se muestran viviendo un tenor de vida admirable y, por confesión de todos, extraordinario.
>
> Habitan en sus propias patrias, pero como extranjeros; participan en todo como los ciudadanos, pero lo soportan todo como extranjeros; toda tierra extraña les es patria, y toda patria les es extraña. Se casan como todos y engendran hijos, pero no abandonan a los nacidos. Ponen mesa común, pero no lecho. Viven en la carne, pero no viven según la carne. Están sobre la tierra, pero su ciudadanía es la del cielo. Se someten a las leyes establecidas, pero con su propia vida superan las leyes. Aman a todos, y todos los persiguen. Se los desconoce, y con todo se los condena. Son llevados a la muerte, y con ello reciben la vida.
>
> Son pobres, y enriquecen a muchos. Les falta todo, pero les sobra todo. Son deshonrados, pero se glorían en la misma deshonra. Son calumniados, y en ello son justificados. Se los insulta, y ellos bendicen. Se los injuria, y ellos dan honor. Hacen el bien, y son castigados como malvados. Ante la pena de muerte, se alegran como si se les diera la vida. Los judíos les declaran guerra como a extranjeros y los griegos les persiguen, pero los mismos que les odian no pueden decir los motivos de su odio (Diogneto 5).

Este manifiesto es muy evangélico, pues centra la identidad cristiana en la raíz del mensaje de Jesús, entendido como un modo de vida y no como un puro pensamiento (en plano teórico), ni como fuente de organización eclesial (en plano administrativo) o de separación social (sea en plano gnóstico, sea en plano apocalíptico). Otros escritos cristianos de aquel tiempo pueden parecernos ya caducos. La carta a Diogneto ofrece, sin embargo, un testimonio muy actual de la identidad cristiana.

3. Pastor de Hermas[26]

Obra alegórico-apocalíptica escrita en griego, en la comunidad de Roma, hacia el 130 d. C. Más que la estructura externa de la comunidad, al autor le importa la purificación moral de sus miembros, y en esa línea presenta a la iglesia como una Mujer y una Torre–Ciudad, en la línea 4 Esdras, obra apocalíptica judeo–cristiano, con cuya visión del fin de la historia puede compararse. Insiste en la pureza moral de la Iglesia y en la transformación interior de sus miembros, a través de una serie de visiones y comparaciones, de honda riqueza simbólica, de manera que algunos autores antiguos (entre ellos Ireneo de Lyon) han podido tomar este libro como canónico.

Al frente de la Iglesia, como dirigentes superiores, Hermas sigue situando a los presbíteros (*Vis* II, 4, 3), de forma que parece que en ese momento no había aún en Roma obispos establecidos, que impusieran o representaran una visión jerárquica unitaria del cristianismo, sino que esa iglesia de Roma era de tipo presbiteral, dividida en varios grupos, con grandes diferencias internas. Sobre el sentido de las visiones del Pastor con sus audaces símbolos femeninos, su interpretación del pecado y del juicio, se han hecho y se siguen haciendo diversas interpretaciones de tipo más psicológico que teológico, que aquí no podemos evocar. Esta obra es un buen ejemplo de la riqueza y variedad teológica de la Iglesia de Roma, antes del establecimiento de un obispado/papado de tipo unitario.

4. Segunda de Clemente[27]

Esta obra consta de dos partes o unidades, que son de un origen distinto, pero que en un momento dado se han unido ofreciendo uno de

---

[26] Obras: PG 2; *Hermas, el Pastor,* FP 6, Ciudad Nueva 1995; D. Ruiz, *Padres Apostólicos,* BAC Madrid 1950; J. J. Ayán, *Padres Apostólicos 50,* Ciudad Nueva, Madrid 2010 y A. Ropero, *Obras escogidas de los Padres Apostólicos,* Clie, Villadecavalls 2018. Cf. J. P. Martin. «Espíritu y dualismo de espíritus en el Pastor de Hermas y su relación con el judaismo», *VetChr* 15 (1978) 295-345; L. Pernveden, *The Concept of the Church in the Shepherd of Hermas,* StThL 27, Lund 1966.

[27] Obras: PG 1; B. Rhem y J. Irmscher, *Die Pseudoklementinen. I. Homilien. II. Recognitionen in Rufins Übersetzung,* GCS, Berlin 1953 y 1965; J. J. Ayán, Clemente *de Roma. Homilía Anónima (Secunda Clementis);* FP 4, Ciudad Nueva, Madrid 1994; A. Ropero, *Obras escogidas de los Padres Apostólicos,* Clie, Villadecavalls 2018; G. Strecker, *Konkordanzzu den*

los testimonios más significativos de la variedad y riqueza del cristianismo primitivo.

- *Una la homilía titulada 2 Clemente,* de tipo moralista con disputas eclesiales sobre textos del AT. En sentido estricto, más que carta es un discurso duro, escrito en Siria, a mediados del siglo II, muy influido por textos del AT, entendidos desde una perspectiva judaizante. Debe distinguirse bien de 1 Clemente, que se ocupaba de la organización de la iglesia.
- Las *Pseudo-Clementinas* incluyen *Diez Homilías* o sermones misioneros, atribuidos a Pedro, con Veinte *Recognitiones* o Reconocimientos, de género más novelado, que ofrecen el testimonio de un cristianismo de origen judío y tendencia gnóstica (pero judaizante), que se opone a la tradición de Pablo, a quien critican y condenan como enemigo del verdadero cristianismo, que debería haber seguido vinculado al judaísmo, interpretando la Ley de un modo espiritual, en vez de rechazarla.

Estas *pseudoclementinas* (elaboradas en el siglo III d. C.) ofrecen uno de los testimonios más importantes de la riqueza del cristianismo primitivo (a lo largo del siglo II–III d. C.), con diversas tendencias y enfrentamientos entre partidarios de una iglesia más "petrina", en línea judaizante, y otra más paulina, de tipo universal que parece separarse de la raíz judía del evangelio.

5. Carta de Policarpo a los filipenses[28]

Texto de hondo contenido espiritual de mediados del II d. C., en el que Policarpo, obispo de Esmirna, responde a los cristianos de Filipos, que le pedían una copia de las cartas de Ignacio de Antioquía. Defiende la humanidad de Jesús e insiste en el testimonio de martirio, criticando a los malos presbíteros, que se sirven de los fieles en vez de servirles. Es representante de la tradición y confía más en el testimonio de la palabra viva que se va expresando en la conciencia viva de las comunidades que en una palabra de libro.

Pseudoklementinen III/1-2, GCS Berlin 1986 y 1989. Sigue siendo clásico el trabajo de O. Cullmann, *Le problème littéraire et historique du roman pseudo-clémentin: Étude sur le rapport entre lo gnosticisme et le Judéo-christianisme,* Alcan, Paris 1930; cf. también *Temps et histoire dans le Christianismo primitif,* Delachaux, Neuchâtel 1947.

[28] Obra: PG 5. *Policarpo. Carta a la Iglesia de Esmirna;* FP 2, Ciudad Nueva, Madrid 1991.

6. Papías[29]

Obispo de Hierápolis, Frigia. Escribió, a mediados del II d. C., una *Explicación de las Enseñanzas del Señor* en la que utiliza como fuente textos de los evangelios de Mateo, Marcos y Juan, con enseñanzas orales, en las que ofrece noticias (en parte discutibles, pero siempre dignas de estudio) sobre la composición de los evangelios. Es un testigo privilegiado del paso de la tradición oral a la fijación escrita del Nuevo Testamento, y especialmente del valor y dignidad de los evangelios en la iglesia.

De un modo muy significativo, él dice que prefiere la palabra viva de las comunidades, pues los textos escritos falsean a veces la verdad de las cosas, pues pueden haberse compuesto desde una perspectiva unilateral, para engañar a los lectores, mientras que las tradiciones vivas son más fiables. Así dice: "Yo trataba de discernir los discursos de los ancianos: qué había dicho Andrés, qué Pedro, qué Felipe, qué Tomás o Santiago, o qué Juan o Mateo o cualquier otro de los discípulos del Señor; igualmente, lo que dice Aristión y el anciano Juan, discípulos del Señor. Porque no pensaba yo que los libros pudieran serme de tanto provecho como lo que viene de la palabra viva y permanente" (Eusebio, *Hist. Ecl.* III, 39, 3-4).

Es muy significativa la división que Papías establece entre los testigos ancianos, cuya aportación le parece más significativa, y los

---

[29] Obra: PG 5. Las afirmaciones básicas de Papías, "obispo de Hierápolis" de Frigia (entre el 130 y 150 d. C.), tomadas de un escrito titulada *Explicación de los Dichos del Señor*, han sido recogidas por Eusebio, *Historia Eclesiástica*, donde dice que Papías transmite el testimonio de un "anciano" llamado Juan (que no es Juan Evangelista), aludiendo de un modo especial al evangelio de Marcos y diciendo: El anciano decía también lo siguiente: Marcos, que fue el intérprete de Pedro, puso puntualmente por escrito, aunque no con orden, cuantas cosas recordó referentes a los dichos y hechos del Señor. Porque ni había oído al Señor ni le había seguido, sino que más tarde, como dije, siguió a Pedro, quien daba sus instrucciones según sus necesidades, pero no como quien compone una ordenación de las sentencias del Señor. De suerte que en nada faltó Marcos, poniendo por escrito algunas de aquellas cosas, tal como las recordaba. Porque en una sola cosa puso cuidado: en no omitir nada de lo que había oído y en no mentir absolutamente en ellas» (Eusebio, Hist. Ecl. III, 39, 15). Esta cita recoge (a) el testimonio del anciano, (b) la opinión de Papías y (c) la interpretación posterior de Eusebio. Por eso, no resulta fácil distinguir los estratos (lo que pertenece a cada uno de ellos). De un modo semejante, en lo relativo al evangelio de Mateo, no queda clara la relación entre un posible texto de fondo hebreo/arameo y las interpretaciones posteriores. Visión de conjunto del tema en F. Trevijano, La Biblia en el cristianismo antiguo, Verbo Divino, Estella 203; cf. también, La obra de Papías y sus noticias sobre Mc y Mt, Salmanticensis 41 (1994) 181-212.

escritores posteriores que, a su juicio, pueden haber adulterado la verdad, de acuerdo a sus tendencias. Ciertamente, él es testigo y defensor de la nueva Escritura cristiana que está surgiendo a partir de los evangelios (de los que cita a Marcos, Mateo y Juan). Pero, al mismo tiempo, defiende la tradición anterior de los ancianos, en los que se apoya y de los que nace la Escritura. Resulta significativo el nombre de los ancianos a quienes apela, en una línea en la que parece inclinarse hacia la "versión" más gnóstica de los evangelios representada por Felipe, Tomás y Santiago, pero evocando, al mismo tiempo, un posible evangelio anterior de Mateo, escrito en hebreo/arameo, a partir del cual cada uno habría entendido e interpretado a su manera la historia de los hechos y dichos de Jesús (cf. Eusebio, *Hist. Ecl.* III, 39, 16.)

Evaluación y actualización

1. Conocer

- ¿Por qué se les llama Padres Apostólicos? ¿En qué se distinguen de los textos canónicos, de los apócrifos y los gnósticos?
- ¿Cómo se relacionan se distinguen de los primeros apóstoles y cómo transmiten y actualizan su mensaje?
- ¿Qué aporta cada uno de los tres principales: Clemente (en línea de organización), la Didajé (en línea de vida eclesial), Ignacio en línea de estructura ministerial?

2. Juzgar

- ¿Cómo interpretar hoy la contribución de cada uno de esos Padres? ¿Qué temas te parecen más problemáticos en cada uno? ¿Dónde están sus posibles carencias para una visión actual del sentido y tarea de las Iglesias?
- ¿Cómo se relacionan estos Padres con el mensaje de la Biblia? ¿Qué añaden, qué matizan, qué silencian? ¿Dónde está al valor de la diversidad de aportaciones de los Padres Apostólicos? ¿Qué sentido tiene volver a esos Padres? ¿No sería mejor olvidar su problemática y pasar directamente al Nuevo Testamento? ¿En qué sentido puedes afirmar que la Iglesia de los Padres apostólicos es una y es múltiple?
- ¿Qué nuevos valores tienen nuestras iglesias del siglo XXI respecto a las iglesias de los Padres Apostólicos?

3. Actuar

- Valorar la preocupación de Clemente en relación con el orden eclesial. Precisar los valores y riesgos de su Carta, desde las grandes iglesias antiguas (Ortodoxa, Católica...) y desde las nuevas iglesias y comunidades surgidas de la Reforma. ¿Cómo actualizar o cambiar hoy su visión de la obediencia, de tipo religioso y social?
- Interpretar nuestro contexto eclesial desde la perspectiva que ofrece la Didajé. ¿En qué aspectos hemos cambiado, avanzado, retrocedido? ¿Qué cosas tiene la Didajé que nuestras iglesias no

tengan? ¿Cuáles le faltan? ¿Qué deberíamos hacer para retomar su impulso comunitario?

- Comparar nuestra situación con la Ignacio de Antioquía. ¿Cómo actualizar su visión del clero? ¿Qué cambios puede y debe realizar nuestra iglesia en ese campo, en un momento en que se tiende a rechazar la sacralidad de toda autoridad?
- Valora la interpretación de Papías, conforma a la cual resulta más fiable una buena tradición, compulsada con otras tradiciones, que una Escritura que puede estar falseada por las tendencias propias de cada autor.

Preguntas para reflexionar

1. ¿Qué significa "padres apostólicos"? ¿Quiénes son y cuáles son los temas principales de su aportación eclesial y teológica?
2. ¿Qué significan los "padres apostólicos" para las principales iglesias posteriores: ortodoxa, católica y evangélica?
3. ¿En qué deberían actualizarse o cambiar las iglesias actuales para ser fieles al legado de los padres apostólicos?
4. ¿Cuáles son los temas principales que hoy (a principios del siglo XXI) deberían tenerse en cuenta para la actualización de las iglesias?

II

Padres apologistas

Tras los Apostólicos, que eran básicamente de la primera mitad del siglo II d. C., vienen los Padres Apologistas, de la segunda mitad del II y la primera del III, que no se limitan ya a exponer los principios de la experiencia y vida cristiana, sino que la defienden, en contra de ciertas "herejías" (en especial de tipo gnóstico) y de la oposición político–social del Imperio romano. Estos Padres son los representantes del primer pensamiento cristiano de la "gran iglesia" y de su vitalidad, en un momento en que ella se encontraba ante dos riesgos: (a) Diluirse en un tipo de gnosis espiritualista. (b) Renunciar al diálogo con el mundo, para encerrarse en una especie de fortaleza "sitiada", aislada de la realidad intelectual y social del entorno. La reflexión que sigue se divide en cinco partes.

(1) Introducción: La gnosis como "sombra" o, mejor dicho, como contraluz del primer cristianismo. En esa línea, retomando lo dicho al principio del capítulo anterior, al presentar algunos textos de los evangelios apócrifos, he ofrecido una interpretación de la teología más antigua de la gran iglesia, partiendo de algunos opositores (o sucesores) de Pablo y del Discípulo Amado.

(2) Justino: Primera teología filosófica cristiana, en diálogo con la cultura y vida de su entorno, desde una perspectiva racional. El cristianismo, que había aceptado con Clemente de Roma el orden social del imperio, asume con Justino el pensamiento helenista del entorno, es decir, la filosofía. No quiere permanecer cerrado, como en un fanal, sin contacto con el mundo, sino dialogar con el conocimiento racional del helenismo.

(3) Ireneo: Primera eclesiología integral. Aceptando en un sentido la historia anterior del judaísmo (AT) y poniendo en otro sentido de relieve la necesidad de una configuración social (eclesial) del mensaje y proyecto de Jesús, Ireneo insiste en el carácter histórico del mensaje de Jesús, en contra del intimismo mítico (y místico) de la gnosis. El cristianismo, que ha dialogado con la filosofía, se presenta como "iglesia histórica", comunidad concreta, en el mundo, en una línea abierta al diálogo social.

(4) Tertuliano: Primera teología latina, en sentido retórico y polémico. Combatió en contra de los herejes "trinitarios", pero tendió hacia una visión pentecostal de la Iglesia, en una línea cercana al "montanismo",

que exige por un lado conversión, y que, por otro, insiste en la esperanza apocalíptica.

(5) Otros apologistas. La apologética no ocupa todo el espacio de la teología antigua, pero sin apologética no puede darse tampoco teología, pues conforme a 1 Pedro 3:15, "los cristianos han de estar dispuestos a dar razón de su esperanza", como muestran en conjunto los apologistas del siglo II y III d. C.

Conclusión. Identidad cultural y social del cristianismo. Comienzo este capítulo presentando la gnosis como riesgo mayor de la Iglesia, en el siglo II–III d. C. Pues bien superando el riesgo gnóstico, antes de su "legalización" en el Imperio (313 d. C.), ella aparece como un grupo bien organizado (quizá el más significativo) con su propia identidad social, dentro del Imperio.[30]

[30] Visión introductoria, cf. J. González, *Historia del Pensamiento Cristiano,* Clie, Viladecavalls 2010, 95-114. Textos básicos, situados y comentados, en E. Sánchez, *Polémica entre cristianos y paganos,* Akal Clásica, Madrid 1986.

I

Trasfondo gnóstico[31]

El mayor adversario del cristianismo (y de los Padres Apologetas) no fue el Imperio romano, ni la filosofía racional de Grecia, sino una gnosis intimista, que convertía el evangelio en una experiencia de intimidad, desligada de la historia carnal de Jesús y de la Iglesia. Los primeros pensadores que desarrollaron una visión sistemática del cristianismo fueron gnósticos o iluminados, que se sentían portadores de una sabiduría especial, que les permitía penetrar en los misterios más hondos de Dios, con la ayuda de Jesús. En general, ellos se tomaban a sí mismos como "padres apostólicos y apologistas" de la Iglesia, formuladores y testigos del verdadero cristianismo.

---

[31] La traducción y edición standard de los textos gnósticos de Nag Hammadi ha sido realizada por M. Robinson (ed.), *The Nag Hammadi Library in English*, Brill, Leiden 1977 (=NHL). Cf. además: F. García Bazán, *La Gnosis eterna. Antología de textos gnósticos griegos, latinos y coptos* I-III, Gredos, Madrid 2003-2009; M. Erbetta (ed.), *Gli Apocrifi del NT*, Marietti, Casale Mo. 1975; B. Layton, *Gnostic Scripture*, SCM, London 1987; J. Montserrat, *Los gnósticos* I-II, Gedos, Madrid 1990. L. Moraldi, *Testi Gnostici*, UTET, Torino 1982; A. Piñero (ed.), *Textos gnósticos. Biblioteca de Nag Hammadi. I. Tratados filosóficos y cosmológicos. II. Evangelios, hechos, cartas. III. Apocalipsis y otros escritos*, Trotta, Madrid, 1997-2000; A. *Puig i* Tàrrech., *Diez textos gnósticos. Traducción y comentarios*, Verbo Divino, Estella 2018; A. Santos Otero, *Los Evangelios Apócrifos. Textos griegos y latinos, con versión crítica, estudios introductorios y comentarios*, BAC, Madrid 1990; R. Kuntzmann y J. D. Dubois, *Nag Hammadi*, Verbo Divino, Estella 1988, 37-38. Recogen los principales textos gnósticos. Otros textos: M. Alcalá, *El Evangelio copto de Tomás*, Sígueme, Salamanca 1989; *El evangelio copto de Felipe*, El Almendro, Córdoba 1992; *Los evangelios de Tomás, el mellizo y María Magdalena*, Mensajero, Bilbao 2000. Estudios sobre la gnosis, cf. F. Bermejo, *La Escisión imposible. Lectura del Gnosticismo Valentiniano*, Pontificia, Salamanca 1998; U. Bianchi, (ed.), *Le origini dello Gnosticismo. Colloquio di Messina 13-18 Aprile 1966*, StHR 12, Leiden 1970; C. Colpe, *Die religions-geschichtliche Schule. Darstellung und Kritik ihres Bildes vom gnostischen Erlösermythos*, FRLANT, Gottingen 1961; F. García Bazán, *Gnosis. La esencia del dualismo antiguo*, Castañeda, Buenos Aires 1978; J. González, *Historia del Pensamiento Cristiano*, Clie, Viladecavalls 2010, 119–126; H. Jonas, *La religión del Dios extraño*, Siruela, Madrid 2003; B. Layton (ed.), *The Rediscovery of Gnosticism. Proceedings of the International Conference on Gnosticism at Yale 1978*, StHR 41/1-2. *I: The School of Valentinus; II. Sethian Gnosticism*, Brill, Leiden 1981; J. Ménard, *De la Gnose au Manichéisme*, Cariscript, París 1986; A. Orbe, *Introducción a la teología de los siglos II-III*, Sígueme, Salamanca 1988; E. Pagels, *Los evangelios gnósticos*, Grijalbo, Barcelona 1980; S. Pétrement, *Le Dieu séparé. Les origines du gnosticisme*, Cerf, Paris 1984; Ch. Puech, *En torno a la Gnosis I-II*, Taurus, Madrid 1982, K. Rudolph, *Gnosis*, Clark, Edinburgh 1977; R. Trevijano, *Patrología*, BAC, Madrid 2005, 67–77.

De algunas obras gnósticas, en especial de los evangelios, entendidos como interpretaciones intelectualistas y sapienciales del mensaje y doctrina de Jesús, he tratado al comienzo del capítulo anterior, ofreciendo una tabla de autores y obras. Aquí retomo aquel motivo, en una línea más sistemática, ofreciendo claves del pensamiento gnóstico, para situar, a partir de ellas, la novedad y aportación de los Padres Apologistas.

Las grandes iglesias de tipo más oficial (Antioquía, Éfeso y Roma...), vinculadas al mensaje histórico de Jesús y a la experiencia social del evangelio, fueron más sobrias y tuvieron más reparos en presentar el cristianismo como sistema de pensamiento y por eso prefirieron repetir y mantener, en general, las formulaciones del Nuevo Testamento. Por el contrario, los gnósticos, con menos prevenciones estructurales y doctrinales, pudieron ser más audaces en su pensamiento (en una línea que ha sido asumida y superada por los teólogos alejandrinos).

Suele llamárseles «herejes», pero en aquel tiempo (siglos II y III) la ortodoxia no se hallaba todavía oficialmente establecida, ni la herejía bien delimitada. Por eso era difícil distinguir los límites entre la Gran Iglesia y otros grupos de inspiración cristiana. Los gnósticos tendían a vincular elementos cristianos y judíos con otros helenistas y egipcios (herméticos) e incluso más orientales, cercanos al zoroastrismo, hinduismo y budismo. Fueron ellos, y especialmente Valentín, quienes hablaron más expresamente del despliegue interno de Dios, insistiendo en la revelación de la divinidad de Jesús, a quien conciben como salvador, salvador, raíz y semilla de Dios en la vida humana.

En principio, las doctrinas de los gnósticos querían ser eclesiales y ortodoxas, en una línea espiritual, para iniciados, deseosos de alcanzar un conocimiento que parecía vedado a los carnales (miembros inferiores de la Iglesia). Los gnósticos querían ser defensores de la fe y doctrina secreta de Cristo, pero la Gran Iglesia los fue dejando al margen, porque, al parecer defendían un dualismo teológico (con un Dios bueno y otro malo), sexual (Dios masculino y femenino) y generador (Dios generante/Padre y engendrado/Hijo), rompiendo así el "monoteísmo" bíblico de Jesús. Por otra parte, ellos rechazaban en principio la "carne", es decir, la encarnación histórica de Jesús. Desde ese fondo, quiero presentar algunas reflexiones elementales sobre su pensamiento.

1. Dualidades divinas

Los gnósticos quisieron penetrar en el misterio escondido de Dios (antes de su encarnación), afirmando que el ser originario se ha expandido, formando dualidades intradivinas (*syzyguías* o parejas masculino–femeninas) que se iban abriendo de manera armónica dentro del *Pléroma* o gran totalidad, formando así constelaciones de dualidades sagradas (padre-madre, padres–hijos, masculino–femeninas), que tienden a expresarse en forma de trinidad (padre-madre-hijo), para volver nuevamente a la unidad final del Pléroma. En este contexto, los gnósticos suelen distinguir cinco rasgos y/o momentos:

- *Principio de dualidad*: el ser existe en forma doble, antitética y sintética, enfrentándose a sí mismo, para así separarse y reconciliarse. En su misma raíz, el Uno divino es polaridad de elementos contrapuestos, a través de un tipo de matrimonio masculino-femenino.
- *Principio de generación*: la polaridad originaria actúa de manera engendradora y, de esa forma, del Padre/Madre (masculino/femenino), surge el Hijo, de forma que la dualidad o *syzyguía* se vuelve trinidad. Así nace o brota en Dios el tercer Elemento, que sale de la divinidad y en ella permanece, recibiendo y/o poseyendo todo el ser divino.
- *Ruptura:* si los elementos anteriores se hubieran mantenido en equilibrio (en polaridad sexual y en dualidad engendradora, con un tercero siempre fiel) no habría existido caída ni necesidad de redención; pero en esa dualidad y engendramiento se ha introducido un elemento perturbador, partiendo de la Sabiduría o Divinidad femenina que ha roto la armonía poniendo en marcha su maternidad sin contar con su consorte (el Padre/Esposo).
- *Necesidad y riesgo del tercero.* De esa forma ha surgido el tercer elemento divino en el vacío de la nada, introduciendo los gérmenes del Dios/Bondad, que es pura armonía (dualidad o cuaternidad), en un abismo de ruptura y muerte, engendrando a un "dios perverso", señor de este mundo, identificado en general con el Yahvé del Antiguo Testamento. De esa forma se enfrentan los dos dioses en un tipo de batalla que se expande en la historia de los hombres.
- *Retorno y reconciliación.* Pero ese tercer elemento del Dios bueno (pléroma o plenitud fundante) y perverso (creador del mundo malo), no puede permanecer, pues todas las cosas deben volver a su unidad originaria, en la totalidad divina, que se expresa en forma de reconciliación de Dios consigo mismo y con el mundo: la Sofía caída (engendradora mala y adúltera) debe volver a su Esposo divino, y los hombres perdidos en el mundo han de retornar a su Origen, abandonando al Dios-Yahvé escindido (que vuelve a la nada).

En este contexto se despliega la venida y tarea de Jesucristo, a quien los gnósticos entienden como reconciliador divino, que parece revelarse en la carne de la historia, pero sin encarnarse en ella, pues no ha venido a salvar el mundo, sino a liberar a los hombres del mundo (sacándoles así de la materia, para que así puedan volver a lo divino).

2. Tríadas gnósticas, ruptura intradivina

En la línea ya indicada, los gnósticos tienden a rechazar al "dios creador" del Antiguo Testamento, Señor de este Mundo imperfecto y material, buscando al verdadero Dios en su hondura sagrada, más allá del mundo, como seres de conocimiento espiritual que viven y despliegan su verdad más alta en el mismo interior divino. Por eso, ellos no buscan a Dios en lo externo, sino que lo llevan y lo encuentran dentro, pues a pesar del pecado en que han nacido conservan en su concha la perla de lo divino. Cada gnóstico es un elemento caído de Dios, que ha de buscar su verdad, en un proceso por el que se introduce en la tríada divina, encontrando en ella la verdad de su origen:

- *Primer elemento.* La trinidad interior de cada ser humano se llama *Bythos Propator* o simplemente Padre, principio de todo, siempre vinculado a su pareja femenina (la Sophía-Madre buena). Dios no es una mónada a solas (*Deus solus,* eterno e infecundo), sino Padre con Madre, fuente dual de la que todo brota. En el interior de cada hombre iluminado se encuentra por tanto la dualidad primera, pero sin escindirse. Cada gnóstico es parte de Cristo, o, mejor dicho, es el Cristo divino que brota de la hondura originaria del padre–madre, sin escisión ni ruptura, para así volver a ella.
- *Segundo elemento:* Sophia, Madre, Dynamis o Ennoia. Es el aspecto femenino de ese Dios que, siendo padre, es al mismo tiempo madre, engendradora por tanto del hijo. Quizá se pueda afirmar que la Madre divina interior se relaciona con el Padre como la *dynamis* o potencia con la sustancia en la filosofía aristotélica. Sin esta Madre, el Padre-Dios no podría generar, ni podría existir un Hijo divino. Por eso, al decir Padre estamos diciendo, al mismo tiempo Madre. Eso significa que el gnóstico se sabe originariamente padre y madre, dualidad sagrada, pero antes de toda escisión, como hemos visto en Cristo.
- *El tercero:* Nous, Arkhe, Monoguenes... En principio, ese elemento debía ser bueno, si todo hubiera sucedido como tenía que haber sido, es decir, sin que se produjera la escisión entre el Padre y la Madre, y sin que naciera de esa forma un hombre monstruo. Puede y debe haber un Hijo Bueno, que seríamos nosotros, los hombres, en el Cristo. Pero el hijo bueno se ha vuelto en parte malo, por caída de la madre (que ha engendrado sin estar unida al Padre) y de esa forma

> ha introducido (ha engendrado) los poderes malos que tienen a los hombres sometidos.[32]

La figura más discutida de este mito gnóstico suele ser la segunda, la divinidad femenina o *Sophia*, que puede recibir dos formas o momentos. (a) En sí misma, la Sophia es buena, si está unida con el Padre y engendra de esa forma al Hijo divino, dentro del Gran Pléroma. (b) Pero esa Sophia o Madre original se ha pervertido allí donde el proceso divino se ha expresado y desplegado en forma de pecado. Esto significa que, en general, para los gnósticos (lo mismo que para muchos mitos del lejano oriente) el principio del pecado es el mismo Dios que, al dividirse en sí de un modo inmoderado, desciende a la materia, donde queda preso.

3. Mito de fondo, caída de Sofía

La figura más significativa del mito gnóstico, en la línea de los valentinianos, tiene la forma de una mujer, *Sophia.* Sofía, la Sabiduría como amor total, en su aspecto positivo (vincula todo lo que existe con el Padre/Esposo bueno) y negativo (es el deseo pervertido que convierte a los hombres en buscadores vanos de engaño y de muerte). En ese sentido decimos que Sofía es uno de los signos básicos del amor en Occidente. Hay una *Sofía buena* que, en su origen, forma parte del Dios absoluto, del Padre/Esposo.

> El Espíritu invisible... no encierra dentro de sí nada inferior, puesto que lo mejor está en él, siendo él solo absolutamente perfecto... Es incircunscriptible, porque nadie le precede para circunscribirle; indistinto, porque nadie le precede para imponerle una distinción; inconmensurable, porque nadie le precede para medirle; invisible, porque nadie le ve; eterno, porque siempre es; inexpresable, porque nadie le puede captar para expresarle; innombrable, porque nadie le precede para nombrarle» (*Apócrifo de Juan,* NHL II, 1, 2-3).

En ese paraíso de silencio mora ella, la Sabiduría femenina, apareciendo como culminación del Dios total: ella está dentro del *pléroma* o plenitud que forman los cuatro u ocho aspectos polares (masculino/

[32] Cf. A. Orbe, *Introducción a la teología de los siglos II-III,* Sígueme, Salamanca 1988, 67. He planteado el tema en una perspectiva más especulativa en *Dios como Espíritu y Persona,* Sec. Trinitario, Salamanca 1989, 43-50.

femenino) de la divinidad, que pueden llamarse *Barbelo u Ogdóada.* Pero esa Sofía buena habita en el borde del *pléroma,* que es la divinidad total, de manera que, mirando hacía lo externo, puede salir del espacio divino y despeñarse o despeñarnos, haciendo que quiebre la armonía divina y que se exprese (brote) aquello que carece de sentido (un mundo material donde las almas divinas se encadenan a la tierra material). De esa manera se pervierte la mujer, que es la Sofía o Eva divina, rompiendo el equilibrio sagrado que lo vinculaba todo. Así lo relata el mito:

> La Sabiduría deseaba hacer manifiesto a qué se parecía lo que ella pensaba, sin aguardar el beneplácito del Espíritu, que no estaba de acuerdo, ni su colaboración y aprobación. Como consecuencia del desacuerdo de la persona de su pareja, no encontró su conformidad... y sin el beneplácito del Espíritu (masculino) y sin el reconocimiento de su pareja realizó su salida. Presa de la fuerza irresistible que hay en ella, su pensamiento no quedó improductivo y fue entonces cuando apareció viniendo de ella un producto incompleto y discordante, ya que lo había creado sin su pareja. Él no se parecía en nada al aspecto de su madre, siendo él mismo de otra forma.
>
> Cuando ella (Sofía) se dio cuenta de que el objeto de su deseo había tomado la forma anómala de una serpiente, con cuello de león, de ojos crepitantes y brillantes de relámpago, lo rechazó lejos de ella y lejos de los lugares celestiales, para que no lo viese ninguno de los inmortales, ya que lo había creado por ignorancia. Y lo rodeó de una nube luminosa y puso un trono en medio de la nube, de manera que nadie lo viera más que el Espíritu Santo que se llama madre de los vivientes y le dio el nombre de Yaldabaot (*Apócrifo de Juan,* NHL II, 1, 9-10).

Como he dicho, divinidad aparece como polaridad sexual (lo masculino y femenino se completan) y como despliegue o proceso engendrador de vida. En su forma perfecta ese proceso debería haberse cerrado en el misterio intra-divino, formando así la *cuaternidad (u ogdóada) inmanente,* en círculo perfecto de comunicación generadora. Para que la divinidad se mantuviera en sí misma (dentro de *Barbelo,* que es la totalidad sagrada), los aspectos polares de lo masculino y femenino deberían haberse mantenido en armonía. Si lo hubieran hecho plenamente y para siempre, si Sofía no hubiera mirado y deseado amar y engendrar de un modo egoísta (rompiendo su pareja), no habría existido este mundo que en forma condensada puede presentarse como un error femenino.

Cuando todo vuelva a ser perfecto, al fin de todo, desaparecerá de nuevo este mundo, con el "pecado" del falso amor femenino. Eso significa que la creación en su conjunto es mala, fruto de un amor nefasto. No ha sido efecto de la voluntad positiva del Dios abarcador (del Pléroma) o acción de su principio masculino, sino una consecuencia "indeseada" del deseo egoísta de Sofía: un engaño de carácter femenino. El mundo surge como efecto del riesgo destructivo de la engendradora mala (o imperfecta), brota del principio divino femenino.

En cuanto masculino el Espíritu es perfecto: se basta a sí mismo, existe en armonía y expresa de manera plena lo que lleva en su interior. Por el contrario, *el aspecto femenino es peligroso* y para no volverse destructor debería mantenerse siempre en unidad profunda con lo masculino, en gesto de obediencia y colaboración. Cuando Sofía, la mujer divina, se aísla en su egoísmo y quiere engendrar desde su propia independencia (sin contar con su pareja) ella suscita algo monstruoso. Así podemos identificar lo masculino con lo bueno. El mal provine del falso amor femenino.

Eso significa que Sofía se vuelve adúltera en sí misma, apareciendo así como expresión de la corporalidad monstruosa del principio solitario femenino. La mujer solo es fecunda y buena cuando ha sido inseminada por lo masculino (el esposo verdadero es quien la salva). Al separarse del esposo ella se vuelve fuente de pecado. El cuerpo de la mujer centrado en sí mismo, en búsqueda de satisfacción aislada, ese es el origen de todos los males, según el gnosticismo.

En esa línea se puede identificar el cuerpo y deseo de mujer con el pecado. La mujer pecadora no pierde su divinidad (sigue estando sobre el cielo), pero ha engendrado un mundo malo, dominado por Yaldabaot (Yahvé perverso), un mundo donde las almas (parcelas de su propia divinidad caída) se encuentran cautivadas en la materia. Nadie ha violado a Sofía desde fuera, ella misma ha pervertido su elemento divino al volverse prostituta, deseando aquello que en realidad no existe y dando a luz el aborto de mundo en que vivimos.

4. Salvación interior, búsqueda divina

Esto es lo que somos los hombres: descendencia divino/demoníaca de una diosa egoísta. No tendremos salvación si no reconocemos este origen, si no vamos descubriendo y purificando nuestra propia realidad divina ensuciada y perdida en la materia. La salvación consistirá en lograr que la Sofía interior, nuestra parcela femenina (prostituta de sí misma) vuelva de nuevo a la virginidad perfecta de su esposo Dios. Se trata de encontrar la propia perla: que el alma perdida retorne a su casa (su madre) celeste.

Como vengo indicando, la realidad se interpreta como proceso de caída y redescubrimiento del amor, representado por Sofía.

- *Fuimos al principio realidad de Dios* y eso seguimos siendo en lo más hondo: una parcela de la divinidad eterna. En ese aspecto, todos somos divinos: formamos parte de la buena Sofía, la mujer que miraba en el origen a su esposo, en gesto de comunicación e integración divina. Fuimos al principio, volveremos a ser, al final, seremos para siempre.
- *Somos ahora alma caída, sabiduría pervertida.* En el momento en que Sofía se ha buscado a sí misma y ha querido dar a luz desde su propia soledad suscita un monstruo, engendrándonos a nosotros. Por eso, la creación actual (separada de la plenitud de lo divino) resulta esencialmente femenina: expresión de la mujer que deja de mirar a su marido, engendrando así un mundo imperfecto.
- *Podremos ser, al fin, alma salvada.* Retornaremos con *Sofía* hacia la fuente del propio ser divino; dejaremos de esa forma nuestra búsqueda egoísta (es decir, la contemplación de la corporalidad, lejos del esposo divino) para introducirnos de nuevo en el *pléroma,* totalidad de lo sagrado.

En este contexto se puede evocar el signo de la perla, esencia divina del alma, esclava en Egipto, cautiva en Babel, olvidada de sí en este mundo donde le ciega (asfixia) la materia. Por eso ella debe recordar su origen, retornar hacia su patria, en camino salvador que ha de entenderse en perspectiva femenina. Así lo dice un libro titulado *Exégesis del Alma,* aduciendo bellos textos de la tradición judía y cristiana:

> Los sabios antiguos dieron al alma un nombre femenino. También por su naturaleza ella es realmente femenina. Incluso tiene su matriz. Mientras está sola al lado del Padre es virgen y andrógina; pero cuando cayó en un cuerpo y vino a esta vida, entonces cayó en manos de numerosos bandidos y los insolentes la fueron pasando de mano en mano y la mancillaron... En resumen, quedó mancillada y perdió su virginidad; se prostituyó en su cuerpo y se entregó totalmente a cada uno, pensando que aquel con el que se unía era su marido (NHL II, 127, 19-128, 10).

Alma somos todos los seres humanos, de raíz y esencia femenina. Nuestra casa verdadera es la celeste, donde estuvimos ya y donde retornaremos para habitar como buena esposa en compañía del esposo y padre verdadero (divinidad masculina). Hemos caído de la altura y sufrimos en manos de bandidos, como aquel asaltado al que ayudaba el Buen Samaritano (cf. Lc 10:30). Cautivos somos de los varios poderes de este mundo, como esposa que ha perdido a su marido y que se encuentra ultrajada (traída y llevada, mancillada) por amantes falsos.

Esta imagen del amor pervertido de la gnosis está cerca de la que ofrecía el símbolo de Ez 23–24 (cuando evocaba el símbolo de Israel y Judá como mujeres de Dios pervertidas). Pero en Ezequiel era la misma esposa infiel quien escogía a sus amantes en el camino concreto de su infidelidad histórica. Para la gnosis el pecado es anterior (es el mismo nacimiento). Por eso, los hombres carecemos de responsabilidad estricta dentro de esta vida (historia), pues la misma creación (entrada del alma en la materia) es ya caída. Somos mujer prostituida.

En este contexto, la corporalidad y el amor de mujer tiende a verse como algo negativo, pecaminoso. Así se puede hablar de una *prostitución del alma femenina*: el deseo de vida de este mundo, el apego de las realidades carnales... inician un camino que desembocará en el dualismo de cierta espiritualidad antimundana posterior, en una línea que conduce al *maniqueísmo*: malo es el cuerpo, mala la materia. Por eso, el auténtico varón está desapegado, no deja que el deseo de las cosas de este mundo le domine.

No hay amor bueno (carnal) en la historia. El verdadero amor supera toda carne o la reinterpreta (la recrea) en claves de unidad intradivina. En esa última perspectiva ha de entenderse el simbolismo de la *cámara nupcial* interpretado y recreado (celebrado litúrgicamente) de diversas formas por los grupos gnósticos. Al fondo late el recuerdo de la *androginia original* o quizá mejor de la *hierogamia fundante:* el retorno a la unidad perdida, de manera que la mujer pueda ser de nuevo realidad total (un andrógino) o se vincule de manera inseparable a su marido divino (en hierogamia armónica). Partiendo de esa base, la redención se puede interpretar como recuperación de la unidad y armonía sexual. La humanidad/mujer estaba perdida sobre el mundo, como una prostituta sin remedio:

> Pero el Padre divino le envió desde el cielo su marido, que es su hermano primogénito y consorte verdadero: el esposo bajó a la esposa y ella dejó su prostitución primera, se purificó de las manchas de sus amantes y se renovó en el estado de desposada, adornándose así para su esposo. Ya no corre por la plaza pública, uniéndose al primero que la llame, sino que se ha quedado acechando, esperando al esposo verdadero (cf. símbolos del Cantar de los Cantares y de Prov 8) ... Entonces el esposo, según la voluntad del Padre, bajó a ella y entraron en la cámara nupcial que estaba ya dispuesta. «Este matrimonio, en efecto, no es como el matrimonio carnal... En este matrimonio, cuando se unen uno a otro, se hacen una sola vida. Por eso el profeta (Gn 2:24) dice del primer hombre y de la primera mujer:

se harán una sola carne». Esta es la nueva «carne de Dios», la unión originaria de lo masculino y femenino, más allá del mundo; esta es la salvación de Sofía, su retorno sagrado a lo divino. (cf. NHL II, 6, 132, 6-133, 4).

5. Prostituta y santa, el alma caída[33]

Cierto tipo de gnosis suponía que humanidad entera es como una prostituta que debe convertirse nuevamente en virgen desposada, conforme a un motivo que algunos han visto en el Nuevo Testamento (cf. Mc 14:3-9; Jn 4), pero que solo aparece claramente en los primeros sistemas gnósticos del siglo II, que los apologistas de la Gran Iglesia, como San Ireneo, llaman heréticos. En esa línea, ellos presentan a Simón Mago (cf. Hch 8) como símbolo del Dios amoroso que libera a la prostituta Helena, humanidad perdida (es decir, la Sofía caída).

Conforme a esta visión, los seres humanos somos una prostituta que ha de ser salvada. En esta línea se interpreta a la Sofía pecadora como expresión del *mysterium coniunctionis*, es decir, del retorno del alma (prostituta) hacia su esposo verdadero. Así lo ha formulado, de manera clásica, un bello texto titulado *Truena, Mente perfecta.* La gran Mente que entona aquí su canto poderoso tiene semejanzas con la Sabiduría de la tradición israelita (Prov 8; Eclo 24, libro de la Sabiduría) y con el mismo Cristo Revelador final de la Última Cena en Jn 13-17. Ella es la Sabiduría divino/humana, entendida como amor en el que se integran los contrarios. Este es el amor total, en forma de mujer:

Yo soy la primera y la última, la honrada y la escarnecida,
yo soy la prostituta y la santa, la esposa y la virgen,
yo soy la madre y la hija, y soy los miembros de mi madre,
yo soy la estéril y la que tiene muchos hijos,
yo soy la bien casada y la que no tiene marido....
Yo soy la madre de mi padre y la hermana de mi marido …
Yo soy el conocimiento y la ignorancia, la vergüenza y la audacia,
yo soy la fuerte y la temerosa, soy la guerra y la paz....
Yo soy la sabiduría de los griegos y el conocimiento de los bárbaros,
yo soy la que tiene muchas imágenes en Egipto
yo soy aquella que no tiene ninguna imagen entre los bárbaros,

---

[33] Presentación del texto con bibliografía especial en B. Layton, *Gnostic Scriptures*, SCM, London 1987, 77-85. Sitúa el texto en su trasfondo cultural E. Pagels, *Adán, Eva, y la Serpiente*, Crítica, Barcelona 1990, 63-118. Versión popularizada en M. Woodman, *Los frutos de la virginidad*, Luciérnaga, Barcelona 1990, 215-224. Cf. B. S. Rajneesh, *Psicología de lo esotérico*, Cuatro Vientos, Santiago de Chile 1991.

> yo soy la en todas partes odiada y la amada por doquier,
> yo soy aquella a quien llaman Eva (=vida) y a la que vosotros llamáis muerte,
> yo soy la que llaman Ley y la que vosotros llamáis falta de Ley...
> Yo soy la que no tiene Dios y soy aquella cuyo Dios es grande,
> Yo soy la paz y de mí ha brotado la guerra,
> yo soy la extranjera y la ciudadana,
> yo soy la sustancia de aquel que no tiene sustancia... (NHL VI, 2, 13-18)

La Mente/Mujer que así habla es *santa y prostituta,* compendio y sentido del alma que, siendo divina en sí misma, se ha separado del foco original de Dios y ha caído en la materia. No es extraño que todos estos rasgos aparezcan como expresión de una hierogamia original, que debe ser restablecida. En este fondo se sitúa el signo de la *cámara nupcial,* como sacramento de la reintegración y retorno a la unidad primera. Este signo puede interpretarse dentro de una gnosis que puede entenerse de forma *encratita* (negación de todo contacto sexual) o *libertina* (los espirituales o liberados superan ya la división y pueden experimentar en la unión sagrada el misterio de la reconciliación final de todas las cosas).

La misma mujer que es *cuerpo caído* (expresión muy clara de la perversidad y deseo de muerte) puede convertirse en *cuerpo de reconciliación.* Ella aparece, por un lado, como esclava del pecado, pero puede descubrirse al mismo tiempo como *liberada* de las ataduras convencionales de la sociedad, abriéndose así a la plenitud de la palabra de Dios y del "poder espiritual" (y social) que brota de ese Dios, superando así las estructuras jerárquicas de las comunidades ordinarias de la "gran iglesia". Es normal que la presencia y actuación de mujeres gnósticas haya inquietado a la jerarquía de la iglesia antigua, como muestra con toda claridad la controversia en torno a María Magdalena:

> Simón Pedro les dijo: - María debe marcharse de entre nosotros, porque las mujeres no son dignas de la vida. Dijo Jesús - Mira, yo la traeré y la haré varón. Ella será espíritu viviente, como los varones. Porque cualquier mujer que se haga varón entrará en el reino de los cielos» (Ev. Tomás 114).

Este Jesús defiende a María Magdalena, pero supone que ella como mujer es imperfecta. Por eso, no se puede salvar como mujer porque su cuerpo femenino es signo de pecado, deseo y objeto de pecado. Por eso, cuando culmine el proceso de la redención tienen que desaparecer las mujeres concretas (y también los varones como contrarios a las mujeres). De un modo consecuente, varones y mujeres del mundo formamos parte de un Dios que, siendo perfecto, se ha escindido, convirtiéndose en riesgo de muerte.

6. El envío del Cristo esposo

Conforme a lo anterior, la divinidad es *polaridad* sexual (lo masculino y femenino se completan) y es *generación* o proceso de vida que puede pervertirse y que de hecho se ha pervertido (de forma que estamos inmersos en la oscuridad de un proceso de muerte). Por nosotros mismos no podemos superar esa caída, de forma que cada vez nos hundimos más en una oscuridad de muerte. Pero Dios puede hacerlo y nosotros podemos hacerlo con su ayuda, recuperando de nuevo la raíz divina de la vida, para retornar así al *círculo* pleno y perfecto de cuatro elementos: Padre y Madre con dos hijos (ambos buenos: varón y mujer) en movimiento sin fin de vida positiva.

Eso significa que los hombres y mujeres deben superar el desequilibrio actual, volviendo a la unidad perfecta en lo divino, por encima (fuera) de este mundo malo. Para eso es necesario que brote y se despliegue de nuevo, desde el Padre original el Hijo bueno (que es hermano y esposo de la Madre caída, Sophia pecadora), descendiendo al mundo sin mancharse, para iluminar así a los hombres caídos y llevarlos al encuentro pleno con el Dios reconciliado, en la «cámara nupcial» de lo divino, representada y expresada en símbolos matrimoniales (familiares):

> El Padre envió desde el cielo al marido, que es hermano primogénito de la mujer caída. Entonces el esposo bajó a la esposa. Ella dejó su prostitución primera, se purificó de las manchas de sus amantes y se renovó en el estado de desposada. Se purificó en la cámara nupcial, la llenó de perfume, se sentó en ella, esperando al esposo verdadero. Ya no corre por la plaza pública, uniéndose al que quiere, sino que se ha quedado acechando el día en que él venga...
>
> Entonces el esposo, según la voluntad del Padre, bajó a ella en la cámara nupcial que estaba dispuesta, y adornó la cámara nupcial. Este matrimonio, en efecto, no es como el matrimonio carnal... En este matrimonio, cuando se unen uno a otro, se hacen una sola vida. Por eso el profeta (Gn 2:24) dice del primer hombre y de la primera mujer: se harán una sola carne (NHL II, 6, 132-133).

Cristo ha bajado según eso (simbólicamente, sin encarnarse de verdad) para manifestar la vinculación original de lo divino, para que los hombres descubran la verdad de Dios en su misma existencia. Los hombres redimidos por el Cristo, esposo de la humanidad caída, que le ilumina, les hace descubrir su verdad y les libera, pueden superar así por medio de él el pecado de la madre mala y retornar al lugar originario de la paternidad-maternidad, en el interior de la vida divina, en el principio de todo lo que existe, recuperando de esa forma el equilibrio eterno. Desde ese fondo se distinguen las dos opciones:

- *Los gnósticos afirman así que Dios se redime a sí mismo,* de manera que los hombres y mujeres son espectadores de un gran drama teológico, como indica el Himno de la Perla, que habla del Gran Dios-Redentor que busca su tesoro escondido en el mundo (su perla), buscándose en el fondo a sí mismo. En esa línea, la Trinidad, que había aparecido como forma imperfecta del proceso de Dios, vendrá a convertirse en cuaternidad reconciliada, vinculación de los contrarios, redención de Dios y plenitud de los hombres, por medio de un Cristo entendido como conocimiento perfecto de nuestra identidad divina. Pero en ese proceso se supera (desaparece) la historia y realidad de la caída de los hombres, de manera que solo queda Dios, como reconciliación perfecta, puro pensamiento de sí mismo. Esta es la base y centro de la teología gnóstica. Ella parecía la más espiritual, la más perfecta y profunda de todas las posibles teologías cristianas, en diálogo con un pensamiento latente en el entorno helenista (espiritualista) de oriente. Esa era la respuesta más fácil, la interpretación gnóstica del cristianismo.[34]
- *Los Padres Apologistas* (en especial Justino e Ireneo) han rechazado ese mito de la caída de Sofía y del descenso de Cristo como esposo para liberarla. Ellos han optado por la más difícil: han puesto de relieve el carácter positivo y bueno de la creación y han añadido que este mundo no es el resultado de una "caída" sexual de Dios, sino efecto de su palabra creadora. En esa línea afirman que este mundo no ha surgido de un pecado, sino de su voluntad y palabra amorosa. Según eso, el el pecado proviene del hombre (es pecado del mundo), de manera que han podido añadir que Dios (su Mesías) quita los pecados del mundo (no los divinos, pues Dios en sí no ha pecado ni ha caído). Según eso, conforme a la visión de la Gran Iglesia, Dios no ha venido a redimirse a sí mismo (para culminar así su gran círculo de salida y retorno, de caída y reconciliación), sino que ha salido de sí para buscar y acoger a los hombres caídos, dentro de una historia de pecado, por medio de Jesucristo.

[34] Cf. J. Ferreira, *The Hymn of the Pearl: The Syriac and Greek Texts with Introduction, Translations, and Notes*. Early Christian Studies 3, St. Paul's Publications, Sydney 2002.

7. Conclusión, el camino de la anti–gnosis

Como he dicho, el riesgo mayor del cristianismo no fue el Imperio romano, ni un retorno al judaísmo de la ley nacional, ni la vuelta al paganismo interpretado de manera filosófica (como querrá más tarde Juliano el Apóstata (331–363), sino la gnosis, como disolución del evangelio en un tipo de sabiduría universal de la caída de Dios en el hombre y de su vuelta a lo divino. Ese riesgo había estado presente en la tradición cristiana de algunos sucesores de Pablo (contra los que se escriben las Cartas Pastorales) y de la comunidad del Discípulo Amado (que debe ratificar la encarnación de la Palabra de Dios, Jn 1:14).

En aquel tiempo (en la primera mitad del siglo II d. C.) no habían sido aún canonizados los evangelios, aunque ellos (uno o varios) se leían en algunas iglesias. En ese contexto empezaron a circular una serie de evangelios gnósticos (secretos, de conocimiento profundo, de la caída y retorno de Dios en sí mismo, sin historia real de Jesucristo), como aquellos que he presentado en el capítulo anterior, en los que Jesús aparecía al fin como un eón divino, signo de la luz más honda del alma (pneuma) que puede y debe liberarse de la *psiche* o *sarx* humana, esto es, de la materia.

La intención latente de la gnosis era abandonar la historia y rechazar la creación (y con ella el Antiguo Testamento). En contra de eso, con certero instinto teológico, por fidelidad a Dios de la Biblia y a Jesús, los padres apologistas y el conjunto de la Gran Iglesia, lograron defender la identidad del cristianismo. Sin ellos, sin su defensa de la creación, sin la acción de Dios en el Antiguo Testamento y sin su encarnación en Jesucristo, el cristianismo y la iglesia habrían desaparecido, convirtiéndose en una religión de interioridad mística, como un tipo de budismo o hinduismo.

Sin el Dios creador de la tradición israelita, el cristianismo carecía de sentido, de manera que, si no hubiera rechazado a la gnosis, la Iglesia habría quedado sin base judía, sin carne y sin mundo (sin base histórico–social), convirtiéndose una religión más en el ancho mundo de las religiones del conocimiento interior de Dios (o del vacío de Dios). En esta línea, como respuesta a la gnosis, la Gran Iglesia desarrolló o puso de relieve, en la segunda mitad del II d. C., cuatro principios que le permitieron mantenerse (conservar su identidad y diferencia) como buena nueva de Jesús.

- *En contra de la gnosis, los Apologistas defendieron el Antiguo Testamento,* como garantía de la historia de "carne" de Jesús, y del carácter social del cristianismo, desde la perspectiva de la historia de Israel. Al mismo tiempo, ella "canonizó" (acogió como libros normativos de Jesús) cuatro evangelios concretos (Mateo y Marcos, Lucas y Juan), no porque los demás fueran siempre reprobables, sino porque esos cuatro eran suficientes y expresaban, en cuatro formas o caminos la experiencia histórica de Jesús y el surgimiento de las iglesias.

- *Contra la gnosis, los apologistas mantuvieron la identidad del Dios creador y del Dios salvador, defendiendo el valor original del mundo.* El Dios creador es bueno y, según eso, la historia y surgimiento de los hombres (de la vida sobre el mundo) no es una caída o pecado de Dios, sino una consecuencia de su obra creadora. Eso significa que el mundo es bueno, que es buena la "carne", esto es, la identidad corporal y social de los hombres, como creaturas de Dios.
- *La iglesia conservó y ratificó la identidad histórica de Jesús,* como encarnación Dios, en un camino muy preciso de historia, que no es caída y liberación puramente intimista de los hombres, sino como revelación de Dios y resultado de una colaboración de los mismos hombres unidos de un modo histórico y social a Jesucristo. Esta identidad de Jesús, hijo de Dios, nacido en un momento concreto (en la plenitud de los tiempos, Gá 4:4), crucificado bajo Poncio Pilato y confesado como aquel que ha resucitado de los muertos, dentro de la historia, hasta la culminación del tiempo, constituye la aportación definitiva de los Padres Apologetas, en fidelidad a la Escritura (NT) y al testimonio de los Padres Apostólicos.
- *Finalmente, en contra de los gnósticos, los Padres apologistas pusieron de relieve la organización social y carnal de las Iglesias,* reunidas en torno a unos "obispos" (como podía verse ya en la teología de Ignacio de Antioquía), con una experiencia y tarea concreta de crear comunidades "carnales" de seguidores de Jesús, como seguirá mostrando la vida y obra de Justino y, sobre todo, la de Ireneo de Lyon, que defendieron el carácter histórico de la salvación y la esperanza apocalíptica, como ratificará Tertuliano al final de este capítulo.

II

Justino (100–165)[35]

Escribió dos *Apologías* de la fe cristiana y una controversia con el judaísmo, titulada *Diálogo con Trifón*. Es el primer pensador sistemático de la iglesia y entendió el cristianismo como filosofía de salvación, surgida en el contexto de otras filosofías y religiones orientales. Se opuso al mito gnóstico y lo superó el riesgo de disolución intimista del cristianismo partiendo de dos principios básicos:

- *Afirmación histórica*. La confesión cristiana ha de entenderse en perspectiva histórica, desde un contexto judío, manteniendo como base la experiencia social y litúrgica de la iglesia. El evangelio no es una "pura conciencia interior de caída y liberación" sino el despliegue y presencia real de Dios en la historia de los hombres, partiendo del pueblo israelita.
- *Afirmación racional*. La confesión cristiana puede y debe vincularse con la racionalidad, es decir, con el despliegue del pensamiento humano. Eso significa que un tipo de filosofía, como la helenista, puede compaginarse y se compagina con la experiencia histórica de la Biblia, en contra de la gnosis, que la acaba destruyendo.

Esta es la novedad y aportación de Justino, en contra del puro gnosticismo y del fideísmo puro (es decir, en contra de todo irracionalismo), que se ha mantenido hasta el día de hoy en las iglesias: Rechazó la gnosis, pero aceptó y desarrolló un pensamiento "racional", en diálogo con la cultura mejor de aquel momento (helenismo).

---

[35] Obras: PG 6. Textos, traducciones y estudios generales: D. Ruíz Bueno, *Padres Apologistas griegos (s.II)*, BAC, Madrid 1979, 153–549; A. Ropero, *Obras escogidas de Justino Mártir: Apología I, Apología II, Diálogo con Trifón*, Clie, Viladecavalls, 2017. Entre los estudios, cf. J. J. Ayán, *Antropología de San Justino*, Aldecoa, Burgos 1988; H. con Campenhausen, *Ecclesiastical Authority and Spiritual Power*, Hendrickson, Peabody MA 1997, 149-202; J. Daniélou, *Message Évangélique et Culture hellénistique*, Desclée, Tournai 1961, 131-184; P. V. Dias y P. Th. Camelot, "Eclesiología", en *Historia de los Dogmas III, 3a-b*, BAC, Madrid 1978, 113-174; J. González, *Historia del Pensamiento Cristiano*, Clie, Viladecavalls 2010, 99–104; E. Goodenough, *The Theology of Justin Martyr*, Phylo Press, Amsterdam, 1968; A. M. Javierre, *El tema literario de la sucesión. Prolegómenos para el estudio de la sucesión apostólica*, Salesiana, Roma 1963, J. N. D. Kelly, *Early Christian Doctrines*, Black, London 1973, 401-458; A. Orbe, *Introducción a la teología de los siglos II y III*, Sígueme, Salamanca 1988, 921-1024; F. Rivas, *San Justino. intelectual cristiano en Roma*, Nueva, Madrid, 2016; R. Trevijano, *Patrología*, BAC, Madrid 2005, 105–114.

1. Vida y obra

Nació en Sebaste/Samaria de Palestina, que era entonces un lugar de cruce de religiones, cultos y filosofías, en un contexto israelita, donde se conservaba la tradición de los samaritanos. Fue buscador de la verdad y, vistiendo el manto de filósofo, fue pasando por las diversas escuelas de pensamiento (cínicos, epicúreos, estoicos...), hasta que descubrió el cristianismo como filosofía y culto de salvación espiritual y social. Era de cultura griega, pero conocía el pensamiento oriental, especialmente el israelita. Él mismo afirma que buscó incesantemente la verdad, pasando por las diversas escuelas de pensamiento de su entorno (cínicos, epicúreos, estoicos...), hasta que descubrió el cristianismo como filosofía y culto de salvación, el verdadero conocimiento, la auténtica forma de vida.

Tras convertirse, siguió siendo filósofo y fundó una escuela de pensamiento en Roma, para enseñar la forma de vida cristiana. Su experiencia y opción ha marcado la historia del cristianismo, por su manera de entender al Dios Eterno (venerado por los judíos) y a Jesús Salvador, en términos filosóficos, tomados del pensamiento helenista, pero respetando el sentido de la historia bíblica. En esa línea él vinculó los elementos más "ontológicos" del pensamiento griego con la vida, mensaje y camino pascual de Jesús.

De un modo consecuente, su cristianismo se encuentra todavía cerca del judaísmo (como muestra su Diálogo con Trifón), y en esa línea mantiene la identidad histórica (mesiánica) de la "filosofía" (religión) de Jesús, pero se relaciona también con el mundo conceptual griego y define el cristianismo como verdadera filosofía, expresión del enigma divino y humano de la generación del Verbo. Justino conoce bien a los gnósticos, algunos de cuyos primeros representantes (como Simón Mago), habían surgido precisamente en su zona (Samaria), pero, en contra de ellos, él mantuvo la historia de Jesús y la transcendencia de Dios.

Miradas desde una perspectiva posterior, sus afirmaciones sobre el Verbo podrían parecer contrarias al Concilio de Nicea, pues él ha vinculado la generación divina del Verbo con la creación del mundo, una temática que ha seguido abierta en la teología posterior (hasta la actualidad). En este campo, su novedad máxima ha consistido en identificar el Logos/Sabiduría de la tradición sapiencial judeo/helenista con la vida y mensaje del hombre Jesús. Mirado en ese trasfondo, Justino es el primer pensador que vincula de una forma "sistemática" la racionalidad griega con la historia de fondo del cristianismo. Era filósofo y siguió siéndolo tras ingresar en la Iglesia. Desde ese fondo han de entenderse sus afirmaciones básicas

> Os presentaré otro testimonio de las Escrituras, de que *Dios* generó de sí mismo, como principio anterior a todas las creaturas, a cierta potencia racional de sí mismo, a la cual el *Espíritu Santo* [la Escritura] le llama Gloria del Señor, *Hijo*, Sabiduría, Ángel, Dios, Señor, Palabra... Y todas estas denominaciones le vienen por estar al servicio de la voluntad del Padre y por haber sido generada por el querer del Padre. ¿No vemos en nosotros algo semejante? En efecto, cuando proferimos una palabra la generamos, pero no por división o corte, y de esa forma, al emitirla, no disminuye el logos que hay en nosotros... Y así dice ella (la Sabiduría, el Hijo) por boca de Salomón: «El Señor me crio (*ektise*) como principio, antes de hacer la tierra... me engendró antes de todos los collados» (Justino, *Diálogo con Trifón* 61,1-3).

No se funda en especulaciones sobre el Dios interior que se desdobla y desciende, cayendo y perdiéndose en la historia humana, a través del deseo de Sofía, ascendiendo de nuevo a lo divino a través de un tipo de especulación interna de los mismos hombres. Al contrario, él vincula la generación intradivina del Hijo de Dios como Logos y la creación del mundo que es bueno y positivo, partiendo de la imagen del hombre que profiere (engendra) la palabra, y que por ella se expresa a sí mismo, revelándose hacia fuera de manera creadora (en la línea de Jn 1:1–18). En ese contexto, él puede afirmar que Dios lleva (contiene) dentro de sí la "palabra" y sin perderla (sin dejar de tenerla en sí) la expresa y despliega en la historia, de forma que, en Cristo, los hombres somos Verbo o Logos de Dios, no por generación y caída intradivina, como dicen los gnósticos, sino por creación positiva y buena, dentro de la historia.

Según eso, en contra de los gnósticos, la creación del mundo (y de los hombres) no es una caída o pecado de Dios, sino expresión de su despliegue creador. Justino avanzó con claridad en esa línea, pero sin detenerse en genealogías míticas como los gnósticos, ni en trazar esquemas de vinculaciones duales, con rupturas, caídas ni retornos interior al pléroma divino. No "inventó" una teología de la interioridad de Dios, sino que quiso proclamar y proclamó el mensaje cristiano de la encarnación de Dios en Cristo.

En esa línea habló de la diferencia y unidad entre el *Logos Endiathetos* (la Palabra era en Dios: Jn 1:1) y el *Prophorikos* (la Palabra se hizo carne en Jesucristo: Jn 1:14), ni definió de un modo dogmático la identidad de esencia de Dios Padre y el Logos Jesucristo (como hará el Concilio de Nicea). Ciertamente, él no pudo responder a problemas posteriores de la Iglesia, pero fue el primero que expuso con cierta precisión el carácter "ontológico" de la experiencia cristiana, en claves históricas y filosóficas (racionales), vinculadas con la salvación de los hombres, pero distingue y unifica de un modo muy preciso a Dios Padre con su Hijo Jesucristo:

> *El Padre del universo,* siendo como es ingénito, no tiene un nombre que le hayan dado, pues todo aquello que lleva un nombre supone que existe un ser más antiguo que se lo ha impuesto. Los nombres de Padre, Dios, Creador, Señor, Dueño no son propiamente nombres sino designaciones tomadas de los beneficios y obras que Él ha realizado... *En cuanto a su Hijo,* aquel que es el único que se dice propiamente Hijo, el Verbo, que está con Él (con el Padre) antes de las creaturas y es generado cuando al principio creó y ordenó por su medio todas las cosas, se llama Cristo por su unción y porque Dios ordenó todo por su intermedio (*Apología* II, 5, 1-2).

En contra de las genealogías gnósticas, Justino mantiene con toda sobriedad y fuerza la confesión bíblica de Dios, pues le sitúa, como persona y realidad, más allá de todas las palabras y conceptos; pero, al mismo tiempo, pone de relieve el valor histórico y social de la vida humana, centrada en Jesús de Nazaret, añadiendo que todos los hombres llevan en sí las semillas del *Logos Spermatikós* (*Semina Verbi),* pues el mismo Dios–Logos es en nosotros (no solo en Jesús) simiente de vida, ya que en él vivimos, nos movemos y somos, y de él nacemos, cada uno de nosotros (*Apol* I, 45; II, 10, 1–13).

De esa manera, él ha puesto de relieve los principios judíos de la teología cristiana, defendiendo por un lado la trascendencia de Dios y, por otro, el carácter salvador de Jesucristo, Sabiduría encarnada de Dios, siendo un hombre concreto de la historia. Él se sitúa, según eso, en la línea de un cristianismo judío, de carácter histórico (como muestra su Diálogo con Trifón), pero, al mismo, sigue inmerso en un mundo conceptual griego, de manera que su obra puede definirse como filosofía de la encarnación del Verbo en Jesucristo y en todos los hombres, en línea histórica y social. De esa manera, como buen conocedor del judaísmo y como pensador helenista, él ha podido ofrecer las bases de toda la cristología posterior de la Iglesia.[36]

---

[36] Desde la perspectiva posterior de Nicea (325), algunas de sus afirmaciones pueden parecer poco matizadas, pues él no ha insistido en el carácter eterno (supra-cósmico) de la generación del Verbo de Dios en sí mismo (en su pura eternidad), sino que

2. Testigo de la Iglesia, un camino histórico y social

Justino ha fundado su escuela de filosofía cristiana, en un momento en que amenazaba la crisis gnóstica, con la formación de grupos que tendían a convertirse en conventículos de sabios e iniciados (separados del mundo, sin enfrentamiento con Roma, sin peligro de martirio). En ese contexto, él ha sido testigo de la "carnalidad" de la Iglesia, que se despliega precisamente en la celebración de la eucaristía, como experiencia de comunión histórica concreta de los fieles, con el riesgo de martirio que ello implica, y ha implicado para él. Así describe la celebración cristiana:

> Luego, los hermanos ofrecen *al que preside* (*tô porestôti*) pan y un vaso de agua y vino. Él los toma y tributa alabanzas y gloria al Padre del universo, por el nombre de su Hijo y por el Espíritu Santo, y pronuncia una larga acción de gracias, por habernos concedido esos dones que de Él nos vienen. Cuando el presidente ha terminado las oraciones y la acción de gracias todo el pueblo presente aclama diciendo ¡Amén!... Y una vez que el presidente ha dado gracias y todo el pueblo ha aclamado, los que entre nosotros se llaman *ministros* (=diáconos) dan a cada uno de los asistentes parte del pan y del vino y del agua sobre los que se dijo la acción de gracias... (*Apología* I, 63, 15).[37]

El texto no habla de un obispo, sino del *presidente* de la celebración, quizá porque la figura episcopal aún no se hallaba fijada en la comunidad de Roma, de la que Justino forma parte (hacia el 150/160 d. C.). Sea como fuere, él sabe que las comunidades comparten una celebración histórica, concreta, social, de alabanza a Dios y de comunión del pan y el vino/agua de Jesús, en continuidad con la primera tradición del cristianismo. Ese tipo de celebración será precisamente la nota distintiva de la gran iglesia.

Los grupos de tenencia gnóstica apelarán a tradiciones particulares, de tipo espiritualista, buscando el apoyo de figuras simbólicas

---

ha vinculado la generación con la encarnación y con la creación buena del mundo, en especial de los hombres, en contra de la gnosis (que niega la bondad de la creación) y en contra del pensamiento helenista que niega igualmente el valor de la historia. En esa línea, de un modo intuitivo (sin razonarlo expresamente), partiendo de los datos bíblicos, como pensador helenista y judeo–cristiano, Justino ha puesto las bases de una teología histórico–salvífica que no ha sido aún plenamente desarrollada dentro de las iglesias, hasta el día de hoy.

[37] Tanto *Apología 1* (150-160 d. C.) como el *Diálogo con Trifón* presentan a los cristianos como celebrantes del verdadero sacrificio de la alianza de Dios con los hombres.

antiguas (Tomás, Santiago, Juan...), para elaborar su visión de un misterio intimista, de liberación personal. Por el contrario, los grupos de la Gran Iglesia, aunque dialogando con el pensamiento griego (como hace Justino), se mantienen fieles a la historia de Jesús y a las exigencias "carnales" (sociales) de la comunidad concreta y visible, y así celebran una "eucaristía carnal", en la que se expresa la unión con el Jesús histórico y la unidad social de los creyentes.

En esa línea, Justino aparece como el primer pensador conocido de un cristianismo abierto culturalmente al mundo griego y socialmente al Imperio, en fidelidad a las tradiciones de Jesús, dentro de una Iglesia visible, en discusión casi fraterna con el judaísmo, al que no quiere condenar, sino iluminar desde el evangelio (*Diálogo con Trifón*).

De esa forma, él presentó sus *Apologías* ante el orden romano y lo hizo de un modo abierto, ofreciendo su alternativa social y religiosa en un mundo abierto a todos, en el "mercado" del pensamiento universal, en la capital del imperio. De manera consecuente, él fue condenado, precisamente por lo que escribía y por lo que representaba (en contra de los gnósticos, que optaban por una defensa no martirial de sus propuestas). De un modo público, en contra de la gnosis, Justino ha presentado abiertamente su confesión, no solo con sus *Apologías*, sino con su vida y enseñanza, como cristiano visible, frente (contra) el poder imperial de Roma, siendo condenado por aquello que escribía y por lo que representaba (en contra de los gnósticos, cerrados en su intimismo, que no pueden ofrecer un testimonio martirial de la fe).

Por su forma de dialogar/discutir con el judaísmo (sin condenarlo) y por su modo de elevar la propuesta cristiana (aceptando por otro lado los valores del pensamiento griego y del mismo orden romano), de un modo abierto, en el centro de Roma, Justino puede y debe ser considerado el primer pensador–mártir del cristianismo, hombre comprometido que presenta su fe y su testimonio abierto de vida, en unión con una comunidad también visible, a diferencia de los gnósticos que, por su misma visión del pecado y de la redención de Dios, evitaban de un modo consecuente el martirio.

De un modo consecuente, Justino fue filósofo al estilo griego, siendo, al mismo tiempo, testigo cristiano de un evangelio que se define como revelación pública del Dios salvador, en medio de la historia, en un contexto de transformación social, a diferencia de la gnosis, que se cierra en un plano intimista. En ese sentido, él considera la eucaristía como una expresión abierta de fe, la confesión social del cristianismo como grupo abierto y concreto, dentro (y, en algún sentido, en contra) del Imperio, a diferencia de Clemente que parecía integrar el cristianismo en el orden social de Roma, y en contra de la gnosis que diluía (terminaba negando) la entidad histórico–social del evangelio.

Justino sabe y dice que la Iglesia es una comunidad social, abierta y pública, aceptando parte de la filosofía helenista del Imperio romano, pero negando su pretensión de universalidad. En esa línea, su "filosofía práctica" cristiana no es una especulación gnóstica, sino una experiencia de transformación social, en contra de un imperio que quería ser representante definitivo de la divinidad.[38]

[38] Dentro del Imperio romano y de su "filosofía", pero sin someterse a su dictado, Justino presenta a los cristianos como revelación salvadora de Dios, de un modo, histórico y social, no en pequeños grupos de iniciados gmçpstocps ¿?. De un modo lógico, las autoridades romanas le han condenado a muerte, y de esa forma, muriendo con Cristo, él ha dado testimonio de la verdad cristiana, como lo había hecho Ignacio de Antioquía, aunque en un sentido diferente: Ignacio como obispo, Justino como pensador independiente.

III

Ireneo de Lyon (±140-200)[39]

Es el más conocido de los apologistas del siglo II. Era natural de Esmirna (actual Turquía), donde fue discípulo de Policarpo († 156). Pero se trasladó a Lyon, en la zona del Ródano, en las Galias, donde había una fuerte colonia griega y donde, hacia el 177, fue ordenado presbítero de la Iglesia, siendo enviado a Roma para colaborar en la búsqueda de una reacción común ante el riesgo del montanismo. A su vuelta fue elegido obispo de su comunidad, amenazada de persecución. Su vida y acción se puede comparar con la de Justino. Ambos fueron testigos y defensores (apologistas) del cristianismo: Justino en línea más filosófica; Ireneo en línea de tradición eclesial, en un contexto de historia de la revelación, empezando en Israel (Antiguo Testamento) y culminando en Cristo.

1. Fuentes del pensamiento cristiano

Ireneo fue testigo e impulsor de una iglesia que quería ser fiel a la tradición de los primeros cristianos "apostólicos" y que debía organizarse en forma institucional, con obispos responsables de las comunidades y con una Escritura canónica estable, en contra de las doctrinas y libros variables de los gnósticos. En esa línea, él ha sido quizá quien ha ofrecido la primera teología unitaria de la Gran Iglesia, con sus implicaciones sociales y sus vínculos institucionales, manteniendo la trascendencia de Dios, la historia del Antiguo Testamento y la identidad histórico–social del cristianismo, respondiendo de esa forma al riesgo disolución histórico–social de la gnosis.

---

[39] Obras: PG VII. Cf. *SCh* 263-264, 293-294, 210-211, 100 y 152-153; A. Orbe, *Teología de San Ireneo. Traducción y comentario* I–IV, BAC, Madrid 1985/1996; E. Pose (ed.), *San Ireneo: Demostración de la predicación evangélica,* FP 2, Ciudad Nueva, Madrid 2001; A. Ropero, *Obras escogidas de San Ireneo,* Clie, Viladecavalls 2018. Cf. J. González, *Historia del Pensamiento Cristiano,* Clie, Viladecavalls 2010, 143–155; J. I. González Faus, *Carne de Dios. Significado salvador de la encarnación en la teología de San Ireneo,* Herder, Barcelona 1969; A. Orbe, *Hacia una teología de la procesión del Verbo,* Gregoriana, Roma 1958; *Antropología de San Ireneo,* BAC, Madrid 1969; *Introducción a la teología de los siglos II y III,* Sígueme, Salamanca 1988; J. Fantino, *La Théologie d'Irénée,* Cerf, Paris 1994; R. Trevijano, *Patrología,* BAC, Madrid 2005, 77–86.

A su juicio, un verdadero discípulo de Jesús (un cristiano eclesial) debe rechazar los "fábulas" y genealogías intradivinas de la gnosis (con sus cien variaciones de un Dios bueno y otro malo y de la caída y redención intradivina), para descubrir y afirmar que Dios es trascendente (no está mezclado con el mundo, ni hay en él dualidad masculino-femenina), es puramente bueno (no hay en él dualidad de bien y mal) y se ha encarnado en la historia de Cristo y de la Iglesia. Pues bien, ese Dios bueno y trascendente, creador de todas las cosas se identifica con el Señor (Yahvé) del Antiguo Testamento, Padre de Jesús, que sigue actuando por el Espíritu en la Iglesia.

Más que inventar temas teológicos, para superar así a la gnosis, Ireneo quiere mantener el testimonio de la fe tradicional, explicando y transmitiendo aquello que ha recibido de las iglesias anteriores, ofreciendo así las bases de lo que será la teología posterior, centrada en Dios Padre, en su Verbo-Logos que es Cristo y en su Espíritu (que se manifiesta en la vida de los creyentes), sin las genealogías, rupturas y recomposiciones divinas de la gnosis, que tiende a negar el valor positivo de la creación. Él ha entendido el cristianismo como un camino histórico que lleva a los creyentes, salvados en su "carne" (en su vida en el mundo), hacia la culminación definitiva de la obra de Dios, recuperando de esa forma el mesianismo israelita. Desde ese fondo quiero presentar algunos textos y temas de su pensamiento, en contraste con el gnosticismo.

Conforme a los gnósticos, la teología es una especulación sobre los procesos internos de la realidad divina, que se escinde y divide, para volver a integrarse en la unidad originaria a través de un movimiento de caída, ruptura y retorno. En contra de eso, los cristianos "eclesiales" (discípulos carnales y espirituales de Cristo) no conocen a Dios por especulación, sino a través de la Escritura, dentro de la Iglesia, integrándose en la historia de la salvación. Estas son, a su juicio, las fuentes de la teología cristiana:

> (a) Enseñanza de los apóstoles; (b) doctrina original de la iglesia, extendida a través del mundo entero; (c) sucesión de los obispos, a quienes los apóstoles pusieron al cargo de cada iglesia local. Hasta nosotros ha llegado la Escritura, que ha sido conservada de un modo inmutable y ello implica tres cosas: poseemos el número integral de las Escrituras, sin adición ni sustracción; realizamos una lectura de las Escrituras libre de engaño; y, de acuerdo con esas escrituras, poseemos una interpretación legítima, apropiada, exenta de peligro y de blasfemia» (*Adv. Haereses*, IV, 33, 7-8).

2. Hijo y Espíritu: dos manos de Dios

Los gnósticos habían teorizado sobre los procesos internos de Dios (generaciones, caídas y retornos salvadores) y su teología gnóstica fue anterior a la teología de la Gran Iglesia, pues los "eclesiásticos" no tuvieron necesidad ni deseos de especular sobre Dios, sino que se contentaban con actualizar Escritura, manteniéndose en un plano pastoral, sin necesidad de teorías arcanas. Pero una vez que los gnósticos comenzaron a especular tuvieron que hacerlo también, aunque en otro plano, los cristianos de la Gran Iglesia, y así lo hizo Ireneo, ocupándose de la bondad de Dios en sí y de su manifestación en Cristo, por medio del Espíritu Santo. Para expresar su pensamiento, él introdujo la metáfora de las dos manos del Padre, el Hijo y el Espíritu, que son una expresión de su poder, presidiendo no solo la primera creación (Génesis), sino también la nueva, que se expresa y realiza por Cristo y el Espíritu Santo, tal como lo atestigua la Iglesia.

> Desde siempre están con él (con Dios) el Verbo y la Sabiduría, el Hijo y el Espíritu. Por ellos y en ellos ha hecho Dios todas las cosas... Así, Dios se dirige a ellos (al Hijo y al Espíritu) cuando dice: Hagamos al hombre a nuestra imagen y semejanza» (Gn 1:26)... Según eso, no existe más que un Dios que ha hecho y organizado todas las cosas por medio del Verbo y de la Sabiduría.
>
> Él es el creador, él ha asignado este mundo al género humano... Por esta razón, en suma, y "no por la voluntad de la carne ni por la voluntad del hombre" (Jn 1:13), sino por deseo positivo del Padre, *las manos de Dios* han hecho al hombre un ser vivo, para que Adán pueda convertirse en imagen y semejanza de Dios (*Adversus Haereses,* IV, 20, 1.3.4; V, 1.3).
>
> En aquello que concierne a los tres artículos fundamentales de nuestra profesión de fe, el error ha llevado a muchos lejos de la verdad, porque: o desprecian al Padre; o no acogen al Hijo, entendiendo de manera falsa la economía de su encarnación; o no aceptan al Espíritu, despreciando de esa forma la profecía... Gloria a la Santa Trinidad entera y a la única Divinidad, al Padre, al Hijo y al Espíritu Santo, que es siempre y totalmente providente, por los siglos. Amén (*Prédication apostolique,* SCh 406, p. 221; *Adversus Haereses*. II, 28, 5).

Ireneo rechaza las especulaciones gnósticas sobre el despliegue divino pues, a su juicio, el único Dios existente es aquel que se ha encarnado en Cristo y se ha manifestado por el Espíritu Santo. El mundo y Cristo no se identifican, pero el despliegue trinitario de Cristo está relacionado con el surgimiento del mundo, que aparece así como expansión del misterio divino, vinculando la economía de la salvación cristiana con la inmanencia divina.

> No hay más que un solo *Dios*, quien por el Verbo y la Sabiduría, hizo y armonizó todas las cosas. Él es el Creador y es el que asignó este mundo al género humano. Es tan grande que le desconocen incluso los seres que Él ha hecho: pues nadie ha escrutado su elevación, ni entre los antiguos ni entre los contemporáneos. Sin embargo, en su amor, es siempre conocido gracias a Aquel por quien creó todas las cosas, que no es otro que su *Verbo*, nuestro Señor Jesucristo... Desde el principio, el Verbo anunció que los hombres verían a Dios, pues Dios viviría y conversaría con ellos en la tierra... para hacer de modo que le sirvamos en santidad y justicia todos los días de nuestra vida (cf. Lc 1:68-79), para que, vinculado con el Espíritu de Dios, el hombre acceda a la gloria del Padre (*Adv. Haereses* IV, 20, 4).

En esa línea, asumiendo los datos de la tradición anterior y enfrentándose a una gnosis que, a su juicio, lo confunde todo, Ireneo de Lyon realizó una labor de ajuste teológico y dogmático, asignando a cada persona divina una función propia en este mundo y en la nueva creación (*Adv. Haereses* V, 18, 2; S.Ch. París 1984, 623-624).

3. Estructura eclesial

Ireneo rechaza a los gnósticos no solo porque niegan la unidad y bondad de Dios, sino porque destruyen el orden social de la Iglesia y la historia de la salvación, pensando que la historia de los hombres carece de sentido, de manera que se desentienden de las estructuras exteriores de la Iglesia y de su compromiso histórico y social. En contra de eso, él defiende, de manera muy concreta, la historia y tradición doctrinal y social de las iglesias que se expresa y conserva en aquellas se han mantenido fieles a su origen apostólico, como la de Roma:

> La tradición de los apóstoles, manifestada en todo el mundo, pueden verla en cada iglesia todos aquellos que desean ver la verdad; y nosotros podemos enumerar los *obispos* establecidos desde los apóstoles en las iglesias y su sucesión hasta nosotros... Pero sería demasiado largo enumerar en esta obra las sucesiones de todas las iglesias. Por eso, nos fijaremos en la grandísima y antiquísima iglesia, conocida por todos, fundada y establecida en *Roma* por los dos gloriosísimos apóstoles: Pedro y Pablo.
>
> Mostrando la tradición recibida por los apóstoles y la fe anunciada a los humanos hasta el día de hoy a través de la sucesión de *los obispos*

refutaremos a todos los que, de cualquier manera... se reúnen fuera de aquello que es justo (de la iglesia)... Porque con esta iglesia (de Roma), en razón de su origen más excelente, deben estar necesariamente de acuerdo todas las iglesias..., pues en ella se ha conservado siempre, para todos los humanos, la tradición que viene de los apóstoles.

Después de haber fundado y edificado la iglesia, los bienaventurados apóstoles confiaron a Lino el servicio del episcopado... A él le sucede Anacleto. Después de él, en tercer lugar, a partir de los apóstoles, recibió el episcopado Clemente... A este Clemente sucedió Evaristo, a Evaristo Alejandro; después, como sexto después de los apóstoles, fue establecido Sixto; después de él Telesforo... Higinio, Pio, Aniceto, Sotero...Y ahora, en el puesto decimosegundo a partir de los apóstoles, tiene el Episcopado Eleuterio.

Con este orden y sucesión ha llegado hasta nosotros la tradición que existe en la iglesia a partir de los apóstoles y la predicación de la verdad. Esta es la prueba más completa de que la fe vivificante de los apóstoles es una y la misma y que ha sido conservada y transmitida en la verdad (*Adv. Haereses* 3, 3, 13).

La Iglesia se configura así como un cuerpo bien organizado «según la sucesión de los obispos, a los cuales los apóstoles confiaron cada iglesia local...» (*Adv. Haereses* 4, 33, 8: 5, 20, 1). Ella se identifica y define por su despliegue histórico, a partir de los apóstoles, tal como se muestra en la línea de obispos de aquellas comunidades, que aparecen como sucesoras directas de los apóstoles, como las de Roma y Esmirna.

En un sentido, su argumento es válido y confirma el carácter apostólico del cristianismo, pero, en otro, las listas que él ofrece no son históricamente fiables, pues parece que el episcopado monárquico al que apela solo se ha extendido por todas las iglesias (y en especial en la Roma) a lo largo de la segunda mitad del siglo II d. C. Tiene razón al hablar de *sucesión apostólica*, pues la iglesia ha sido fundada sobre el testimonio y acción de los "apóstoles". También la tiene al añadir que, en su tiempo, los obispos eran garantes de la fidelidad a la tradición, y de la superación del riesgo gnóstico. Pero de hecho la lista ininterrumpida que él aduce, entre los apóstoles y el obispo actual de Roma (o de Esmirna), resulta históricamente improbable.[40]

[40] Los historiadores afirman que no hay una sucesión literal (material) desde los Doce apóstoles a los obispos de finales del siglo II d. C., pues los Doce como tales no tuvieron sucesores obispos, y los obispos monárquicos de finales del II y principios del III d. C. se fueron imponiendo por creatividad de las mismas iglesias (no como sucesores directos de los Doce ni de algún tipo de apóstoles posteriores).

Sea como fuere, Ireneo ha sido testigo del carácter "carnal", es decir, histórico y social de la Gran Iglesia, en contra de los gnósticos que corrían el riesgo de diluirla en un tipo de espiritualismo intimista, sin principio ni meta de historia, pues todo está inmerso en el gran despliegue y repliegue intemporal de Dios. Ireneo quiere poner de relieve que las iglesias concretas, con propios obispos, portadores y conservadores de la tradición, se inscriben en un camino que conduce hacia la instauración o recapitulación de todas las cosas en Cristo.

Él quiere que los obispos sean testigos y promotores del mensaje y camino de salvación de Dios, que no se ha encarnado para sacarnos del mundo, sino para instaurar un camino de salvación en el mundo, en la línea de Ef 1:10 (cf. *Adv. Haereses* III, 10, 8). De esa forma se realizó, a su juicio, el proyecto original de Dios, que es la recapitulación o cumplimiento de la historia de salvación de los hombres. Sabe también que hay pecado pero, en contra de los gnósticos, afirma que ese pecado (caída) no forma parte de un Dios, que es todo bueno.

Según Ireneo, este mundo es básicamente positivo y puede ser (será) salvado por Dios en Cristo, a pesar del pecado de Adán (es decir, de la historia humana). De esa manera ha formulado la "economía" de Dios, su plan de salvación histórica, para vincular en Cristo todo lo que existe, desde el principio al fin de los tiempos (cf. *Ad. Haer.* III, 16, 6). Por eso, la encarnación de Dios en Cristo no forma parte de una caída o descenso divino (de un pecado de Sophia pecadora, que ha ser superado por su venida), sino que responde al proyecto originario de salvación. Dios no se ha encarnado por causa de un pecado, sino porque ha querido comunicar su amor a los hombres, y lo ha hecho por Cristo, su Hijo. Sobre esa base, Ireneo ha elaborado una teología de la historia de la salvación, con elementos que provienen del Antiguo Testamento, a partir de la confesión mesiánica cristiana.[41]

[41] En general, los gnósticos pensaban que este mundo es consecuencia de una caída o pecado, de forma que la salvación consiste en abandonar el mundo y volver a lo divino, a través de un proceso de búsqueda interior. En contra de eso, Ireneo afirma que el camino de Jesús está vinculado al compromiso social e histórico de la iglesia, y en esa línea los cristianos son testigos y promotores de una salvación universal, de una recapitulación de todas las cosas en Cristo. Algunos de sus argumentos no son actualmente convincentes, pero, unidos al mensaje y filosofía cristiana de Justino sigue ofreciendo la mejor base para elaborar una teología de la salvación, que sirva de fundamento para ortodoxos, católicos y reformados, en contra de las nuevas formas actuales de gnosis.

IV
Montanismo y Tertuliano

No parece lógico presentar a Tertuliano como "padre" de la Iglesia, tanto por su pertenencia final al movimiento montanista, como por su teología, pero es uno de los pensadores más significativos e influyentes de la Iglesia antigua, testigo de la transformación cristiana y profeta de la venida final de Jesús, y en ese sentido puede y debe servirnos de guía, en momentos fuertes de iglesia como los suyos. Él ha sido el más profundo de los apologistas, agudo al defender la identidad de la fe (la visión del Dios revelado), exigente al presentar las implicaciones de la conversión de Cristo, atento ante la hora de la gran revelación escatológica. Así le presento en este capítulo que consta de dos partes: (1) Identidad y desarrollo del montanismo, en el que se inserta al fin de su vida Tertuliano. (2) Tertuliano, vida y teología trinitaria.

1. Montano y montanismo[42]

El cristianismo empezó siendo un movimiento carismático, pero su impulso pareció apagarse con el desarrollo institucional que algunos tomaron como menos conforme al evangelio. Por eso resulta comprensible que algunos grupos quisieran recuperar la experiencia directa del Espíritu, a veces en contra o al margen de la jerarquía establecida. Entre ellos, en torno al 155-160 d. C., surgió en Frigia (actual Asia Menor) Montano, a quien muchos tomaron como signo (presencia) del Paráclito prometido por Cristo (Jn 14-16).

En pos de Montano (o con él) elevaron su protesta algunas profetisas (Priscila y Masimila) y su movimiento se extendió hasta Roma y África, donde lo aceptó Tertuliano. Los montanistas no quisieron inventar doctrinas, ni destruir las comunidades anteriores, sino actuar como testigos proféticos de una experiencia de Dios que la Iglesia, jerarquizada como grupo honorable, parecía estar bloqueando; así

[42] Textos en. P. Labriolle, *Les sources de l'histoire du montanisme,* Leroux, Paris 1913. Cf. J. González, *Historia del Pensamiento Cristiano,* Clie, Viladecavalls 2010, 131–132; R. E. Heine, *The Montanist Oracles and Testimonia,* Mercier UP, Macon GA 1989: W. Schepperlern, *Der Montanismus und die phrygische Kulte: Eine religionsgeschichtliche Untersuchung,* Mohr, Tübingen 1929; A. Strobel, *Das heilige Land der Montanisten: Eine religions-geographische Untersuchung,* W. Gruyter, Berlin 1980; Ch. Trevett, *Montanism: Gender, Authority and the New Prophecy,* Cambridge UP 1986).

elevaron su voz carismática y apocalíptica, como adelantados de Cristo (del fin de los tiempos) que ellos querían anticipar con su rigorismo ascético (rechazo del mundo) y su entrega personal (disposición al martirio), esperando la llegada de Jesús.

- *Eran conservadores y renovadores.* No querían crear otra iglesia, sino seguir en la línea de los profetas ambulantes, que habían sido de los discípulos más antiguos de Jesús, cuya memoria ellos buscaban y descubrían en los evangelios sinópticos y en tradiciones que hemos visto ya en la Didajé, actualizando la ruptura social y la esperanza del Apocalipsis, afirmando que llegaba la revelación del fin de los tiempos, de manera que ellos mismos se hallaban inmersos en la lucha entre el Espíritu de Cristo y el Perverso, como encarnación o presencia del Paráclito prometido en Jn 14–17.
- *Eran carismáticos.* Querían actualizar la experiencia originaria de la iglesia de Jerusalén (cf. Hech 1-3) y de las de Pablo (cf. 1 Cor 12-14) y en esa línea elevaban su protesta en contra de unas comunidades nuevas que parecía apagar el evangelio original de Cristo. De un modo consecuente, ellos insistían en la renovación del Espíritu Santo, poniendo de relieve la inspiración profética y el don de lenguas, conociendo de esa forma a Dios por experiencia.
- *Se sentían vinculados a la promesa del Paráclito* (Jn 14-16). Los seguidores del Evangelio de Juan habrían sentido quizá desconfianza ante estos nuevos profetas, pues ellos (como el Discípulo amado), insistían más en una experiencia de tipo gnóstico, en la búsqueda interior de la verdad, y afirmaban, además, que el Paráclito venía guiando a su grupo desde el principio. De todas formas, estos nuevos carismáticos montanistas se creyeron autorizados para interpretar los textos fundamentales del Paráclito (cf. Jn 14:16, 26; 15:25-26; 16:7), como profecías que debían de cumplirse en ellos, sintiéndose portadores del Espíritu, presencia del Paráclito en el mundo.
- *Proclamaban la llegada del fin de los tiempos.* En un sentido eran milenaristas (= quiliastas), pero, más que el reino de Mil Años de los mártires Ap 20:1-6, ellos esperaban el nuevo cielo y la nueva tierra de la Jerusalén gloriosa (cf. Ap 21-22). Estaban convencidos de que llega el fin (al que aludían 1 Ts 4; 1 Cor 15 y 2 Ts 1–2) y en esa línea interpretaban las promesas de los evangelios (no pasará esta generación sin que se cumplan todas estas cosas: Mc 13:30 par.; cf. Mc 9:1 par.), atreviéndose a decir que conocían el lugar donde vendrá Jesús y se elevará la Nueva Jerusalén, Pepuza, el centro de su movimiento en la región de Frigia.[43]

[43] P. Lampe, "Die montanistischen Tymion und Pepouza im Lichte der neuen Tymioninschrift", *Z. Antikes Christentum* 8 (2004) 498-512.

Montano y sus seguidores (entre ellos Tertuliano) pensaban que la crisis del fin de los tiempos había comenzado. Por eso formaron comunidades escatológicas, dirigidas por carismáticos o profetas, expandiendo desde Frigia una reforma que vincula entusiasmo espiritual y rigorismo ético. No quieren una iglesia nueva y duradera (no hay tiempo para ello), y de esa forma se rebelan y chocan contra el orden instituido de la Gran Iglesia que, en ese momento, está consolidando su estructura, en formas de tradición y conformismo social.

Así intentaron mantener la emoción primera de Jesús y de su Espíritu, desde una perspectiva que podría llamarse irracional (cf. Tertuliano: *credo quia absurdum*, porque es absurdo), pero que tiene raíces profundamente evangélicas. Rechazan las razones de los sabios del entorno helenista y de aquellos que tienden a sacralizar el orden establecido de una iglesia que tiende a consolidar su autoridad sobre los creyentes. Por eso fueron muy criticados, de un modo en general excesivo y, a veces, poco justificado:

> Montano, dando entrada en sí mismo al Enemigo, con la pretensión desmedida de su alma ambiciosa de preeminencia, quedó a merced del Espíritu y de repente entró en arrebato convulsivo como poseso y en falso éxtasis, y comenzó a hablar y proferir palabras extrañas, profetizando desde aquel momento, en contra de la costumbre recibida por la tradición y por sucesión dentro de la iglesia. De los que en aquella ocasión escucharon estas bastardas expresiones... algunos, como excitados por el Espíritu Santo y por un carisma profético, y no menos hinchados de orgullo y olvidadizos de la explicación del Señor, fascinados y extraviados por el Espíritu insano, seductor y descarriado del pueblo, lo provocaban (a Montano), para que no permaneciese ya más en silencio (Eusebio de Cesárea, *Historia Eclesiástica,* V, 7-8.).

Los montanistas fueron condenados porque rechazaban la estructura oficial de la iglesia, y porque aceptaban el ministerio de mujeres que se sentían (decían) habitadas e impulsadas por el Espíritu, igual que los varones. Ciertamente, muchos cristianos admiraron su fidelidad, su rigorismo ético, su protesta contra el sistema y su visión de un Dios que no sacraliza el orden establecido, pero en conjunto la mayoría rechazaron este movimiento, a pesar de sus valores.

- *El montanismo pertenece al principio del cristianismo,* pues recoge elementos tradicionales: Libertad interior, experiencia carismática y rigor ético... En esa línea, la experiencia del Paráclito en Montano y en muchos de sus seguidores puede interpretarse como signo de la acción de Dios en la vida de los fieles, ofreciendo un *correctivo carismático* a los riesgos de sacralización jerárquica de la iglesia establecida. Ciertamente, los adversarios de Montano podían afirmar que el tiempo de Jesús había quedado atrás, que la experiencia pascual había sido ya codificada, que el estado de entusiasmo carismático del principio de la iglesia no podía repetirse... Pero a favor de los montanistas se podía decir que la iglesia no es oficina de recuerdos sacrales, administrada por clérigos o sabios que gobiernan sobre el resto de los fieles, sino que ha de ser *comunidad de carismáticos,* portadores del Espíritu viviente.

- *El montanismo podría volverse peligroso para el cristianismo en general* si defendiera una revelación distinta del Espíritu, independiente de Jesús, a través de Montano o de otros profetas, y si los elegidos (montanistas) se separaran de la historia concreta (carnal) del movimiento de Jesús y de las estructuras sociales de la comunidad, apelando a revelaciones nuevas, independientes de la vida, muerte y resurrección de Jesús. Lo propio del Paráclito de Jn 14-17 era *recordar* la obra y persona de Jesús, centro y cumbre de toda revelación, tal como se expresa en la Iglesia. Pues bien, apoyándose en eso, algunos de sus adversarios afirmaban que los montanistas estaban dejando a un lado a Jesús, corriendo el riesgo de identificar a Dios con la inspiración particular de cada creyente.[44]

2. Tertuliano (160-225). Vida y teología trinitaria[45]

Natural del Norte de África, estudió y ejerció la abogacía, probablemente en Roma, para volver a Cartago después de su conversión al cristianismo. Fue hombre brillante, radical, y terminó formando parte

[44] Los montanistas podrían compararse con algunos movimientos pentecostales de la actualidad (2020) que insisten en la experiencia inmediata del Espíritu Santo y en la comunicación directa con Dios, por encima o fuera de la institución de las grandes iglesias. Ciertamente, en general, ellos querían ser fieles al mensaje y vida de Jesús, pero añadían que estaban en contacto directo con Dios, por medio del Espíritu Santo, de un modo especial, en estos tiempos finales de la historia. Sin duda, ellos tendían a rechazar (o a minusvalorar) las mediaciones ministeriales y sociales, históricas y doctrinales, volviéndose rigoristas en un sentido que podría ser anti–evangélico. Pero su aportación, lo mismo en tiempos de Tertuliano como en los nuestros puede ser muy importante para la renovación y revitalización de las iglesias.

[45] Obras: PL 1-2; CSEL 20. 47. 69. 70. 76; CChrL 1-2. Cf. S. Vicastillo, *Tertuliano, FP* 32, Madrid 2018. Cf. también: *A los paganos. El testimonio del alma. A los mártires (2004); El escorpión. La huida en la persecución (2204)¿?; Prescripciones contra todas las herejías* (todos en Ciudad Nueva, Madrid); *Apologético, a los gentiles.* Madrid (Gredos, Madrid 2001); A. Ropero, *Obras escogidas de Tertuliano,* Clie, Viladecavalls 2018. Cf. J. González, *Historia del Pensamiento Cristiano,* Clie, Viladecavalls 2010, 155–166; R. Trevijano, *Patrología,* BAC, Madrid 2005, 115–124. Sobre la problemática de fondo del monarquianismo que

del movimiento de Montano. Fue de los primeros que, para destacar la originalidad del cristianismo frente al paganismo, insistió, al mismo tiempo, en la unidad de Dios y en la Trinidad de las personas.

a. *Credo quia absurdum? (porque es absurdo)*

Como retórico, Tertuliano supo formular su pensamiento de un modo paradójico, con juegos de palabras, más que con ideas. Insistió en la novedad ética del cristianismo, entendido de un modo radical, distinguiendo cada vez con más fuerza entre los simples cristianos, seguidores normales de Jesús, y los espirituales o carismáticos. En esa línea se fue desligando de la iglesia más oficial, gobernada por un tipo de jerarquía que a su juicio era poco evangélica, demasiado "racional", ajustada al orden de este mundo.

A su juicio, el cristianismo es una opción radical de seguimiento de Jesús, una forma de vida que a los ojos del "mundo" tiene que resultar absurdo. En ese contexto ha de entenderse una frase que se le atribuye (*credo quia absurdum*), conforme a la cual *la fe (es decir, la vida cristiana) es un absurdo*, y que por eso mismo nos atrae y fascina. Eso significa que el cristianismo exige un *sacrificum intellectus*, es decir, un tipo de sacrificio o superación del entendimiento o racionalidad dominante de este mundo.

Lo que es absurdo no es Dios como tal, sino la forma de vida cristiana, que choca con la vida establecida de ese mundo. No parece que Tertuliano haya pronunciado la frase (*credo quia absurdum*), pero lo que está al fondo de ella define su movimiento y su forma de entender el cristianismo como experiencia escatológica contra–cultural. Así dice:

> Ha nacido el Hijo de Dios; no hay que avergonzarse, porque ello es vergonzoso. Y el Hijo de Dios ha muerto; ello es totalmente increíble, porque es ridículo. Y habiendo sido sepultado ha resucitado; ello es cierto, porque es imposible (*De Carne Christi* 5).

El cristianismo es, según eso, vergonzoso, increíble, imposible, en la línea de Pablo, cuando dice cruz es "escándalo para los judíos, necedad para los griegos" (1 Cor 1:23). Según eso, el evangelio ha de tomarse como paradoja radical, vinculada con el nacimiento, muerte y

---

Tertuliano critica, cf. G. Uríbarri, *Monarquía y Trinidad. El concepto teológico «monarchia» en la controversia «monarquiana»*, Comillas, Madrid 1996.

sepultura del Hijo de Dios. En esa línea de paradoja, con la mayor parte de los teólogos anteriores al Concilio de Nicea (325 d. C.), Tertuliano ha vinculado la creación del mundo (Gn 1) con la generación del Verbo (Jn 1), uniendo así el despliegue inmanente de Dios y la economía de la salvación (presencia de Dios en la historia), en una línea que algunos han tachado de arriana (aunque esa acusación está fuera de lugar, pues el arrianismo es posterior a Tertuliano).

Sea como fuere, su visión de Dios y la manera de relacionar la generación del Hijo de Dios y la creación del mundo en Jesucristo ofrecía y sigue ofreciendo un camino de búsqueda intensa en el interior del cristianismo. En este contexto se sitúa su reflexión sobre la Monarquía (Dios único), la Trinidad (despliegue inmanente de Dios) y la Creación, tema que él ha desarrollado de un modo brillante en su refutación de aquellos que tendían a negar la encarnación real del Hijo de Dios. Así dice contra Praxeas:

> Antes de todas las cosas Dios estaba solo y era por sí mismo todo... pero, en realidad, ni aun entonces se encontraba solo, porque ya estaba con Él aquella Realidad que habitaba en su interior: su propia Razón... (es decir, su Palabra, su Sabiduría). Dios profirió primeramente la Palabra dentro de sí mismo, y esa palabra estaba acompañada por la Razón y la Sabiduría... Cuando Dios dijo hágase la Luz en ese momento también la Palabra recibió su particularidad y ornamento, el sonido y la voz. He ahí al nacimiento acabado [legal, reconocido] de la Palabra, fundada primero como Sabiduría en orden a lo pensado... generada [parida] para la obra efectiva de la creación del mundo.
>
> Pero tú [*Práseas*] no quieres admitir que la Palabra sea realmente *substancial* por la propiedad de la sustancia de modo que pueda parecer una cosa (una persona), siendo segunda a partir de Dios… Donde hay un segundo, hay dos y, donde hay un tercero, hay tres. En efecto, el Espíritu es el tercero a partir de Dios y del Hijo, así como es tercero el fruto (que sale de la raíz y de la rama), así como es tercero el río (que sale de la fuente y del arroyo) … Pero ninguno de ellos (ni el río, ni la rama) se aparta de la matriz de donde cada uno saca lo que le constituye en su propiedad. Así la Trinidad que fluye del Padre por grados entretejidos y conexos no daña a la Monarquía y protege el estatuto de la Economía (*Adversus Praxeam* 5-9).

b. *Monoteísmo trinitario. Terminología teológica*

Tertuliano era un retórico, diestro en el manejo del lenguaje, y así pudo encontrar (forjar) unos términos que han marcado desde entonces la teología de occidente, mostrando que Dios (Padre, Hijo y Espíritu Santo) es el signo distintivo de la iglesia:

> No hay otra forma de creer en el Dios único que decir que uno solo y el mismo (unidad) es el Padre y el Hijo y el Espíritu (Trinidad)... Así se mantiene el misterio de la economía que dispone que la unidad se dé en la Trinidad, al presentar a los tres (el Padre, el Hijo y el Espíritu Santo). No son tres por estado (estatus), sino por grado; no son tres por sustancia, sino por forma (modo), no son tres por potencia, sino por especificación, pues ellos son uno en cuanto son una sola sustancia, un solo estado, una sola potencia. Porque Dios es único y a él se le asignan estos grados, estas formas y estas especificaciones, con el nombre de Padre, Hijo y Espíritu Santo (*Contra Praxeas* 13, II).

Tertuliano aparece así como creador de la terminología trinitaria de la iglesia latina. Él ha empleado también diversas metáforas para evocar la Trinidad, mostrando que allí donde pierden su sentido los conceptos sigue valiendo la poesía, de manera que sus imágenes nos permiten penetrar mejoren el misterio. De esas imágenes ha vivido la simbología trinitaria de la Iglesia

> Como enseña el Paráclito, Dios, ha producido su Palabra como la raíz produce el tronco, como la fuente el río, como el sol sus rayos. Porque estas realidades son las proyecciones de las sustancias de las cuales provienen. Por tanto, no tengo miedo de comparar al Hijo con el tronco que proviene de la raíz, con el río que proviene de la fuente, con el rayo que brota del sol... Y así como el tronco no está separado de la raíz, ni el río de su fuente, ni el rayo del sol, tampoco la Palabra está separada de Dios (*Contra Praxeas,* PL 2, col. 153-156).

Tertuliano escribió además uno de los primeros tratados sobre el bautismo, es decir, sobre la pertenencia cristiana. En la primera etapa de su vida cristiana, él admitía la posibilidad de una penitencia y reconciliación en caso de pecar tras el bautismo. Pero después, al inclinarse hacia el montanismo, exigió una mayor separación del mundo y negó el perdón a los que pecaban tras el bautismo.

De un modo paradójico, a pesar de su rigorismo, él proclamó ante el Imperio la necesidad de una libertad religiosa, de manera que a nadie se le pudiera imponer una religión por la fuerza. Su forma de compaginar la experiencia carismática (¡presencia del Espíritu Santo!), la esperanza apocalíptica y la formulación más brillante de Dios como

Trinidad, en un contexto de fuerte rigorismo ético, constituye un elemento clave y fascinante de su teología, que se sigue estudiando con pasión hasta el día de hoy.

No utilizó la filosofía, como Justino; ni la experiencia de la tradición de las iglesias bien establecidas, como Ireneo. Pero insistió en algo que es consustancial al cristianismo: La paradoja de la fe en Jesús, Dios encarnado, crucificado y resucitado. Allí donde se anula esa paradoja, sea por filosofía, sea por tradición eclesial, se destruye el cristianismo.[46]

[46] Tertuliano sigue marcando un elemento esencial de la vida y teología de la Iglesia allí donde el pensamiento racional acaba y comienza el campo abierto de las paradojas de Jesús crucificado, allí donde las grandes iglesias establecidas pierden sus razones y su estabilidad ante las supra–razones de tipo carismático (experiencia pentecostal) y apocalíptico, vinculadas a la revelación final del Espíritu de Dios en una iglesia que es fiel al evangelio. Tertuliano puede resultar molesto para algunas iglesias bien organizadas y seguras de sí mismas, pero es necesario como apologeta de la fe en el Cristo crucificado, escándalo para los judíos y locura para los griegos (cf. 1 Cor 1:18–25).

V
Otros apologistas

Los apologistas que he estudiado tras la gnosis, han sido defensores del cristianismo, desde una perspectiva más filosófica (Justino), de organización eclesial (Ireneo) o de coherencia teológica (Tertuliano). Se pueden citar junto a ellos otros muchos, entre los que presentaré tres más significativos (Atenágoras, Taciano y Teófilo de Antioquía).[47]

1. Atenágoras de Atenas (siglo II)[48]

Escribió el año 177 una Apología (*Presbeia, Legatio*) a favor del cristianismo, dirigida al emperador Marco Aurelio, con un tratado sobre la Resurrección de los muertos. Es quizá, con Justino, el más platónico y más erudito de los apologistas. Mostró que el cristianismo no se puede interpretar como ateísmo y defendió la integridad moral de los creyentes. Fundamentó la teología cristiana en la diferencia y unidad entre Dios y el Verbo.

> Y estando el Hijo en el Padre y el Padre en el Hijo, por la unidad y potencia de Espíritu, el Hijo de Dios es inteligencia y verbo del Padre... El Hijo es el primer brote (*gennêma*) del Padre, pero no como hecho (*genómenon*), puesto que desde el principio Dios, que es inteligencia eterna, tenía en sí mismo al Verbo..., procediendo de Dios cuando todas las cosas materiales eran naturaleza informe... para ser idea y principio activo de todas ellas. Y con esto concuerda el espíritu profético que dice: El Señor me creó como principio de obras (Prov 8:22).
>
> Refiriéndonos al Espíritu Santo, que obra en los que hablan proféticamente, decimos que es una emanación (*aporroian*) de Dios, emanando y volviendo como un rayo de sol. ¿Cómo no sorprendernos de que llamen ateos a los (cristianos) que admiten a un Dios Padre y a un Dios Hijo y a un Espíritu Santo, que muestran su potencia en la unidad y su distinción en el orden? (*Legatio* 10)

---

[47] Cf. J. González, *Historia del Pensamiento Cristiano*, Clie, Viladecavalls 2010, 95-114; E. Sánchez, *Polémica entre cristianos y paganos. Problemas existenciales y problemas vivenciales*, Akal Clásica, Madrid 1986. W. H. Wagner, *After the Apostles. Christianity in the Second Century*, Fortress, Minneapolis 1994.

[48] Obras: PG 6; D. Ruiz Bueno, *Padres Apologistas Griegos*, BAC, Madrid 1979, 631–753.

2. Taciano (siglo II)[49]

Teólogo y apologista sirio. Estudió filosofía griega y, más tarde, se convirtió al cristianismo, en Roma, recibiendo el influjo de Justino. Varias de sus obras se han perdido. Estas son las dos más significativas de las que tenemos memoria:

(1) *Diatesaron*, armonía o mezcla de los Evangelios (eso significa el título), que sustituiría a los cuatro canónicos. Es muy probable que Taciano escribiera esa armonía en siríaco, aunque los textos más antiguos se conservan en griego. La Iglesia oficial no condenó esta obra, pero tampoco la aceptó como evangelio, sino que optó por conservar y promover los cuatro (Mc, Mt, Lc, Jn), en una decisión que ha tenido gran importancia para la historia del cristianismo posterior. Frente a la unidad (uniformidad) evangélica que proponía Taciano, la iglesia prefirió conservar la diversidad de textos y tradiciones anteriores, ratificando así la pluralidad del pensamiento cristiano.

(2) *Oratio ad Graecos*. Es una apología y quiere mostrar que la doctrina cristiana es más valiosa que las enseñanzas de los filósofos. Consta de 42 capítulos: La primera parte (caps. 4-30) trata de la superioridad de la cultura "bárbara" (=judía y cristiana) sobre la sabiduría pagana de los griegos; la segunda (caps. 31-42) insiste en la antigüedad de la sabiduría judía y griega. En ese contexto introduce Taciano el tema de la unidad y diferencia entre Dios y el Verbo, interpretando de esa forma el cristianismo en un tono filosófico de tipo helenista (a pesar de su crítica anterior a los "griegos").

> Dios existía en el principio; pero nosotros hemos recibido por tradición que el Principio es la potencia del Verbo. Porque el Dueño del Universo, que es por sí mismo soporte de todo, se hallaba todavía solo pues todavía no había ocurrido la creación; pero... él lo sustentaba todo en sí mismo a través de la potencia donde se sustenta lo visible y lo invisible; de esta forma, todo lo sustentaba por la potencia racional [del Verbo].
>
> *El Verbo sale de Dios por la voluntad* de su simplicidad... y se convierte en la obra primogénita del Padre. Sabemos que él es el principio del

[49] Edición en D. Ruiz Bueno, 551–630. Estudio crítico del origen y contenido del texto conservado en: M. E. Boismard, *Le Diatessaron: De Tatien a Justin*, Etudes Bibliques, Paris 1992. Versiones on line: http://escrituras.tripod.com/Textos/Diatessaron.htm y https://docplayer.es/75355718-El-evangelio-de-taciano-diatessaron.html http://vioversiofi.blogspot.com/2018/05/el-evangelio-de-taciano-diatessaron.html

mundo; pero se produjo no por división, sino por participación; porque lo que se divide queda separado de lo anterior; pero lo que se da por participación... no deja falto a aquello de donde proviene... De esa manera, el Verbo, procediendo de la potencia del Padre, no deja sin Razón al que le había engendrado (Cf. *Oratio* 5).

3. Teófilo de Antioquía (siglo II)[50]

Teólogo y apologista de origen sirio, autor de los tres libros *Ad Autolycum,* en los que defiende el cristianismo frente a sus adversarios. Parece haber sido el primer teólogo cristianos en hablar de una "trias" (trinidad), para evocar así a las tres "personas" (Dios, Logos, Sabiduría). Distingue con Justino los dos momentos del logos: *endiathetos* o inmanente (en el interior de Dios); *prophorikos* o proferido como palabra que resuene en el mundo y que se encarna). Ofrece diversas imágenes de la Trinidad. Así los tres días de la creación son símbolo dc la *triada* (de Dios, de su Logos y de su Sophía); el cuarto día es símbolo de la humanidad (*Ad Autolycum* 2, 15):

> Dios, el Padre del universo, es inmenso y no se encuentra limitado a un lugar; pero su Verbo, por el que hizo todas las cosas, como potencia y sabiduría suya que es, ese fue el que se presentó en el Edén, en figura de Dios, conversando con Adán... Este no es Hijo de Dios en la forma en que los poetas hablan de hijos de los dioses nacidos por unión carnal, sino como explica la Verdad, cuando dice que existe el *Verbo inmanente (endiathetos) desde siempre en el corazón de Dios.*
>
> Porque, antes de hacer nada, Dios tenía a ese Verbo como consejero, pues *era su propia mente y pensamiento.* Pero cuando Dios quiso hacer efectivamente lo que había deliberado hacer, generó a este *Verbo proferido (prophorikón) como primogénito* de toda la creación, no vaciándose de su Verbo sino generando al Verbo y conversando siempre con él. Esto es lo que nos enseñan todas las santas Escrituras y todos los inspirados por el Espíritu, entre los cuales está Juan que dice: "En el principio era el Verbo y el Verbo estaba en Dios", dando a entender que en los comienzos esta solo Dios y en él su Verbo» (cf. *Ad Autolycum* II 22).

[50] Edición de su obra en D. Ruiz B., *Padres Apologistas griegos,* BAC, Madrid 1979, 755–875.

VI
Identidad social del cristianismo. Conclusión

He comenzado este capítulo mostrando que el riesgo mayor de la iglesia ha sido el gnosticismo, que espiritualiza su mensaje y disuelve su identidad social. Pues bien, a través de un proceso sorprendente de auto–creación, partiendo del proyecto de fondo judío de Jesús, en el contexto del pensamiento helenista y del Imperio romano, por su propia dinámica de fondo, y por "contaminación" del entorno, la Iglesia ha podido presentarse como un nuevo tipo de organización social, que ha marcado la historia posterior de la cultura occidental, perviviendo hasta el día de hoy. Este es el "milagro" de la Iglesia, la mayor aportación de la época patrística, como seguiré indicando.

1. Raíces culturales: helenismo e imperio[51]

Hacia el año 150 diversos pensadores y grupos de seguidores de Jesús, de tipo semi-gnóstico, (extendidos por el Imperio romano), entre ellos Marción, intentaron separar el cristianismo de su base israelita, convirtiéndolo en una religión de experiencia interior y organización intimista, más parecida a ciertos tipos de budismo o hinduismo que al judaísmo histórico. En esa línea aceptaron solo algunos libros de lo que será el canon del Nuevo Testamento (cartas de Pablo, Evangelio de Lucas...) y rechazaron el Antiguo Testamento, porque pensaban que el Dios de Israel era contrario al de Jesús. La iglesia en su conjunto reaccionó de dos maneras.

– *Defendió su origen israelita,* aceptando su Escritura y algunos elementos sacrales de la institución sacerdotal de Jerusalén.

[51] He desarrollado el tema en X. Pikaza, *Las instituciones del Nuevo Testamento,* Trotta, Madrid 2001. Cf. N. Brox, *Historia de la Iglesia primitiva,* Herder, Barcelona 1986; H. von Campenhausen, *Ecclesiastical Authority and Spiritual Power,* Hendrickson, Peabody MA 1997; A. Faivre, *Naissance d'une hiérarchie,* Beauchesne, Paris 1977; *Ordonner la Fraternité. Pouvoir d'innover et Retour à l'ordre dans l'Église ancienne,* Cerf, Paris 1992; *Los primeros laicos. Cuando la Iglesia nacía al mundo,* Monte Carmelo, Burgos 2002; H. Küng, *La Iglesia,* Herder, Barcelona 1984; G. Lafont, *Histoire théologique de l'Eglise catholique,* Cerf, Paris 1994: E. Schillebeeckx, *El ministerio eclesial. Responsables en la comunidad cristiana,* Cristiandad, Madrid 1983; *Los hombres, relato de Dios,* Sígueme, Salamanca 1994.

- *Destacó su independencia,* introduciendo en la Escritura algunos textos propios (Nuevo Testamento) y organizando de forma autónoma su vida y su liturgia.

De un modo consecuente, a partir del año 200, la iglesia se estructuró y expandió de manera independiente, como cuerpo social y religioso abierto al entorno cultural, mientras que el judaísmo rabínico se centraba en tradiciones recopiladas en la Misná. En ese contexto podemos afirmar que la iglesia ha sufrido una re-sacralización judía y una jerarquización helenista.

- *La re-sacralización judía* se expresa por la aceptación de algunos rasgos de la religión y culto del Antiguo Testamento. En esa línea, cierta iglesia acabó siendo más israelita que el judaísmo rabínico, que había rechazado las estructuras sacerdotales y sacrificiales del viejo Israel para centrarse en el culto de la ley, desde las sinagogas.
- *La jerarquización helenista* vincula al cristianismo con la filosofía griega y el Imperio romano en cuyo entorno se introdujo el cristianismo. Mientras el judaísmo rabínico rechazaba su vinculación al helenismo para recuperar su matriz semita (hebrea, aramea), el cristianismo asumía desde la perspectiva de Jesús la filosofía jerárquica griega (platónica y estoica) y un tipo de organización romana (sacralizando así la autoridad).

a. *Cultura helenista. Visión místico-jerárquica de la realidad*

La relación entre Israel y el helenismo había sido origen de grandes conflictos, reflejados en la guerra de los Macabeos (entre el 180 y el 140 a. C.). Pero los judíos de Alejandría habían traducido la Escritura al griego (texto de los LXX) y muchos, entre los que se cuenta Filón, casi contemporáneo de Jesús, vincularon de tal forma judaísmo y helenismo en cierto momento, algunos llegaron a pensar que el Imperio romano podía volverse espiritualmente israelita. Pero, tras la guerra judía del 67-70 d. C. y los conflictos posteriores, con el alzamiento de Bar Kokva, en tiempos de Adriano (132-134 d. C.), el judaísmo nacional se replegó, mientras los cristianos aceptaron la cultura y lengua griega (con los LXX), vinculando la tradición israelita y la helenista (cosa que no habían logrado los helenistas del tiempo de los Macabeos). En ese contexto destacan tres rasgos:

- *Exigencia de racionalidad.* Los cristianos veneraron el evangelio como expresión de la gracia de Dios. Pero al mismo tiempo ellos tendieron a entenderlo, de un modo helenista, como «experiencia de sabiduría racional», y en esa línea terminaron por definir la "ortodoxia" o fe recta, en concilios y declaraciones magisteriales, que marcarán de un modo fuerte su historia posterior. Esto es algo que el judaísmo, más vinculado a la *ortopraxia,* nunca ha destacado.

- *Sacralidad jerárquica.* La cultura griega (platónica) ha entendido el cosmos como jerarquía, de manera que los seres van descendiendo progresivamente, desde lo más alto, que es el Bien supremo o Dios, hasta lo más bajo, pasando por diversos órdenes angélicos y humanos, entendiendo así a Dios como cumbre de la pirámide universal de los poderes cósmicos, más que como impulso trascendente, en línea de infinito, partiendo de los pobres.
- *Orden ministerial.* El judaísmo rabínico abandonó la estructura teocrática (presidida por sacerdotes), para instituir en sus sinagogas un tipo de dirección colegiada de ancianos y rabinos, intérpretes de la Ley, sin establecer rangos en función de los ministerios. A diferencia de eso, los cristianos apelarán pronto a una visión jerárquica de su autoridad, de manera que los dirigentes (en la línea de los sabios de la *República* de Platón) aparecerán como un orden superior de humanidad, en contra de la experiencia de Jesús.

b. *Orden social. Estructura de poder*

Para liberarse del peligro de los sirios, los judíos habían pactado con Roma, ya en tiempo de los Macabeos (siglo II a. C.), obteniendo un estatuto de autonomía, y así fueron reconocidos por el Imperio romano, incluso después que Jerusalén se convirtiera, tras las guerras del 67-70 y del 132-135 d. C, en una *polis* helenista. Pues bien, mientras *los judíos rabínicos* siguieron reconocidos como nación y conservaron sus instituciones (sin dejarse "contaminar" por el entorno), *los cristianos* quedaron excluidos del estatuto nacional israelita, permaneciendo sin protección legal en el imperio. Eso permitió que pudieran ser perseguidos, pero, al mismo tiempo, que se extendieran, de tal forma que, en dos siglos de resistencia no violenta y creatividad clandestina, penetraron de tal modo en el imperio que crearon instituciones religioso-sociales semejantes a las de Roma.[52]

[52] Los judíos rabínicos se replegaron, formando sinagogas separadas en las que desarrollaron su utopía de elección y esperanza mesiánica al margen de la organización social de Roma (y de los estados posteriores). En contra de eso, los judíos mesiánicos o cristianos renunciaron a su diferencia social como nación, queriendo ser griegos con los griegos y romanos con los romanos (cf. Gá 3:28). De esa forma (a pesar de los riesgos que puso de relieve el Apocalipsis), ellos se integraron en el orden romano, sin renunciar a

Como fruto de esa opción, tras el edicto de tolerancia de Constantino (313), los responsables de la administración cristiana (obispos de la iglesia antes perseguida) acabaron siendo semejantes a los prefectos o vicarios de las diócesis civiles en las que se había dividido el imperio, de manera que introdujeron en la iglesia el ideal más racionalizado y jerárquico de la administración civil. En ese proceso apelaron a Pedro, al que acabarán tomando como primer Obispo de Roma, concebido más tarde como Emperador eclesiástico, en la línea de lo iniciado en la *Carta de Clemente.*

Esta carta ofrece el testimonio de la autoridad de unos obispos-diáconos en plural (1 Clem 42, 4-5), al lado de los presbíteros, también en plural (1, 3; 21, 6; 44, 5, 47, 6). Parece que los «renovadores» de la iglesia de Corinto (presidida por un colegio de presbíteros, igual que la de Roma en aquel tiempo), habían querido introducir una estructura episcopal, mientras Clemente, en contra de ello, quiso mantener la estructura de tipo presbiteral o colegiado.

En principio, el movimiento de Jesús no era jerárquico, sino mesiánico. No promovía un orden sacerdotal, ontológico e imperial, sino una experiencia de trascendencia amorosa, inmediata, de Dios, abriendo un camino de comunicación igualitaria entre los hombres y mujeres, desde los marginados del sistema. En su identidad más honda, ese movimiento siguió siendo lo que era y así pudo expandirse en un contexto de rechazo e incluso de persecución, entre los siglos II y III, penetrando en las estructuras del Imperio romano. Pero eso le llevó a la distinción de los dos niveles (=órdenes) dentro de la iglesia:

- *Surgió el clero docente,* formado por obispos, presbíteros y diáconos varones que se elevaban sobre el resto de los miembros de la Iglesia, como representantes especiales de Jesús, con autoridad sagrada. De esa forma, la iglesia, que había nacido como "reino de Dios" para los pobres, se convirtió en institución de poder sagrado, que podía estar y estaba muchas veces al servicio de los pobres, pero que ya no les pertenecía.
- *Quedó el pueblo,* formado ahora por *laicos,* es decir, cristianos discentes o pasivos, que escuchan la palabra y reciben los sacramentos que les ofrece el clero, al que sostienen con sus aportaciones económicas. Antes no existían en ese sentido laicos, pues todos los cristianos lo eran, como miembros del «laos» o pueblo de Dios. Ahora empezaron a existir, viniendo a convertirse en receptores de una doctrina o sacralidad más alta.

---

su diferencia, teniendo que vivir (hasta el 313 d. C) en una situación paradójica de clandestinidad abierta, sin estatuto legal reconocido, pero sin convertirse en secta.

Esta división no proviene del evangelio, pero prestó un servicio pues a través de ella se pudo estabilizar la iglesia, como organización unitaria y eficaz (subsistema sacral), dentro de un imperio al que los cristianos, en principio, habían desacralizado. Esa fue la paradoja: los seguidores de Jesús rechazaron el carácter religioso del Imperio romano, siendo perseguidos por ello, pero, a lo largo de un proceso fascinante (y peligroso) de refundación, acabaron asumiendo muchos rasgos de ese Imperio, hasta sustituirlo. En este contexto podemos hablar de una «inculturación jerárquica» (judía, helenista y romana) de la iglesia, que ha sido la más antigua y duradera, pues ella ha seguido influyendo hasta el día de hoy.[53]

2. Un caso especial. La iglesia de Roma

Por la importancia que tendrá en la historia del cristianismo occidental presento aquí algunos rasgos del surgimiento e identidad de la iglesia romana. Sus fundadores parecen haber sido judeo-cristianos helenistas, que se establecieron en Roma poco después de la muerte de Jesús, siendo motivo de tumultos en tiempos del emperador Claudio, en torno al 49 d. C. (cf. Suetonio, *Claudius* 25; Dion Casio, *Historia* 60, 6, 6). Más tarde, hacia el 60, llegaran Pablo y Pedro, quienes, conforme al testimonio unánime y fiable de la tradición, fueron condenados a muerte (hacia el 64), dejando el recuerdo de su vida y la memoria de su obra en la capital del Imperio.

En un primer momento, la comunidad o comunidades de Roma tenían una administración presbiteral, conforme al esquema o modelo de las sinagogas judías. Otras comunidades fueron introduciendo a partir del siglo II, un modelo de organización monárquica, con un Obispo o supervisor al frente del consejo de presbíteros. Pero Roma prefirió mantener la dirección colegiada. Por eso, en contra de lo que suele decirse, ni Pedro fue su primer obispo (ni tampoco Pablo), ni ellos dejaron en la ciudad unos sucesores con autoridad episcopal. Durante un siglo, la organización de la iglesia siguió en manos de ancianos,

---

[53] En esa línea, la Iglesia del Imperio romano ha desarrollado unas formas de organización y jerarquía de tipo más político/social que evangélico. En contra de eso, hay que decir que el principio fundante de la iglesia no es la jerarquía (poder sagrado) sino el amor expansivo y comunión gratuita de los creyentes, en gesto de apertura hacia los necesitados (en la línea de Mt 18:15-20). La autoridad de la iglesia se identifica con la comunión interna (eclesial) y con el amor gratuito y creador que se ofrece a todos (cristianos o no). En esta línea de superación evangélica de la sacralidad jerárquica histórico se sitúan las reflexiones de D. Bonhöffer, *Resistencia y sumisión*, Ariel, Barcelona 1969.

algunos de los cuales, como pueden ser Lino, Anacleto, Clemente o Evaristo (citados por Ireneo) cumplieron misiones importantes en la comunidad, pero no como obispos.

Solo en la segunda mitad siglo del II, compartiendo un movimiento extendido por muchas iglesias, los cristianos de Roma asumieron una estructura monárquica o episcopal, alejándose así más del judaísmo rabínico, que siguió manteniendo un gobierno colegiado, sin obispos monárquicos. Pero los judíos rabínicos se aislaron en sus grupos, mientras los cristianos episcopales abrieron su evangelio a los diversos estratos de la sociedad helenista e imperial. Dado ese paso, a partir del siglo III, los obispos de Roma adquirieron una gran autoridad y fueron interlocutores ante la sociedad civil y apelaron a Pedro como fundador y primer obispo.

Junto a los factores arriba señalados (sacerdocio israelita, filosofía helenista, orden romano), en el surgimiento y despliegue de los obispos, influyó también la exigencia de mantener la visibilidad (carne) de la iglesia, superando el riesgo gnóstico de disolución del evangelio (como señalaba Ireneo). Fue un momento clave, en la segunda mitad del siglo II. Había podido parecer que el cristianismo se convertiría en una red desarticulada de asociaciones intimistas. Pues bien, en contra de eso, para mantener la «verdad social» del evangelio, sus dirigentes más significativos apelaron a una tradición episcopal, simbolizada por la genealogía o lista de obispos de ciudades con fuerte presencia cristiana.

Uno de esos dirigentes fue *Hegesipo de Jerusalén,* que viajó hasta Roma para rastrear la tradición antigua, mantenida desde Pedro y Pablo y concretada en una lista de obispos (cf. Eusebio de Cesarea: *Historia Eclesiástica,* II, 23, 4-8; III, 20, 1-2; 32, 3.6; IV, 8, 2; 22, 1-7). En ese momento, hacia el año 180, apelando también a los obispos de otras ciudades, garantes de la verdad cristiana, Ireneo de Lyon ofreció una tabla de «obispos de Roma», pues, según él, allí «se ha conservado siempre, para todos los hombres, la tradición de los apóstoles» (*Adv. haereses,* III, 3, 2).

Como he dicho, no es fácil precisar el alcance de esa afirmación, ni el sentido en el que Ireneo entiende la superioridad (*potentiorem principalitatem*) de la Iglesia de Roma sobre el resto de las Iglesias (*Ibid* III, 3,1). Lo cierto es que, desde entonces, a finales del siglo II, los obispos, entendidos como sucesores de los apóstoles, actuaron como responsables de la fe de las comunidades y que, entre ellos, con los de Antioquía y Corinto, Éfeso, Tesalónica Esmirna y Alejandría, sobresale el de Roma. En ese momento se "inventan" (de *invenire*: se encuentran y crean) listas de obispos que van de Pedro-Pablo (u otros apóstoles) hasta el tiempo en que se confeccionan esas listas.[54]

3. Importancia y poder de los obispos

El milagro no es que los obispos hayan surgido, sino que hayan permanecido a lo largo de los siglos, como portadores de la tradición de Jesús y de la vida de las iglesias. Hubo iglesias que tardaron más en aceptar el orden episcopal, pero al final todas lo hicieron. También Roma empezó a tener obispos hacia mediados del siglo II y los eligió siguiendo la *Tradición Apostólica* atribuida a Hipólito: cada comunidad, con la «participación del pueblo», elegía un obispo quien, en señal de comunión, era consagrado (= admitido en comunión eclesial) por los obispos del entorno.

Por su propio prestigio, por la memoria de Pedro y Pablo y por su condición de capital del imperio, la iglesia de Roma fue asumiendo la función de «preeminencia en la caridad» que le había atribuido Ignacio de Antioquía a principios del siglo II (Rom I, 2), y sus obispos aparecieron como garantes de fidelidad y unidad cristiana, sin apelar en principio a ningún poder canónico sobre las demás iglesias. Entre finales del siglo II y principios del siglo III, la comunidad cristiana de Roma vivió una experiencia fascinante de profundización y organización social que le permitió superar «herejías» (como la de Marción o Valentín) y elevarse frente al poder imperial, de manera que su obispo pudo presentarse como testigo de la tradición apostólica.[55]

Las religiones modernas (taoísmo, budismo, hinduismo, Islam...) han superado en general un tipo de autoridad sacerdotal, lo mismo que el judaísmo, no solo por la destrucción del templo (año 70 d. C.), sino por la dinámica de su experiencia religiosa. Por su parte, Jesús no había sido sacerdote de templo (como los hijos de Leví, en Jerusalén), sino un laico (hijo de hombre) que ofreció su vida al servicio de los pobres y enfermos, anunciando y preparando para ello la llegada del Reino de Dios. Al recrear la historia del sacerdocio y de los sacrificios

---

[54] Esa "invención" (descubrimiento y creación) de las primitivas «listas episcopales» determinará la vida posterior de las iglesias. Desde el comienzo de las comunidades (hacia el año 40-60) hasta el establecimiento de las iglesias episcopales permanentes (hacia el 160/180) quedan más de cien años muy desconocidos. Al presentar así su tradición, la iglesia se inventa (se descubre) a sí misma como entidad estable, presidida por unos obispos. Un proceso de «concentración de autoridad» como el de esos obispos resulta lógico en toda sociedad establecida.

[55] A. M. Piazzoni, *Historia de las elecciones pontificias,* Desclée de Brouwer, Bilbao 2005.

judíos, la carta a los *Hebreos* ha podido presentar a Jesús como nuevo y único sacerdote, por su entrega a los demás, no por un tipo de poder jerárquico sagrado.

Según eso, el sacerdocio cristiano se identifica con la vida de los hombres y mujeres, al servicio del Reino, esto es, de los pobres y, en un sentido especial, al servicio de las comunidades. Según eso, los obispos no son sacerdotes por su ministerio sobre la Iglesia, sino por el hecho de ser cristianos, de forma que la Iglesia en sí misma no es jerárquica, lugar donde se superan las imposiciones sociales, partiendo de los pequeños y excluidos (como saben Mc 9:33-37; 10:35-45 par.).

Pues bien, en un momento dado, a partir del siglo III, esta experiencia universal de sacerdocio universal de la vida (en la línea de Hb 5-10) fue perdiendo fuerza y se elevó el sacerdocio ministerial y sacral de los obispos (y sus colaboradores presbíteros), que vinieron a mostrarse como ministros sagrados de una comunidad que tiende a estabilizarse y cerrarse en sí misma, en vez de abrirse hacia los pobres. De esa forma, los obispos tomaron el "control" o presidencia religiosa, tanto en la celebración de la eucaristía como en la administración del perdón y acabaron asumiendo un poder sagrado que en principio no tenían.

Ciertamente, las iglesias de los tres primeros siglos fueron diversas, ricas, creadoras y, viviendo en un tipo de clandestinidad, desde una situación de carencia (siendo incluso perseguidas), realizaron la mayor revolución religiosa de occidente, sin apoyarse para ello en la conquista por las armas (como cierto Islam del siglo VII), sin tomar el poder, creando comunidades vinculadas por amor y compromiso creyente, abiertas a todo tipo de personas, desde fuera (y en parte en contra) del poder establecido.

Para realizar esa tarea, no pudieron aislarse en grupos separados (como las sinagogas rabínicas), ni cerrarse en asociaciones de intimidad espiritualista (como los gnósticos), sino que debieron crear una red mesiánica de comunidades abiertas (en contra del judaísmo rabínico) y organizadas de un modo visible en el plano económico y afectivo (sin tomar el poder político o militar). Para ello asumieron unos rasgos que se daban también en otros grupos (religiosos y sociales, económicos y culturales, familiares y administrativos), pero, al mismo tiempo, ofrecieron algo único en su entorno: crearon comunidades de convivencia humana, partiendo del recuerdo de Jesús, sin conquistar el poder (sin hacerse imperio), ni cerrarse en sí mismas.

La novedad de Jesús había consistido en carecer de novedades, pero viviendo el amor de un modo radical. Pues bien, en esa línea, añadimos que la novedad de la iglesia había sido en principio el no tener más novedades que la de crear agrupaciones humanas (hoy podríamos decir «humanistas»), abiertas a todos los que quisieran integrarse en ellas, desde el ideal de Cristo. Por eso, algunos pensadores de aquel tiempo pudieron afirmar que los cristianos eran ateos, porque no tenían dioses, ni estructuras sacrales, ni ritos superiores, sino solo una experiencia semi–familiar de vida compartida, que algunos como Celso interpretaron como «femenina», de mujeres, más que como digna de hombres públicos, abiertos a la dignidad y estructuras de la vida social.[56]

[56] Cf. M. Y. MacDonald, *Antiguas mujeres cristianas y opinión pagana. El poder de la mujer histérica*, Verbo Divino, Estella 2004. De manera paradójica, los portadores y representantes, organizadores y garantes oficiales de la «novedad social» de las iglesias, a partir del siglo III–IV, terminaron siendo los obispos, como testigos, promotores y representantes de la nueva que venimos evocando. De un modo normal, de ahora en adelante, los Padres de la Iglesia serán en su mayoría obispos, de manera que la "patrología" puede interpretarse como una "episcopología". Cf. E. Gibbon (1737-1794), *Historia de la decadencia y ruina del Imperio Romano* I-VIII, Turner, Madrid 1984. Cf. también Ch. Dawson, *Los orígenes de Europa,* Rialp, Madrid 1991.

Evaluación y actualización

1. Conocer

- ¿Por qué se les llama Padres Apologistas? ¿Cómo ofrecen una apología o defensa del cristianismo, en relación con la gnosis y con los poderes políticos, sociales y económicos del entorno?
- ¿En qué consiste el riesgo o peligro de la gnosis? ¿Por qué se dice que ella ha sido para las iglesias un riesgo mayor que el de las mismas persecuciones externas?
- ¿De qué forma defienden a la Iglesia cada uno de los tres grandes apologistas: Justino (¿desde el testimonio de vida?), Ireneo (¿desde la tradición de las comunidades?), Tertuliano (¿desde la integridad moral y la esperanza escatológica?).
- ¿En qué sentido puede hablarse hoy de una apología del cristianismo y de las iglesias? ¿Cuáles serían las notas principales de esa apología?

2. Juzgar

- ¿Qué sentido tienen los argumentos o razones principales de cada uno de esos "padres"? ¿Parece hoy necesaria esa apologética, la defensa intelectual, política y social de la Iglesia? ¿Hubiera sido mejor utilizar otro tipo de argumentos, de tipo bíblico y social?
- Siendo también "racional", la defensa de los "apologistas" es básicamente eclesial, y se apoya en la vida de las comunidades. El argumento principal de Justino es la vida y ejemplo de la Iglesia, el de Ireneo es la fidelidad a la tradición cristiana, el de Tertuliano implica una conversión radical de la Iglesia... ¿Qué valores conservan hoy cada uno de esos argumentos? ¿Serían necesarios otros, en una época racionalista y materialista como la nuestro, con grandes injusticias sociales?
- A Tertuliano se le atribuye la idea de que el evangelio ha de creerse... *porque es absurdo.* ¿En qué sentido se puede considerar hoy absurdo el evangelio?

3. Actuar

- ¿Cómo defender hoy a la iglesia? ¿Qué apología o defensa puede aplicarse actualmente, en un plano intelectual y moral, desde la visión de la jerarquía, desde la vida de los cristianos?

- ¿Cuáles son las razones y formas de defender la Iglesia? ¿Apelando a su vida, como Justino, insistiendo en la fidelidad de su tradición como Ireneo, con un proceso radical de conversión moral y escatológica, como quería Tertuliano? ¿Para defender el cristianismo es necesario apoyar a las iglesias tal como existen en la actualidad o cambiarlas de un modo radical?
- Muchos dicen que la apología del cristianismo sería hoy una vida contra-corriente de la sociedad, aportando, sin embargo, una novedad radical, desde el evangelio. ¿Cómo lograr que la Iglesia sea significativa, no en plano de destrucción, sino de creación de vida, frente a un mundo que defiende otros valores?

Preguntas para reflexionar

1. ¿En qué se distinguen básicamente los padres apologistas de los padres apostólicos? ¿Por el tiempo en que realizan su magisterio? ¿Por sus doctrinas?
2. ¿Qué significa y qué implica hoy, en el siglo XXI, la apologética del cristianismo? ¿De qué forma, con qué argumentos, con qué tipo de conducta podemos y debemos defender las iglesias?
3. ¿Qué cosas fundamentales deberían cambiar en las iglesias actuales para ser fieles al testimonio doctrinal de los padres apologetas?

III

Padres alejandrinos
la Iglesia egipcia

Hubo al principio del cristianismo egipcio dos líneas de iglesia. (a) Una helenista, centrada en Alejandría, la ciudad culturalmente más significativa del oriente, y quizá del mundo. (b) Otra copta, de tradición cultural del antiguo Egipto. Primero fue dominante la helenista; después, tras la caída de Egipto en manos del islam (siglo VII d. C.) se hizo dominante la copta.

Copto (del griego *aigyptos/guptos*) significa *egipcio*, y se aplica, en un sentido extenso, a la cultura, escritura y religión tradicional del país, tal como ha sido desarrollada y conservada por los cristianos, desde el siglo I d. C. hasta la actualidad. En sentido más preciso, coptos son los cristianos (unos 10 millones, 10% de la población de Egipto), aunque ese nombre puede aplicarse, por ampliación, a cristianos de otras iglesias tradicionales de África (Etiopía y Eritrea, con unos 70 millones de creyentes). En este contexto trataré de la patrística egipcia, en especial de la alejandrina (de lengua griega), poniendo de relieve su gran importancia teológica, entre los siglos III y V d. C.

1. *Un comienzo esplendoroso. Clemente y Orígenes.* Hubo en Egipto diversos movimientos eclesiales, de tipo "ortodoxo" y gnóstico, y su rasgo externamente más significativo de la abundancia de textos escritos. Sin ellos (papiros, manuscritos...) sería muy difícil conocer el principio y sentido original del cristianismo entre el II y III d. C. En un momento dado, en la segunda mitad del siglo II, esa iglesia, en especial la de Alejandría, puso de relieve "ortodoxia", en la línea de las iglesias de Palestina, Siria y Roma. En este momento surgen sus grandes teólogos.

2. *Arrio y el concilio de Nicea.* El problema anterior de la cristiandad habían sido los gnósticos. A partir de comienzos del IV d. C. el problema será el de los arrianos, protagonistas de la primera "herejía" oficial de la iglesia. De la discusión que surge en ese entorno brotan de algún modo todas las teologías posteriores.

3. *Grandes Padres.* El primero es *Atanasio* (295-377). Él ha trazado la línea especulativa posterior de las iglesias, con su teología (filosofía) del "logos de Dios" que sigue siendo la clave de comprensión (o, al menos, de contraste) del pensamiento cristiano. A su lado situamos a *Cirilo* (379–444) "padre" final y compendio de la teología alejandrina.

4. *Dos concilios (Éfeso y Calcedonia) y dos teologías (alejandrina y siria).* En ese contexto debemos presentar el mayor enfrentamiento entre las dos

"escuelas" de la cristiandad antigua, que desembocó en la "derrota" y marginación de ambas en el concilio de Calcedonia.

5. *Otros pensadores, la nueva Iglesia copta.* Con Cirilo culmina y se cierra la línea teológica de la iglesia alejandrina, rechazada en el concilio de Calcedonia (451 d. C.). En ese contexto quiero presentar a otros padres, desde el comienzo de la nueva iglesia copta y el fin de la patrística egipcia.

I
En el principio. Clemente y Orígenes

1. Una iglesia rica en textos

Como he dicho en cap. 1, fijándome en Hch 2:6-11 que al principio hubo cristianos "de Egipto y de las regiones de Libia más allá de Cirene". A pesar de ello es muy poco lo que sabemos de ellos, pues parece que tuvieron (hasta el 150 d. C.) un desarrollo muy particular, con una línea más abierta a la gnosis (cf. tema 2), en conexión con grupos de la Iglesia Siro-Oriental, con tradiciones de Tomás y Felipe.

Pero esa situación cambió a partir de la segunda mitad del siglo II, cuando aparecen en Alejandría y en todo Egipto grupos de cristianos ortodoxos, animados por maestros y catequistas, entre los que sobresalen Clemente de Alejandría y Orígenes. Los cristianos habían sido antes una minoría interesada en el conocimiento interior, dirigido por Jesús, entre el judaísmo dominante (que había sido quizá el grupo más significativo del entorno), una gnosis de tipo helenista (con rasgos esotéricos, mitos antiguos, filosofía y experiencia personal de interioridad) y la religión tradicional de Egipto, que mantenía su prestigio, con grandes templos y ritos milenarios. Pero las cosas fueron cambiando:

- *El judaísmo sufrió un fuerte declive,* vinculado a dos guerras contra Roma. (a) La de Trajano (115-117), con el levantamiento de los judíos de Cirene y Alejandría. (b) La guerra de Adriano (132-135), cuando los judíos de Palestina fueron expulsados de sus territorios, y los de Egipto también se dispersaron, abandonando en parte la tradición helenista: Unos perdieron su identidad, disolviéndose en el conjunto del imperio; otros se encerraron en grupos aislados de tipo rabínico, de lengua hebreo-aramea; otros, finalmente, se hicieron cristianos, buscando así una nueva identidad).
- *Auge cristiano.* Desde ese momento, sobre el fracaso y ruina del judaísmo anterior, de tipo helenista universal, a partir del 150 d. C., comenzó el aumento imparable de los cristianos egipcios, de forma que ellos (con Clemente de Alejandría, Orígenes y otros muchos) fueron de algún modo los herederos "naturales" del judaísmo egipcio, con la Biblia de los LXX y sus libros sapienciales (entre ellos el de la Sabiduría), con obras de grandes pensadores, como Filón de Alejandría, y muchos textos "apócrifos" de tipo histórico/simbólico. De esa manera, el conjunto de Egipto (en especial Alejandría) vino a convertirse en el *gran*

laboratorio teológico de la Iglesia el lugar donde primero y con más intensidad se razonó y se fijó el cristianismo, en forma intelectual y popular, en líneas helenistas y coptas.

- *Línea helenista.* Coexistieron, como he dicho, dos cristianismos, uno más copto (extendido por todo el interior) y otro más griego, radicado en Alejandría que era entonces el centro de la cultura occidental, en lengua griega, lugar donde llegaban y se cultivaban todos los saberes (técnicos, científicos, filosóficos y religiosos). Allí surgió una comunidad significativa, con maestros espirituales y teólogos, como Orígenes, pastores y patriarcas como Atanasio y Cirilo. Fue una iglesia de gran poder cultural y social, aunque perdió su influjo a partir del siglo VI, y luego en el VII, con la llegada del islam.
- *Línea copta.* Hubo en Alejandría y en todo Egipto un tipo de cristianismo más popular, menos estructurado, que se fue manifestando desde finales del I d. C. en lengua copta, como muestra la ingente cantidad de papiros y textos manuscritos, escritos en copto, allí encontrados. Esta fue una iglesia más "espiritual" en el hondo sentido del término, más proclive a la "gnosis" (fusión del hombre y lo divino), una iglesia expresada además en el movimiento eremítico y monacal, que surgió precisamente aquí, en las zonas semi-desérticas, especialmente en la "tebaida" (en torno a Tebas, junto a la actual Luxor), con figuras como Pablo y Antonio, Onofre y Serapión, inspiradores espirituales (e incluso teológicos) de la cristiandad posterior.[57]

Los primeros cristianos no crearon círculos de sabios ni escuelas de piedad interior, como querían algunos gnósticos, sino un movimiento social abierto a todos. Pero ellos fueron, al mismo tiempo, hombres de conocimiento, transmitido por papiros y libros, con grandes pensadores, que definieron la historia posterior del cristianismo:

El testimonio escrito más antiguo del cristianismo lo ofrece quizá el papiro P52 del Evangelio de Juan (actualmente en la biblioteca J. Rylands, de Manchester, del año 120/130 d. C.), por el que sabemos que en Egipto se copiaban y leían ya en ese momento los evangelios cristianos. A partir

[57] Estas dos iglesias (copta y helenista) se superponen, manteniéndose en constante trasvase de experiencia y vida. Al principio parece dominante la helenista (inserta en la estructura del Imperio romano y bizantino), que actúa hacia el exterior, en los grandes concilios, en diálogo con las iglesias de Antioquía, Roma y Constantinopla. Más tarde, a partir del siglo V–VII, se va imponiendo la de lengua y cultura copta, que sobrevive tras la invasión del islam (642 d. C.). Recordemos, en este contexto, que el copto no era un idioma bárbaro, inculto, sino el transmisor de una de las grandes culturas de la antigüedad (la egipcia). Durante un tiempo, a partir del siglo III a. C., pareció subordinado al griego (más universal), pero después, cuando empezó el declive griego (a partir del V d. C.), empezó a ser dominante.

de siglo II se conservan muchos papiros, con textos de los evangelios y/o de los libros apócrifos cristianos. Esta sigue siendo para muchos investigadores la mayor riqueza de la iglesia patrística copta:

- *Entre los papiros,* además del P52, han de citarse los doce llamados Chester Beatty, comprados por un coleccionista así llamado y conservados en la Universidad de Michigan (USA), con textos griegos del Antiguo y Nuevo Testamento, de comienzos del siglo III. Están igualmente los de la Biblioteca M. Bodmer, de Suiza, con textos de los evangelios de Juan y Lucas, del siglo III-IV d. C. Finalmente, en las ruinas y "basureros" de Oxirrinco se han conservado una gran cantidad de textos del AT griego y del NT, de los siglos III a V d. C., que siguen siendo estudiados por los especialistas.
- *De Egipto provienen los tres códices más significativos de la Biblia cristiana*: el *Sinaítico* (del siglo IV), que se conservaba en el Monasterio de Santa Catalina, actualmente en Leipzig, con fragmentos del AT y todo el NT; el *Vaticano,* del siglo V, conservado en la Biblioteca Vaticana, con el NT griego y algunos apócrifos; *el Alejandrino,* también del siglo V, conservado en el Museo Británico, etc. Finalmente, podemos citar el Códice Efrén Rescripto (un palimpsesto o texto reescrito sobre un anterior borrado, del siglo V, que se conserva en la Biblioteca Nacional de París). Estas son la "Biblias Griegas" del AT (de los LXX), con el NT, escritas en forma de libro. Si no fuera por ellas y por los papiros no podríamos conocer la historia y el texto de la Escritura cristiana.
- *En una línea de cristianismo ampliado, en diálogo con la gnosis y la filosofía helenista, destaca la biblioteca de Nag Hammadi,* en el Alto Egipto, con trece grandes códices, de los siglos III-IV, escritos básicamente en copto, de tendencia más gnóstica que ortodoxa, en el sentido posterior de la palabra. Esos textos muestran el gran impacto cultural del cristianismo egipcio, y en ellos se leen, comparan y comentan textos de filosofía griega, mística egipcia y revelación cristiana, algunos tan impresionantes y de tanta enseñanza como los Evangelios de Tomás y Felipe. Los códices de esa biblioteca, descubierta el año 1945, conservados en el Museo Copto del Cairo, siguen siendo (con los rollos de Qumrán, junto al Mar Muerto) el mayor descubrimiento arqueológico/literario de los tiempos modernos. Ellos nos permiten conocer no solo las diversas tendencias literarias y espirituales de la Iglesia Copta, sino de la Iglesia universal, en línea interior de cristianismo y exterior, de ecumenismo religioso.[58]

---

[58] Hay una edición fotostática de esos códices en las universidades y escuelas de teología. Traducción y edición en M. Robinson (ed.), *The Nag Hammadi Library in English,* Brill, Leiden 1977 (=NHL). Versión española en A. Piñero (ed.), *Textos gnósticos. Biblioteca de Nag Hammadi. I. Tratados filosóficos y cosmológicos. II. Evangelios, hechos, cartas. III.*

En ese contexto de búsqueda cultural, con producción y distribución de textos, a partir del siglo II d. C. surgieron y florecieron en Egipto diversas escuelas de tipo catequético y teológico, de manera que podemos afirmar que la gran teología cristiana nació aquí, en Alejandría. Ni Roma ni Constantinopla) tuvieron por entonces (siglo III-IV) una teología comparable. Sólo en Antioquía (en el entorno sirio) surgió otra escuela semejante, aunque más ligada al estudio literal de los textos, menos especulativa.

La escuela de catequesis de Alejandría fue en algún sentido la primera "facultad de teología" de la historia de la Iglesia, no superada todavía (pues seguimos viviendo de su tradición del Logos encarnado, en la línea de Orígenes y de Atanasio). De esa Escuela o *Didaskálion* (centro de enseñanza) habla con admiración Eusebio de Cesarea, diciendo que fue fundada por San Marcos (*Historia eclesiástica*, 2, 16; 5, 10: PG 20, 454) y también Jerónimo, *De viris illustribus*, 3, 36).

Aquí se empezó a estudiar y exponer el cristianismo en un sentido "científico" (es decir, razonado). Se dice que el primero de sus maestros fue *Panteno* (120-200), quizá originario de Atenas, que se convirtió en Alejandría al cristianismo, erigiendo allí el primer centro duradero de educación cristiana, con seguidores como Clemente y Orígenes.

2. Clemente de Alejandría (± 150- 220)[59]

Nació en Atenas y fue un miembro famoso de la Iglesia de Alejandría, uno de los primeros pensadores cristianos. Se conoce poco de su trayectoria, aunque sus escritos muestran que eran un hombre culto, amigo de la vida, capaz de vincular el cristianismo con la filosofía griega. Sus obras básicas son tres.

Apocalipsis y otros escritos, Trotta, Madrid, 1997-2000. Cf J. González, *Historia del Pensamiento Cristiano*, Clie, Viladecavalls 2010, 167–196

[59] Obras en PG 8-9. En castellano, en FP, Ciudad Nueva, Madrid: *El pedagogo* (1998); *Protréptico* (1994); *Stromata* I-II (1998-2003); *Extractos de Teódoto - Églogas proféticas - ¿Qué rico se salva? - Fragmentos* (Madrid 2011). Cf. A. Ropero, *Lo mejor de Clemente de Alejandría*, Clie, Viladecavalls 2003. Sobre Clemente, cf. G. Bardy, *Clément d'Alexandrie*, Lecofrre, Paris 1926; Th. Camelot, *Foi et gnose. Introduction a 1'étude de la connaissance mystique chez Clément d'Alexandrie*, Vrin, Paris 1945; E. de Faye, *Clément d'Alexandrie. Études sur les rapports du Christianisme et de la philosophie grecque au IIe siècle*, Vrin, Paris 1906; L. F. Ladaria, *El Espíritu en Clemente Alejandrino. Estudio teológico-antropológico*, Comillas, Madrid 1980; R. Trevijano, *Patrología*, BAC, Madrid 2005, 151–160.

a. *Protréptico.*

Clemente dialoga con la filosofía y la religión griega, presentando al Logos de Dios (encarnado en Jesús) como simiente de vida que habita en todos los hombres.

> Por eso pienso que, ya que el Logos mismo ha bajado del cielo hasta nosotros, no precisamos recurrir a ninguna escuela humana, ni dispersarnos por Atenas, ni el por resto de Grecia o también por Jonia. Porque tenemos por maestro al que ha llenado todo con los efectos de su poder, por la creación, la salvación, el hacer beneficios, la legislación, la profecía, la enseñanza, tal maestro nos enseña ahora todo.
>
> Ya el universo ha pasado a ser, gracias al Logos, una Atenas y una Grecia. Si dabais crédito al mito poético de que Minos el Cretense convivía familiarmente con Zeus, no rehuséis creernos a los que somos discípulos de Dios, depositarios de la verdadera sabiduría, la que solo llegaron a entrever los más grandes de los filósofos; una sabiduría que, sin embargo, los discípulos de Cristo han recibido y proclamado… El Cristo total no está dividido. No es ni bárbaro, ni judío, ni griego, ni hombre o mujer. Es hombre nuevo recreado por el Espíritu Santo de Dios» (XI 112, 1-3).

En esa línea se suele hablar de las "razones seminales", es decir, de la semilla de Logos o de Cristo que laten en toda la sabiduría humana, como expresión de una búsqueda de Dios, cuya revelación culmina en Jesucristo.

b. *Pedagogo*

Clemente expone aquí la ética cristiana, en línea estoica, poniendo de relieve que el verdadero maestro de moral es el Logos de Dios, encarnado en Cristo. A su juicio, la verdadera virtud es una vida natural, simple y moderada, que se manifiesta plenamente en Cristo. Esta obra tiene un carácter práctico, orientado a la acción y a la formación moral por la que el hombre enfermo va curando sus debilidades y se prepara para recibir la plena revelación del Logos, la enseñanza del Maestro, que le conducirá a la gnosis. El libro I desarrolla, de modo general, las consecuencias espirituales de esa pedagogía del Logos, con la formación que Dios ofrece a los fíeles por medio de su Hijo:

> Amemos, pues, llevándolos a la práctica, los mandatos del Señor; porque el mismo Logos, al encarnarse, ha mostrado eficazmente que la misma

> virtud atañe a la vida práctica y a la contemplativa. Tomemos al Logos por ley. Reconozcamos que sus mandamientos y consejos son caminos cortos y rápidos a los bienes eternos; porque sus órdenes están repletas de persuasión, no de temor (*Paed.* I 3, 9, 4).

c. *Strómata (Misceláneas)*

Ofrecen un manual de perfeccionamiento cristiano, es decir, de catequesis, dirigida a todos los creyentes.

> El verdadero conocimiento constituye todo lo que es preciso ser y saber para vivir en la semejanza de Dios. Engloba, pues, la teodicea, la antropología, el ideal moral de la «impasibilidad», la exégesis alegórica. Una parte de la gnosis es la comprensión de la historia como acontecimiento salvífico. El núcleo de la contemplación gnóstica es la noción de unión con Dios. La caridad es la característica y el sostén más sólido del gnóstico y constituye su auténtica motivación.
>
> Esta gnosis, o ciencia verdadera, no es la falsa gnosis ya condenada por S. Pablo... Clemente muestra cómo el gnóstico, sobrepasando todas las creaturas, llega al Creador. Apoyándose sobre la fe, gusta el reposo, la tranquilidad y la paz. Conociendo a Cristo, que es verdad, sabiduría y poder de Dios, conoce también por él al Padre (Str. II 11). Bajo la guía del Salvador, el gnóstico sobrepuja el mundo visible e inteligible y reconoce en él y por él al Dios trascendente.
>
> A este conocimiento espiritual corresponde su comportamiento en palabras y obras, de modo que ya le corresponde el título honroso de perfecto, no por propio mérito sino por apropiación de Cristo. Sin embargo, el ascenso gnóstico es solo un anticipo provisional del *eskhaton*. Tras la muerte, el cristiano, purificado por el fuego, recibe una figura corpórea más sutil y alcanza, según su grado de perfección, moradas cada vez más hermosas, porque sigue siendo posible el progreso espiritual, hasta que al fin del tiempo la creación llegue a su culmen, cuando los perfectos lleguen mediante el Hijo a la equiparación con Dios, obtenida la filiación perfecta, el reposo escatológico y la visión directa de Dios.[60]

Clemente es un gnóstico, en sentido radical, un hombre de conocimiento, pero en línea de iglesia, de fidelidad al mundo real. Por eso se preocupa también de los pobres. En esa línea, su homilía *¿Quién es el rico que podrá salvarse?*, desarrolla los temas de Mc 10:17-31, afirmando que poseer riquezas no es pecado, pero que aquellos que hacen mal uso de ellas serán condenados. A su juicio, si no reconoce a Dios como

---

[60] R. Trevijano, *Patrología,* BAC, Madrid 2005, 160.

fuente y destino de todos los deseos, el ser humano destruye el orden de las relaciones sociales, buscando otros dioses, ídolos, personas o posesiones. Clemente es un teólogo del orden y de la comunión social, y su pensamiento puede resumirse así:

> Dios puso en comunión a nuestra raza humana ofreciéndonos primero aquello que era propiedad suya, pues nos concedió su propia Palabra, que es común a todos, e hizo todas las cosas para todos. Según eso, todas las cosas son comunes, y no para que los ricos se apropien de ellas y las utilicen de un modo indebido. Por eso, una expresión como esta "yo poseo y poseo en abundancia ¿qué me impide gozar?", resulta inapropiada, no solo para los individuos, sino para la misma sociedad. La verdadera respuesta no es por tanto ¿qué tengo que ver con los otros?, sino más bien ¿qué puedo hacer yo por ellos si están en necesidad?

Solo así se cumple, según Clemente, el mandato del Señor que dice "amarás a tu prójimo como a ti mismo". Pero más que moralista, Clemente es el iniciador de una teología orgánica, entendida como gnosis integral, capaz de enfrentarse con las tentaciones de la falsa ciencia o gnosis herética, perdida en un mar de simbolismos arbitrarios, sin rigor intelectual.

Tras haber enseñado durante muchos años en Alejandría, Clemente abandonó la ciudad hacia el año 202 a causa de la persecución de Septimio Severo, dirigida especialmente contra las comunidades eclesiásticas florecientes y contra las escuelas de catequesis ocupadas en educar a los nuevos aceptos para el cristianismo. Parece que se retiró a Capadocia, donde vivió hasta su muerte, que debió ocurrir antes del año 216, pues para esa fecha, Eusebio habla de él como ya fallecido, citando una carta de un tal Alejandro, obispo de Cesarea y Jerusalén, amigo y protector de Clemente, dirigida a Orígenes, su condiscípulo: "Es la voluntad de Dios que la amistad que hemos heredado de los padres que nos precedieron, permanezca inviolada y más permanente, porque conocemos bien a aquellos padres que nos precedieron y con los que nos reuniremos antes de mucho tiempo: Panteno, mi verdaderamente bienaventurado señor, y el santo Clemente, mi señor y ayudador, y otros como ellos".[61]

---

[61] Eusebio, *Hist. ecle.*, VI, 14. Texto citado por A. Ropero, *Lo mejor de Clemente de Alejandría*, pag. 33.

3. Orígenes (185-254)[62]

Exégeta, filósofo y teólogo alejandrino. Es para muchos el más grande de los pensadores cristianos, el primero que interpretó el mensaje de Jesús y la vida cristiana de un modo radical y consecuente (total) con categorías de tipo neoplatónico, sin destruir por eso el cristianismo. No se contentó con criticar la gnosis, sino que creó un sistema de pensamiento superior, que mostraba la incoherencia y falta de coherencia racional y cristiana de la gnosis.

a. *Una vida teológica*

Orígenes quiso responder al reto de los gnósticos elaborando un sistema conceptual donde recibieran sentido y se integraran los valores del cristianismo, en una perspectiva helenista, en diálogo con la mejor filosofía de su tiempo. Su obra clave (*Peri Arjôn, Sobre los principios*) habla del despliegue de Dios, elaborando una visión trinitaria del mundo y de la vida, pues la Trinidad, constituye a su juicio el centro y sentido, el ritmo de despliegue, el sentido y fondo de la encarnación de Cristo y la recapitulación de todos los seres en Dios.

La memoria de Orígenes ha quedado ensombrecida en la tradición posterior por dos posibles "deficiencias", que quizá deberían haberse interpretado de manera más benévola, entendidas en sentido simbólico más hondo: (1) La preexistencia de las almas (que existirían antes de vincularse a la materia, para dar origen a los hombres). (2) La apocatástasis, o esperanza de reconciliación final (universal) de los seres en Dios. Pasados los siglos, a pesar de todas las críticas

[62] Obras: MG 11-17; obras parciales en SCh 16, 29, 37, 67, 87, 120 etc. En castellano: *Contra Celso,* BAC, Madrid 1967); *Sobre los principios,* FP 27, Ciudad Nueva 2015; *Comentario al Evangelio de Juan* I–II, FP, Ciudad Nueva, Madrid 2020. Cf. A. Ropero, *Lo mejor de Orígenes. Tratado de los Principios,* Clie, Viladecavalls 2018. La editorial Ciudad Nueva, Madrid, en su colección de Biblia Patrística, ha traducido numerosas obras de Orígenes, como: *Comentario al Cantar de los cantares* (1994); *Homilías sobre el Éxodo* (1992); *Homilías sobre el Génesis* (1999); *Homilías sobre el Cantar de los cantares* (2000); *Homilías sobre Jeremías* (2007); *Homilías sobre los Números* (2011); *Homilías sobre Isaías* (2012); *Homilías sobre el Evangelio de Lucas* (2014). He situado su pensamiento en «Los modelos trinitarios. Trasfondo religioso-filosófico», en *Dios como Espíritu y persona* (Salamanca 1989, 15-56. Cf. Cf. H. Crouzel, *Orígenes,* BAC, Madrid 1998; J. Rius-Camps, *El dinamismo trinitario en la divinización de los seres racionales según Orígenes,* Gregoriana, Roma 1970; B. Studer, *Dios Salvador en Padres de la Iglesia,* Sec. Trinitario, Salamanca 1993, 125-140; R. Trevijano, *Patrología,* BAC, Madrid 2005, 160–171.

posteriores, ambos temas siguen de algún modo abiertos no solo en la teología, sino en la experiencia de la vida cristiana, que se expresa en el surgimiento y culminación divina del hombre en Cristo, en la línea Pablo dice que todos serán vivificados en Cristo, a fin de que Dios sea todo en todos (cf. 1 Cor 15:22, 28).

A pesar de las críticas que ha recibido, la figura de Orígenes se ha mantenido viva en las iglesias y ha seguido ganando importancia en estos últimos tiempos, cuando se han querido recuperar las raíces cristianas de la teología. Somos muchos los que hemos iniciado nuestro camino teológico leyendo y comentando a Orígenes, para reencontrar con él las claves del misterio, en unos tiempos distintos, aunque paralelos a los suyos.

Situándose en el centro del pensamiento cristiano, Orígenes combatió el *modalismo* (es decir, la identificación de fondo de las tres personas divinas), lo mismo que el *subordinacionismo* (el Hijo es inferior al Padre), siendo el primero en elaborar una doctrina trinitaria estricta, vinculando el ser de Dios con su revelación en el despliegue de su Vida en la vida de los hombres. El esquema de su exégesis bíblica y de su pensamiento tiene semejanzas con el de Filón de Alejandría (que hablaba también de Dios, la Sofía y el Logos, pero sin Trinidad ni encarnación.

Según eso, su novedad no está en los modelos conceptuales que utiliza, sino en la forma de aplicarlos a la vida de Jesús y a la experiencia de la iglesia, de la que se siente servidor, estudiando de un modo ejemplar sus Escrituras. En esa línea, a pesar de su conocimiento de la filosofía griega (o precisamente por ello), Orígenes ha sido el primero y mayor de los editores cristianos de la Biblia, como seguiré indicando.

b. *Fe cristiana y trayectoria personal*

Orígenes sigue siendo un pensador básico en la historia de la teología, pero sus formulaciones deben entenderse en el contexto de su tiempo, dentro de su trayectoria intelectual que decide "castrarse" (simbólica o físicamente) para dedicarse mejor al pensamiento puro. Su experiencia personal (¡nadie ha desvelado como él el gran misterio del Dios cristiano!), como hombre que acalla (al menos simbólicamente) su deseo sexual para conocer el misterio con más profundidad constituye uno de los paradigmas más ricos e inquietantes (peligrosos) de la teología cristiana.

No sabemos si se castró realmente, pero ese símbolo de negación de la carne ha seguido dominando en cierto pensamiento cristiano, con sus posibles valores y sus grandes riesgos. Es muy posible que allí donde se sacrifica el sexo (con su simbolismo y poder), para pensar de esa manera con más libertad y hondura, se acabe discurriendo en el vacío, fuera de la realidad concreta, como puede quizá verse también Agustín, que sacrificó su sexualidad de una manera intensa. Es evidente que el mensaje de Jesús y de la iglesia, centrado el despliegue liberado del amor (y en la creación de amor) no va en la línea de ese sacrificio (que es más helenista que cristiano), pero es evidente que puede haber diversos caminos y carismas también en ese campo.

Sea como fuere, Orígenes ha sido el primer pensador radicalmente "racional" de la Iglesia cristiana, en una línea de "teología filosófica", interpretando la revelación bíblica en moldes del pensamiento helenista, pero sin perder por ello la originalidad cristiana. En esa perspectiva, él entiende el proceso de la realidad como despliegue que se inicia en Dios, a través de un tipo de emanación, para llegar al mundo inferior de la materia y ascender de nuevo a lo divino. En ese despliegue se sitúa el surgimiento de las almas, que nacen y surgen de Dios, descendiendo a la materia donde están oscurecidas (como encadenadas), necesitando una luz superior (la de Cristo, Hijo de Dios) para volver a lo divino.

Orígenes asume, según eso, el esquema de gnosis neoplatónica (con caída o descenso de las almas), pero con una diferencia: no interpreta la materia sin más como perversa, ni la creación como obra de un Dios malo (o inferior), ni contrapone el Antiguo y el Nuevo Testamento, ni niega la corporalidad de la Iglesia (a pesar de su castración simbólica o física). En esa línea debemos añadir que él no ha sido radicalmente platónico, ni gnóstico puro, aunque acepta esquemas del platonismo y la gnosis, para comprender desde ese fondo la novedad cristiana y superar así el riesgo de la gnosis, asumiéndola y superándola por dentro. Lógicamente, ha sido partidario de una lectura "espiritual" de la Biblia, poniendo de relieve la importancia del pensamiento alegórico, pero nunca ha olvidado ni negado el sentido literal de la Palabra de Dios, como muestra su edición de la Biblia.

c. *Fuente bíblica, la Hexapla*

Orígenes ha sido un platónico, pero en el centro de su pensamiento no ha puesto a Platón, sino a la Biblia, como revelación de Dios, asumiendo la tradición judeo-helenista alejandrina de los traductores bíblicos (los LXX), con la teología de Filón y de los libros sapienciales (sobre todo, Eclesiástico y Sabiduría). Esta fidelidad al texto le ha llevado a programar y realizar el más ambicioso de todos los proyectos de edición políglota de la Escritura, en una línea que seguirán las ediciones de Cisneros (Biblia complutense), Arias Montano (Políglota de Amberes) y Walton (Políglota de Londres). Su edición, realizada en Cesarea de Palestina, lugar de cruce de la cultura griega y judía, se llamaba *Hexapla* porque organizaba la Escritura en seis columnas, que de izquierda a derecha se distinguían así:

1ª. *Texto original* (hebreo) del AT, en caracteres hebreos. Recoge el texto "oficial" que le ofrecen los judíos de Cesarea de Palestina y del entorno, que colaboran con él y le ayudan (dirigen) en la empresa.
2ª. *Texto hebreo, en caracteres griegos,* como intento de universalizar el texto hebreo. El hecho de transcribir la letra del hebreo en caracteres griegos implica ya una interpretación del texto, por su vocalización.
3ª. *Versión griega de Áquila,* mejor aceptada por muchos judíos, que se oponían a los LXX, diciendo que era infiel al original hebreo. La versión de Áquila quiere recuperar en griego el tenor hebreo de la Escritura, que se va fijando ya en la línea del TM (texto masorético), aunque olvidando que la versión de los LXX conservaba lecturas originales y a veces más antiguas que las del TM.
4ª. *Versión griega de Símaco,* que puede tener un origen ebionita (de fondo cristiano) y que ofrece una interpretación más libre del texto hebreo. Es fundamental para conocer las posibles adaptaciones cristianas del original bíblico.
5ª. *Versión de los LXX,* con el texto oficial de los judíos alejandrinos y de la mayoría de los cristianos. Había sido un texto "canónico" para los judíos alejandrinos, pero en ese momento estaba siendo rechazada por los judíos rabínicos. Ha seguido siendo la Biblia oficial de los cristianos de lengua griega.
6ª. *Versión griega de Teodoción,* judío helenista que parece haber querido traducir y mejorar la versión de los LXX.

Como muestran las diversas traducciones griegas, Orígenes ha querido crear en Cesarea una escuela de interpretación bíblica, no solo para cristianos también para judíos. Desde nuestra perspectiva, pueden faltar en esta primera políglota algunas versiones, como el *Targum arameo* (la Peshita siria quizá no existía todavía) y la *Vetus Latina,* pero Orígenes podía juzgar que esas versiones eran menos importantes (o no circulaban en su entorno). Sea como fuere, desde su perspectiva de griego culto y platónico interesado por la "veritas hebrea", Orígenes ha realizado el intento más ambicioso de "ecumenismo" greco-hebreo, buscando un lugar clave (Cesarea de Palestina) y una concordia múltiple de textos (Hexapla), mostrando así, ya desde el principio, que la Biblia cristiana es un libro de diálogo.

No hay en la Biblia cristiana un solo texto (como el TM o Masorético de los judíos, o el Corán unificado de los musulmanes), sino varios (representados por papiros, manuscritos y traducciones) que deben dialogar entre sí, empezando por el Antiguo Testamento, donde hay un texto hebreo "canónico" (TM), pero hay también los LXX con el Pentateuco Samaritano y los MS de Qumran, etc. Desde ese lugar y partiendo de esas biblias podían haber dialogado judíos y cristianos, vinculados por un texto común, en sus varias formas.[63]

En ese fondo debemos afirmar que Orígenes, el más griego de todos los teólogos cristianos, ha sido, al mismo tiempo, el más fiel a los principios hebreos de la iglesia. Su *Hexapla* quería ser el "santuario central" de los creyentes (judíos y cristianos), una escuela compartida de estudios bíblicos, desde diversas culturas. Ese "Templo Bíblico" quiso abrir un espacio de encuentro y fuente de pensamiento dialogado para judíos y cristianos, desde principios del siglo III d. C., pero a los pocos decenios las comunidades helenistas olvidaron casi totalmente su origen israelita (no necesitaron ya la Biblia Hebrea); y por su parte, los judíos abandonaron también su Biblia Griega, para centrarse en el texto Hebreo y en las tradiciones propias de la Misná, sin dialogar más con los cristianos.[64]

d. *Generación eterna del Hijo, riesgo de subordinacionismo*

Orígenes ha sido el primero de los grandes teólogos que ha querido penetrar en el sentido de Trinidad, es decir, en el misterio original de Dios, sin identificar su despliegue con la creación (es decir, sin

---

[63] Así lo ha mostrado de un modo ejemplar L. W. Hurtado, *Los primitivos papiros cristianos. Un estudio de los primeros testimonios materiales del movimiento de Jesús*, Sígueme, Salamanca 2010.

[64] Unos y otros, judíos y cristianos helenistas siguieron caminos diferentes, casi hasta el día de hoy. La Hexapla (abandonada, destruida o perdida ¡apenas existen rastros de ella!) es simplemente un recuerdo de lo que pudo haber sido y no fue el diálogo entre cristianos y judíos, un diálogo que, en forma nueva, pero con el mismo espíritu abierto de Orígenes y sus colaboradores judíos y cristianos, debemos retomar ahora, a principios del siglo XXI.

confundir a Dios con el mundo), pues el mundo (la humanidad) viene en un momento posterior (aunque haya sido integrada por Cristo en el mismo ser de Dios). En esa línea, con gran audacia teológica, él se atreve a decir que solo porque es Padre, Hijo y Espíritu Santo, Dios puede ser creador.

> Hay un Dios, Creador y ordenador de todo, que hizo el mundo de la nada... En segundo lugar, está Jesucristo, el mismo que vino a este mundo y que nació del Padre antes de toda creatura... La tradición apostólica asocia al Espíritu Santo con el Padre y el Hijo en honor y dignidad… (*De Principiis,* Introducción). Así como jamás pudo darse la luz sin el resplandor, tampoco puede entenderse el Hijo sin el Padre. Por eso, ¿cómo puede decirse que hubo un tiempo en el que no había Hijo? (*De principiis* IV 8).
>
> No decimos... que una parte de la sustancia divina se derramó en el Hijo o que el Hijo fue procreado por el Padre a partir de la nada (*ex nullis substantiis*), esto es, fuera de su sustancia, como si hubiera un tiempo en el que no había existido, sino que, dejando de lado todo sentido corporal, decimos que el Verbo y la Sabiduría fueron engendrados del Dios invisible e incorpóreo, sin ninguna pasión corporal, como cuando la voluntad procede de la mente (*De principiis* IV, 28).

A pesar de esas afirmaciones, se le ha acusado de subordinacionista, pues algunas veces parece que no acepta en su integridad literal el dogma posterior de Nicea (el Hijo, engendrado en la eternidad, es consustancial al Padre). Ciertamente, carece de sentido pedirle que responda a problemas que él no había planteado (ni estaban planteados en su tiempo). Por eso, antes de acusarle, debemos recordar que él ha sido el primero que ha formulado con rigor la unidad del Dios trinitario, desde una perspectiva platónica, pero abierta a la singularidad del Dios cristiano. Pues bien, a pesar de eso, algunas de sus formulaciones, miradas desde la tradición posterior, han sido después discutidas y en parte condenadas, como las del texto que sigue:

> San Juan pone u omite el artículo definido (*ho*) ante las palabras *Dios* y *Verbo,* con precisión admirable… (cf. Jn 1:1). Pone el artículo cuando Dios designa el Principio ingenerado de todas las cosas y lo omite cuando trata del Verbo... El Dios de suyo es el Dios con artículo... Todo lo que no es el Dios por esencia, siendo Dios por participación (*metojê*) de la divinidad, no es *el* Dios (*ho theos*), sino meramente Dios (*theos*). Por este nombre hay que entender al primogénito de toda creatura quien, por ser el primero ante Dios, atrayendo hacia sí la divinidad, es más honorable que los restantes dioses que están fuera de Dios... (En comentario a Jn 1:2).

En esta línea, habría que investigar si, conforme a la visión de Orígenes, el Unigénito y Primogénito de toda creatura ha de ser llamado Ser de los seres, Idea de las ideas y Principio… o si es (parece) inferior al Padre (cf. *Contra Celso,* VII, 42s). Sea como fuere, en este campo, él ha sido cauto, dejando abiertos los grandes problemas del misterio de Dios. También ha sido cauto en lo que toca a la tercera persona (el Espíritu Santo), hablando menos de su carácter divino y eterno, pues ha querido mantenerse fiel a la Escritura. Pero debemos añadir que él fue el primer teólogo que ha puesto de relieve la consustancialidad del Espíritu Santo, tal como será definida después, al menos implícitamente, en el Concilio de Constantinopla (el año 381 d. C.).

> [Si no hubiera sido eternamente como es, sino que hubiera recibido su origen en un momento posterior, llegando a ser entonces lo que es] el Espíritu Santo no habría sido nunca reconocido en la unidad de la Trinidad, es decir, junto con los inmutables Padre e Hijo. Solo puede ser reconocido en la Trinidad si ha sido siempre el Espíritu Santo... Nada en la Trinidad puede ser llamado mayor o menor, ya que la Fuente de la divinidad contiene todas las cosas a través de su Palabra/Razón, y santifica todas las cosas dignas de ser santificadas, por el Espíritu de su boca…
>
> Hechas estas declaraciones sobre la unidad del Padre y del Hijo y del Espíritu Santo, retornemos al orden en el cual comenzamos la discusión. Dios el Padre otorga, ante todo, la existencia; la participación en Cristo, cuyo Su ser es la palabra de la razón, hace que los seres sean racionales... Y la gracia del Espíritu Santo, presente en aquellos seres que no son santos por esencia, hace que ellos sean santos por participación [El Padre da el ser; el Hijo da la razón; el Espíritu da la santidad] (*De Principiis* I, 3:7-8).

e. *Problemas abiertos*

Más que en los temas anteriores, la dificultad de la teología de Orígenes ha estado en su visión de la preexistencia de las almas y de la apocatástasis o culminación de todas las realidades (y personas) en Dios. Hubo muy pronto algunos teólogos contrarios a sus enseñanzas, pero su autoridad era tal que nadie se había atrevido a condenarle de un modo explícito, como hizo después el emperador *Justiniano,* reuniendo algunas enseñanzas de Orígenes, tomadas de su *Peri Arjôn,* y logrando que fueran condenadas en el Sínodo de Constantinopla del año 543.

> *Can.* 1. Si alguno dice o siente que las almas de los hombres preexisten, como que antes fueron inteligentes y santas potencias; que se hartaron de la divina contemplación y se volvieron en peor y que por ello se enfriaron

en el amor de Dios... y que por castigo fueron arrojadas a los cuerpos, sea anatema.
Can. 2. Si alguno dice o siente que el alma del Señor preexistía y que se unió con el Verbo Dios antes de encarnarse y nacer de la Virgen, sea anatema.
Can. 4. Si alguno dice o siente que el Verbo de Dios fue hecho semejante a todos los órdenes o jerarquías celestes, convertido para los querubines en querubín y para los serafines en serafín, y, en una palabra, hecho semejante a todas las potestades celestes, sea anatema...
Can. 9. Si alguno dice o siente que el castigo de los demonios o de los hombres impíos es temporal y que en algún momento tendrá fin, o que se dará la reintegración de los demonios o de los hombres impíos, sea anatema (DH 403-411; Denz 213-228).

Esas condenas, ratificadas por el Concilio de Constantinopla II (año 553), querían tener un valor universal, pero no fueron ni han sido "recibidas" por todas las iglesias, de forma que estos y otros temas de Orígenes pueden y deben discutirse en diálogo teológico. Sea como fuere, resulta triste que el mayor teólogo de la Iglesia fuera condenado así, tres siglos después de haber vivido, en unas circunstancias teológicas distintas y además sospechosas.[65]

[65] Los problemas de fondo de las afirmaciones condenadas de Orígenes siguen estando en el centro del pensamiento cristiano, pasados casi dieciocho siglos, en un tiempo de nuevo diálogo cultural con el lejano oriente, muy cercano al helenismo antiguo. Tanto el origen "divino" de las almas (es decir, de los seres humanos) como su culminación en Dios, por la apocatástasis, entendida en clave cristológica son elementos abiertos a una discusión respetuosa en el pensamiento cristiano.

II

Arrio y el Concilio de Nicea[66]

1. Arrio (256-336), vida y pensamiento

Era presbítero y teólogo de la iglesia de Alejandría, de origen probablemente libio. Fue promotor de un cisma (herejía) que dividió la iglesia antigua, en el siglo IV y V, y que todavía pervive, de diversas formas en el pensamiento y vida de las iglesias.

La discusión comenzó en torno al año 319 cuando Arrio acusó a su obispo Alejandro de seguir la doctrina de Sabelio (que tendía a identificar al Hijo con el Padre); Alejandro respondió condenando a Arrio y este buscó la protección y ayuda de otros obispos, iniciando así una larga disputa administrativa y dogmática. De esa manera que lo pudo haber sido una disputa particular de Alejandría se convirtió en un problema del conjunto de la Iglesia.

a. *Historia de un conflicto*

Hasta aquel momento, la mayor parte de los cristianos afirmaban sin grandes dificultades que Jesús era Hijo de Dios y que estaba vinculado al Padre, pero sin precisar mejor las relaciones entre el Padre y el Hijo. Pues bien, retomando y formulando de un modo riguroso una idea latente en muchos cristianos anteriores y elaborando, de manera lógica, unos principios filosóficos más rigurosos, Arrio formuló tres afirmaciones que marcaron las polémicas posteriores:

- Jesús, Hijo de Dios, había sido creado de la nada por el Padre, de manera que no era de su misma sustancia.
- Hubo un tiempo en que el Hijo no existía, lo que significa que él no pertenece a la eternidad de Dios.

---

[66] Visión actual y matizada de la historia y teología de Arrio en R. Williams, que fue primado de la Iglesia anglicana: *Arius: heresy and tradition, Eerdmans,* Philadelphia 2002 (cf. *Arrio,* Sígueme, Salamanca, 2010). Para una visión histórica del arrianismo, cf. J. González, *Historia del Cristianismo,* Clie, Viladecavalls 2011. Cf. L. Ayres, *Nicaea and its Legacy: An Approach to Fourth-Century Trinitarian Theology,* Oxford UP, New York 2004; R. C. Gregg y D. *E. Groh, Early Arianism: A View of Salvation,* SCM, London 1981; A. *Grillmeier, Cristo en la tradición cristiana,* Sígueme, Salamanca 1997; T. A. *Kopecek, A History of Neo-Arrianism I-II,* Patristic Series, Cambridge Mass 1979.

- Jesús era divino, pero que su divinidad no podía identificarse con la del Padre, de manera no convenía llamarle Dios verdadero.

Estas afirmaciones, sistematizadas por otros pensadores y asumidas por muchos obispos, dieron lugar a la doctrina llamada "arrianismo", que fue condenada en el Concilio de Nicea (año 325), donde se afirma que el Hijo es de la misma naturaleza que el Padre (consustancial, *homoousios*). Arrio fue expulsado de Alejandría, viviendo confinado en el exilio. El año 328, con la muerte del obispo Alejandro y la elección de Atanasio como sucesor, la campaña en contra de Arrio y sus defensores se radicalizó, dividiendo la vida eclesiástica y social de gran parte del Imperio romano. A pesar de ello, el arrianismo continuó extendiéndose de diversas maneras, en una historia llena de conflictos doctrinales y políticos. Arrio intentó defender su ortodoxia, pero Atanasio se negó a recibirle en la Iglesia.

El año 336, el emperador, que en ese momento era de tendencia más cercana al arrianismo (o a un tipo de paz entre los grupos cristianos) hizo exilar a Atanasio y permitió que Arrio volviera a Alejandría y fuera admitido oficialmente en la Iglesia, pero murió la víspera del día en que debía ser readmitido, el año 336. El arrianismo fue oficialmente condenado al fin en Constantinopla I (año 381). A pesar de ello, siguieron existiendo comunidades arrianas, sobre todo entre los visigodos y otros pueblos germanos que extendieron sus doctrinas hasta el occidente, por ejemplo, hasta España, en los siglos VI y VII d. C.

b. *Pensamiento*

Los libros de Arrio (en especial uno llamado *Talia*) fueron destruidos, de manera que resulta difícil reconstruir su pensamiento de una forma rigurosa. A pesar de ello, por las acusaciones de sus críticos, conocemos básicamente su doctrina, que podemos entender como una elaboración judeo-helenista coherente del cristianismo, a partir de un presupuesto *racional* (especulación filosófica) y de otro de tipo *religioso* (de carácter piadoso):

- *Conforme al presupuesto racional,* de tipo platónico, el arrianismo concibe el conjunto de la realidad de manera escalonada, como un despliegue jerárquico que va pasando de lo más perfecto (el Dios trascendente) a lo menos perfecto (el mundo inferior). Pues bien, en el intermedio entre el Dios inaccesible y este mundo inferior se halla el Logos. Los hombres formamos parte del mundo inferior, lejos de Dios, y necesitamos que alguien (Cristo, Logos de Dios) nos lo manifieste. Lógicamente, ese Cristo intermedio es más que un hombre ordinario, pero menos que el Dios trascendente.

- *A lado de ese presupuesto racional hay otro de carácter religioso de tipo jerárquico*, que resultaba muy atractivo para muchos cristianos de su tiempo (y de tiempos posteriores): Jesús había sido un individuo sumiso y obediente a Dios, de gran piedad y reverencia religiosa. Esta obediencia le define y por ella quiso ejemplo. Resulta osadía llamarle divino, es soberbia hacerle igual a Dios. Pues bien, Jesús no ha sido soberbio ni osado, sino humilde servidor del misterio. Por eso tenemos que concebirle y venerarle como alguien que es inferior a Dios, un ministro de su amor, un intermediario que sufre, por un lado, con nosotros y que, por otro, nos vincula con Dios.

Hasta aquel momento, los cristianos afirmaban sin gran dificultad que Jesús era Hijo de Dios, vinculado al Padre, pero sin precisar mejor sus relaciones. Pues bien, retomando y formulando de modo riguroso una visión latente en tiempos anteriores, y elaborando de manera "lógica" unos principios platónicos, Arrio forjó tres afirmaciones que marcaron desde entonces (por contraste) la ortodoxia cristiana:

- *Jesús es una creatura excelsa*, Hijo de Dios, pero creado por el Padre partiendo de la nada, de manera que no forma parte de su divinidad, es decir, de su *ousia* o sustancia, sino que posee una realidad inferior, aunque muy excelsa, siendo intermediario entre el mundo y Dios.
- *Jesús ha sido creado en el tiempo*, de manera que hubo un momento o, quizá mejor, una "eternidad" en la que el Hijo no existía, pues él no forma parte de esa eternidad de Dios, esto es, de su identidad divina, sino del transcurso de la historia de los hombres.
- *Jesús es divino en sentido general, un ser excelente o elevado*, primera de todas las creaturas, pero su divinidad es diferente a la del Padre, de manera que no conviene llamarle Dios verdadero. El problema de fondo es el sentido en que la palabra "divinidad" puede aplicarse a Dios y a Cristo.

El arrianismo constituye una forma lógica y piadosa de entender el evangelio: Dios seguiría estando siempre alejado (más alto), de manera que nadie ni nada se le puede comparar, y en esa línea Jesús fue un hombre muy sumiso a Dios, presentándose así como ejemplo de obediencia para todos, en una línea que podría aceptar el judaísmo (y que ha desarrollado más tarde el islam). Pues bien, en contra de eso, la iglesia del Concilio de Nicea (325) mostró que la actitud radical de los cristianos no es de sumisión o sometimiento, sino de amor mutuo entre iguales. Por eso, los "padres" ortodoxos destacaron la igualdad entre Jesús y el Padre, diciendo que Jesús no es alguien que se somete a Dios Padre, sino un Hijo que tiene su misma naturaleza.

2. Dos visiones. Arrio y Nicea

Los arrianos eran más piadosos, los cristianos ortodoxos parecían más osados, pues se atrevían a decir que la actitud más coherente del hombre ante Dios no es el sometimiento, sino la libertad y el diálogo entre iguales, como en el caso de Jesús. La razón y la piedad (y un tipo de oportunismo político) se hallaban de parte del arrianismo, que ponía de relieve la sumisión más que la igualdad.

No es de extrañar que un día el Imperio romano (de fondo helenista) hubiera podido convertirse al arrianismo tanto por política (el emperador necesitaba sumisión; le venía bien que un Cristo obediente y subordinado), como por piedad (nosotros, con Jesús, debemos ser dóciles a Dios). Pues bien, como he dicho, tras decenios de búsqueda laboriosa, el conjunto de la iglesia cristiana sintió la necesidad de rechazar las posturas arrianas, para mantenerse fiel a su experiencia originaria, tanto en plano religioso como filosófico. Así lo hizo en el concilio de Nicea (año 325), al afirmar que Jesús es *con-substancial (=homo-ousios)* a Dios Padre, que no es inferior al Padre, sino de su misma naturaleza:

> Creemos en un solo Dios Padre omnipotente, creador de todas las cosas... y en un solo Señor Jesucristo Hijo de Dios, nacido unigénito del Padre, es decir, de la sustancia del Padre, Dios de Dios, luz de luz, Dios verdadero de Dios verdadero, engendrado, no hecho, consustancial al Padre, por quien todas las cosas fueron hechas, las que hay en el cielo y las que hay en la tierra, que por nosotros los hombres y por nuestra salvación descendió y se encarnó, se hizo hombre, padeció, y resucitó al tercer día, subió a los cielos, y ha de venir a juzgar a los vivos y a los muertos. Y en el Espíritu Santo (Denzinger).

Los arrianos parecían más religiosos, pues afirmaban que la actitud más propia del hombre (y de Cristo) es el sometimiento ante Dios. En contra de eso, el concilio de Nicea declaró que Cristo tiene la naturaleza de Dios Padre (es de su misma *ousia),* fijando así para siempre la identidad del cristianismo, de manera que no tiene que "someterse" al Padre, sino que comparte con él la misma divinidad.

El dogma de Nicea significa que Jesús y Dios se unen como iguales, en comunión total de amor (de ser), sin superioridad de uno, ni sumisión de otro. De esa forma, Nicea rechazó la interpretación jerárquica de Dios y del cristianismo, propuesta por Arrio, afirmando implícitamente que la actitud de sumisión es anticristiana, pues lo cristiano es el amor mutuo, la comunión entre iguales.

- *En perspectiva religiosa,* el concilio de Nicea afirma en contra de Arrio, que la piedad no consiste en el sometimiento u obediencia de una persona a otra (o del hombre-Cristo a Dios), sino en la comunión en igualdad. Por eso, la fe de Nicea en la *consustancialidad entre el Padre y el Hijo* constituye el principio y salvaguardia de todo pensamiento y comunión cristiana. Frente a la falsa virtud pagana (arriana) del sometimiento ha destacado Nicea la verdad suprema de la comunión personal: no somos súbditos unos de los otros (ni siquiera de Dios), sino hermanos y amigos, compartiendo la misma "esencia".
- *En perspectiva filosófica,* Nicea ha rechazado la visión de un Dios jerárquico, de una divinidad descendente y gradual, que vincula en un todo sagrado lo más alto (el Dios separado) y lo más bajo (la humanidad mundana). Nicea sabe que hay distinción (Dios es divino, el ser humano es criatura), pero esa distinción no conduce a la jerarquía (uno sobre otro, uno mandando y el otro obedeciendo), sino a la vinculación personal en un diálogo maduro, de tipo personal.

Solo para evitar los riesgos de la visión de Arrio declararon los Padres de Nicea el dogma de Cristo, que es consubstancial (*homo-ousios*) a Dios. Su formulación (a pesar de los riesgos ontológicos que implica el término *ousia* o sustancia) sigue siendo básica para superar en el momento actual (comienzos del siglo XXI), la pretensión de los *nuevos piadosos* "ortodoxos" (aparentemente no arrianos) que defienden el sometimiento eclesial o teológico y la fuerte obediencia religiosa. Frente a ese riesgo se debe elevar el principio dogmático de la consubstancialidad personal, de la igualdad en el diálogo, tanto en Dios como en los humanos. En esa línea, ese tema de fondo del arrianismo, con la respuesta y solución del Concilio de Nicea, sigue siendo objeto de estudio y discusión entre las iglesias y denominaciones cristianas de la actualidad.

III

Atanasio y Cirilo de Alejandría

1. Atanasio (295-377)[67]

Fue teólogo y obispo de Alejandría, máximo defensor del dogma de Nicea (323), poniendo así la base de la confesión de fe de la Iglesia posterior, tanto occidental como oriental, que se ha apoyado en su doctrina y teología. Asistió al concilio como diácono y secretario de su obispo Alejandro, a quien sucedió en su sede (328), aunque no todos aceptaron su elección, por pensar que iba en contra del canon 4 del mismo Concilio.

Fue duro en la defensa de su interpretación del dogma de Nicea, negándose a recibir a Arrio nuevamente en su iglesia (Alejandría). Fue sincero, pero algunos historiadores afirman que se excedió en sus procedimientos y que fue violento en su afán por restablecer la unidad y disciplina de su iglesia, en contra de los *melecianos* (de Melecio, presbítero rigorista), que no le aceptaban como obispo, y de aquellos que interpretaban de un modo distinto el dogma de Nicea.

Su vida como obispo fue una lucha constante, llena de victorias y derrotas (destierros). Quizá no fue ejemplo de mansedumbre cristiana, pero fue sin duda hombre de fe y de Iglesia. Arrio había sido el más significativo de los "herejes"; Atanasio, en cambio, ha sido el más importante de los defensores de la divinidad de Jesús, un genio del pensamiento cristiano, que surgió y vivió en una Iglesia donde la discusión teológica había llegado a ser la ocupación más urgente y apasionada de miles de personas.

En la línea de Orígenes, Atanasio fue *platónico y cristiano*, destacando a Jesús no solo como Hijo de Dios, sino como principio y

[67] Obras en PG 25-28. Cf. además *Sobre los sínodos*, FP 33, Ciudad Nueva, Madrid 2019. La Biblioteca de Patrística, de Ciudad Nueva, Madrid, ha publicado otras obras de Atanasio, como *Vida de Antonio* (2013); *La encarnación del Verbo* (1997); *Epístolas a Serapión sobre el Espíritu Santo* (2207); *Discurso sobre los arrianos* (2010); *Contra los paganos* (1992). Cf. J. L. Prestige, *Dios en el pensamiento de los Padres*, Sec. Trinitario, Salamanca 1977, 205-264; L. Bouyer, *L'incarnation et l'Eglise corps du Christ dans la théologie de S. Athanase*, Cerf, Paris 1945; R. Bernard, *L'image de Dieu selon S. Athanase*, Aubier, Paris 1952; J. González, *Historia del Pensamiento Cristiano*, Clie, Viladecavalls 2010, 243–253; –314; C. Kannengieser, *Athanase d'Alexandrie. Une lecture des Traités contre les Ariens*, Beauchesne, Paris 1983; R. Trevijano, *Patrología*, BAC, Madrid 2005, 175–183.

compendio de toda la humanidad. A su juicio, al encarnarse, el Hijo de Dios asumió no solo la "humanidad individual" de Jesús, sino que elevó en Dios toda la "naturaleza humana" (hoy diríamos la historia). Afirmando que Crisro era encarnación de Dios, Atanasio ponía también de relieve su humanidad.

No fue un teólogo aislado, ni un obispo cerrado en su doctrina, sino un representante de todo el pueblo cristiano, capaz de enfrentarse con las autoridades imperiales y con gran parte de los obispos de la cristiandad que, en un momento en el que, entre los concilios de Nicea y de Constantinopla I (325-381 d. C.), la mayoría de los criianos parecían inclinarse al arrianismo, negando así la divinidad estricta de Jesucristo. En contra de eso, en medio de grandes persecuciones, él defendió el credo de Nicea, de manera que se ha podido afirmar, con cierta exageración, que hubo momentos en que solo había en el mundo un seguidor ortodoxo de Cristo, defensor de su divinidad, y ese era Atanasio, de forma que, gracias a él, hoy podemos seguir siendo cristianos.

La disputa sobre al arrianismo ha marcado las grandes iglesias y teologías de oriente y occidente (antes del triunfo posterior de la Iglesia de Constantinopla y de la extensión del primado universal de la Iglesia de Roma): *La de Alejandría,* que en la línea de Atanasio pone de relieve la divinidad de Jesús; *y de Antioquía,* que, sin negar la divinidad, insiste más en su humanidad. En ese contexto, Atanasio aparece como un hombre clave, defensor radical de la confesión de Nicea, y así podemos presentarle como representante y testigo de la fe en el Cristo Logos (Cristo Dios), antes de la división posterior de las iglesias.

Tanto por su inteligencia teológica como por su radicalidad creyente, Atanasio ha venido a convertirse en signo de ortodoxia para el conjunto de la cristiandad. Su aportación no ha sido solo teórica y teológica, sino también eclesial y litúrgica. Para evocar la Trinidad, él ha recurrido a muchas metáforas que son comprensibles para el pueblo, como fuente y río, foco de luz y rayo:

> Ellos me han abandonado –dice la Escritura– a mí, que soy la fuente de agua viva» (Jr 2:13); y Baruc dice también: "¿Por qué razón estás, tú, Israel, exilada en manos de tus enemigos? ¡Porque has abandonado la fuente de la sabiduría! (Bar 3, 10.12). Por su parte, Juan añade: Nuestro Dios es Luz (1 Jn 1:5). Pues bien, en relación con la fuente, el Hijo de Dios se llama también río, porque «el río de Dios está lleno de agua» (Sal 66:9); en relación con la luz se llama rayo.
>
> El Padre es por tanto la luz y el Hijo su rayo y por eso, con la ayuda del Hijo, podemos contemplar al Espíritu por el cual somos iluminados

–hay que repetir muchas veces las mismas cosas, sobre todo en estas materias... [...]. Más aún, afirmando que el Padre es la fuente y el Hijo es el río, nosotros podemos añadir que bebemos del Espíritu. Porque está escrito: "Todos nosotros hemos sido saciados por un mismo Espíritu" (1 Cor 12:13). Pero, habiendo bebido del Espíritu, nosotros bebemos al Cristo, porque «ellos bebían de una roca espiritual que les seguía. Pero la roca era el Cristo» (1 Cor 10:4). (*Carta I a Serapión,* SCh 15, p. 115-116).

Pero, más que las metáforas, le ha interesado la doctrina del Concilio de Nicea, que él interpreta en categorías platónicas, propias de su tiempo. Respondiendo a los arrianos, Atanasio afirma que la unidad trinitaria no se divide ni rompe en las personas, sino que cada una de ellas cumple una función precisa en la creación y en la salvación. Profundizando en esa unidad y división, Atanasio ha sido uno de los mayores pensadores especulativos de la antigüedad, recreando la confesión de fe desde una perspectiva platónica, y enriqueciendo de forma considerable la teología creyente de la iglesia. Así podemos presentarle no solo como teórico del *homoousios,* es decir, de la unidad de naturaleza entre el Padre y el Hijo, sino también como teólogo de la unidad de la naturaleza humana, es decir, del conjunto de la humanidad, redimida en Cristo.[68]

Arrio podía ser más piadoso, afirmando que Cristo se inclinaba y oraba ante Dios Padre, pero su piedad era de sumisión y sometimiento. En contra de eso, Atanasio puso siempre de relieve la unidad del hombre con Dios, en clave de vinculación de naturaleza, pues Cristo no es solo Dios para sí, sino para todos los creyentes, que participan con él del mismo ser de Dios, de la *ousía* divina. Desde ese fondo se puede entender esta fórmula trinitaria. Desde ese fondo ha entendido la unidad trinitaria de Dios, que se expresa y despliega en la Iglesia, como dice en su carta a Serapión:

(Los herejes...) deberían tomar una de estas dos actitudes: o bien, si no comprenden, deberían guardar un silencio absoluto y abstenerse de colocar entre las creaturas al Hijo o al Espíritu y al Espíritu Santo; o bien, deberían reconocer lo que dice la Escritura, vinculando al Hijo con el

[68] En ese contexto, como he dicho, Atanasio ha planteado un tema que aún sigue pendiente: El Hijo de Dios ha asumido la "naturaleza humana individual" de Jesús; pero, al mismo tiempo, de alguna manera, él ha elevado toda la "naturaleza humana" (hoy diríamos "toda la historia"). En medio de sus posibles defectos, él mantuvo firme la certeza de que en Cristo y por medio de él en la humanidad entera se ha hecho presente todo el misterio de Dios, sin abajamiento, sin disminución, como principio de Vida que transforma toda la vida de la humanidad.

Padre y no separando al Espíritu del Hijo, para que así se salvaguarden verdaderamente la indivisibilidad y la identidad de naturaleza de la Santa Trinidad [...]. (En contra de eso) la fe y la doctrina de la Iglesia afirma que hay una Trinidad santa y perfecta, reconocida como Dios en el Padre y el Hijo y el Espíritu Santo. Ella no incluye nada que venga de fuera, nada que se le mezcle desde el exterior.

La Trinidad no está constituida por creador y creatura, sino que es totalmente creadora y productora. Ella es semejante a sí misma, indivisible por su naturaleza y única por su eficiencia. En efecto, el Padre realiza todas las cosas por el Verbo en el Espíritu y de esa forma se salvaguarda la unidad de la Santa Trinidad, de tal forma que en la Iglesia se anuncia un solo Dios, «que está por encima de todos y que actúa por todos y que está en todos» (cf. Ef 4:6). Está *por encima de todos* como Padre, como principio y fuente. Actúa *por todos* como Verbo. Está *en todos* como Espíritu Santo. La Trinidad no se encuentra, por tanto, limitada a un hombre y a la apariencia de un hombre, sino que se muestra en verdad y en realidad (cf. *Primera carta a Serapión* 17 y 28, SCh 15, p. 81–82; 113; 133–134).

2. Cirilo de Alejandría (370-441)[69]

A lo largo de más de un siglo, entre el Concilio de Nicea (325) y la muerte de Cirilo (441), con el concilio posterior de Calcedonia (454), la Iglesia de Egipto fue epicentro de un inmenso debate eclesial que aquí solo podemos exponer de un modo muy resumido. Fue el siglo de las dos grandes teologías (de Alejandría y Antioquía) que siguen definiendo de algún modo los dos polos el pensamiento cristiano, uno más centrado en el Dios→Hombre (Alejandría) y otro en el Hombre→Dios.

En este contexto destaca la figura de Cirilo, teólogo y obispo alejandrino, el más importante después de Atanasio. Está vinculado al Concilio de Éfeso (431) y a la preparación de Calcedonia (445). Fue defensor de lo que después será la ortodoxia frente al arrianismo y, sobre todo, frente a Nestorio, que tendía a separar las dos naturalezas (divina y humana) de Cristo. Pero resaltó de tal forma la divinidad de Jesús y se opuso con tal fuerza a los teólogos y obispos de Antioquía, dejando quizá el tema de la humanidad en un segundo plano, que algunos afirman que ha influido en el mantenimiento de las grandes "herejías" que aún dividen las iglesias orientales: el monofisitismo de

[69] Obras en PG 68-77. Cf. también *¿Por qué Cristo es Uno?*, BP, Ciudad Nueva, Madrid 1998. Cf. J. Sagüés, *El Espíritu Santo en la santificación del hombre según la doctrina de S. Cirilo*, Gregoriana, Madrid/Roma 1947; J. Liébaert, *La doctrine christologique de St. Cyrille. d'A. avant la querelle nestorienne*, Fac. Théologie, Lille 1951.

aquellos que le han seguido de un modo literal y el nestorianismo de los que se han opuesto a su modelo teológico y eclesial.

Fue enérgico, y a veces falto de escrúpulos en la prosecución de sus fines, ya desde el momento en que fue nombrado obispo (año 412). Quiso ser dirigente de una iglesia de poder ante los posibles competidores de su entorno: (a) La administración imperial, muy debilitada ya en Egipto. (b) La sabiduría pagana de Alejandría, que acabó perdiendo en su tiempo mucho influjo. (c) Las sedes eclesiásticas rivales, especialmente la de Antioquía, con la que estuvo en constante disputa.

Vinculó la vida y la verdad cristiana con el triunfo de la Iglesia, permitiendo incluso que los cristianos persiguieran a los judíos, destruyendo y saqueando sinagogas, de forma que muchos tuvieron que dejar Alejandría (ciudad en la que habían creado la mejor escuela de pensamiento bíblico helenista). También fue duro contra de los paganos, de manera que en su tiempo tuvo lugar el asesinato de la filósofa Hypatia, que no se le pueda imputar directamente. En un contexto eclesial, su memoria está vinculada al Concilio de Éfeso (431), de ambigua memoria, donde Cirilo aparece no solo como obispo de Alejandría, sino también como delegado del obispo de Roma, enfrentándose con el de Antioquía, por motivos que parecen personales y por temas de jurisdicción eclesiástica.

> Cirilo, abusando de la comisión papal, precipita la primera sesión conciliar sin esperar la llegada de Juan de Antioquía y de los obispos orientales. Ignora las protestas del comisario imperial y, claro está, la de Nestorio, que no se presenta a la citación conciliar. Se le juzga en contumacia y se le condena. A los cuatro días llega a Éfeso Juan de Antioquía con los obispos orientales. En reacción a lo hecho por Cirilo, se reúnen con Nestorio en sesión sinodal alternativa y pasan a condenar como heréticos a Cirilo y sus anatematismos. Tras una serie de alternativas, «la corte de Constantinopla opta por la solución de dar por válidas las condenaciones mutuas lanzadas por sínodo y anti-sínodo».
>
> Tanto Nestorio como Cirilo quedan detenidos. Cirilo percibe que la clave está en la capital imperial y pone en juego, con tanta habilidad como pocos escrúpulos, toda clase de influencias. Preso a raíz del concilio, escribió una *Explicación de los doce capítulos*. Envió regalos exóticos e hizo correr el oro entre los cortesanos. Recurre también al prestigio de un santo monje de la ciudad, que rompe su clausura de años para solicitar audiencia del emperador y consigue ganarle para la causa de Cirilo. Así que mientras que Nestorio tiene que marchar al destierro, Cirilo pudo regresar triunfalmente a Alejandría.[70]

[70] R. Trevijano, *Patrología*, BAC, Madrid 2005, 228–229.

Sea como fuere, Cirilo fue un maestro de la fe y sus reflexiones de tipo cristológico y trinitario constituyen una de las cumbres del pensamiento cristiano (y filosófico) de todos los tiempos; lo que él dice sobre la unidad de lo humano y lo divino en Dios ha sido valorado incluso por pensadores que estudian el tema de la unidad y dualidad, desde una lógica para-consistente o post-aristotélica:

> Dentro de la ortodoxia bizantina siempre hubo una corriente que tendía, más que a deslindar (dignoscitivamente), a ligar y a ver la dualidad de naturalezas como una posesión doble de naturalezas, de tal manera que le fueran atribuibles, sin restricciones ni «en-cuantos», todas las determinaciones de la una y también las de la otra. Vemos esa tendencia en la escuela de Alejandría, desde Cirilo (cuyas reticencias frente a la fórmula que aceptará más tarde el Concilio de Calcedonia son bien conocidas) hasta Máximo el Confesor.[71]

Su filosofía básica puede ser positiva, pero su actuación como obispo y la imposición de su doctrina como "dogmática" ha sido menos favorable para el despliegue de un pensamiento cristiano abierto al diálogo entre las diversas formas de entender al Cristo. En esa línea resulta poco afortunada su polémica condenatoria contra los escritos de Diodoro de Tarso y Teodoro de Mopsuestia. Su tendencia al radicalismo ha influido no solo en la pervivencia de la ruptura nestoriana (que nace del rechazo de su línea teológica y que busca un cristianismo más centrado en la humanidad de Jesús), sino también en la pervivencia de la ruptura monofisita (el pensamiento de Cirilo, entendido de un modo no dialéctico, conduce al monofisitismo).

[71] Cf. L. Peña, *Enfoques paraconsistentes en filosofía de la religión*, en *Materiales para una filosofía de la religión* III, Anthropos, Barcelona 1993, 258-285.

IV

Alejandría y Siria. De Éfeso a Calcedonia, dos teologías

Atanasio había logrado afianzar la fe en la divinidad de Jesús, pero los temas de fondo se complicaron, pues, asumiendo la doctrina del concilio de Nicea y queriendo salvaguardar la diferencia entre la realidad divina y la humana de Jesús, algunos obispos de Oriente, vinculados a Nestorio, monje de Antioquía y después Patriarca de Constantinopla (desde el año 428), parecían separar las dos naturalezas de Jesús, afirmando que María podía ser madre de Cristo hombre (Christo-tokos), pero no del Hijo de Dios (Theo-tokos). En ese contexto se puso de relieve el gran enfrentamiento entre las dos iglesias y escuelas teológicas más importantes de la cristiandad:

- *La iglesia y escuela de Alejandría* utilizaba una exégesis o lectura bíblica de tipo más alegórico, y acentuaba el carácter divino de Jesús, como logos de Dios, corriendo quizá el riesgo de entender su humanidad como algo derivado (secundario).
- *La iglesia y escuela de Antioquía* insistía en la lectura literal de la Biblia y destacaba la humanidad de Jesús, pero podía acabar separando lo humano y lo divino, como si fueran en principio dos realidades distintas, que solo se vinculan de un modo derivado.[72]

1. Éfeso (431), un concilio discutido

Las dos escuelas se opusieron y, para superar las diferencias, el emperador Teodosio II convocó un Concilio que se celebraría en Éfeso (431). Los partidarios de Cirilo empezaron reuniéndose y condenaron a Nestorio (más cercano a la visión de Antioquía), quien se negó a participar hasta que estuvieran presentes los defensores de su línea teológica, con Juan de Antioquía y los legados del Papa Celestino I de Roma, que llegaron unas semanas más tarde, pidiendo que se abriera de nuevo el Concilio, para discutir las cuestiones y llegar a un acuerdo compartido, pero los partidarios de Cirilo, con la ayuda del emperador, pensaron que no era necesario, de manera que se mantuvo como definitivo el texto anterior:

[72] Cf. J. González, *Historia del Pensamiento Cristiano*, Clie, Viladecavalls 2010, 221–242.

> Porque no nació primeramente un simple hombre (Jesús), de la Santa Virgen, y luego descendió sobre Él el Verbo; *sino* que el Verbo, unido desde el seno materno (a la carne), se sometió al *nacimiento carnal,* como quien hace suyo el nacimiento de la propia *carne*... De esa manera ellos (los Padres del Concilio) no tuvieron inconveniente en llamar Madre de Dios (=*Theotokos*) a la Santa Virgen (Denzinger 111, con Anatematismos de Cirilo contra Nestorio, en 113–124).

Con esas palabras, el concilio de Éfeso (dirigido por Cirilo), acentuó la divinidad de Jesús, de manera que algunos pensaron que dejaba en la sombra o negaba su humanidad. Este es el principio de lo que se llamará después el "monofisitismo" que ha sido dominante en un tipo de iglesia copta de Egipto, que insiste más en la divinidad que en la humanidad de Jesús.

El tema de fondo era la forma de entender la humanidad de Jesús. Los obispos de tendencia nestoriana (antioquena) preferían decir que la Madre de Jesús era *Christotokos,* engendradora o madre del Cristo Hombre, pero no del Verbo o Hijo eterno de Dios. Por el contrario, Cirilo y sus partidarios (de la escuela de Alejandría) la llamaban *Theotokos,* es decir, Madre del Verbo/Dios encarnado.

Los antioquenos podían correr el riesgo de separar al hombre Jesús y al Hijo de Dios. Los partidarios de Cirilo de Alejandría (en la línea posterior de los monofisitas de Eutiques) parecían, en cambio, negar la humanidad de Jesús, de forma que ella quedara absorbida (y en el fondo superada) en lo divino. Así se formularon las dos grandes "herejías" (disputas) cristológicas que existen todavía.

El dogma de Éfeso (431) ratifica la encarnación del Hijo de Dios, y podría haber sido aceptado por los antioquenos, pues defiende la humanidad de Dios (de Cristo), y no implica en sí el monofisitismo. Pero fue impuesto sin diálogo entre las iglesias, condenando de modo impositivo a Nestorio, sin hacer justicia a sus razones de fondo. Por eso, en vez de ser fuente de reconciliación entre las iglesias, Éfeso vino a convertirse en principio de nuevas controversias, que desembocarían, sin resolverse del todo, en el Concilio de Calcedonia (451). Quedaron así sin valorarse, complementarse y recrearse las cuestiones radicales de Nestorio (Antioquía), con las naturalezas "separadas" de Jesús, y las de Cirilo (Alejandría), con la experiencia más honda de la encarnación del hijo de Dios. Solo en este contexto se pueden y deben reformular las aportaciones y riesgos de las dos iglesias:

- *Nestorio,* representante de la teología antioquena, más cercana a la tradición del Antiguo Testamento, insistía en la humanidad de Cristo, hombre unido a Dios, queriendo así destacar su realidad histórica, pero (a juicio de los alejandrinos) parecía negar la unidad radical de Cristo (Hijo de Dios y hombre verdadero). La visión de los antioquenos está más cerca de la sensibilidad de muchos cristianos actuales (año 2020), pero no fue bien entendida (o expresada), de manera que lo que podía haberse tomado como una tendencia teológica acabó siendo condenado como herejía.

- *Cirilo de Alejandría* presentó a Jesús como Dios encarnado, más que como *hombre divinizado,* de forma que muchos pensaron que había caído en el error opuesto, diciendo que Jesús solo tenía naturaleza, que era la divina, como Logos de Dios, no como hombre verdadero), conforme a la formulación central de su propuesta: «En Cristo solo hay una *physis:* la del Logos de Dios encarnado» (*mia physis tou theou logou sesarkomênê.* cf. Cirilo, *Epíst.* 17; 46). El problema se agravó cuando, tras la muerte de Cirilo (444), Eutiques, monje y archimandrita de Constantinopla, empezó a sostener abiertamente que la realidad o naturaleza humana de Jesús quedaba absorbida por la divina, de manera que, de un modo abstracto, se podía hablar de dos naturalezas, pero en concreto solo había una, pues la humana quedaba disuelta (elevada y negada de hecho) en la divina.

Esa propuesta de Eutiques, que desarrollaba de un modo extremo algunos supuestos de la teología de Cirilo y de la escuela alejandrina, causó gran revuelo en las iglesias, siendo rechazada por Flaviano, Patriarca de Constantinopla y por los obispos de tendencia antioquena (sínodo de Constantinopla, año 448). En ese contexto, el emperador Teodosio II, de tendencia monofisita, convocó otro Concilio General (Éfeso 449), que muchos llaman latrocinio, pues fue manejado por Dióscoro, sucesor de Cirilo de Alejandría, imponiendo a la fuerza sus doctrinas, de tal modo que los soldados de la guardia imperial agredieron incluso a los obispos contrarios, entre ellos a Flaviano, Patriarca de Constantinopla, que murió como resultado de los golpes recibidos.

2. Concilio de Calcedonia (451) y cisma de los patriarcados

Es para algunos el más importante de todos los concilios, y sus declaraciones, fundadas en un "Tomo" (Escrito Breve) enviado por León I de Roma a Flaviano de Constantinopla han sido aceptadas por los latinos y los bizantinos no por los sirios ni los alejandrinos.

> Ha de confesarse que hay un solo y mismo Hijo, nuestro Señor Jesucristo, perfecto en la divinidad y perfecto en la humanidad, verdaderamente Dios, verdaderamente hombre...; se ha de reconocer que hay un solo y

> mismo Cristo que es Hijo, Señor unigénito en dos naturalezas, sin confusión, sin cambio, sin división, sin separación, sin que se borre en modo alguno la diferencia de naturalezas por causa de la unión, sino conservando, más bien, cada naturaleza su propiedad y concurriendo en una sola persona y en una sola hipóstasis, no partida o dividida en dos personas, sino uno solo y el mismo Hijo unigénito, Dios Verbo Señor Jesucristo ... (Denzinger-H. 300-303).[73]

Esta declaración parece equilibrada, pues intenta resolver los problemas contrapuestos de las dos iglesias (Antioquía y Alejandría), y de alguna forma logra su objetivo, pero lo hace de un modo "formal", sin entrar en la problemática de fondo, sin escuchar de verdad a cada iglesia, de manera que el dogma puede entenderse al fin como un pacto de Roma y Constantinopla, que se unen entre sí para imponerse sobre el resto de la cristiandad.

En ese sentido, el Concilio de Calcedonia es un concilio aún no terminado o, mejor dicho, no ratificado (=recibido) por el conjunto de la Cristiandad. Su declaración acepta los valores de los monofisitas y de los nestorianos, y condena (al menos de un modo formal) sus riesgos. Pero lo hace de un modo "político", sin aceptar (hasta el día de hoy) los valores de fondo de unos y otros.

- *En la línea de Cirilo y de los alejandrinos (y coptos),* Calcedonia dice que en Jesús hay solo una persona, poniendo así de relieve su unidad e identidad: "Uno y el mismo Hijo unigénito, Dios Verbo, Señor Jesucristo". Desde esa perspectiva añade que en Jesús no puede darse "ni división ni separación". De esa forma recoge así las tesis egipcias de Atanasio y Cirilo, pero sin llevarlas a un tipo de consecuencias extremas, sin afirmar que en Cristo hay solo, de hecho, una "naturaleza", la divina, pues el Verbo de Dios no absorbe la naturaleza humana, como si solo quedara al fin el ser de Dios, sino que, en contra de eso, supone y dice

[73] La discusión sobre el Concilio de Calcedonia sigue apasionando y dividiendo a historiadores y teólogos, a partir de la celebración de su centenario (1951). Cf. A. *Grillmeier* y H. Bacht (eds.), Vol I: *Der Glaube von Chalkedon*. Vol 2: *Entscheidung um Chalkedon*, Echter Verlag, Würzburg, 1951/1953. Visión general del tema en J. A. Sánchez, *El valor de la humanidad de JesuCristo. Clave de la interpretación del Concilio de Calcedonia en algunas Cristologías del siglo XX*, CLV, Madrid 2019. A modo de resumen, además de las obras generales, como la de J. González, *Historia del Pensamiento Cristiano*, Clie, Viladecavalls 2010, 305–314, cf A. Grillmeier, *Cristo en la tradición cristiana: desde la Edad Apostólica de Calcedonia (451)*, Sígueme, Salamanca 1975; J. Meyendorff, *Imperial unity and Christian divisions: The Church 450-680 A.D.*, St. Vladimir's Seminary Press, New York 1989.

que el mismo Verbo de Dios hace posible el surgimiento de la humanidad de Jesús.

- *En la línea de Nestorio y de los antioquenos (sirios)*, Calcedonia añade que en Jesús hay dos naturalezas, sin confusión ni cambio. Muchos habían acusado a Nestorio y a los antioquenos de "separar" esas naturalezas, de tal forma que ellas se entendían como dos "personas", unidas entre sí de un modo externo. Pues bien, en contra de eso, Calcedonia afirma que las dos naturalezas se mantienen como tales, sin confundirse ni mudarse una en la otra, pero unidas en Jesús, hijo de Dios, perfecto en humanidad y perfecto en divinidad. De esa manera, en contra de aquellos que podían pensar que la humanidad de Cristo se hallaba separada de la divinidad, el Concilio afirma que, siendo distintas, las dos naturalezas se hallan unidas en la única persona del Hijo de Dios Jesucristo.

En un sentido, el concilio de Calcedonia es un buen concilio, pues ofrece un punto de partida para el diálogo entre las iglesias. Pero en otro no ha logrado encontrar una "definición satisfactoria", en sentido bíblico y pastoral, recogiendo la verdad más profunda de las diversas partes en litigio; por eso, muchos piensan que necesita ser actualizado. Al oponerse a los pretendidos extremos (monofisismo y nestorianismo), Calcedonia ha ofrecido un camino de "solución", pero quizá solo en sentido "formal", pues se limita a trazar los límites en los que debe situarse el "dogma" de Jesús, como hombre y como Dios, sin precisar en concreto los rasgos propios de su naturaleza divina y de su historia humana. Entendida así, esta solución no recoge los auténticos valores de las "teologías" opuestas, la de los sirios (más duo-fisitas) y la de los egipcios (más mono- o mio-fisitas).

En un sentido, Calcedonia fue una buena solución, y así lo vieron los romanos y los bizantinos. Pero las iglesias no dialogaron de un modo radical sobre los temas, de forma que ese concilio marcó el comienzo del fin de la unidad de los cristianos, y los herederos de los alejandrinos y los antioquenos (los cristianos más fecundos de la antigüedad) han terminado fuera de la Gran Iglesia, formando comunidades que se han llamado no calcedonianas.[74] La mayor parte de los

[74] Es muy significativo el hecho de que dos líderes cristianos importantes, el papa de Egipto y el de Roma, hayan emitido una *Declaración* en la que apelan a los tres primeros concilios (Nicea, Constantinopla I, Éfeso), desmarcándose de Calcedonia, no aceptado por los coptos. Cf. *Declaración conjunta de S. S. Francisco y de S. S. Tawadros II* del 28, 4, 2017 (http://w2.vatican.va/content/francesco/es/speeches/2017/april/documents/papa-francesco_20170428_egitto-tawadros-ii.html).

cristianos de tendencia alejandrina y antioquena se opusieron al concilio, y al emperador bizantino, para terminar cayendo bajo el dominio del islam (en el siglo VII d. C.).

- *Los cristianos coptos de Egipto (y de Etiopía)* han podido correr el riesgo de tomarse como "monofisitas", en una línea que deriva de Cirilo y Eutiques. Ellos han insistido de tal manera en el carácter divino de Jesús que parecen haber minusvalorado su carácter humano.
- *Muchos cristianos que recogen la tradición de Antioquía,* de origen sirio, han terminado siendo nestorianas, y así se han extendido durante siglos por oriente, llegando a la India y a China. Sus adversarios les acusan de separar en Jesús las dos naturalezas, la divina y la humana, como si no estuvieran radicalmente unidas en la persona del hijo de Dios.

V

Otros pensadores. La nueva iglesia copta

Termino este capítulo sobre la iglesia egipcia con dos partes muy distintas. La primera evoca de modo sencillo la figura y obra de dos "padres" significativos, de la tradición alejandrina. La segunda recoge la historia de la decadencia de la iglesia de Alejandría y de la zona helenizada de Egipto, para ofrecer una visión general del despliegue de la nueva iglesia copta, excluida primero del pacto entre bizantinos y romanos, y dominada después por el islam. Resulta imposible evocar todos los teólogos, no solo alejandrinos o egipcios de origen, sino procedentes de otros lugares, que seguían acudiendo a Egipto para estudiar su teología y compartir su vida, sobre todo su monacato. Aquí escojo como ejemplo a dos muy significativos.

1. Dídimo el Ciego (310-393)[75]

Teólogo y educador, invidente desde su juventud, dirigió la Escuela Catequética de Alejandría durante más de cincuenta años (del 340 hasta su muerte). Fue defensor del credo de Nicea y de la teología de Atanasio. Pero, al mismo tiempo, mantuvo algunos aspectos significativos de la teología de Orígenes (preexistencia de las almas y apocatástasis), por lo que fue condenado por algunos concilios, apareciendo así en listas "oficiales" de herejes, como en el Sínodo de Letrán del 649, que le pone al lado de «Sabelio, Arrio, Eunomio, Macedonio... Pablo de Samosata, Diodoro, Teodoro, Nestorio, Teódulo el Persa, Orígenes y Evagrio» (DH 519; cf. además los concilios de Constantinopla II y II (553, 681/2) y el de Nicea II (787).

Esta desgraciada condena ha impedido que la mayoría de sus escritos se hayan transmitido y valorado como se merece. La más importante de sus obras conservadas es quizá el *Liber de Spiritu Sancto,* un tratado de teología y experiencia espiritual, que nos introduce en la dinámica de la vida trinitaria, dejando que la imagen de Dios llegue en nosotros a su pleno desarrollo (se conserva la versión latina de Jerónimo).

[75] Obras: PG 39. Cf. *Tratado sobre el Espíritu Santo,* FP, Vida Nueva Madrid 36, Madrid 1997; P. Nautin, *Didyme l'Aveugle. Sur la Genèse* I-II, SCh 233 y 244, Paris 1976 y 1978.

2. Evagrio Póntico (345-399)[76]

Monje y teólogo, el primer escritor sistemático de la espiritualidad cristiana. Nace en el Ponto, vive por un tiempo en Constantinopla y en Jerusalén y se retira después al "desierto" de Egipto, donde permanece hasta la muerte, ganando la vida como copista y escribiendo obras propias. Su espiritualidad se sitúa en la línea de Orígenes, dentro de un espiritualismo místico, centrado en la superación del mundo y en la elevación del alma a lo divino. Debido a la persecución que ha sufrido más tarde el pensamiento de Orígenes, sus obras griegas se han perdido (han sido destruidas y/o han dejado de copiarse), aunque ellas han tenido influjo en los autores espirituales y en los teólogos posteriores, como Rufino y Casiano, Juan Clímaco y Máximo el Confesor. De esa forma, él aparece como el creador de una teología espiritual vinculada al hesicasmo, es decir, a la pacificación interior y a la elevación respecto de este mundo.

Evagrio supone, con Orígenes, que en el principio todas las almas vivían en contemplación perfecta del misterio de Dios. Pero, a través de una caída originaria, perdieron esa unión con lo divino, vinculándose de un modo violento a la materia. Por eso deben liberarse de su condición actual, a través de un proceso de elevación contemplativa. Los cuerpos en sí no son malos (en contra de un tipo de gnosis), pero deben ser purificados y al fin superado, a través de un ascenso místico.

El camino de la contemplación tiene, por tanto, un elemento de progreso gradual por el que vamos subiendo (como en el modelo de Platón) desde un plano inferior a otro más elevado, hasta llegar a lo divino. Como Hijo de Dios, Cristo ha sido el único viviente que ha podido mantenerse en un conocimiento permanente y esencial de Dios, y a su ejemplo, todos los restantes hombres tienen que ir subiendo, hasta alcanzar la unidad con lo divino.

Evagrio entiende así la salvación en claves de elevación platónica, pero sin condena radical de la materia y sin rechazo de los elementos que no son puramente conceptuales. Su modelo de salvación insiste en el valor del conocimiento, en un plano no solo intelectual, sino supra–racional. Por eso, los monjes (que quieren recuperar la contemplación originaria de la esencia de Dios) deben ir superando los niveles inferiores de apego a las cosas materiales y a los deseos mundanos, hasta

[76] Parte de su obra ha sido publicada en PG 40 y 79. Cf. *Obras espirituales*, BP 28, Ciudad Nueva Madrid 1995.

alcanzar la *apatheia*, es decir, la liberación de las pasiones que se oponen al amor y a la visión de Dos.

En esta línea se han situado muchos hesicastas posteriores de tradición bizantina, empeñados en lograr la tranquilidad interior, es decir, la paz que se expresa en el retorno a Dios y en la unión con lo divino. No todos los hesicastas aceptarán el esquema filosófico que está al fondo de Evagrio (que ha sido visto con recelo por la Gran Iglesia), pero se aprovecharán de sus reflexiones y de su manera de organizar la vida espiritual.

3. Fin de la iglesia alejandrina. Iglesia copta

Como he señalado, la separación o "independencia" de la iglesia copta comenzó con el concilio de Calcedonia, pero ella solo se consolidó en los siglos posteriores, a lo largo de una historia que está definida por la ruptura del Imperio bizantino y después, fundamentalmente, por la conquista árabe (641 d. C.) y la implantación del Islam.

En ese contexto, con el fin de imponer su autoridad sobre las diversas partes del Imperio y lograr la unión del mundo cristiano, el año 482 el emperador Zenón había promulgado un Decreto llamado *De Unión* (*Henotikón*), escrito por el patriarca de Constantinopla (Acacio) y dirigido a los obispos, monjes y fieles de Alejandría y Egipto en el que acepta los tres primeros concilios (Nicea, Constantinopla I, Éfeso), con los doce Anatematismos de Cirilo de Alejandría contra los nestorianos, declarando sin valor el de Calcedonia (451), que no habría resuelto los problemas en litigio:

> El emperador Zenón... a los reverendísimos obispos, al clero y a los monjes de Alejandría, de la totalidad de Egipto... Puesto que sabemos que una única fe correcta y verdadera es el principio, el sostén, la fuerza y la armadura invencible de nuestro reino... Esta es la fe del Símbolo de Nicea el único en el que tenemos confianza y por lo tanto lo defendemos en nuestro reino [...].
>
> Anatematizamos a Nestorio y a Eutiques puesto que tenían una manera de pensar contraria al Símbolo citado, y admitimos los doce capítulos [anatemas] enunciados por Cirilo de santa memoria, que fue obispo de la santa iglesia de Alejandría [...]. (cf. B. Llorca, *Historia de la Iglesia católica*, I, BAC, Madrid 1964, 522 ss.).

Pero este decreto no logró contentar ni a los "monofisitas" de Egipto ni a los "duo-fisitas" de Siria, abriendo un nuevo cisma religioso y social en el imperio. Los coptos de Egipto se sintieron nuevamente heridos, cada vez más separados de los intentos de unión que proponía Constantinopla, de tipo más político que puramente cristiano.

Años después, el emperador Justiniano I (527-565) quiso restaurar el antiguo Imperio romano a partir de Constantinopla y en esa línea pensó que era necesario unificar la fe de todos los cristianos, convocando para ello un nuevo concilio, el de Constantinopla II (553) que debería ofrecer un compendio de la fe, condenando todas las herejías anteriores, entre ellas las de "Nestorio y Eutiques, Teorodo y Platón, Maniqueo, Epicuro y Marción", etc. (cánones 11 y 12; cf. Denz-H. 421-438). Pero la condena era demasiado general y se extendía tanto a Platón y Epicuro (filósofos paganos) como a Nestorio y Eutiques, aunque ella (la condena) se dirigió de un modo especial a la pretendido "teología monofisita" de los egipcios (sin conocerla y valorarla desde dentro), ahondando así en la división que ya existía entre la iglesia copta y la iglesia imperial de Constantinopla.

Esta nueva declaración de fe, formulada desde una perspectiva política (en un Concilio que aceptado como canónico por la iglesia de Roma, pero no por la copta), no logró conseguir sus objetivos. Ciertamente, había existido y sigue existiendo un problema teológico de fondo entre las iglesias, una sensibilidad religiosa distinta, que es más unitaria en Egipto (coptos) y más dualista en Siria (tendencia nestoriana). Pero ese problema empieza a formularse y quiere resolverse de un modo político, pues las iglesias de Antioquía y de Alejandría no aceptaron la solución de Calcedonia como tal, que a su juicio, era impuesta por el emperador bizantino (con la aprobación al menos implícita del Papa de Roma).

Justiniano estaba decidido a marcar jurídicamente las líneas de la ortodoxia cristiana que él, como emperador, quiso imponer, para lograr así la unidad de su imperio, dentro de un espíritu jurídico y "romano" (propio de un político empeñado en compilar y unificar el Derecho Romano de su imperio). Pero esa teología unitaria, impuesta por ley política más que por diálogo y experiencia de fe compartida (en amor mutuo entre las comunidades), no logró vincular de forma duradera a los diversos patriarcados, pues los grandes problemas de fondo siguieron sin solucionarse.

Ciertamente, la sede patriarca de Constantinopla seguirá siendo importante, y se mantendrá por siglos, no solo mientras existió el imperio (hasta el 1453), sino hasta el momento actual (2022), actuando como signo y foco de unidad de muchas iglesias. Más aún, esa sede extendió su influjo hacia el norte y hacia el este de Europa (con la conversión de los eslavos), igual que la de Roma se extendió por occidente, pero las cristiandades del Sur (Egipto) y del Este (Antioquía) se separarán de la ortodoxia bizantina y romana (al menos implícitamente), manteniendo su tradición de fe en medio de grandes dificultades, ante la "invasión" musulmana, que ellas en parte aceptaron y saludaron como protesta contra un tipo de dictado del Imperio que no había resuelto sus problemas.

En ese sentido, este tiempo de separación y de ruptura respecto a la "unidad de fe" que quería imponer el Imperio bizantino (e implícitamente Roma), abrió un camino de profundización de la fe cristiana en Egipto, en un proceso en el que pueden destacarse varios factores:

- *Cristianización general.* A partir del siglo V d. C., el grueso de la población de Egipto (que antes había seguido siendo pagana, a diferencia de la helenista, ya cristianizada) abandona el paganismo anterior y se hace cristiana, con la transformación de las tradiciones milenarias y del culto de los templos paganos, que se vacían y destruyen, convirtiéndose en iglesias cristianas. Esa conversión general de Egipto se realizó de un modo progresivo, de manera casi natural, como descubrimiento y aceptación de la novedad del evangelio que, evidentemente, se adapta a las condiciones culturales y sociales de la población autóctona.
- *Despliegue y triunfo de las tradiciones coptas.* En este contexto pierden importancia las ciudades helenistas, mientras va desapareciendo la administración bizantina, de manera que el conjunto del pueblo del campo (y las pequeñas poblaciones) retoman el idioma copto (derivación del egipcio antiguo) como lengua popular, cultural y religiosa. En esa misma línea, sin el "control" dogmático de los bizantinos y romanos, se va imponiendo de hecho un tipo de monofisitismo más devocional que dogmático. Ciertamente, a Jesús se le venera como Dios, pero se sabe que es Dios haciéndose hombre (se acepta su encarnación y su naturaleza humana).
- *Ese despliegue de la iglesia copta no se toma como revolución (=rechazo de lo anterior), ni siquiera como reforma (en la línea de un tipo de protestantismo posterior), sino más bien como una recuperación natural de una tradición propia,* egipcia y cristiana, que se supone vinculada a la misión evangelizadora de San Marcos. Los coptos afirman así que no han cambiado, sino que si alguien ha cambiado han sido los otros (bizantinos o romanos), pues ellos se han mantenido fieles a la tradición antigua de su iglesia, que se siente apostólica y autónoma, creada por el evangelista Marcos, discípulo de Pedro. Ciertamente, la Iglesia Copta sigue aceptando la gran tradición griega o helenista del principio, con Atanasio y Cirilo, pero ella insiste en que su identidad más honda se ha transmitido en copto (que seguirá siendo hasta hoy el idioma de su liturgia). En esa línea, la tradición de la Iglesia copta sostiene que el Patriarcado de

> Alejandría, separado del resto de los patriarcados, ha preservado fielmente la creencia y doctrina cristiana en su forma más antigua y pura, entregándola de generación en generación, sin cambios, conforme a la doctrina y los ritos apostólicos.

En ese contexto se dieron otras circunstancias de tipo político que iban a cambiar radicalmente la historia de oriente. La primera fue la conquista de los persas, que se adueñaron de Egipto entre el 619 y el 629 d. C. Ciertamente, ellos fueron derrotados más tarde por los bizantinos, que reconquistaron la tierra, pero doce años después (el 641/642) llegaron los árabes musulmanes para quedarse hasta la actualidad. Los bizantinos habían logrado vencer a los persas, cuyo imperio se hallaba también envejecido. Pero ni unos ni otros (ni persas ni bizantinos) estaban preparados para defenderse frente a los árabes, unificados de un modo social y religioso por el islam.

El año 628 Mahoma había conquistado la Meca, y a su muerte, el 630, sus soldados se hallaban en pie de guerra para conquistar el oriente, debilitado y dividido entre bizantinos y persas. Comenzó así una historia meteórica de expansión musulmana que fue en parte violenta y en parte pacífica (muchas poblaciones de Siria Egipto les recibieron amistosamente, pensando que ellos iban a liberarles del yugo bizantino).

Así cayeron en un año (638) las dos ciudades "madre" de la antigua cristiandad (Jerusalén y Antioquía), lugares de Jesús, de Pedro y Pablo. Unos años después (641/642) cayó Alejandría, sede teológica esencial de la antigua iglesia de Orígenes, Anastasio y Cirilo. En general, los egipcios cristianos aceptaron a los musulmanes, sintiéndose de esa forma liberados de la imposición bizantina, pudiendo así mantener una iglesia independiente (sin injerencia imperial), abandonando básicamente el idioma griego y recuperando el copto.

Durante varios siglos (del VII al XI) una mayoría de la población de Egipto siguió siendo cristiana, fieles a su lengua (copto) y a su tradición religiosa sin grandes cambios. Solo después de las cruzadas (a partir del siglo XII/XIII) la influencia árabe y musulmana se fue haciendo más fuerte, de manera que se perdió el idioma copto (conservado solo en la liturgia) y una parte considerable de la población fue dejando al cristianismo, para convertirse al islam.

Evaluación y actualización

1. Conocer

- Valores y aportaciones de la Iglesia alejandrina, egipcia, en un plano intelectual (de estudio) y vital (surgimiento del monacato, etc.). ¿Por qué y cómo se han conservado en Egipto los primeros testimonios escritos de la Biblia?
- Aportación y valor permanente de la teología alejandrina (y de la iglesia copta): La escuela de catequesis, la teología de Orígenes (primer gran pensador cristiano), la defensa de la plena divinidad de Jesús (Atanasio), y de su encarnación (Cirilo).
- Riesgos de la iglesia y teología alejandrina: ¿Por qué pudo surgir allí la herejía de Arrio, con sus posibles aportaciones y con su riesgo de interpretar al hombre, incluso al Cristo, como un ser sometido a Dios? Indicar los temas que estaban en juego en el Concilio de Nicea, en el plano del conocimiento y de la imitación de Jesús.
- Alejandría recoge la herencia del helenismo, con su aportación al cristianismo, pero también con sus posibles riesgos de intelectualismo. ¿No se habrá convertido allí la Iglesia en una institución para conocer y saber, una comunidad de sabios más que de profetas y testigos de la creación de Dios.

2. Juzgar

- ¿Cuál era el tema discutido en el fondo del conflicto arriano? ¿Por qué el arrianismo pudo conmover a las iglesias, hasta llevarlas casi al riesgo de una ruptura total? ¿En qué sentido se puede afirmar que la iglesia posterior ha continuado siendo arriana?
- ¿Cómo valorar la respuesta del Credo de Nicea en un plano intelectual (de formulación de la fe) y en un plano existencial, de liberación personal o de sometimiento a Dios?
- ¿Por qué la Iglesia de Alejandría tendió al monofisismo, pareciendo que olvidaba o dejaba a un lado la humanidad de Jesús? ¿Cómo interpretar las diferencias entre los "padres" de Alejandría y los de Antioquía en su forma de entender a Jesús?

3. Actuar

- ¿Cómo responder hoy a la problemática del concilio de Nicea? ¿Por qué se acusa a ciertos teólogos, e incluso a ciertas comunidades, diciendo que en el fondo son arrianas? Una cristología que pone de relieve la humanidad de Jesús, ¿es ya por eso mismo proclive al arrianismo?
- La Iglesia de Alejandría fue una iglesia dirigida por "catequistas", de manera que sus mismos obispos eran ante todo impulsores y transmisores de fe. ¿Qué significaría eso en nuestro tiempo?
- La iglesia egipcia tuvo una gran riqueza intelectual: ¿Qué valor tiene en la Iglesia actual el buen conocimiento, la buena catequesis, en un mundo en que parece que el problema religioso y en concreto el cristiano parece menos importante?
- Dos grandes líderes de iglesias, el Papa Francisco de Roma y el Papa/Patriarca Tawadros III de Alejandría emitieron (el año 2017) un documento conjunto en el que proclaman la fe de los tres primeros concilios (Nicea, Constantinopla y Éfeso), dejando al margen el 4º, el de Calcedonia. ¿Que significa ese gesto en la historia de la patrística y de la identidad de las iglesias?

Preguntas para reflexionar

1. ¿Por qué fue y sigue siendo importante la iglesia antigua de Egipto? ¿Cuáles son sus aportaciones y cuáles sus posibles deficiencias?
2. ¿Qué sentido tiene hoy la teología alejandrina, su visión del "logos" de Dios? ¿Fue necesario superar el "riesgo arriano? ¿Pueden y deben recuperarse algunos valores del arrianismo?
3. ¿Cómo valorar actualmente las figuras de Orígenes y de San Atanasio? ¿Qué es lo que aportaron y qué lo que debemos todavía agradecerles?
4. ¿Cómo podemos conservar y actualizar la definición de la divinidad de Jesucristo del concilio de Nicea?

IV

Padres orientales
Siria y Capadocia

Como vengo diciendo, hubo dos grandes escuelas teológicas (Alejandría y Antioquía) y ambas se enfrentaron y separaron en Calcedonia (451 d. C.) de las "nuevas" iglesias: Bizancio (signo de la tradición posterior ortodoxa de oriente); y Roma (que recoge catolicidad latina de las iglesias de occidente). Esas dos iglesias aceptaron y ratificaron el dogma del "cuarto concilio", presentando a Jesús como Dios y hombre verdadero, dos naturalezas en una persona. Por el contrario, sin negar la declaración de fondo del concilio, las dos más antiguas, las más creadoras en el campo teológico, sintieron dificultad en aceptar esa formulación, de manera que, sin negarla expresamente, asumieron y recorrieron un camino distinto:

- *Los alejandrinos (coptos) fueron acusados de monofisitas,* porque acentuaron la divinidad de Jesús, Logos–Hijo de Dios encarnado.
- *Los antioquenos (sirios)* fueron acusados de duofisitas, porque insistían en las dos naturalezas, unidas de un modo externo por la "persona" divina.

Teniendo eso en cuenta, actualmente podemos y debemos aceptar el valor de esas dos "teologías" tradicionales, para insistir aquí en la aportación de la patrística siria, tomada en general, según este esquema:

1. *Introducción. De Constantinopla I (381) a Calcedonia (451).* Retomamos los motivos del capítulo anterior (sobre la iglesia copta), pero mirados desde la perspectiva de Siria.

2. *En las raíces de la iglesia siria, exégesis bíblica.* La aportación fundamental de esta iglesia reside en su interés por la Biblia, no solo en lo referente al Nuevo, sino también al Antiguo Testamento, con lo que ello implica de arraigo en la tradición de la Escritura y, de un modo especial, en la historia humana de Jesús.

3. *Grandes maestros, padres capadocios.* Entre los representantes de esta iglesia destacan los "capadocios" (Basilio, Gregorio de Nisa y Gregorio Nacianceno) que forman quizá el grupo más significativo de teólogos antiguos de la cristiandad.

4. *Luz de oriente: Expansión nestoriana, con apéndice maniqueo.* Esta iglesia, separada pronto de las grandes iglesias triunfadoras (bizantina y romana) tuvo en su momento una extraordinaria expansión hacia oriente, pasando por Persia, hasta China y la India, una expansión cuya historia no ha terminado todavía. En ese contexto quiero evocar como apéndice la "herejía" maniquea.

I
Introducción. De Constantinopla I (381) a Calcedonia (451)

A pesar de la "definición" de Nicea (325), donde se afirmó que el Hijo es *homoousios,* consustancial al Padre, los presupuestos de Arrio siguieron influyendo a lo largo del siglo IV, expresándose en varias disputas sobre la divinidad de Jesús y del Espíritu Santo, a lo largo de 56 años cruciales (hasta el concilio de Constantinopla: 381), en los que se mezclan aspectos doctrinales y políticos, religiosos y sociales, vinculados en parte a la nueva situación social de la Iglesia en el imperio.

En el siglo III la Iglesia se había mantenido en situación de tranquilidad básica, a pesar de (o quizá por) las persecuciones, y en esa línea ella había superado la crisis mayor del gnosticismo, que podía haberla convertido en un tipo de secta intimista. Pero, alcanzada la "paz" y conseguido el "poder" social (a partir del Edicto de Tolerancia, 313), ella entró en una larga de crisis, motivada por temas dogmáticos y sociales, que siguieron marcando su historia hasta el Concilio de Constantinopla (381). Retomamos desde esta perspectiva unos motivos expuestos ya en el capítulo anterior, desde una perspectiva más extensa.

1. Credo de Constantinopla I

Resulta imposible resumir las disputas de esos años, de Nicea (325) a Constantinopla (381), entre arrianos, semi–arrianos de diverso tipo y ortodoxos, bajo la dirección cambiante de unos emperadores que se inclinaban, según conveniencia, hacia un lado o el otro. Hubo condenas mutuas y movimientos estratégicos de diverso tipo, con concilios y contra–concilios. En ese proceso resultó importante la aportación extrema de Atanasio, con la de otros padres más moderados como Basilio de Cesarea, que llegaron a la conclusión de que debía matizarse el lenguaje y defenderse, al mismo tiempo, no solo la "consubstancialidad" del Hijo, sino la del Espíritu Santo, en contra de semi-arrianos como Eunomio o Macedonio, que tendían a pensar que el Espíritu Santo no puede ser radicalmente divino.

La formulación que triunfó en el Concilio de Constantinopla (381), convocado por el Emperador Teodosio, en un momento clave de su reinado (tras declarar el cristianismo como religión oficial del Imperio, el año 380), parece apoyarse en la teología de Basilio de Cesarea, cuando alude a la unidad de la esencia divina (*mia ousia*) y a la trinidad de personas (*tres hypostaseis*), que es el presupuesto básico del credo oficial de Constantinopla I, que asume y completa el de Nicea, expandiendo su doctrina al Espíritu Santo:

- Creo en *un solo Dios, Padre todopoderoso,* Creador de cielo y tierra, de todo lo visible y lo invisible.
- Creo en *un solo Señor, Jesucristo,* Hijo único de Dios, nacido del Padre antes de todos los siglos: Dios de Dios, Luz de Luz, Dios verdadero de Dios verdadero, etc.
- *Creo en el Espíritu Santo,* Señor y dador de vida, que procede del Padre *y del Hijo,* que con el Padre y el Hijo recibe una misma adoración y gloria, y que habló por los profetas. Creo en la Iglesia, que es una, santa, católica y apostólica. Confieso que hay un solo bautismo para el perdón de los pecados. Espero la resurrección de los muertos y la vida del mundo futuro. Amén (Denz-H. 150, pag. 109-111).

Este credo, aceptado desde entonces como expresión de fe católica, para responder a los arrianos y a los que negaban la divinidad del Espíritu Santo, retoma las afirmaciones de Nicea (325), añadiendo algunas precisiones sobre el Espíritu Santo. Es un verdadero símbolo o profesión de fe, suele llamarse Niceno-constantinopolitano y es utilizado en la liturgia de Oriente y Occidente desde el siglo VI.

Este es el credo oficial de las iglesias (incluso egipcias y sirias), en línea trinitaria (confiesa la divinidad del Padre, el Hijo y el Espíritu Santo) y cristológica (asume el carácter divino de Jesús) y pneumatológica (vincula al Espíritu Santo con el Padre y el Hijo). No aplica al Espíritu Santo la palabra conflictiva (*homoousios,* consubstancial a Dios), que Nicea había atribuido a Jesucristo, por evitar discusiones de palabras, pero supone y afirma lo que esa palabra implica:

- *En un plano de historia de salvación, el credo afirma que el Espíritu Santo habló por los profetas.* En contra de una posible tendencia gnostizante, que interpreta al Dios de la historia de Israel como perverso, los cristianos declaran que es bueno y añaden que su Espíritu "habló por los profetas", que actuó y sigue actuando no solo en Israel, sino en todo el despliegue de la historia humana.
- *En un plano intradivino, el credo declara que el Espíritu Santo es Señor y Vivificador,* llamándole *Kyrios/Señor* (2 Cor 3:17), para asegurar de esa forma que es divino, que pertenece a Dios y sustenta, de manera poderosa, todo lo que existe. Dice también que es *Vivificador (dsoopoion),* como supone Pablo en 2 Cor 3:6 y como sigue diciendo Jn 6:63, al afirmar que "el Espíritu vivifica, mientras la carne no aprovecha para

> nada". Este es el Espíritu que crea y resucita (cf. Jn 5:21; Rm 4:17; 1 Cor 15:22, 36, 45; 1 P 3:18), como ha resucitado a Jesús y resucitará a los que mueren en (con) él (cf. Rm 8:11).

Entendido así, este credo incluye tres grandes momentos o consecuencias, que paradójicamente se vinculan. (1) *Independiza a Dios*, definiéndole como despliegue de vida y diálogo consubstancial del Padre, el Hijo y el Espíritu Santo. (2) *Separa al ser humano*, haciéndose autónomo, es decir personal, distinto de Dios, responsable de sí mismo; el hombre está vinculado a Dios, pero pertenece al mundo y su identidad se expresa en el nivel humano en la vida y comunión de las personas, como extensión del misterio de Dios, por Jesucristo. (3) *Vincula al hombre con Dios en Cristo*: hombre y Dios forman parte de un mismo proceso y comunión de vida.[77]

2. Fórmula cristológica de Calcedonia (451)

Pero ni el Concilio de Constantinopla 1 (381), ni el posterior de Éfeso (431), influido básicamente por la teología de Cirilo y de los alejandrinos, lograron aquietar los espíritus y crear un consenso entre las iglesias. Por eso, el año 451 la emperatriz Pulquería decidió convocar un nuevo concilio, que no se celebraría en Éfeso, como el anterior, sino en Calcedonia, en la parte oriental de Constantinopla, donde acudieron los delegados de Roma, con el "Tomo" (Texto) de fe del Papa León I de Roma, que sirvió de referencia en las discusiones. De esa forma, mientras la parte occidental del imperio padecía bajo el riesgo de los hunos, derrotados precisamente el año 451, se proclamaba en oriente el "dogma" o propuesta cristológica final de las iglesias:

---

[77] Este es un tema de gran complejidad, que aquí no podemos presentar con más detalle. Sobre el trasfondo filosófico, cf. F. Ricken, «Nikea als Krisis der altchristilichen Platonismus», *Theol.Phil* 44 (1969) 321-351; Ch. Stead, «Was Arius a Neoplatonist?», *Studia Patristica* 32 (1997) 39-52; H. A. Wolfson, *La filosofía dei Padri della Chiesa I: Spirito, Trinitá, Incarnazione*, Paideia, Brescia 1978. Sobre el desarrollo histórico, cf. M. Simonetti, *La crisi ariana nel IV secolo*, Augustinianum, Roma 1975; E. Boularand, *L'Hérésie d'Arius*, Latouzey, Paris 1972. Sobre el aspecto más teológico: P. Smulders, *Desarrollo de la cristología en la historia de los dogmas y en el magisterio eclesiástico*, en MS III, I, Madrid 1971, 417-504. Cf. también R. P. C. Hanson, *The Search for the Christian Doctrine of God*, Clark, Edinburgh 1988; W. G. Rusch (ed.), *The Trinitarian Controversy*, Fortress, Philadelphia 1980; B. Sesboüe, *Dieu peut-il avoir un fils? Le débat trinitaire du IVème siècle*, Cerf, Paris 1993.

> Ha de confesarse que hay un solo y mismo Hijo, nuestro Señor Jesucristo, perfecto en la divinidad y perfecto en la humanidad, verdaderamente Dios, verdaderamente hombre, de alma racional y de cuerpo, consustancial con el Padre en cuanto a la divinidad consustancial con nosotros en cuanto a la humanidad, *semejante en todo a nosotros, menos en el pecado* [Hb 4:15]; engendrado del Padre antes de los siglos en cuanto a la divinidad, y engendrado de María Virgen, madre de Dios, en cuanto a la humanidad, en los últimos días, por nosotros y por nuestra salvación.
>
> Se ha de reconocer que hay un solo y mismo Cristo que es Hijo, Señor unigénito en dos naturalezas, sin confusión, sin cambio, sin división, sin separación, sin que se borre en modo alguno la diferencia de naturalezas por causa de la unión, sino conservando, más bien, cada naturaleza su propiedad y concurriendo en una sola persona y en una sola hipóstasis, no partida o dividida en dos personas, sino uno solo y el mismo Hijo unigénito, Dios Verbo Señor Jesucristo... (Denz-H. 300-303).

Como ha mostrado el capítulo anterior, este es un "dogma" que ha sido rechazado por muchos como formalista y teórico, un dogma que actualmente se acepta más por tradición que por convencimiento, de forma que son muchas las iglesias que parecen dispuestas a reconsiderarlo, en una perspectiva de búsqueda conjunta, no para rechazar sin más la formulación antigua, sino para asumirla y quizá trascenderla de forma crítica, como vienen intentando hace decenios algunos teólogos hispanos, de tradición católica.[78]

- *Con Eutiques y los alejandrinos,* Calcedonia afirma que en Jesús hay solo una persona, sin división ni separación: "Uno y el mismo Hijo unigénito, Dios Verbo, Señor Jesucristo". En esa línea, el Concilio recoge las tesis de Atanasio y Cirilo, pero sin afirmar que en Cristo hay solo, de hecho, una "naturaleza", la divina, pues el Verbo de Dios no absorbe ni destruye la naturaleza humana de Jesús, sino que la fundamenta.
- *Con Nestorio y los antioquenos,* Calcedonia añade que en Jesús hay dos naturales, sin confusión ni cambio. Muchos habían acusado a Nestorio y a los antioquenos de "separar" esas naturalezas; pues bien, en contra de eso, el Concilio afirma que las dos naturalezas se mantienen como tales, sin confundirse ni mudarse una en la otra, en Jesús, hijo de Dios, perfecto en la humanidad y perfecto en la divinidad.

[78] Cf. la recensión crítica de J. Galot, "La Filiation divine du Christ. Foi et interprétation", *Gregorianum* 58 (1977) 239-275 (= *¡Cristo! ¿Tú quién eres?: Cristología I-II,* CETE, Madrid 1982).

Calcedonia quiso abrir un ancho espacio de fe en el que cupieran las aportaciones de los alejandrinos y los antioquenos, pero sin responder a los problemas (misterios) de fondo evocado por unos y otros. Externamente ofreció una buena "solución", pero fue quizá una solución formal, sin precisar más en concreto el sentido de naturaleza divina y de la historia humana de Jesús, de manera que su mensaje debe ser actualizado en cada generación cristiana.

Esa solución fue aceptada básicamente por las iglesias imperiales (greco-bizantina de Oriente y romano-latina de Occidente), pero marcó, en otra línea, el comienzo del fin de la unidad de los cristianos. De modos distintos, los herederos lógicos de alejandrinos y antioquenos han terminado fuera de la Gran Iglesia, formando comunidades no calcedonianas. (a) La de Egipto (coptos) y la de Etiopía, derivada de ella, tienden a ser "monofisitas", en una línea que deriva de Cirilo y Eutiques. (b) Varias iglesias derivadas de Antioquía, de origen sirio, han terminado siendo nestorianas, y así se han extendido durante mucho tiempo, por oriente, llegando a la India y a China.

II

En las raíces de la iglesia de Siria. Hermenéutica bíblica

Hablamos de "iglesia siria" en un sentido extenso, tomando como punto de referencia la ciudad de Antioquía, que fue con Alejandría la sede teológica más significativa del siglo IV y principios del V. Aquí presento algunos de sus representantes", vinculados a la controversia arriana, defensores de la identidad e historia humana de Jesús, los mejores representantes de una exégesis bíblica, de tipo histórico, literario y teológico. Gran parte de ellos han sido marginados por acusaciones, silencios y condenas de los concilios posteriores, tanto por la iglesia bizantina como por la romana.

Estos "padres" carecen de vinculación interna, no forman una escuela unificada, y en esa línea renuncio a presentarlos de un modo sistemático, sino que los ofrezco en orden cronológico. Recuperar su historia y su aportación en el estudio de la Biblia constituye una de las tareas y deberes de la teología actual de las iglesias.

1. Eusebio de Cesarea (275-339)[79]

Teólogo, historiador, obispo y hombre de iglesia, autor de la primera historia del cristianismo. Estudió en Cesarea de Palestina, donde se hallaba la biblioteca de Orígenes, con el texto de la *Hexapla,* y quiso escribir una historia crítica del Antiguo Testamento, acompañada de un *Onomastikon,* o diccionario de los nombres geográficos que aparecen en la Biblia, un texto que sigue siendo consultado por los exégetas[80]. Se retiró después a Egipto, padeciendo persecución por ser cristiano. Volvió a Cesarea y fue nombrado obispo de la ciudad.

Participó en el Concilio de Nicea, donde defendió una postura moderada, del agrado del Emperador Constantino, que le tomó bajo su protección. Parece que su credo (el de su iglesia) fue la base de la

[79] Obras en PG 19-24). Entre ellas destaca la *Historia Eclesiástica* (traducida y editada en BAC, Madrid 1973 y Clie, Viladecavalls 2008). Cf. además *Vida de Constantino,* Gredos, Madrid 1994); *Preparación Evangélica* I–II, BAC, Madrid 2009. Su *Demostratio Evangelica,* que en principio iba unida a la obra anterior, se conserva solo en parte.

[80] Cf. R. Jiménez, *Toponimia Bíblica El Onomastikon de Eusebio,* Univ. Autónoma, Madrid 2008.

declaración conciliar. Tomó parte activa en las discusiones posteriores al concilio, oponiéndose tanto a Marcelo de Ancira como a Atanasio. Su producción teológica es bastante extensa:

a. *Su obra más significativa es de tipo histórico.* Escribió una *Historia Universal*, ahora perdida, en la que iba recogiendo los hechos fundamentales de cada nación (Egipto, Persia, Grecia...), considerada de un modo independiente, en contra de la tendencia imperial romana que prefería englobar todas las historias en la de Roma. Escribió también una *Historia de la Iglesia* (titulada en griego *Theophaneia* manifestación de Dios, y en latín *Historia Eclesiástica*), que se divide en diez libros que tratan de Jesús, de los apóstoles, de las cosas del final del siglo I, del siglo II, del tiempo que va de Septimio Severo a Decio, del tiempo de Diocleciano, de Constantino... Esta obra, concebida de un modo apologético y, en parte, triunfalista, escrita a partir de documentos anteriores, constituye la primera visión unitaria del despliegue del cristianismo y, a pesar de sus lagunas y de sus afirmaciones tendenciosas, sigue siendo fundamental para el conocimiento de la Iglesia antigua.

b. *Sus tratados teológicos dependen básicamente de Orígenes,* aunque él mismo añade sus propias consideraciones. Los más importantes son la *Praeparatio* y la *Demonstratio evangelica,* que ofrecen un buen conocimiento del cristianismo antiguo. La *Praeparatio* quiere demostrar la superioridad del cristianismo sobre las restantes religiones y filosofías. La *Demonstratio* tiene un carácter más teológico (intracristiano) y en ella defiende su visión del dogma de Nicea en contra de la interpretación de Atanasio, que se ha impuesto después como normativa, de manera que a él (Eusebio) algunos le han podido acusar de semi-arriano.

En sentido teológico, Eusebio admite la Trinidad y la Encarnación del Hijo, pero, al mismo tiempo, ha destacado la monarquía de Dios de tal forma que el Hijo parece subordinado al Padre (en una línea que podría compararse a la de Arrio). En sentido eclesiástico, Eusebio aparece como apologeta y defensor de la política de Constantino, favoreciendo la vinculación de la Iglesia con el Estado. Se le suele considerar como el teórico del giro constantiniano de la iglesia en el siglo IV.

2. Eudoxio de Constantinopla (300-370)

Teólogo de tendencia arriana. Fue obispo de Comagene, Asia Menor, y participó en diversas discusiones teológicas, defendiendo un tipo de arrianismo que parecía asemejarse al de Eunomio. Fue suspendido y desterrado por el emperador Constancio. Pero después moderó su postura y fue rehabilitado, siendo elegido obispo de Constantinopla, inspirando la política pro-arriana del emperador Valente (364-378), que quería vincular a todos los cristianos desde un tipo de arrianismo moderado. Eudoxio murió en medio de las disputas del neo-arrianismo, sin que se hubieran fijado las diversas posturas teológicas y dogmáticas.

Su teología fue condenada, tras su muerte, en el Concilio de Constantinopla I (381), donde se dice que los nuevos Padres conciliares «no rechazan la fe de los trescientos dieciocho Padres reunidos en Nicea de Bitinia, sino que declaran que permanezca firme y anatematizan toda herejía, y en particular la de los eunomianos o anomeos, la de los arrianos o eudoxianos, y la de los semiarrianos o pneumatómacos, la de los sabelianos, la de los marcelianos, de los fotinianos y de los apolinaristas» (DH 151). El mismo "arrianismo" moderado de Eudoxio (de los eudoxianos) quedó de esa forma rechazado por el concilio celebrado en la ciudad imperial (donde él había sido obispo). De esa forma su nombre y recuerdo ha quedado vinculado al de otros herejes típicos (eunomianos, semi-arrianos), de manera que aparecerá en adelante como uno de los grandes herejes de la antigüedad.

3. Marcelo de Ancira († 374)

Teólogo y obispo de Asia Menor, defensor de la fe de Nicea (año 325), contrario a los arrianos. Se opuso a Eusebio de Cesarea, que le acusó de seguir a Sabelio (partidario de un monarquianismo al parecer anti–trinitario). Fue depuesto y rehabilitado varias veces, de manera que resulta difícil precisar su postura, aunque es posible que, por su manera de oponerse al arrianismo, se acercara a la de Sabelio, insistiendo de tal forma en la unidad divina, que en ella no parecen posibles las personas.

A su juicio, el arrianismo (y la visión trinitaria de Dios) conducen, de formas distintas, a un tipo de politeísmo. En contra de eso, él sostiene que el Logos es absolutamente consubstancial al Padre (homoousios), de tal manera que no se puede decir que ha sido engendrado, ni que es persona distinta. Eso significa que no hubo Hijo de Dios antes de la encarnación. Solo Jesús hombre (unido al Verbo) es "persona" distinta de Dios. La divinidad en sí misma, fuera de la encarnación, es una Mónada.

Ciertamente, sus posturas pueden entenderse en sentido ortodoxo, pero el Concilio ecuménico de Constantinopla (381) le condenó como hereje, diciendo que los Padres conciliares: «anatematizan toda herejía, y en particular la de los eunomianos o anomeos, la de los arrianos arrianos o eudoxianos, y la de los semiarrianos o pneumatómacos, la de los sabelianos, la de los marcelianos, de los fotinianos y de los apolinaristas» (DH 381). De esa manera él ha pasado como hereje en la tradición posterior de la Iglesia.

4. Cirilo de Jerusalén (315-387)[81]

Obispo de la iglesia helenista de Jerusalén, se opuso arrianismo, a lo largo de una vida azarosa, siendo varias veces deportado. Es quizá el cristiano más famoso de Jerusalén, en el tiempo de la dominación bizantina, el más conocido de "catequistas" de las iglesias del entorno sirio. Su obra más significativa la forman sus *Catequesis,* pronunciadas cuando era presbítero entre el 347 y el 348, para preparar a los catecúmenos antes de bautizarse; ellas desarrollan el sentido y experiencia de fe de los catecúmenos que se acercaban al sacramento, y contienen una serie de instrucciones sobre los principales temas de la fe cristiana, ofreciendo el mejor conocimiento de los compromisos morales y de la espiritualidad de los cristianos de su tiempo, en un plano de experiencia básica de vida y no de discusión teológica. Por él conocemos el tipo de vida espiritual (comunitaria y personal) de los cristianos del entorno sirio.

5. Apolinar de Laodicea (310-390)[82]

Teólogo y obispo de Laodicea de Siria, en el siglo IV, amigo de Atanasio e iniciador del llamado "apolinarismo". Fue un hombre culto, gran apologeta, y se opuso a la filosofía neoplatónica de Porfirio, que

---

[81] Sus obras han sido editadas en PG 33. Cf. también *Catequesis,* Ciudad Nueva, Madrid 2006; *El Espíritu Santo,* Ciudad Nueva, Madrid 1990; *Las verdades de fe,* Sígueme, Salamanca 1989. Sobre su vida y obra, cf. C. Elorriaga, *San Cirilo de Jerusalén,* DDB, Bilbao 1992; A. Ropero, *Lo mejor de Cirilo de Jerusalén,* Clie, Viladecavalls 2002.

[82] Sus obras han sido citadas y recogidas en parte en PG 33. Entre los estudios antiguos sobre Apolinar, cf. G. Voisin, *L'Apollinarisme. Etude hist., litt. et dogmatique sur le début des controverses christologiques au IVᵉ siècle,* Van Linthout, Louvain 1901; H. Lietzmann, *Apollinaris. von Laodicea und seine Schule,* Texte und Untersuchungen I, Tübingen 1904; C. E. Bevan, *Apollinarisme, An essay on the christology of the early Church,* Cambridge UP 1923. Para un estudio de su teología y de su entorno, cf. B. *Sesboüe* y J. Wolinski, (eds.), *Historia de los dogmas* I-II, Sec. Trinitario, Salamanca 1995; A. Grillmeier, *Cristo en la Tradición cristiana, Sígueme,* Salamanca 1997.

condenaba la fe de Cristo como contraria a la sabiduría racional. Fue de los defensores del concilio de Nicea (325), insistiendo como Atanasio en la divinidad de Cristo, Hijo de Dios y elaborando el dogma cristológico con la ayuda de categorías de tipo tricotómico (cuerpo, alma, espíritu), como las que utiliza san Pablo en 1 Ts 5:23.

Conforme a esa visión, él pensó que, al encarnarse en Cristo, el Verbo de Dios se habría unido al cuerpo y al alma humana de Jesús (hubo por tanto encarnación y "animación" real del Hijo de Dios), pero no a su espíritu, pues el mismo Verbo habría ocupado el lugar y cumplido la función de "espíritu" de Jesús, apareciendo así como hondura divina de su vida humana. Su visión podía interpretarse en un sentido plenamente ortodoxo, desde una perspectiva cristológica y trinitaria, pero sus adversarios le acusaron diciendo que negaba la plena humanidad de Jesús, pues le privaba de "espíritu" humano.

En torno a esa visión surgió una gran disputa entre los teólogos y padres de la Iglesia, y tanto Atanasio como los capadocios (Basilio, Gregorio de Nacianzo, Gregorio de Nisa) le condenaron, diciendo que no defendía la "humanidad total" de Jesús, que fue hombre completo (cuerpo, alma y espíritu). Pero con esto no quedó resuelto el problema filosófico/teológico de fondo, como han vuelto a mostrar las cristologías modernas que hablan de una "presencia del Espíritu Santo en Jesús" (*Spirit Christology*), replanteando la relación entre su vida más honda y el Espíritu Santo.[83]

Para reformular el tema sería conveniente profundizar en el sentido del Espíritu Santo como vínculo de unión entre el Padre y el Hijo, entre lo divino y lo humano. De todas maneras, es evidente que, en la perspectiva teológica de los Padres de la Iglesia, la postura de Apolinar debía ser superada, como indicó el Concilio de Constantinopla I, al afirmar que los Padres conciliares: «anatematizan toda herejía, y en particular la de los eunomianos o anomeos, la de los arrianos o eudoxianos, y la de los semiarrianos o pneumatómacos, con los sabelianos, marcelianos, fotinianos y apolinaristas» (DH 151). Lógicamente, a pesar de la condena general, el tema de fondo quedaba pendiente, de manera que más que condenar a Apolinar como hereje habría que retomar y elaborar los presupuestos de su postura.

[83] Cf. G. W. H. Lampe, *The Seal of the Spirit: A Study in the Doctrine of Baptism and Confirmation in the New Testament and the Fathers*, Wipf, London 2004.

6. Diodoro de Tarso († 392)[84]

Debió nacer en Antioquía donde fue monje y dirigió su famosa escuela exegética, donde se cultivaba una interpretación histórico-literal de la Biblia (a diferencia de la escuela de Alejandría, de tipo más alegórico). Entre sus discípulos se encuentran Juan Crisóstomo y Teodoro de Mopsuestia. Fue asceta y defensor del Credo de Nicea. El emperador Valente le desterró de Antioquía, pero a su muerte quedó libre y fue elegido obispo de Tarso (desde el año 381).

Escribió varios libros de exégesis y teología (controversias contra judíos, paganos y herejes), pero se han perdido, a causa de las disputas eclesiales posteriores (a las que aludiremos a continuación). Comentó diversos libros del Antiguo y Nuevo Testamento (en especial la Carta a los Romanos y 1 Juan), utilizando un método histórico y poniendo de relieve el sentido literal de las palabras, destacando en esa línea la naturaleza humana de Jesús y su arraigo en la historia de los hombres.

Desgraciadamente, muchos años después de su muerte, el 438, Cirilo de Alejandría le acusó de heterodoxo (lo mismo que a Teodoro de Mopsuestia), presentándole como impulsor de la herejía de Nestorio, como había hecho un Sínodo de Roma del año 382, en su canon 6 (cf. DH pag 112) y como hará el de Letrán del año 649, en su canon 18:

> Si alguno, de acuerdo con los Santos Padres, a una voz con nosotros y con la misma fe, no rechaza y anatematiza, de alma y de boca, a todos los nefandísimos herejes con todos sus impíos escritos…, esto es, a Sabelio, Arrio, Eunomio, Macedonio, Apolinar, Polemón, Eutiques, Dióscoro, Timoteo el Eluro, Severo, Teodosio, Coluto, Temistio, Pablo de Samosata, Diodoro, Teodoro, Nestorio, Teódulo el Persa, Orígenes, Dídimo, Evagrio, y en una palabra, a todos los demás herejes que han sido reprobados y rechazados por la Iglesia Católica, y cuyas doctrinas son engendros de la acción diabólica… ese tal sea condenado (DH 518-520).

Se trata, como es evidente, de una condena general, que engloba y vincula con Diodoro, en un mismo rechazo, a pensadores tan beneméritos y distintos como Teodoro, Orígenes o Evagrio (estos dos últimos de tendencia exegético/teológica muy distinta). Una condena de conjunto como esta resulta demasiado difusa y no puede entrar en matices, ni precisar el objeto de su rechazo, de forma que, en principio, puede tomarse como poco justificada.

---

[84] Referencia a las obras perdidas de Diodoro en PG 33, 1559 ss.

Sea como fuere, esa condena ha tenido una consecuencia lamentable, pues ha impedido que la obra y doctrina de Diodoro haya sido aceptada, conocida y desarrollada en la Iglesia posterior. A consecuencia de eso, prácticamente todos sus escritos (algunos autores antiguos citan más de sesenta) se han perdido, de manera que el pensamiento cristiano ha quedado muy disminuido. El triunfo de un tipo de ortodoxia alejandrino/romana sobre el conjunto de la Iglesia (y en especial sobre la exégesis de tipo antioqueno) ha sido funesto para la historia posterior del cristianismo.

7. Eunomio (335-393)[85]

Teólogo y obispo, de tendencia arriana, condenado en diversos concilios. Hacia el año 356/357 vino a Alejandría donde aceptó las doctrinas arrianas de Aecio, según las cuales Dios es infinito y el Hijo finito, Dios es ingénito y el Hijo engendrado. Eso significa que el Hijo no es Dios, sino criatura de Dios; no participa de su esencia increada, sino que ha sido creado de la nada. Eunomio (y Aecio) recibieron por eso el nombre de *anomeos* (de anomoios: el Hijo no tiene semejanza con el Padre); también se les llamaba *hetero–ousiastas*, pues el Hijo tenía una ousia o sustancia distinta a la del Padre. A pesar de eso, un obispo de Antioquía llamado Eudoxio le ordenó diácono, llegando más tarde a ser obispo de Cícico, en Misia; pero tras un tiempo fue condenado, sufriendo el destierro en el que murió.

Eunomio y sus seguidores afirmaban en general que el Hijo es distinto del Padre, añadiendo que el Espíritu Santo proviene del Hijo, como criatura suya, siendo, por tanto, también, distinto del Padre. Teológicamente, su teología fue refutada de un modo detallado por Gregorio de Nisa, en su obra *Contra Eunomio* (escrita en torno al 382). Pero su doctrina había sido rechazada ya en el Concilio de Constantinopla I (381), cuando anatematiza en general las herejías de «los eunomianos o anomeos, los arrianos o eudoxianos, semiarrianos o pneumatómacos, sabelianos, marcelianos, fotinianos y apolinaristas» (DH 151).

De esa forma, Eunomio (con otros como Eudoxio, Sabelio, etc.) viene a convertirse en prototipo de hereje. Desde entonces, casi todo los concilios y credos antiguos de la Iglesia le han venido condenando, como a los eunomianos, englobando quizá en ese término otras

---

[85] Hay referencia a sus escritos en PG 30, 835 ss. y Mansi III, 645 ss. Cf. J. L. Narvaja, *Teología y piedad en la obra de Eunomio de Cízico,* Inst. Agustiniano, Roma 2003.

herejías. Lógicamente, sus obras han sido rechazadas por la Iglesia y se han perdido.

8. Epifanio de Salamina (315-403)[86]

Nació en Palestina, fue monje en Egipto, obispo de Salamina y metropolita de Chipre. Se le conoce por sus trabajos contra las herejías, que a su juicio se apoyaban en la teología de Orígenes. Poseía una gran cultura y podía hablar y escribir en arameo, griego y copto e incluso en latín. Su lucha contra el origenismo, el arrianismo y otras "herejías" ha marcado la teología "ortodoxa" de las iglesias posteriores. Su obra más conocida es el *Panarion,* una especie de recetario medicinal contra todas las herejías. Hacia el año 374 compuso una *exposición o expansión del dogma niceno,* para uso catequético, incluida en su *Ancoratus* o exposición de la fe cristiana, para responder también a los arrianos que seguían negando el «homoousios». Ese credo ofrece un esquema salvífico (sigue el "'ordo' de la historia de la salvación": comienza con Dios Padre, viene después al Hijo y culmina en el Espíritu. este es el centro de su confesión, en la parte cristológica:

1. *Creemos en un solo Dios,* padre omnipotente, hacedor de todas las cosas, de las visibles y de las invisibles.

2. *Y en un solo Señor Jesucristo,* hijo de Dios unigénito, engendrado de Dios padre, es decir, de la sustancia del Padre, Dios de Dios, luz de luz, Dios verdadero de Dios verdadero, engendrado, no hecho, consustancial con el Padre, por quien fueron hechas todas las cosas, lo que hay en el cielo y lo que hay en la tierra, lo visible y lo invisible, que por nosotros los hombres y por nuestra salvación, bajó y se encarnó, es decir, fue perfectamente engendrado de Santa María siempre virgen por obra del Espíritu Santo, se hizo hombre, es decir, tomó al hombre perfecto, alma, cuerpo e inteligencia y todo cuanto el hombre es, excepto el pecado, no por semen de varón, ni en el hombre, sino formando para sí mismo la carne de una sola y santa unidad, no a la manera que inspiró, habló y obró en los profetas, sino haciéndose perfectamente hombre, porque el Verbo se hizo carne [Jn 1:14], no sufriendo cambio o transformando su divinidad en humanidad, sino juntando en una sola su santa perfección y divinidad; porque uno solo

[86] Obras en PG, 41–43. Cf. F. Williams, The *Panarion of Epiphanius of Salamis,* Book I (Sects 1-46), Brill, Leiden 1987.

es el Señor Jesucristo y no dos; él mismo es Dios, él mismo es Señor, él mismo es rey; que padeció él mismo en su carne y resucitó y subió a los cielos en su mismo cuerpo, que se sentó gloriosamente a la diestra del Padre, que ha de venir con el mismo cuerpo, con gloria, a juzgar a los vivos y a los muertos; y su reino no tendrá fin.

3. *Y creemos en el Espíritu Santo*, el que habló en la Ley y anunció en los profetas y descendió sobre el Jordán, el que habla en los Apóstoles y habita en los Santos; y así creemos en Él, que es Espíritu Santo, Espíritu de Dios, Espíritu perfecto, Espíritu consolador, increado, que procede del Padre y recibe del Hijo y es creído.

4. *Creemos en una sola Iglesia Católica y Apostóli*ca y en un solo bautismo de penitencia, en la resurrección de los muertos y en el justo juicio de las almas y de los cuerpos, en el reino de los cielos, y en la vida eterna. A aquellos, empero, que dicen hubo un tiempo en que el Hijo o el Espíritu Santo no fueron o que fueron hechos de la nada o de otra hipóstasis o sustancia, a los que afirman que son mudables o variables el Hijo de Dios o el Espíritu Santo, a esos los anatematiza la Iglesia Católica y Apostólica, madre vuestra y nuestra; y a la vez anatematiza a los que no confiesan la resurrección de los muertos, y a todas las herejías que no proceden de esta recta fe. (cf. Denz, 13-14, p. 7-9; DH 42, 45, p. 67-69).

9. Juan Crisóstomo (347-407)[87]

Monje, predicador, teólogo y obispo, a quien por su elocuencia se le ha llamado "boca de oro" (Crisóstomo). Era natural de Antioquía. Estudió con Libanio, famoso orador pagano, que, al ver sus dotes, quiso prepararle para la política, pero se inclinó por la vida cristiana,

[87] Sus obras han sido incluidas en PG 47-64, aunque no todas son suyas. Cf. *Obras, texto bilingüe* I-III, BAC, Madrid 1955-1957. Entre las traducciones castellanas, publicadas en BP, Ciudad Nueva, Madrid: *Catequesis bautismales* (2007); *Comentario a la Carta de los Gálatas* (1996); *Comentario a los Salmos* I-II (2006-2007); *Diálogo sobre el sacerdocio* (2002); *Homilías sobre el Evangelio de San Juan* I-III (2001); *Homilías sobre la Carta a los Hebreos* (2008). Su bibliografía ha sido recogida en http://www.cecs.acu.edu.au/chrysostombibliography.htm. En especial, desde una perspectiva bíblica, cf. R. Brändle, *Matthäus 25,31-46 im Werk des Johannes Chrysostomus. Ein Beitrag zur Auslegungsgeschichte und zur Erforschung der Ethik der griechischen Kirche um die Wende vom 4. zum 5.Jahrhundert*, Geschichte bib. Exegese 22, Tübingen 1979.

estudiando con Diodoro de Tarso (uno de los líderes de la antigua escuela de Antioquía), para llevar después una vida de monje.

a. *Predicador y obispo mártir*

A pesar de sus deseos ascéticos, el año 386 fue ordenado presbítero por Flaviano I de Antioquía, dedicándose durante doce años a la predicación, ofreciendo en sus sermones, uno de los testimonios más significativos de la fecundidad del cristianismo, siguiendo una interpretación literal e histórica de la Biblia, en contra del espiritualismo alegórico de la escuela de Alejandría. El año 397, en contra de su voluntad, fue elegido obispo de Constantinopla. Era tal su prestigio que solo pudo salir de Antioquía protegido por una escolta real.

Constantinopla empezaba a ser la sede cristiana más importante de oriente, manejada por intrigas palaciegas y controversias teológicas incesantes. Crisóstomo intentó ser imparcial, manteniéndose en pobreza y enfrentándose a los abusos de los poderosos. Fue muy querido por el pueblo, pero terminó siendo víctima de los poderes eclesiales (el obispo Teófilo de Alejandría no aceptaba su radicalidad evangélica) y políticos (la emperatriz Eudoxia se sintió criticada por él).

El año 403 se reunió un Sínodo, manejado por los intereses de sus enemigos, y le depuso, aunque el emperador Arcadio tuvo miedo de enfrentarse con el pueblo y no aceptó su deposición. Pero la emperatriz Eudoxia, a la que Crisóstomo criticó por hacerse erigir una estatua de plata frente a la catedral, logró que le depusieran y le desterraran a las fronteras del Imperio, cerca de Armenia (año 404). A pesar de ello el influjo del obispo depuesto y desterrado siguió siendo muy grande, tanto por las cartas que seguía escribiendo como por la gran cantidad de gente que acudía a visitarle, sobre todo desde Antioquía. Por eso tras un tiempo, el emperador decretó desterrarle aún más lejos, al Cáucaso. Debilitado y humillado, murió en el camino, el año 407.

b. *Famoso por sus sermones*

Crisóstomo ha sido quizá el escritor más fecundo de la Iglesia griega (al menos por sus obras conservadas, que abarcan ocho volúmenes del Migne (PG 47-64). Casi todas sus obras recogen las homilías que pronunció siendo presbítero de Antioquía entre el 386 y 397 y son, en general, de tipo exegético, es decir, explicaciones de la Biblia. Entre ellas se pueden citar: *Homiliae noven in Genesim* (PG 54, 581-630); *Homiliae 67 in Genesim* (PG 53, 23-386; y 54, 385-580); *Homiliae in Psalmos* (PG

55); *Homiliae 90 in Matthaeum* (PG 57,13-472); *Homiliae 88 in Ioamnem* (PG 59, 23-482); *Homiliae 32 in epist. ad Romanos* (PG 60,391-682). Son muy significativas sus *Homiliae 55 in Acta apostolorum* (PG 60,13-384) que datan del 400 y ofrecen el único comentario completo que poseemos sobre los Hechos en los diez primeros siglos, etc.

Pronunció también sermones sobre temas discutidos. Entre los más destacados pueden citarse los siguientes. (a) *Homilías sobre los judíos* (PG 48, 843-942), que recogen una opinión poco afortunada que se iba imponiendo en el conjunto de la Iglesia, según la cual los judíos habían cumplido ya su tarea, de manera que tras la venida de Cristo y la expansión de la iglesia no tenía sentido que siguieran existiendo. (b) *Homilías sobre temas sociales*. Juan Crisóstomo ha insistido en la exigencia de la justicia social, en contra de la avaricia. Son significativos sus sermones sobre Mt 25:31-46 que ofrecen el mejor testimonio de solidaridad económica en la iglesia antigua. Fue precisamente su búsqueda de justicia la que ha suscitado las mayores reacciones de los poderosos, que terminaron por desterrarle.

Ciertamente, su memoria no está libre de sombras, como en su visión de los judíos. Pero, en conjunto, sus sermones ofrecen el mejor ejemplo de solidaridad y justicia social de la iglesia. Desde una perspectiva occidental, marcada por la visión del pecado de san Agustín, algunos le han acusado de semi-pelagiano, pero esa acusación carece de fundamento. Crisóstomo, como toda la teología de la Iglesia Oriental, acepta el pecado de Adán y Eva, pero no lo interpreta en la línea de san Agustín.

10. Teodoro de Mopsuestia (350-428)[88]

Exégeta y teólogo de la escuela antioquena, monje y obispo de Mompsuestia. Llevó una vida ejemplar, tanto por su labor pastoral como por su doctrina. Tras su muerte, algunas de sus enseñanzas fueron retomadas y reinterpretadas por los nestorianos (que conservaron sus escritos, sobre todo en versiones siríacas), por lo que su memoria ha quedado oscurecida a los ojos de la Gran Iglesia. Su aportación fundamental

[88] Para una lista de sus obras, cf. K.-G. Wesseling, en Bautz XI (1996) 885-909. Visión de conjunto de su vida y obra en J. M. Lera, *La economía trinitaria en las catequesis de Teodoro de Mopsuestia*, Univ. *Deusto*, Bilbao 1977; cf. también E. Yildiz, *La actividad literaria y la exégesis bíblica de Teodoro de Mopsuestia*. Diálogo Ecuménico XXXIV, 108 (1999) 21-54. Sobre su implicación con la Iglesia, cf. su *Replica a Giuliano Imperatore*, EDB, Bologna 2019.

aparece en los *escritos exegéticos*, en los que rechaza el alegorismo de los autores de la escuela alejandrina. En contra de eso, él ha querido buscar y ha puesto de relieve el sentido literal de los textos, situándolos en las circunstancias en que fueron escritos y teniendo en cuenta las lenguas originales.

En el campo cristológico, ha defendido *la perfecta humanidad de Jesús*, oponiéndose así al riesgo monofisita de los alejandrinos, que parecen situar la humanidad de Jesús en un segundo plano. En contra de eso, él le presenta como hombre completo, con alma racional; en esa línea ha destacado la existencia de las "dos naturalezas" (como definirá Calcedonia: el año 453), elaborando una de las cristologías más perfectas de la Iglesia antigua, como han puesto de relieve muchos historiadores y teólogos actuales. De todas maneras, desde la perspectiva de la teología dominante posterior, él ha sido acusado a veces de semi-nestoriano, pues su forma de poner de relieve la humanidad de Jesús parecía contraria a la grandeza del Verbo de Dios. En esa línea, sacada de contexto, su cristología ha sido condenada en Constantinopla II:

> [4] Si alguno dice que la unión de Dios Verbo con el hombre se hizo según gracia o según operación, o según igualdad de honor, o según autoridad, o relación, o hábito, o fuerza, o según buena voluntad, como si Dios Verbo se hubiera complacido del hombre, por haberle parecido bien y favorablemente de Él, como Teodoro locamente dice... ese tal sea anatema. Porque, como quiera que la unión se entiende de muchas maneras, los que siguen la impiedad de Apolinar y de Eutiques, inclinados a la desaparición de los elementos que se juntan, predican una unión de confusión. Los que piensan como Teodoro y Nestorio, gustando de la división, introducen una unión habitual (según un tipo de unión moral). Pero la Santa Iglesia de Dios, rechazando la impiedad de una y otra herejía, confiesa la unión de Dios Verbo con la carne según composición, es decir, según hipóstasis.
>
> [5] Si alguno toma la única hipóstasis de nuestro Señor Jesucristo en el sentido de que admite la significación de muchas hipóstasis y de este modo intenta introducir en el misterio de Cristo dos hipóstasis o dos personas, y de las dos personas por él introducidas dice una sola según la dignidad y el honor y la adoración, como lo escribieron locamente Teodoro y Nestorio... ese tal sea anatema (DH 424-426).

Fuera de contexto, esta condena es no solo desafortunada, sino falsa, pues se sitúa en un plano distinto al de Teodoro y no tiene en cuenta su trasfondo antropológico, teológico y exegético, desde la experiencia radical de encarnación de los evangelios, que suponen (defienden) la perfecta y plena humanidad de Jesucristo. Solo una nueva y más honda lectura e interpretación de sus textos de Teodoro nos permitirá recrear el pensamiento de Teodoro y el sentido (las implicaciones sociales, personales y eclesiales) de la humanidad de Cristo.

11. Nestorio (380-451)[89]

Monje de Antioquía y después patriarca de Constantinopla. Escribió numerosos tratados teológicos que se han perdido, destruidos tras su condena en el Concilio de Éfeso. Se oponía a la "herejía" de Arrio, destacando, al parecer de un modo exagerado la separación entre Jesús hombre y Jesús Dios, en la línea de la Escuela de Antioquía. Sus enemigos, de la Escuela de Alejandría, defensores de la unidad "divina" de Cristo, le acusaron de hereje, diciendo que defendía la existencia de dos personas distintas en Cristo, una divina y otra humana. En el fondo de esa disputa teológica, que podía apoyarse en afirmaciones poco matizadas de Nestorio, se escondía no solo un tema (misterio) antropológico–teológico, difícil de precisar, sino también la lucha por la supremacía entre las dos escuelas en conflicto.

De esa forma, lo que pudo plantearse y resolverse como búsqueda complementaria del mensaje de Jesús y de la vida de la Iglesia, desde dos perspectivas llamadas a iluminarse entre sí, desembocó en un doloroso enfrentamiento y división. Cirilo de Alejandría consiguió que el concilio de Éfeso condenara a Nestorio, que fue depuesto y desterrado en un oasis de Libia, donde murió en condiciones poco claras. De sus obras solo se conservan fragmentos, con interpolaciones posteriores, por lo que resulta difícil precisar su verdadero pensamiento.

Sea como fuere, a través de la condena de Éfeso, ratificada con nuevos matices por el de Calcedonia (451), el nestorianismo quedó considerado como herejía dentro del Imperio romano y bizantino, de manera que los seguidores de Nestorio se extendieron hacia oriente, desde Persia hasta la India y China, formando iglesias de gran vitalidad, hasta la invasión de los mongoles (en torno al 1380). Quedan todavía iglesias nestorianas en diversos países de Oriente y en USA (donde reside su patriarca). Muchos pensadores están convencidos de

---

[89] Estudio básico en F. Loofs, *Nestorius and his place in the history of Christian Doctrine,* Cambridge UP 1914). Desde un punto de vista cristológico, cf. A. Grillmeier, *Jesucristo en la fe de la Iglesia,* Sígueme, Salamanca 1998.

la ortodoxia de Nestorio y de la necesidad de recuperar su figura y su defensa de la identidad humana de Jesús.

12. Teodoreto de Ciro (±393-465)[90]

Teólogo y obispo de Ciro, en Siria, una de las mayores autoridades cristianas de todos los tiempos, en el campo de la exégesis histórico–literal de la Biblia, un autor a quien católicos, protestantes y ortodoxos, han seguido leyendo hasta la actualidad. Defiende una exégesis literal, insistiendo en el valor histórico de la Escritura, en contra de un tipo de alegoría tipo alejandrina. Lógicamente, él defiende la humanidad de Jesús, de manera que algunos han pensado que sus doctrinas son nestorianas, pero no lo son en modo alguno, pues no niega la divinidad de Jesús, sino que defiende su plena humanidad y la exigencia de ayudar a los pobres:

> ¿Cómo podrá tomarse la riqueza como definición de la felicidad y fundamento de la bondad de la fortuna, cuando ella es el medio por el cual los hombres perversos se vuelven arrogantes y engreídos, pavoneándose a través de los mercados a lomo de caballo o en carroza y despreciando a los otros, mirándoles de arriba abajo, haciendo lo que es malo, robándoles y apropiándose de aquello que no les pertenece, codiciando lo indecente, tomando las propiedades del prójimo, disfrutando de los bienes que son de otra gente, comerciando con la miseria de los pobres, etc.? (*Discurso sobre la Providencia,* PG 83, 646).

Desgraciadamente, su visión de la humanidad de Jesús y su misma forma de entender y exigir el compromiso social de la Iglesia, con su exégesis de tipo literal e histórico, ha tendido a marginarle en la historia de la teología cristiana, de manera que su influjo y pervivencia ha sido pequeño, a no ser en el campo de los estudios exegéticos especializados.

[90] Obras: PG 80–84. Cf. *El Mendigo,* BP, Ciudad Nueva, Madrid 2006; *Diez Discursos sobre la Providencia,* BP, Ciudad Nueva, Madrid 2018; *Historias de los monjes de Siria,* Trotta, Madrid 2008.

III

Padres capadocios

Son los más significativos de la Iglesia Oriental. Estrictamente hablando no forman parte de los padres sirios, pero entran en su órbita de pensamiento. Entre ellos destacan Basilio de Cesarea, Gregorio de Nacianzo y Gregorio de Nisa, que influyeron de un modo importante en el concilio de Constantinopla I (281).[91]

1. Basilio de Cesarea (330-379)[92]

Monje, teólogo y obispo de Cesarea, Capadocia (actual Turquía). Con Gregorio de Nacianzo y Gregorio de Nisa (llamados Padres Capadocios) ha marcado la teología trinitaria de la iglesia, haciendo posible la formulación del concilio de Constantinopla I (año 381), con la distinción entre las tres *hipóstasis* (personas) y la única *ousia* (naturaleza) de Dios. Escribió también una Regla comunitaria que aceptan y siguentodavía los monjes de la Iglesia Oriental.

Le interesó la justicia y la solidaridad entre los cristianos, pero también se ocupó de la Teología Trinitaria, especialmente en lo que se refiere a la doctrina del Espíritu Santo. Instituyó, bajo su autoridad, muchas casas de acogida para los pobres y enfermos y promovió un tipo de vida ascética, despegada de los bienes y riquezas materiales. Asumió el orden social de su tiempo, pero insistió en que los hombres son administradores y no dueños de sus bienes, y que han de ponerlos al servicio del bien común. Así se dice que en un año de hambre (el 368), empleó su herencia familiar para ayudar a los más pobres.

---

91 Cf. J. González, *Historia del Pensamiento Cristiano*, Clie, Viladecavalls 2010, 253–270; R. Trevijano, *Patrología*, BAC, Madrid 2005, 195–213.

92 Obras en PG 29-32. En castellano, en Biblioteca de Patrología, Ciudad Nueva Madrid: *El Espíritu Santo* (1996); *Panegíricos a los mártires* (2007); *A los jóvenes* (2011); *Obras morales* (2015). J.-M. Ronnat, *Basile le Grand*, Ed. Ouvrières, Paris 1955; L. F. Ladaria, *El Dios vivo y verdadero. El misterio de la Trinidad*, Sec. Trinitario, Salamanca 1998, 213-220); G. Aste, *El Espíritu Santo en las cartas dogmáticas de San Basilio*: Estudios Trinitarios 18 (1984) 255-275; M. Mira, *El sujeto de la contemplación en el pensamiento de San B. de C.*, en *La contemplazione cristiana*, Ed. Vaticana, Vaticano 2007, 267-284; B. Sesboüe, *Saint Basile et la Trinité: un acte théologique au IVème siècle; le rôle de Basile de Césarée dans l'élaboration de la doctrine et du langage trinitaire*, Desclée, Paris 1998; B. Studer, *Dios Salvador en Padres de la Iglesia*, Sec. Trinitario, Salamanca 1993, 211-249.

Instituyó, bajo su autoridad episcopal, diversas casas de acogida para los pobres y enfermos del entorno, promoviendo entre los cristianos un tipo de vida ascética, despegada de los bienes y de las riquezas materiales. En un plano doctrinal, es menos místico que su hermano Gregorio de Nisa y menos teólogo que su amigo Gregorio Nacianceno, pero su mesura y su capacidad de diálogo, en amor, lo mismo que su Regla de vida religiosa hacen que sea una de las figuras más representativas de la Iglesia universal.

a. *Reglas monásticas*

Basilio había estudiado en Cesarea de Palestina y en Atenas, donde fue compañero y amigo de Gregorio Nacianceno. Acabado su estudio, hacia el año 356, quiso conocer a los monjes de Siria, Palestina y Egipto, iniciando después en su tierra la vida monacal. Se le juntaron muchos compañeros y así, el año 364, comenzó a redactar para ellos dos *Reglas,* que siguen estando vigentes en las iglesias orientales, una *Extensa,* otra *Breve,* con respuestas y explicaciones concretas sobre el monacato.

Esas reglas de Basilio se caracterizan por su moderación y prudencia, frente a los posibles excesos de los monjes sirios. En ese contexto, él insiste en las ventajas de la vida conventual, frente a la eremítica, pues solo en comunidad se puede cumplir en plenitud el mandamiento evangélico del amor. Él puso igualmente de relieve la necesidad del trabajo manual e intelectual, centrado en el estudio de la Escritura, vinculado a la oración común, pero siempre en línea de:

> Considero por muchas razones que es útil llevar vida en común con los que tienen la misma voluntad y el mismo propósito. En primer lugar, porque también para las necesidades materiales y el servicio de los alimentos ninguno de nosotros se basta solo, a sí mismo, y por tanto en lo que se refiere a los servicios mutuos que son indispensables en nuestra vida necesitamos unos de otros para nuestros trabajos. Así como el pie del hombre en ciertos casos utiliza sus propias fuerzas, y en cambio en otros necesita las ajenas, y sin la ayuda de los otros miembros no puede cumplir su obra ni bastarse con sus propias fuerzas, así también me parece que en la vida solitaria hace que sus bienes no pueden ser útiles (a otros), ni puede recibirse (de otros) lo que falta.
>
> Por otra parte, el orden de la caridad no permite a nadie buscar su propio interés, como dice el Apóstol: *La caridad no busca su propio interés.* Finalmente, nadie puede discernir con facilidad sus culpas y vicios, pues no hay quien se los reproche; con facilidad le puede suceder a este

hombre lo que está escrito: *Pobre del que está solo, pues si cae, no hay nadie que lo ayude a levantarse.*

También los mandamientos se cumplen más fácilmente entre muchos, en cambio el que está solo, cuando parece que cumple (un mandamiento), no puede cumplir otro: piensa, por ejemplo, ¿cómo visitará a un enfermo quien está solo?, ¿o cómo recibirá a un peregrino? Si verdaderamente todos somos el cuerpo de Cristo, y somos los unos miembros de los otros, debemos adaptarnos y unirnos los unos a los otros por un trabajo armónico, en el Espíritu Santo, como en un solo cuerpo... Es imposible que uno solo pueda recibir todos los dones del Espíritu Santo, ya que la distribución de los dones espirituales se hace según la medida de la fe de cada uno, de modo que lo que se distribuye parcialmente a cada uno, se una de nuevo y coopere, como miembros, a la edificación de un único cuerpo.

(Así dice San Pablo): *A uno se le dan palabras de sabiduría, a otro palabras de ciencia, a otro de fe, a otro la profecía, a otro el don de curación,* y lo que sigue; todos estos dones cada uno los recibe del Espíritu Santo, no tanto para sí cuanto para los otros. Por eso es necesario que la gracia que cada uno recibió del Espíritu de Dios sea de provecho para todos... Y si alguno dijera que le basta la doctrina de la Escritura y los preceptos de los Apóstoles para la enmienda de sus costumbres y para la formación (espiritual) de (su) vida, me parece que hace algo semejante a los que siempre están aprendiendo el oficio de fabricar, pero nunca fabrican nada; o bien a los que siempre son instruidos en el arte de los constructores, pero nunca se dedicarán a construir una casa» (*Regla larga* 3; en PG 31, 915).

b. *Teología trinitaria*

El recuerdo de Basilio como teólogo está vinculado al desarrollo del dogma trinitario y, de un modo especial, a la identidad y carácter divino del Espíritu Santo. En esa línea él aparece como el verdadero artífice del dogma trinitario, tal como quedó fijado en Constantinopla I (381), con la fórmula *mía ousía, treis hypostáseis* (una esencia, tres personas). Cada persona divina (hipóstasis) tiene sus propias particularidades (*idiôtes*) y Dios, en conjunto, es la perfección del amor mutuo.

Basilio escribió sobre ese tema su tratado *Contra Eunomio* (a quien acusa de negar la divinidad plena del Espíritu Santo) y *Sobre el Espíritu Santo,* obra en la que quiere justificar la fórmula de alabanza que había introducido en su iglesia (Cesarea), el año 374. En ella se decía «Gloria al Padre, con el Hijo y el Espíritu Santo» y no «Gloria al Padre, por el Hijo, en el Espíritu Santo», como en la fórmula tradicional. Sus adversarios le acusaron de ir en contra de la práctica de la Iglesia, y, con el fin de defenderse, partiendo de un estudio gramatical, exegético, teológico y espiritual, él pudo mostrar que las dos doxologías se completan: la primera corresponde a la *teología* (Trinidad en sí, inmanencia divina) y la segunda a la *economía* (Trinidad para nosotros).

> Hemos presentado el sentido de las dos expresiones; ahora mostraremos aquello en lo que concuerdan y aquello en lo que difieren. No hay contradicción entre una y otra. Al contrario, cada una aporta a la piedad el sentido que le es propio. La primera fórmula (gloria al Padre por el Hijo, en...) pone de relieve aquello que nos ofrece la Trinidad. La segunda (gloria al Padre con el Hijo y...) pone de manifiesto la comunidad del Espíritu con Dios. Utilicemos, por tanto, los dos términos: por uno de ellos ponemos de relieve la dignidad del Espíritu; por el otro proclamamos su gracia para nosotros.
>
> De esa forma, damos gracias a Dios de las dos formas: tanto "en" el Espíritu como "con" con el Espíritu. No hay en estas dos fórmulas nada que provenga de nosotros (que haga al Espíritu una criatura) [...]. Lo que nos ha conducido a glorificar al Espíritu es, ante todo, el honor que le concede el Señor, asociándole a sí mismo y al Padre en el bautismo. Y es después el hecho de que cada uno de nosotros ha sido introducido en el conocimiento de Dios por una iniciación del mismo tipo (es decir, por el bautismo cristiano) (*Sobre el Espíritu Santo,* SCh 17 bis, 489, 517).

Desde ese fondo, Basilio distingue, pero no separa, la presencia del Espíritu Santo en nosotros y su comunión eterna con el Padre y el Hijo en la indivisible Trinidad, uniendo así la economía y la inmanencia trinitaria.

> Respecto a los seres creados se dice que el Espíritu está en ellos, de diversas formas y maneras. Por el contrario, en relación con el Padre y el Hijo, en vez de decir que está *en ellos,* se dice, de manera más conforme a la piedad, que el Espíritu está o es *con ellos.* Se puede afirmar que la gracia, propia de aquel que habita en quienes son dignos de ella y que en ellos cumple su obra, se da en aquellos que son capaces de recibirla... (En esa línea) la existencia del Espíritu, que precede a todos los siglos y que tiene duración sin fin con el Padre y el Hijo, se sitúa, como saben los que meditan en esto, en un plano de unión eterna. Porque hablando propiamente y en verdad se dice que "existen con" aquellos que coexisten de forma inseparable, los unos con los otros: no se dice que el calor exista en el hierro enrojecido por el fuego, sino que existe con el fuego. Se dice que la salud *está en* el cuerpo; pero la vida *existe con* el alma.
>
> Por eso, allí donde hay una comunión real e inseparable es mejor utilizar el término *con,* porque sugiere la idea de una comunidad

indisociable. Pero allí donde la gracia del Espíritu es susceptible de venir y alejarse se dice, con toda la verdad, en el sentido propio del término, que existe "en"; y ello a pesar de que a menudo, en razón de la estabilidad de su propia disposición al bien, la gracia se mantiene en forma durable en aquellos que la reciben. Por eso, cuando se piensa en la dignidad propia del Espíritu tal como le descubrimos por la contemplación, decimos que es *con* el Padre y el Hijo. Pero si se piensa en la gracia producida por el Espíritu en aquellos que participan de ella se dice que *está en* ellos. Por eso, la doxología por la que glorificamos "al Padre, por el Hijo, *en* el Espíritu" no es una confesión de su dignidad, sino una constatación de nuestra propia debilidad: mostramos así que, por nosotros mismos, no somos capaces de dar gloria a Dios, sino que tenemos la capacidad de hacerlo *en* el Espíritu Santo (*Sobre el Espíritu Santo* 63, SCh 17 bis, 473-475).[93]

2. Gregorio de Nacianceno, el teólogo (330-390)[94]

Dentro de la Iglesia latina, el pensador más significativo es Agustín, en la griega es Gregorio de Nacianzo, a quien se le llama "el teólogo", por la profundidad de su doctrina sobre Dios, teniéndole como sucesor de Juan Evangelista. Era hijo del obispo Gregorio el Anciano, un rico propietario convertido al cristianismo.

Estudió en los centros más importantes de su tiempo (Cesarea de Capadocia, Cesarea de Palestina, Alejandría y Atenas, donde se hizo amigo de Basilio). Vuelto a su tierra, quiso ser monje, pero su padre le ordenó presbítero. Pretendió huir, pero recapacitó y asumió el ministerio. El año 374, muerto su padre, quisieron consagrarle obispo de Nacianzo, pero huyó, retirándose a un monasterio de Seleucia, hasta el año 378 en que fue elegido para la sede episcopal de Constantinopla, la ciudad imperial, donde una mayoría de cristianos no aceptaban el dogma niceno. Gregorio se mantuvo en medio de dificultades,

---

[93] Basilio fue menos místico que su hermano Gregorio de Nisa y menos teólogo que su amigo Gregorio Nacianceno, pero su mesura y capacidad de diálogo le han convertido en la figura más representativa de la Iglesia de Oriente. Su recuerdo está vinculado al desarrollo del dogma trinitario y, de un modo especial, a la identidad y carácter divino del Espíritu Santo. Según él, cada persona (hipóstasis) tiene sus particularidades (*idiotes*), manteniendo de esa forma la unidad divina, pero no como imposición del Uno, sino en comunión o in-habitación de vida (*perijóresis*).

[94] Obras: PG 35-38. Entre sus obras, en castellano: *Los cinco discursos teológicos*, Ciudad Nueva, Madrid 1995). F. W. Bautz, *Gregor von Nacianz*: BBK II (1990) 331-334; L. F. Ladaria, *El Dios vivo y verdadero. El misterio de la Trinidad*, Sec. Trinitario, Salamanca 1998, 220-225.

pronunciando sus famosos sermones, hasta que el año 381, en el Concilio de Constantinopla I, logró imponerse dogma de Nicea.

Pensando que había cumplido su misión, renunció a la sede de Constantinopla, actuando por un tiempo como obispo de Nacianzo hasta la elección de un primo suyo, el año 383, retirándose definitivamente a su propiedad de Arianz, donde llevó una vida ascética, dedicada a la oración y a la elaboración de sus escritos, haciéndolo con tal hondura que muchos le consideran el mejor escritor y orador de su tiempo. Las iglesias de oriente le veneran como *el Teólogo* por antonomasia, es decir, el hombre de la palabra de Dios. Él escribió sobre Dios con lenguaje de monje, obispo y teólogo, pero, al mismo tiempo, desde su experiencia, vinculando contemplación y reflexión del misterio, piedad y comprensión, vida personal y especulación teológica.

a. *Dios, más allá de toda imagen*

Gregorio ha sabido utilizar con frecuencia imágenes, para evocar la unidad de la Trinidad. Así lo hace en el pasaje que voy a citar, destacando los límites inherentes a todas las imágenes, pero también sus valores, sabiendo que las imágenes resultan incapaces de mostrar adecuadamente el misterio de Dios–Trinidad, que solo puede vislumbrarse en oración:

> He reflexionado con frecuencia sobre mí, dejándome llevar por la curiosidad de mi espíritu, y he considerado el tema de todas las formas posibles, buscando una imagen que sirva para expresar una unidad tan grande y no he logrado saber con cuál de las cosas de aquí abajo puedo comparar la naturaleza divina. Incluso si encuentro una pequeña semejanza, la mayor parte (del misterio de Dios) me desborda y me deja aquí abajo, con la pobre imagen que he buscado.
>
> He imaginado –como otros han hecho– una fuente, un arroyo y un río, para ver si existe analogía entre la fuente y el Padre, entre el arroyo y el Hijo y entre el río y el Espíritu Santo. Pues estas tres realidades no se encuentran divididas por el tiempo, ni separadas entre sí en razón de su continuidad, mientras que parecen distinguirse de algún modo por sus propiedades. Pero luego tengo miedo de que esta comparación nos lleve a pensar que en la divinidad existe un tipo de despliegue o cambio que excluya la estabilidad. Además, tengo miedo de introducir de tal modo unidad en las personas que así nieve la Trinidad, pues la fuente, el arroyo y el río son una misma realidad (agua) que toma tres formas distintas...
>
> Finalmente, he pensado que lo mejor es dejar las imágenes y sombras, pues son engañosas y se encuentran muy alejadas de la verdad, para

centrarme en un pensamiento que sea más concorde con la fe, contentándome con un pequeño número de palabras, tomando como guía al Espíritu, para mantener hasta el fin la iluminación que he recibido de él, pues ese Espíritu es una "verdadera compañía" (Flp 4:3), alguien a quien vivo asociado, para continuar mi camino a través de esta vida y para persuadir a los otros, tanto como pueda, para que adoren al Padre, al Hijo y el Espíritu Santo, una sola divinidad, una sola potencia [...] *Discursos* 31, 12.16.31-33).

b. *Experiencias y poemas*

Gregorio Nacianceno ha desarrollado en lugares muy distintos el tema de Dios, ofreciendo las bases de lo que será la teología ortodoxa posterior, que vincula contemplación y reflexión del misterio, piedad y comprensión. De esa forma considera la unidad y la trinidad como dos formas de situarse complementariamente ante el único misterio del Padre, Hijo y Espíritu. Esta es su experiencia básica.

> Desde el día en que renuncié a las cosas de este mundo para consagrar mi alma a las contemplaciones luminosas y celestiales, cuando la Inteligencia suprema me raptó de aquí abajo, para ponerme lejos de todo lo carnal, para encerrarme en el secreto del tabernáculo celeste... desde ese día, mis ojos quedaron deslumbrados por la luz de la Trinidad cuyo brillo supera todo lo que el pensamiento podía presentar a mi alma. Pues desde su trono sublime, la Trinidad derrama su esplendor inefable, común a los Tres. Ella es el principio de todo lo que se encuentra aquí abajo... Desde ese día estoy muerto para el mundo, y el mundo está muerto para mí (*Poemas sobre sí mismo,* I).
>
> Tan pronto como empiezo a pensar en la Unidad, la Trinidad me baña con su esplendor. Tan pronto como empiezo a pensar en la Trinidad, la Unidad me vuelve a impresionar. Cuando uno de los Tres se me presenta, quedan mis ojos deslumbrados de tal modo que pienso que Él es el todo y los demás se me escapan, pues mi espíritu es demasiado limitado para comprender estas cosas... Cuando reúno a los Tres en un mismo pensamiento, veo una sola antorcha, sin poder dividir o analizar la luz unificada (*Sobre el Santo Bautismo,* Discurso 40, 41).

Este es el Dios del que todo proviene, el Dios que lo ha dado todo a los hombres, para que ellos puedan bendecirle y acogerse mutuamente, unos con otros. Así lo ha puesto de relieve su Discurso Catorce, titulado *Sobre el Amor a los Pobres*, que insiste en la necesidad de mantener la armonía cósmica y social, que se funda en la creación de Dios, que vincula a todos los hombres y mujeres:

> Reconoced la fuente de vuestra existencia, de vuestro aliento de vida, de vuestro entendimiento, de vuestro conocimiento de Dios (que es el mayor de todos los dones), de vuestra esperanza de ganar el reino de los cielos, de vuestra igualdad de honor con los ángeles... ¿De dónde habéis recibido todas estas cosas? ¿De quién? Pero vengamos a ocuparnos de cosas menores, es decir, del mundo visible en torno a vosotros: ¿Quién os ha hecho capaces de contemplar la belleza del cielo, el sol en su curso, la órbita de la luna, las estrellas incontables y toda la armonía y el orden existente...? ¿Quién os da la lluvia, los dones de la tierra, la comida, los diversos trabajos, las casas, las leyes, los gobiernos, un modo civilizado de vida, la conversación amistosa con vuestros compañeros...? ¿Quién os ha hecho señores y reyes de todo lo que existe sobre el mundo? ¿Quién os ha concedido todas aquellas cosas –que ahora no queremos citar una por una– que elevan a los seres humanos por encima del resto de la creación? (Discurso 14. Sobre el amor a los pobres).

3. Gregorio de Nisa (335-395)[95]

Teólogo y obispo que forma con su hermano Basilio y su amigo Gregorio de Nacianzo el grupo de los Padres capadocios, defensores de la ortodoxia de Nicea. Era obispo de Nisa, posiblemente casado, el más especulativo y místico de los tres capadocios. Tuvo un gran influjo en el desarrollo de la teología trinitaria, especialmente por su obra *Contra Eunomio* y a través de su participación en el Concilio I de Constantinopla (año 381). Pero más que por su obra teológica en sentido conceptual importa su experiencia mística.

a. *Teología mística*

Estudió con su hermano Basilio y tuvo un buen conocimiento de la Biblia, de la filosofía (Filón) y de la teología (Orígenes). Ejerció varias misiones eclesiásticas en Jerusalén y en Constantinopla, pero su

[95] Obras: PG 44-46. Versiones castellanas en Biblioteca de Patrística, Ciudad Nueva, Madrid: *La Gran Catequesis* (1990); *Sobre la vida de Moisés* (1994); *Sobre la vocación cristiana* (1992); *Vida de Macrina; Elogio de Basilio* (1995); *La Virginidad* (2000); *Homilías sobre el Eclesiastés* (2012). Cf. También M. Fernández, *Gregorio de Nisa, Contra Eunomio,* Univ. Navarra, Pamplona 1987; T. M. Martín, *Gregorio de Nisa, la vida de Moisés,* Sígueme, Salamanca 2018; *Semillas de contemplación,* BAC, Madrid 2015. Presentación de los diversos temas teológicos de Gregorio Niseno en F. L. Mateo-Seco (ed.), *Diccionario de San Gregorio de Nisa,* Monte Carmelo, Burgos 2006; *Estudios sobre cristología de San Gregorio de Nisa,* Universidad de Navarra, Pamplona 1979; H. Urs Von Balthasar, *Présence et pensée. Essai sur la philosophie religeuse de Grégoire de Nysse,* Beauchesne, Paris 1942.

memoria está vinculada a sus obras de tipo filosófico/teológico. Tuvo una relación muy cercana con sus hermanos Basilio y Macrina, sobre los que escribirá un libro famoso. Su pensamiento, de tipo platónico, ha tenido un gran influjo en la teología posterior. A su juicio, Dios es desconocido (infinito), pues se encuentra más allá de todo pensamiento y solo puede ser comprendido de verdad por Cristo, conforme a la fe de la Iglesia, a través de un camino místico, que él ha expresado de un modo ejemplo en la *Vida de Moisés*, una obra clave de la historia de la espiritualidad, en la línea de Orígenes.

Esta obra constituye el primer tratado completo de espiritualidad en la historia de la Iglesia cristiana. Siguiendo la tradición judía de Filón, Gregorio describe el camino de perfección espiritual como un ascenso que incluye tres etapas o vías, marcadas por la zarza, la nube y la tiniebla de Moisés, que desde Dionisio Areopagita se llamarán vía purgativa, iluminativa, unitiva. Esta obra inicia el tema clásico de las "subidas", en este caso la del Monte Sinaí (en Juan de la Cruz será el Monte Carmelo). Desde una perspectiva alegórica (de tipo platonizante), Moisés aparece como el verdadero contemplativo, el ejemplo de la plenitud espiritual.

La *Vida de Moisés* se compone de dos partes. (a) Una de tipo histórico, conforme al método de la exégesis literal, siguiendo la línea de los acontecimientos externos que han sido narrados sobre todo en los libros del Éxodo y de Números. (b) Otra dedicada a la *theoria,* es decir, a la contemplación de aquello que se esconde en el fondo de la historia. Esta es la parte propiamente "alegórica" o, por decir mejor, teológica, en la que Gregorio depende especialmente de Filón.

La subida de Moisés a la Montaña aparece así como símbolo del ascenso del alma hacia Dios, pasando por la zarza, penetrando en la nube y descubriendo el misterio de Dios en la tiniebla final de la montaña, que significa la trascendencia de la esencia divina respecto a todo lo creado. El alma que busca acaba comprendiendo que ver a Dios significa no verle y que conocerle significa superar todo conocimiento. El mismo Gregorio presenta así las dos partes de la obra.

> Tomemos a Moisés como modelo. Daremos primero un panorama rápido de su vida, tal como las Escrituras nos lo hacen conocer. Luego buscaremos el sentido espiritual que corresponde a la historia, para encontrar en ella una regla de virtud. Y de esa forma aprenderemos a conocer lo que es, para los hombres, la vida perfecta (*Vida de Moisés,* Introducción).

Esta "visión de Dios", entendida en línea platónica como ascenso hacia un misterio más allá de todo lo sensible determinará la vida espiritual del occidente cristiano, en una línea que pasa de Orígenes hasta Dionisio Areopagita. Son muchos los que piensan que este modelo de contemplación resulta admirable, pero que se encuentra quizá desligado de la raíz del cristianismo, que se centra en la encarnación de Dios en el mundo y en la historia y no en un tipo de ascenso a la montaña de Dios. Pero ese ascenso puede ser también signo de encarnación.

b. *Doctrina trinitaria y cristológica*

Está desarrollada, sobre todo, en su obra *Contra Eunomio,* quien, a juicio de Gregorio interpretaba al Espíritu Santo como criatura. Conforme a la visión de Eunomio, solo Dios Padre es *agennetos* o no engendrado (no creado), de manera que todo lo que no es el Padre (incluidos el Hijo y Espíritu Santo) es *gennetos* o engendrado y creado, en la línea de lo múltiple y lo compuesto. Eso significaría que, según el sistema de Eunomio, Hijo y el Espíritu Santo han de entenderse como energías o realidades creadas.

Pues bien, en contra de eso, conforme a la visión de Gregorio, la "energía divina" (en singular) es propia de las tres personas de la Trinidad y designa su operación común; el Hijo es *gennetos* (brota del Padre), pero no es creado, sino que es radicalmente divino, compartiendo la misma energía del Padre, y de un modo semejante el Espíritu Santo. Gregorio toma como ejemplo y guía para explicar la unidad de la naturaleza divina la unidad de la naturaleza humana, que se trasmite íntegramente de padres a hijos.

El Hijo y el Espíritu Santo han sido "engendrados" (de *gennaô*), desde el Padre, pero de tal forma que poseen la misma naturaleza del Padre, pues no han sido creados (de *ginomai*). La primera persona es el Padre en cuando "origen"; el Hijo y el Espíritu Santo han sido originados por el Padre, pero reciben toda su naturaleza, de manera que no son creados, sino divinos. Por otra parte, Cristo posee dos naturalezas y las dos completas, la divina y la humana, de manera que no deben confundirse.

Desde una perspectiva influida por el platonismo, pudiera pensarse que, según el Niseno, el Hijo de Dios, al encarnarse, no asume solo una naturaleza individual, sino la naturaleza universal humana, de manera que podríamos hablar quizá de una encarnación total de Dios en el logos de la humanidad. Sin duda, en numerosos textos, Gregorio presenta a Jesús como un hombre concreto, de manera que solo él es Hijo de Dios. Pero, en otra perspectiva, él parece afirmar que la encarnación de Dios se extiende al conjunto de la realidad humana, de manera que todos los creyentes son Hijos de Dios en un sentido radical, son Cristo.

Al mismo tiempo, Gregorio Niseno insiste en la justicia interhumana. En esa línea, él habla con frecuencia del pecado de injusticia, que condena a muchos a la pobreza. Gregorio sabe que la codicia rompe la comunión y seduce a los hombres, de manera que les lleva a comportarse de una forma que va en contra de la dignidad humana. En ese contexto, él pide a sus oyentes que no se dejen arrastrar por las llamas devoradoras de la avaricia, que no solamente destruyen a los pobres, sino que deshumanizan a los ricos:

> Sin duda, los pobres son nuestros hermanos y hermanas... Si alguien desea tomar posesión de alguna cosa y priva a sus hermanos y hermanas, aunque solo sea de la tercera o quinta parte [de su herencia], ese vendrá a convertirse en un cruel tirano, en un salvaje implacable, en una bestia insaciable, que quiere acaparar de un modo exclusivo, para sí solo, lo mejor de los banquetes; más aún, ese será incluso más salvaje que todas las bestias.
>
> Incluso un lobo permite que otro lobo comparta una parte de la presa que él devora y muchos perros se alimentan juntos de una misma res muerta. Sin embargo, un codicioso insaciable no permite jamás que otro ser humano participe de su riqueza. Contentaos siempre con una mesa moderada. El naufragio que te espera será insoportable, pues no solamente te arrojará entre rocas escondidas bajo el agua, sino que te hundirá cabeza abajo en las negras profundidades de las cuales nadie ha logrado escapar, después de haber caído en ellas (*Sobre el amor a los pobres*, PG 46, 465-466).

IV

Camino de Oriente: iglesia nestoriana, "herejía" maniquea

La expansión de la iglesia siria (llamada nestoriana) hacia el oriente de Asia constituye uno de los fenómenos más fascinantes no solo de las iglesias cristianas, sino de la cultura humana en general. Se trata de una expansión doble (nestoriana y maniquea), y en cierto sentido triple (nestoriana, maniquea y musulmana), en la que al fin parece haber salido triunfante el islam, que ha terminado asumiendo (heredando) elementos anteriores del maniqueísmo y de la iglesia nestoriana, pero la historia no ha terminado todavía y hay muchas cosas que resultan menos claras en ella.

En este "curso" general no puedo desarrollar el tema con un mínimo de extensión ni seriedad, de manera que me limitaré a ofrecer algunos datos y nombres que nos permitan, situar el tema en el mapa de los trasvases y cambios culturales que se han producido en los últimos mil setecientos años en un inmenso continente que abarca desde Siria hasta la India y China. Lo haré en dos partes, relativamente independientes: (1) La expansión de la iglesia siria, de lengua aramea. (2) El despliegue, camino y ocaso de la "herejía" maniquea, con sus posibles elementos cristianos y gnósticos, en un momento de gran efervescencia religiosa, que coincide en parte con la expansión de la iglesia nestoriana.[96]

1. Iglesia siro–aramea. Visión general

Un tipo de Iglesia siria se expande desde Antioquía, extendiéndose por todo el oriente mediterráneo, expresándose sobre todo en lengua griega. Pero hay otra iglesia siria oriental, que se ha extendido pronto hacia Mesopotamia y el oriente asiático, en lengua en principio aramea, llegando hasta China, en su versión nestoriana, a partir de Babilonia, que era entonces la capital del Imperio persa.

Según la tradición, la evangelización de Mesopotamia se remonta a Mari, discípulo del apóstol Tomás, que habría predicado en Édesa, antigua Osroene. Sea como fuere, el cristianismo de esa zona surgió a partir de las guerras del siglo III entre el Imperio romano y los reyes

[96] Visión general: J. González, *Historia del Pensamiento Cristiano*, Clie, Viladecavalls 2010, 376–393.

persas. En ese contexto llegaron a Siria Oriental numerosos cristianos, que se mantuvieron en medio de dificultades a lo largo del siglo IV, para extenderse después, desde el V hasta el triunfo de los mogoles islamizados (siglo XIII-XIV):

- *Fieles a Nicea, pero no a Éfeso.* Los obispos de la Iglesia de Siria, que formaba parte del Imperio persa se reunieron en dos concilios, el 410 y el 422, siendo reconocidos como minoría religiosa por los emperadores sasánidas. Al mismo tiempo, mantuvieron contacto con la iglesia de Antioquia, actuando como puente entre el Imperio bizantino y el persa. Ellos aceptaron sin dificultad las resoluciones del concilio de Nicea (325), pero no las de Éfeso (431), que condenaba a Nestorio. Por eso, estas iglesias suelen llamarse nestorianas, aunque es difícil afirmar que hayan sido "heréticas" en el sentido estricto de la palabra.
- *Escuela de Édesa.* La Iglesia de Siria Oriental (que se expresaba en arameo) estuvo centrada en Édesa, y su figura más significativa fue San Efrén de Nísibe (306-373). Entre sus maestros están Quiyón (373-437), sucesor de san Efrén, y Rabbula, obispo de Édesa († 435). Esos y otros muchos teólogos y obispos recogen y elaboran la línea exegética y teológica de la escuela de Antioquía (Siria Occidental), de la que hemos hablado (Diodoro de Tarso, Teodoro de Mopsuestia, Teodoreto de Ciro, etc.).

La identidad de las iglesias de Siria está marcada por los avatares del Imperio sasánica/persa (240–628 d. C.) y después por la conquista musulmana. Fue un tiempo de grandes conflictos de pueblos y migraciones, representadas por los árabes musulmanes a los que siguen diversos pueblos de tradición turca, a quienes podemos vincular con los mogoles, que mantendrán por siglos los grandes imperios de Asia, desde China hasta la India y Persia (a partir del siglo XIII d. C.). En ese contexto hay que empezar citando dos acontecimientos importantes:

- *El 627, el emperador Heraclio venció cerca de Nínive al ejército persa de Cosroes II,* y se pudo pensar que habría un acercamiento entre los sirios (antes dominados por los persas) y los bizantinos, de manera que todas las iglesias aceptaran un credo, superando los conflictos de monofisitas y nestorianos.
- *A los pocos años aparecieron los árabes musulmanes,* conquistando pronto (640) grandes zonas de Siria y todo el Imperio Persa. En ese contexto, las iglesias de Siria Occidental (Antioquía) terminaron por separarse aún más de la Iglesia de Constantinopla, mientras que las de Siria Oriental y Mesopotamia (de lengua aramea) se desligaron totalmente, iniciando un camino distinto (propio) y apareciendo a ojos de los occidentes (latinos y bizantinos) como heréticas o nestorianas.

La llegada del Islam no significó el final de la iglesia siro-oriental, sino al contrario, precisamente entonces, a partir del siglo VII, ella tuvo un gran florecimiento espiritual y misionero, con teólogos como Dadisho'Qatraya, Simón de Taibuteh, Isaac de Nínive, Juan de Dalyatha y José Hazzaya. Los enviados de esa iglesia llegaron hasta la India (donde crearon comunidades florecientes, que siguen manteniéndose en el momento actual) y hasta China, donde eran importantes en los siglos XIII-XIV. Sus escuelas y monasterios trasmitieron la sabiduría de occidente no solo al mundo musulmán, sino que se asomaron también en el lejano oriente, en la India y China.

Hubo un momento en que pareció que la cristiandad siro–maniquea podría volverse dominante en el oriente, incluso al comienzo de las grandes invasiones de los mongoles, a lo largo del siglo XIII, en especial cuando conquistaron y destruyeron Bagdad el año 1258. Al principio, ellos no persiguieron a los cristianos, pues la mujer del Kan Hulagu era cristiana, de una comunidad siro-nestoriana, del entorno de China (y ellos mismos fluctuaban entre el budismo, el islam y el cristianismo nestoriano). Pero la situación cambió radicalmente cuando, a partir del 1295, la mayor parte de los mongoles, de la zona central de Asia, desde Persia hasta las fronteras de China se hicieron musulmanes, y empezaron a perseguir con violencia a los cristianos.

A partir de entonces, las iglesias siro–nestorianas, que eran quizá el grupo más extenso de la cristiandad (más que el latino, germano, griego o eslavo), empezaron a declinar ante el avance imparable del islam, que se ha mantenido hasta el día de hoy. No sabemos si ese decrecimiento ha sido imparable o si existen semillas cristianas de religión universal (principio de una nueva iglesia) en ese oriente hoy marcado de manera casi monolítica por el islam. En ese contexto, dentro de este curso de patrística no puedo hacer otra cosa que citar algunos "padres" de la Iglesia siro–aramea, sin precisar bien su pertenecen a la tradición "nestoriana" o a la que podemos llamar "ortodoxa", pues este resulta un tema difícil de fijar en cada caso.

a. *Efrén el Sirio (306?-373)*[97]

Monje y diácono, teólogo y poeta. Nació en Édesa y enseñó en Nísibe y Édesa, creando una famosa escuela teológica. Sobresalió como

[97] Obras: *De Fide*, CSCO 154-155, 1955; *Himnos*, CSCO 174-175, 1957; *Commentaire de l'Évangile concordant ou Diatessaron*, CSCO 137.145, 1953/1954. Cf. *Hymnes sur le Paradis*, SCh 37, Cerf, Paris 1968; *Himnos de Navidad y Epifanía*, San Pablo, Madrid 2017. Cf. S.

poeta, autor de numerosos himnos sagrados, que se han empleado en las iglesias de lengua siria. También escribió comentarios bíblicos y escritos polémicos (contra las herejías), que han sido traducidos al griego, armenio, árabe y etíope. Su exégesis se encuentra más cerca de los métodos targúmicos (judíos) que de las alegorías espiritualizantes de la tradición helenista.

Su obra de más actualidad son los himnos, que recogen y expresan un tipo de pensamiento simbólico, abierto a la paradoja de la vida cristiana. En esa perspectiva, la teología se relaciona más con la poesía y el canto que con la reflexión teórica. A modo de ejemplo, en el texto que sigue, partiendo de la metáfora del sol, de la luz y del calor, Efrén pone de relieve la unidad de la Trinidad y explica, de esa forma, cómo los tres constituyen un solo Dios. Así presenta el misterio del Dios cristiano en formas de poesía cósmica.

> Estos son, pues, los símbolos: el sol es símbolo del Padre, la luz del Hijo y el calor del Espíritu santo. Aunque solo exista un ser divino, lo que percibimos es una Trinidad. ¿Quién podrá comprender lo incomprensible? Dios único y múltiple: Uno formado de Tres y Tres que solo forman uno, gran misterio, maravilla manifiesta. El sol es distinto de su rayo, aunque esté unido con él; el rayo es también el mismo sol. Pero nadie habla por ello de dos soles, aunque el rayo de sol sea también sol (cuando llega hasta nosotros).
>
> Así tampoco decimos que hay dos dioses; porque también Jesús nuestro Señor es Dios sobre lo creado. ¡Distingue el sol de su irradiación, toma después el calor, separa las dos cosas, si es que puedes! El sol permanece del todo en su altura, pero su claridad y su calor se hacen presentes aquí abajo. Ciertamente, su irradiación ha descendido a la tierra y permanece en nuestros ojos, como si hubiera tomado nuestra misma carne…
>
> Nadie puede comprender cómo entra la luz en los ojos; tampoco entendemos la forma en que Nuestro Señor ha entrado en el seno de María. La luz toma al interior del ojo una bella apariencia; después se va para visitar el universo. También Nuestro Señor, ha tomado un cuerpo débil a fin de venir a santificar el universo. El rayo de sol que vuelve hacia su fuente no ha estado nunca separado de aquel sol que le había engendrado. El rayo ofrece su calor a los de aquí abajo, como nuestro Señor ha

---

Brock, *The Luminous Eye. The Spiritual World Vision of Saint Ephrem* Cistercian Publications, Michigan 1992; *L'Oeil de lumière. La vision spirituelle de saint Éphrem, suivi de La harpe de l'Esprit, florilège de poèmes de saint Éphrem*, Larchet, Paris 1991; E. Beck, *Die Theologie des heiligen Ephraem in seinen Hymnen über den Glauben*, Lib. Vaticana, Roma 1949. I. Ortiz de Urbina, *Patrologia syriaca,* Gregoriana, Roma 1958.

dejado el Espíritu santo a sus discípulos... (*Himno sobre la Trinidad,* en S. Brock, *L'Oeil de lumière,* Bellefontaine, Paris 1991 334-337).

b. *Narsai († 502)*[98]

Fue un poeta y teólogo de la iglesia de Siria; enseñó primero en la escuela de Édesa y luego en la de Nísibe y escribió numerosos comentarios al Antiguo Testamento, que parecen haberse perdido. Las obras que se conservan muestran su importancia en la iglesia de Siria. Sus poemas le han merecido el título de *arpa del Espíritu.*

1. A todo lo que existe habló Dios para que fuera y fue;
para al hombre, imagen suya, dijo: «Venid, hagamos».
Desplegó los cielos sin pedir ayuda de ninguno
y desplegó la tierra sin consultar a sus consejeros.
De fuego y viento creó las asambleas de seres celestes,
sin revelar el misterio del poder de su esencia...
Pero haciendo al hombre tuvo nuevo consejo y reflexión,
para que las asambleas celestes escucharan sus reflexiones:
«Venid, hagamos al hombre a nuestra imagen y semejanza
¡que domine como un rey sobre todo lo que existe!»
¿Quién es pues este para que así cambies tú, su Creador,
buscando consejo y reflexión sobre Adán, ser de polvo?
¿A quién llamas en tu ayuda para hacer una imagen tuya?
¿Quién podrá darte un consejo en todo lo que haces?

2. ¡Oh hombre, *humus* despreciable y ser sublime,
cuántos misterios ocultos se expresan en tu formación!
¡Oh ser mortal, que has revelado y manifestado al nacer
tres personas y una sola esencia sin comienzo!
Al formar a Adán, imagen suya, el Padre ha mostrado
que todo existe con el acuerdo del Hijo y del Espíritu.
A todo el resto de los seres había ocultado el misterio
de la manifestación de las personas,
a fin de que los seres espirituales no pensaran
que el Poder divino es diferente.
Pero por Adán, imagen suya, él reveló a los profetas,
de modo misterioso, que Hijo y Espíritu

[98] Cf. S. Brock, *A Brief Outline of Syriac Literature,* St. Ephrem Ec. Institute, Kottayam 1997; A. Vööbus, *History of the School of Nisibis,* CSCO Subsidia 26, Louvain 1965.

son iguales al Padre en cuanto a la esencia.
Diciendo «a nuestra imagen» anunció y enseñó
que su naturaleza es la misma;
y diciendo «a nuestra semejanza»
nos reveló y nos mostró a las tres personas.[99]

c. *Isaac de Nínive (640-700)*[100]

Monje, y obispo de la iglesia siria, uno de los autores espirituales más importantes de la historia cristiana. Nació en una zona del Golfo Pérsico (en la actual Qatar), fue ordenado obispo de Nínive, pero renunció poco después, para dedicarse a la vida espiritual y al estudio. Sus trabajos, traducidos del sirio al árabe, al griego, al latín y después al ruso, han influido en la teología ortodoxa bizantina y eslava (incluso en escritores como Dostoievsky). En esa línea, Isaac ha sido y sigue siendo uno de los maestros fundamentales de una espiritualidad universal, fundada en la presencia del Espíritu Santo y en la libertad interior, testigo de la inmersión del hombre en el misterio de Dios, en una línea que abre caminos de diálogo entre místicos cristianos, judíos y musulmanes.

La experiencia y pensamiento de Isaac trasciende las oposiciones anteriores, el monofisismo alejandrino, y un dualismo nestoriano, sin necesidad de formular el dogma con las palabras de Nicea. A su juicio, un hombre que vive en un nivel de realidad externa tiene necesidad de leyes para vivir, y de libros para pensar y orar. Pero el creyente que vive y siente en un nivel radical de unión con Dios, como Jesús, no necesita libros ni leyes; no necesita introducirse en Cristo, pues vive en él.

Isaac ha sido y sigue siendo uno de los maestros fundamentales de una espiritualidad fundada en la presencia del Espíritu Santo y en

---

[99] Ph. Gignoux, *Homélies de Narsaï sur la création,* Patr. O. 34, Turnhout, Brepols 1968, 533-545.

[100] Sobre su vida y obra, en español: S. Chialá, *Isaak de Nínive. El don de la humildad: itinerario para la vida espiritual,* adaptación X. Pikaza, Sígueme, Salamanca 2007. Cf. también *Discorsi spirituali,* Qiqayon, Bose 1985; Y de Andia, *Hèsychia et contemplation chez Isaac le Syrien,* Colactánea Cisterciensia 53 (1991) 20-48; S. P. Brock, *St. Isaac the Syrian: two unpublished texts,* Sobornost 19/1 (1997) 7-33; *St Isaac of Nineveh and Syriac spirituality,* Sobornost 7/2 (1975) 78-89; P. Bettiolo, *"Avec la charité comme but". Dieu et création dans la méditation d'Isaak de Ninive,* Irenikon 65 (1990) 323-345; D. A. Lichter, *Tears and contemplation in Isaac of Nineveh,* Diakonia 11 (1976) 239-258; P. T. Mascia, *The gift of the tears in Isaac of Nineveh,* Diakonia 14 (1979) 255-265.

la libertad interior, con la inmersión del hombre en el misterio de Dios, en una línea que abre caminos de diálogo entre místicos cristianos, judíos y musulmanes:

> Mientras el hombre no ha recibido el Espíritu, tiene necesidad de escritos de tinta que, a través de las imágenes, fijen en su corazón memorias útiles, a fin de que, meditando continuamente en ellas, renueve los estímulos para la perfección y discierna en su alma la manera de ponerse a salvo de las sutiles vías del pecado. Pues de hecho ese hombre no ha adquirido todavía la potencia de la guía del Espíritu, capaz de alejar aquel olvido que le despoja de las memorias utilitarias y que le va llevando a la quietud a través de la disipación del Entendimiento.
>
> Pero cuando la potencia del Espíritu entra y habita en las potencias inteligibles del alma que actúa, entonces, en lugar de las leyes [escritas] con tinta, se fijan en el corazón los mandamientos del Espíritu y el corazón los aprende, en el secreto, por obra del Espíritu, sin tener necesidad ni de la ayuda de cosas sensibles, ni de la meditación de los sentidos. [Entonces, el corazón] ora sin relajación, pide con lágrimas, suplica ardientemente e implora con gran diligencia, sin cansarse nunca, hasta que reciba [lo que pide]. Tú serás retenido digno de estas cosas si es que, ante todo, haces violencia a tu alma, poniendo tus afanes en manos del Dios de la fe [cf. Sal 55:23], si intercambias tu solicitud con su solicitud de Dios.
>
> Entonces, cuando tu voluntad vea que, por tu parte, tú has creído en Dios con toda la limpieza de la inteligencia y que te has hecho violencia a ti mismo, confiando en Dios más que en ti mismo, entonces, aquella Potencia [Espíritu Santo], de la cual tú no eres experto, habitará en ti; y así podrás padecer sensiblemente aquella potencia que está dentro de ti. No hay duda de que, sintiendo esta Potencia, muchos entran en el fuego sin miedo y caminan sobre el mar sin que sus pensamientos duden [teniendo miedo] de ser tragados [por ese mar]. Porque la fe fortifica los sentidos del alma; y [esta] experimenta un tipo de persuasión invisible, que no puede ser debilitada por el pensamiento, que le lleva a no fijar la atención sobre la visión de las cosas que producen terror, sino sobre aquella mirada que se alza sobre los sentidos *(El Don de la Humildad)*.[101]

---

[101] Las numerosas versiones que conoció la obra de Isaac muestran que tuvo un gran éxito. Isaac se convirtió pronto, en un maestro indiscutido de la vida espiritual, sobre todo en los ambientes monásticos, y sus obras se difundieron con mucha rapidez. Allí donde el recuerdo de la ruptura con la iglesia de Mesopotamia, de la que Isaac era hijo, y de la así llamada «teología nestoriana» permanecía particularmente vivo, los traductores y copistas supieron adaptar el texto para evitar oposiciones, omitiendo, y a veces incluso sustituyendo, los nombres de Evagrio y de Teodoro de Mopsuestia, que Isaac cita con frecuencia. Quizá con el intento de hacerlo aparecer más «ortodoxo»,

2. "Herejía" maniquea[102]

Mani, reformador religioso, de origen judeo-cristiano, nació en la región de Babilonia, dentro del Imperio persa, en torno año 216 d. C. Parece que se llamaba Curbicus o Curbicius, pero en un momento dado recibió el nombre arameo de *Mani Hayya*, que significaría «Recipiente o Vaso de la Vida» (del que proviene el término Maniqueo). De esa manera ha sido recordado como Vaso o Recipiente de la Vida de Dios, como aquel que ha recibido la revelación definitiva.

Fue en su origen un judeo-cristiano, pero no de tipo legalista, sino gnóstico. Era persa, es decir, mesopotamio, de ascendencia no judía. En esa línea tendía a rechazar el Antiguo Testamento, porque le parecía demasiado vinculado a la materia, y buscaba un Dios más alto, de tipo interior, más allá de este mundo. Vivió en un tiempo y lugar donde se mezclaban y vinculaban diversas tendencias religiosas que contenían elementos judíos, cristianos, budistas y zoroastrianos, aunque los más importantes en su vida parecen haber sido los cristianos, lo que explica la importancia que para él ha tenido Jesucristo, de quien se considera sucesor y enviado o apóstol, lo mismo que Pablo, a quien admira e imita.

Su ciudad, Babilonia (centro del Imperio persa), era una encrucijada de movimientos sacrales e iglesias, donde junto a Zoroastro influían esquemas religiosos orientales (hinduismo, budismo), judíos y cristianos, en línea ortodoxa o heterodoxa. En ese contexto, Mani, hombre de gran cultura espiritual, se sintió inspirado por Dios para unificar las religiones. Perteneció a una comunidad cristiana de tipo elcasaíta, que vinculaba rasgos tradicionales del judaísmo (bautismos de purificación), con un tipo de rechazo del Antiguo Testamento y de

---

algunos manuscritos pusieron al principio de su obra una noticia biográfica, absolutamente privada de fundamento histórico, según la cual Isaac habría trascurrido la última parte de su vida en el desierto de Escete, en Egipto. Una tradición, esta vez de origen occidental, afirmaba, en cambio, que, después de haber abandonado el episcopado, Isaac vivió como eremita en Spoleto, Italia (cf. S. Chialá, *Introducción a Isaac de Nínive, El don de la humildad).*

[102] Cf. F. Bermejo, *El maniqueísmo. Estudio Introductoria,* en F. Bermejo y J. Montserrat, *El maniqueísmo. Textos y Fuentes* I–II, Trotta, Madrid 2008. Cf. también Ch. Puech, *El maniqueísmo,* I. Estudios Políticos, Madrid 1957. Para el estudio de la historia y doctrina del maniqueísmo sigue siendo esencial G. Widengren, *Mani und der Manichäismus,* Kohlhammer, Stuttgart 1961; *Die Religionen Irans,* Kohlhammer, Stuttgart 1955; Id. (ed.), *Der Manichäismus,* WB, Darmadst 1077; J. A. Asmussen, *Maniqueísmo,* en C. J. Bleeker y G. Widengren, *Historia Religionum* I, Cristiandad, Madrid 1973, 561-590; A. Böhlig (ed.), *Die Gnosis III. Der Manichäismus,* Artemis, Zürich 1980.

los valores de la creación, considerada perversa (en una línea que puede compararse con la de Marción).

a. *Experiencia fundacional*

En el centro de la vida de Mani encontramos, según la tradición, dos experiencias.

- *Una habría sucedido cuando solo tenía doce* años (en torno al 228 d. C.) y en ella el joven Mani habría descubierto su naturaleza trascendente, superior a la materia, por lo que tuvo que apartarse interiormente de su comunidad, aunque en lo externo siguió viviendo dentro de ella.
- *La otra le sobrevino doce años después,* a los veinticuatro (en torno al 240 d. C.), y en ella descubrió la verdad plena, con la que se identificó, como receptor y destinatario del Paráclito que Jesús había prometido (en Jn 14-16). De esa forma pudo superar el «particularismo» judío (religión de un pueblo) y la «imperfección cristiana» (vinculada a la materia), descubriéndose depositario de todas las promesas anteriores, compendio y plenitud de las religiones del mundo.

Esta experiencia, que puede compararse a la de Pablo (cf. Gá 1-2), fue el punto de partida de su nueva vida y misión religiosa. Se sintió de tal manera llamado y transformado por el Dios de Jesús, que a su juicio era cercano al del zoroastrismo, que vinculó y transformó en su vida las tradiciones anteriores, incluyendo en ellas el budismo, y de esa manera pudo presentarse como creador de una religión, que tomaba los valores de todas, desde una perspectiva en la que dominaba el componente cristiano, no porque él se entendiera como Apóstol de Jesucristo, sino por su manera de organizar la nueva iglesia.

En esa línea se sintió inspirado, añadiendo que el mismo Dios le había nombrado Paráclito, presencia divina superior anunciada por Jn 14-16. Así se dice que «el Espíritu Santo, el Paráclito prometido por Jesús, reveló al niño (=Mani) la Verdad total, el Pasado, el Presente y el Porvenir» (cf. Puech, *Maniqueísmo,* Madrid 1957, 31-32). Partiendo de esta experiencia, elaboró una teología dualista, de tipo gnóstico, concibiendo al Espíritu como interioridad espiritual, en oposición a la materia, pues Dios se manifiesta allí donde los hombres se elevan sobre el mundo material del Diablo para alcanzar su verdad divina.

Habitado por el Espíritu Santo, Mani tuvo el convencimiento de que Dios le había elegido como Revelador final, último de sus enviados, mensajero de la gnosis, la Verdad completa, manifestación corporal del Paráclito anunciado por Jesús. De esa forma se insertó, como testigo supremo, en una línea de profetas (Adán, Set, Henoc, Noé, Sem, Abraham, Jesús) que habían sido ya bien "organizados" por la gnosis anterior (judeocristiana), pero introduciendo en esa línea algunos personajes nuevos (como Buda o Zoroastro).

A su juicio, los enviados de Dios habían repetido siempre un único misterio, pero no lo habían hecho de un modo perfecto; por eso, sus religiones solo fueron valiosas por un tiempo y debían superarse. El último profeta de los anteriores (el más grande) habría sido Jesús, que anunció como precursor su venida final (la de Mani, Portador pleno del Espíritu), Paráclito de Dios más que profeta.

Este esquema de la sucesión de profetas, que van diciendo una misma verdad, siempre parcial, hasta que llegue la culminación, aparecía ya en las Pseudo-clementinas, de tipo judeo-cristiano gnóstico, que hemos visto en cap. 1.[103] Mani lo retomó y se consideró a sí mismo como el Vaso o Portador de la Vida de Dios, que ahora se manifiesta plenamente. No se presenta como encarnación (en contra del Jesús, Jn 1:14), pues, estrictamente hablando, no existe encarnación, ya que lo divino es incapaz de identificarse con un cuerpo de carne (materia, apariencia), sino como presencia del Espíritu Santo, Paráclito manifestado en el mundo.

El Dios del evangelio de Juan (cf. Jn 1:14; 4:24) era Espíritu, pero no como opuesto a una materia, sino a unos cultos y conocimientos particulares, imperfectos. Por el contrario, el Dios de Mani es puro Espíritu, de forma que no puede encarnarse, pues supera toda carne al revelar la presencia salvadora de la divinidad buena en la etapa final de la historia. De todas formas, en contra de Gá 4:4, Mani no pudo vincular su venida a la «plenitud de los tiempos», pues la historia no tiene plenitud.

Conforme a la visión de Mani, la biografía humana (generación y nacimiento, crecimiento y comunicación personal) no es signo de Dios, sino un proceso de caída por el que las partículas divinas son esclavizadas por la materia, de manera que para salvarse las almas deben reintegrarse en el pléroma divino (no en la pléroma de los tiempos, como en Gá 4:4). De esa manera, él ha interpretado el mensaje de Jesús en claves dualistas, de escisión entre espíritu y materia, entre el bien

[103] Cf. O. Cullmann, *Le Problème littéraire et historique du Roman Pseudoclémentin*, Alcan, Paris 1930; *Cristología del Nuevo Testamento*, Sígueme, Salamanca 1998, 65-104; L. Cerfaux, *Le Vrai Prophète des Clémentines*: RSR 18 [1928] pp. 143-163).

divino y el mal cósmico (diabólico), aunque sin un dualismo total (con dos dioses, uno bueno y otro malo).

b. *Una iglesia espiritual*

En sentido radical, según Mani, solo existe un Dios: el bueno; y él (Mani) viene a presentarse como su Apóstol, anunciado y preparado por Jesús, revelación final de lo divino, para que el Dios del bien triunfe sobre el mundo. Así pensó desde Babilonia (en el Imperio persa), añadiendo que su tierra era centro del mundo, entre oriente (India, China) y occidente (Israel, Grecia, Roma).

Por eso quiso unir las religiones anteriores, añadiendo que la divinidad le había llamado para liberar a los seres humanos de la materia y para conducirlos a la libertad del Espíritu, por encima de este mundo. No se limitó a recibir una revelación interior y a cultivarla en un pequeño grupo de iniciados, como otros gnósticos de fondo cristiano, sino que vinculó su experiencia y tarea con un estilo de vida organizado al servicio de la transformación de la humanidad, con un proselitismo cercano al cristianismo, instituyendo un movimiento universal de salvación.

> Los que tienen su iglesia en occidente (cristianos) no han alcanzado el oriente; los que han elegido su iglesia en oriente (budistas) no han llegado hasta occidente... En cambio, mi esperanza irá hacia occidente, e irá también hacia oriente. Y se oirá la voz de mi mensaje en todas las lenguas, y se anunciará en todas las ciudades. Mi iglesia es superior en este punto a las iglesias anteriores, porque ellas fueron elegidas en países determinados y en ciudades determinadas; la mía, en cambio, se difundirá por todas las ciudades y mi evangelio llegará a todos los países.

Mani interpretó su religión como cumplimiento de las anteriores, como el nuevo y más alto cristianismo del fin de los tiempos, pero no fue un "padre" de la Iglesia de Jesús, sino fundador y centro de su propia iglesia. Tuvo la certeza de que la historia ha de acabar y solo queda tiempo para que los hombres se conviertan y liberen de este mundo material, retornando a lo divino. Con ese fin se esforzó por fundar una iglesia bien establecida, con una Escritura sagrada, iniciando así un movimiento que se extendió por más de diez siglos, desde China hasta el extremo occidental de Europa, expresándose en grupos como los cátaros y albigenses.

Quiso vincular las religiones, pero no fue hombre de diálogo externo entre grupos, sino de silencio y mística negativa, fundador de una iglesia de negación de la carne, de lucha contra el mal del mundo. Su iglesia no ha pervivido, pero algunos de sus elementos retornan con regularidad, presentando a Dios como lo opuesto a la materia, de manera que él puede aparecer como representante de una teología del juicio y de la separación (con rechazo del mundo, en línea de espiritualismo puro).

A pesar de llamarle Paráclito de Cristo, sus seguidores no le han divinizado, pues él no se presentaba como portador personal de salvación, sino como mensajero de la negación del mundo y de un tipo de individualidad humana imperfecta. Así había anunciado el fin de la individualidad egoísta y la destrucción del tiempo de maldad y ruina de la historia, a fin de que las almas volvieran a su origen divino, superando la situación actual de ruina en que existen.

c. *Maniqueísmo, un cristianismo anti–cristiano*

A juicio de Mani, el mundo no es creación, sino efecto de un pecado, una realidad perversa. Por eso, el verdadero Dios (espíritu, no mundo) se distingue del «dios de la materia» (que es el mal, el deseo pervertido). Siendo portador de una revelación supra-mundana, Mani no quiso salvar la historia de esta humanidad (como Jesús, al anunciar el Reino), sino liberar a los hombres de ella, elaborando un tipo de cristianismo dualista, no en línea apocalíptica, a partir de la venida del Espíritu Santo, como había hecho Montano (cf. cap. 2), sino en clave gnóstica (rechazando materia y carne, deseo y vida, buscando una interioridad sagrada).

- *El Dios de Mani es puro espíritu y su religión es anti-material.* Él y sus discípulos (iluminados, pneumáticos) se sintieron «caídos» (extraños) en un mundo de perversión, de enfrentamiento y muerte, pero descubren en sí mismos un germen de divinidad, que les permite superar la opresión de la materia y del mal deseo. Cada uno ha de salvarse a solas, cultivando su interior divino, sin mediaciones ajenas (sin encarnación de un Cristo redentor). De esa forma, los iluminados liberan su chispa de divinidad, que estaba caída y perdida en ellos mismos, superando la materia y retornando a su verdad en el Espíritu, sin necesidad de verdadera iglesia, ni de amor al prójimo, en contra de la gran tradición patrística de la Iglesia, que ha insistido siempre en el mensaje social de Jesús.
- *La religión de Mani es también anti-histórica.* A su juicio, la historia no es revelación de Dios, ni producto de una acción positiva de los hombres, sino olvido y exilio. *El alma* es parcela *divina,* que ha caído del alto, que

> sufre en el mundo y que desea liberarse de su encierro histórico, donde la dominan dos grandes deseos perversos: placer sexual y violencia asesina. El mensaje de Mani no quiere que los hombres transformen la historia, de manera que puedan descubrir su plenitud en ella, sino ayudarles a dejarla: El verdadero Dios no enseña a vivir y crear, sino a morir y des-vivirnos. En contra de eso, el Dios de los Padres de la Iglesia ha sido siempre un Dios de encarnación y de compromiso social en la historia

Sexo y violencia (placer y muerte) son los dioses falsos de la historia pervertida, dos caras de un mismo sistema de opresión donde los hombres se atraen y repelen, procrean y matan por pecado. Deseo de vida propia y lucha mutua (sexo y batalla) definen y destruyen la historia de Dios en el mundo, pues en el mundo no hay Dios. De manera consecuente, él condenó la violencia del sexo (y el mismo sexo), como deseo perverso y destructor, una trampa de muerte. También condenó otras formas de violencia social (caza de animales, guerra entre naciones).

En contra del maniqueísmo, a pesar de ciertas vacilaciones, los Padres de la Iglesia no habían identificado ni vinculado el sexo con el pecado, pues el Dios de Jesús es "Dios encarnado", esto es, un Dios que habita y se revela en la carne–historia de los hombres. El maniqueísmo se situó de esa manera en la línea de la gnosis, cuyos principios histórico–teológicos he destacado en cap. 2, poniendo de relieve la respuesta anti–gnóstica de los Padres Apostólicos, especialmente a partir de Justino e Ireneo. En ese contexto debemos recordar que el maniqueísmo fue para la Iglesia un fenómeno tardío, de manera que podemos llamarle post-cristianismo. De hecho, cuando Mani comenzó a crear su sistema gnóstico (hacia 240/250 d. C.), el conjunto de la Iglesia (con Justino e Ireneo) ya había superado el gnosticismo.

d. *Una religión dualista. Maniqueísmo y patrística*

En el fondo anterior sitúa Mani su visión de Dios y el Diablo, entendido como deseo de carne e impulso de violencia. A su juicio, *el verdadero Dios* habita más allá de los deseos y contiendas de la historia, de manera que no puede encarnarse (en contra del himno de Flp 2:6–11) y de la fórmula de Jn 1:14: "Y el Logos de Dios se hizo carne". Según eso, está más cerca del budismo (¡todo es dolor, todo dolor nace del deseo!), como culto y camino elitista de anti–creación.

Lógicamente, conforme a la visión de Mani, el verdadero Dios no habla por el Antiguo Testamento, que es una religión de violencia, sino que se opone a su mensaje. Por eso, él asume vida de ascesis consecuente y de renuncia a los deseos materiales (procrear, poseer, luchar). Por eso, como he dicho, el *Dios del Antiguo Testamento se identifica con el Diablo,* que se expresa en el deseo sexual, que puede concretarse en el mito de la Mujer perversa (que cautiva y encierra al alma en la materia) y que actúa a través del deseo sexual y la violencia interhumana (guerra). Por eso, el hombre religioso no debe transformar y salvar este mundo, sino salir del mundo, procurar que termine.

Según eso, para Mani el matrimonio no es signo de Dios y tampoco lo es el nacimiento pues introduce a los hombres en el proceso de la vida material en sus reencarnaciones. Todo lo que encadena o encierra la luz de Dios (el alma divina) en la materia es negativo. Por eso, la sexualidad procreadora es una perversión, es la manera que Satán ha escogido para engañar a los seres humanos. En esa línea, en algún sentido, la *religión maniquea* está más cerca de Zoroastro que de Moisés, no un movimiento creador, sino limitador de la vida, que empieza con el sexo y termina con la muerte:

> El pecado capital es la fornicación, que es en sí abyección, bestialidad, inconsciencia; y, por consiguiente, la procreación de nuevos hijos en este mundo de materia nos hace cómplices e instrumentos del plan forjado por el Mal, llevándonos a prolongar en el cuerpo de nuestros descendientes la cautividad de una parte de la Luz que estaba en nosotros.[104]

La forma de vida actual del hombre en el mundo carece según Mani de sentido, no solamente es mala, sino que es ilusoria. Según eso, en contra de la teología anti–gnóstica de Ireneo (abierta a la promesa de la historia salvadora), conforme a la visión de Mani, los hombres debemos des-hacernos, superando el deseo de la vida (sexo, fuerza agresiva). No deberíamos haber nacido, pues el nacimiento nos escinde de Dios, pero una vez nacidos tenemos que limitar y superar el mal del nacimiento. El buen vivir es aprender a morir, para que volvamos al Dios supramundano.

En esa línea creó Mani su iglesia, de un modo jerárquico, dividiendo con todo cuidado a los hombres, conforme a sus méritos y capacidades, suponiendo que casi todos son imperfectos y débiles, siguen vinculados a los deseos de la tierra; por eso solo pueden ser oyentes o principiantes de la iglesia maniquea. Solo son maniqueos de verdad los perfectos, liberados de la carne y los poderes violentos

---

[104] Ch. Puech, *El maniqueísmo,* Estudios Políticos, Madrid 1957, 65

de la vida. Los auténticos maniqueos han vencido, de manera programada, los deseos de poder-placer, conforme a la doctrina de las tres prohibiciones: Deben abstenerse de la carne y bebida fermentada (*sello de la boca*), deben superar toda violencia (*sello de la mano*) y, finalmente, tienen que renunciar a toda relación sexual (*sello del vientre*). Mala es la procreación (por su placer perverso) y es mala toda forma de creatividad mundana (que nos sigue vinculando a la materia).

En contra de esa visión de Mani, tanto el mensaje de Jesús como el proyecto de evangelio de Pablo (cf. 1 Cor 1–2) está dirigido básicamente a proclamar y fomentar la vida, a partir de los "pobres" y excluidos, en gratuidad, superando un deseo egoísta, pero al servicio del amor concreto a los demás (cf. Rm 13:8-14). La redención cristiana no consiste en evadirse del mundo, sino en liberarlo. En contra de eso, según Mani no hay libertad, ni gratuidad, ni comunión positiva mientras seguimos esclavizados en el mundo, atados a una tierra de materia antidivina a la que hemos caído por pecado y de la que debemos liberarnos por ascesis interior.

En ese contexto, los maniqueos cultivan una experiencia extrema de extrañamiento y negación de Dios en la historia. Para encontrar al Dios bueno hay que separarse de todo aquello que nos ata y encierra en esta tierra de bebidas embriagantes, de sexo y violencia. No hay atracción sexual buena, ni deseo positivo, ni generación portadora de vida. Por eso, la misma afirmación de Dios exige la negación del Dios del mundo, con los deseos y poderes malos de la historia.

- *Ciertamente, muchos cristianos, incluidos algunos Padres de la Iglesia, en una línea cercana al maniqueísmo, entendieron el mundo como cautiverio.* Pero en conjunto, ellos no lo condenaron, ni rechazaron la historia, sino que la vieron como lugar y camino de salvación. En esa línea debemos afirmar que la condena del mundo y la renuncia a la solidaridad *carnal* no son actitudes cristianas. Tampoco es cristiano un elitismo, que divide a los hombres en perfectos (que han superado el deseo de la vida) e imperfectos (que siguen vinculados a ella).
- *Por eso, en sentido estricto, el maniqueísmo (como los sistemas gnósticos radicales) es contrario al cristianismo de los Padres de la Iglesia.* A pesar de ello, ha influido y sigue influyendo en la historia cristiana, de manera que todavía hoy se suele acusar de "maniqueos" a quienes juzgan a los otros, condenan la vida del mundo y dividen la realidad en dos grupos: por un lado estarían aquellos que tendrían la verdad y podrían presentarse como buenos; por otro estarían aquellos que viven y piensan de un modo distinto.

Desde este fondo, a modo de conclusión, para situar el maniqueísmo en el contexto de un "curso de patrología", debo añadir tres reflexiones de base que nos ayudan a plantear el tema, desde una perspectiva histórico–teológica, que debería desarrollarse una forma mucho más precisa y más extensa:

1. *Maniqueísmo y oriente cristiano.* He situado el maniqueísmo en el contexto de la patrología sirio–oriental porque Mani ha surgido en ese contexto, en el ancho espacio de la cristiandad aramea, sobre la base de un judaísmo mezclado de zoroastrimo, en un campo de cruce entre oriente y occidente. Babilonia (el Imperio persa de los partos) se situaba entonces en el ámbito de influjo de la iglesia y tradición aramea abierta hacia el oriente de Asia (India y China).

Ciertamente, parece que Mani escribe algunos textos en persa medio, retomando la tradición zoroastrista, pero el idioma principal de su Escritura y Mensaje fue el arameo, entre el mundo helenista de occidente y el ancho mundo de oriente. El maniqueísmo se extendió pronto en un contexto helenista e incluso romano (proclive a la gnosis), como muestra la vida y obra de San Agustín, pero su expansión natural más duradera se ha dado en un contexto originario de lengua aramea, pero abierto pronto al persa y a los diversos idiomas del centro de Asía, hata China, confundiéndose a veces con el "nestorianismo", de un modo especial en las iglesias o comunidades China occidental, desde el siglo XII hasta el XVII, en zonas que han terminado siendo musulmanas.

2. *Desde finales del siglo III hasta el V–VI d. C., el maniqueísmo ha sido un riesgo (amenaza) para el cristianismo helenista y romano,* siendo rechazado de diversas formas, como muestra la historia de San Agustín, y de un modo especial la visión crítica de Epifanio de Salamina (Ancoratus…) que presenta el maniqueísmo como riesgo y herejía principal de los cristianos. Así aparece también en Juan Damasceno (cf. cap. 7), quien escribió un tratado especial *Contra los Maniqueos,* que son, a su juicio, más peligrosos para la fe la iglesia que los musulmanes.

De un modo muy significativo, un tipo de maniqueísmo llegó hasta el occidente romano, como muestra la "herejía" de Prisciliano, en España, de la que trataré en cap. 5. El mismo Imperio romano vio el maniqueísmo como un reto, mucho más peligroso al fin que el cristianismo, por su forma de rechazar el orden social, los "valores" del poder y la conquista militar. En esa línea, debemos recordar que la "dualidad en Dios" y el riesgo del mundo entendido como potencia mala ha sido una amenaza no solo para los Padres de la Iglesia, sino para los poderes imperiales.

Es importante el hecho de que el maniqueísmo fuera condenado no solo por los concilios "imperiales", empezando por Nicea I (325), hasta Nicea II (680), sino por muchos Padres de la Iglesia (desde Atanasio a Juan Damasceno, desde Teodoreto de Ciro a Efrén, desde Epifanio de Salamina hasta Agustín). Sin embargo, la persecución y condena más eficaz fue la promovida por las autoridades civiles, que vieron el maniqueísmo como un peligro para la extensión de su poder, y para el tipo de paz económico–militar que ellos querían imponer en reinos e imperios. Así podemos citar el hecho de que el Imperio romano terminara aceptando y "consagrando" el cristianismo como religión oficial, pero rechazando al maniqueísmo, con duras persecuciones e incluso guerras de exterminio, desde el tiempo de Teodosio I, quien, tras proclamar el carácter oficial del cristianismo decretó una durísima persecución contra los maniqueos (año 381).[105]

3. *Es también importante el hecho de que, al final del período patrístico en la iglesia de occidente (entre el siglo XII–XIII d. C.) el maniqueísmo de tipo albigense, apareciera de nuevo como herejía y riesgo principal para los cristianos.* Este es un tema que debería recibir más atención en nuestro curso, porque muestra el hecho de que, de un modo velado pero muy intenso, un tipo de maniqueísmo más o menos explícito está en el fondo de todo el período histórico de la patrística.

Como he destacado ya (cf. cap. 2), la primera patrística de los Padres Apologistas nace y se despliega (cf. Justino e Ireneo) como respuesta al riesgo de la gnosis (en su forma premaniquea, en el siglo II d. C.). Pues bien, el final de la patrística occidental está marcado por el enfrentamiento de la iglesia romana en contra con la gnosis maniquea explícita, no solo en forma de doctrina, sino también en forma de violentísima "cruzada anti-albigense", que se extiende del año 1209 al 1219, precisamente en el tiempo en que nace la nueva escolástica latina, con su poder argumentativo, militar y económico.

[105] Esta "historia" ha sido narrada con fidelidad por A. Ropero, *Mártires y Perseguidores: Historia General de las Persecuciones siglos I-X*, Clie, Viladecavalls 2011.

Evaluación y actualización

1. Conocer

- ¿Cuáles son los rasgos básicos de la iglesia de Alejandría y de la de Antioquía? ¿Cómo se distinguen, como pueden complementarse?
- Se dice que las dos grandes teologías de la Iglesia, hasta el momento actual, han sido la de Alejandría y la de Antioquía. ¿Puedes dar alguna razón para justificar esa afirmación? ¿Cómo han influido e influyen esas dos teologías hasta la actualidad? ¿Por qué no se dice que Bizancio y Roma tuvieran al principio una teología propia?
- ¿Distingue los problemas de fondo y las aportaciones de los concilios de Nicea, de Constantinopla I, de Éfeso y de Calcedonia?
- La iglesia Siria ha sido una iglesia de orantes y de poetas, a diferencia de la de Alejandría que ha sido una iglesia de pensadores y teólogos. Valora ese dato.

2. Juzgar

- Algunos historiadores y teólogos afirman que el mayor problema de la Iglesia hasta el momento actual ha sido el de la "separación" (¿expulsión?) de las iglesias de Alejandría y de Antioquía, que han quedado como heréticas (no ortodoxas), fuera de la catolicidad y ortodoxia representada por las iglesias de Roma y Bizanzio/Constantinopla.
- ¿Cómo interpretar ese dato? ¿En que están unidas y en qué se distinguen las iglesias de Antioquía y de Siria?
- ¿Puedes resumir la aportación de algunos de los Padres siro/capadocios y condensar su visión del Espíritu Santo y la iglesia? ¿Cómo juzgas, por ejemplo, la teología de Gregorio de Nisa y de Teodoreto de Ciro, uno en un plano más místico, otro en un plano más exegético?
- ¿Cómo sientes la poesía de Efrén el Siro? ¿Por qué te parece que a los padres sirios les ha importado más la letra de la Biblia que la especulación teológica?
- ¿En qué sentido se puede afirmar que el maniqueísmo forma parte del despliegue cristiano, pero siendo al fin anticristiano?

3. Actuar

- ¿Cómo valoras la situación actual de las iglesias de Siria y de Asia Menor, que han quedado marginadas y además dominadas por el Islam? ¿Cómo interpretas el triunfo y la caída posterior de la iglesia siro–nestoriana en oriente?
- ¿Qué significaría retomar la tradición siria de las Iglesias, en un plano de conocimiento, de aceptación mutua y de compromiso creyente?
- ¿Tiene hoy algún sentido llamar herejes a los que no aceptaron el Concilio de Calcedonia, en su forma concreta? ¿Cómo seguir vinculando y distinguiendo la humanidad y divinidad de Jesús, en un sentido práctico, en la vida de las comunidades?
- ¿Por qué pudo surgir el Islam en un contexto en que se extendía el cristianismo de tipo más sirio? ¿Por qué triunfó el Islam y permanece hasta hoy en lugares donde se había extendido antes el cristianismo ortodoxo (copto, nestoriano), mientras que el maniqueísmo fracasó y desapareció? ¿Cómo valoras ese hecho?
- El maniqueísmo clásico fracasó como religión, o fue destruido con violencia, tanto en línea musulmana como cristiana. ¿Piensas que sigue perviviendo de algún modo en nuestras iglesias o en la sociedad occidental del siglo XXI?

Preguntas para reflexionar

1. ¿Cuáles son las aportaciones fundamentales de los concilios de Constantinopla y de Calcedonia? ¿En qué sentido decimos que las grandes iglesias se apoyan en los cuatro primeros concilios: Nicea, Constantinopla, Éfeso y Calcedonia?
2. ¿Cuáles son las aportaciones y limitaciones de las iglesias de Siria?
3. ¿En qué consiste el riesgo y limitación del maniqueísmo?

V

Padres latinos I
Etapa antigua (siglos II-VII)

He presentado varios "padres" vinculados con la Iglesia de Roma, que escribieron en griego, como Clemente, Justino, Ireneo, con algunos gnósticos y con Tertuliano, que escribe en latín (temas 1 y 2). Aquí ofrezco una visión de conjunto de la teología latina, desde Marción (siglo II d. C.) hasta los "padres" de la iglesia hispana (siglos VI–VII d. C.), para tratar en el próximo capítulo de la patrística occidental tardía (siglos VIII–XII). Este capítulo consta de cinco partes:

1. *Comienzos de la iglesia latina (de Roma).* No fue una cualquiera, fue la iglesia de la capital del imperio que en aquel momento se consideraba portador del orden de Dios sobre la tierra, con la misión de pacificar el mundo.

2. *Primeros Padres.* Son muy variados, no solo en Roma, sino en el conjunto del occidente latino. Fueron distintos por su origen y también por su doctrina, y se extendieron desde el siglo II al VI/VII d. C. Ellos siguen abriendo caminos y líneas de pensamiento y vida en el conjunto de las iglesias.

3. *Los cuatro doctores. San Agustín.* Se suele hablar de cuatro doctores de oriente (Atanasio, Basilio, Crisóstomo, Gregorio Nacianceno) y cuatro de occidente (Ambrosio, Agustín, Jerónimo, Gregorio Magno). Entre esos últimos sobresale Agustín, Doctor de la iglesia occidental por excelencia, en su vertiente católica y protestante.

4. *Roma. Una teología "magisterial".* Prescindiendo de Agustín, lo propio de la iglesia latina y en especial romana no ha sido la teología de los pensadores, sino la del magisterio que quiere fijar y organizar la vida de los cristianos de un modo más jurídico y dogmático. Este ha sido el "genio" particular de Roma, y así debemos entenderlo, de un modo agradecido, pero también crítico.

5. *Teólogos y padres de la iglesia hispana.* Por su importancia, y por la perspectiva en que se sitúa, he querido dedicar un apartado a los "padres" de la iglesia hispano–visigoda del siglo V–VII. Ellos siguen siendo un eslabón fundamental en la cadena de la vida y teología de occidente y del conjunto de las iglesias.

I

Comienzos de la iglesia latina

Las primeras relaciones del judaísmo con Roma están documentadas en 1 Mac 8, 1, donde se dice que el Senado Romano se comprometió a defender a los insurgentes judíos contra de los helenistas sirios (entre el 163 y 160 a. C.). Por su parte, Jesús no se opuso directamente al orden militar romano, como algunos celotas, pretendientes mesiánicos y «bandidos», en los años de su nacimiento y tras su muerte, culminando en el levantamiento del 67-70 d. C. Él anunció y preparó la llegada de un Reino de Dios que no iba directamente en contra del Imperio de Roma, en un plano económico–administrativo, como muestra su palabra sobre el denario (cf. Mc 12:13-17) y, sobre todo, su no-violencia activa. A pesar de ello, su proyecto, su pretensión mesiánica y su libertad frente a los poderes socio–religiosos de Roma le condenara a muerte.

De todas formas, no parece que los cristianos más antiguos de Jerusalén y Galilea estuvieran directamente enfrentados con la administración romana. Sus problemas eran más bien intra-judíos: Acusaciones mutuas y roces de unos grupos con otros (mesiánicos y rabínicos, militaristas y esenios, apocalípticos y helenistas...), entre los que se hallaban los cristianos. En esa línea resulta ejemplar la actitud de Pablo que quiere extender el cristianismo aceptando (y aprovechando) la «legalidad romana», como afirma de un modo ejemplar una glosa a Romanos:

> Sométase toda persona a las autoridades superiores, porque no hay autoridad que no provenga de Dios; y las que hay, por Dios han sido constituidas. Así que, el que se opone a la autoridad, se opone a lo constituido por Dios; y los que se oponen recibirán condenación para sí mismos. Porque los gobernantes no están para infundir el terror al que hace lo bueno, sino al que hace lo malo. ¿Quieres no temer a la autoridad? Haz lo bueno y tendrás su alabanza (Rm 13:1-7).

El contexto de esa glosa (Rm 12–14) indica que el centro de la experiencia cristiana es la gratuidad y el perdón, por encima del imperio. Pero la glosa sigue diciendo que, en su nivel, la ley romana responde a una providencia de Dios, que ha querido establecer sobre el mundo un orden social, en una línea defendida ya por el Pentateuco y por la literatura sapiencial del AT, que admite el poder y legalidad de los poderes no judíos, como supone Prov 8:5. Desde ese fondo se entiende el conjunto del Nuevo Testamento, que interpreta el mensaje y camino de Jesús como experiencia religiosa autónoma, pero no como choque frontal contra el sistema político–militar al imperio: No se trata de destruir el imperio por guerra, construyendo otro semejante, sino de superarlo por dentro en línea de gratuidad y perdón.[106]

Esta postura resultó eficaz y logró triunfar tras varios siglos de semi-clandestinidad y persecuciones, que empezaron ya en el tiempo de Nerón (en torno al 64 d. C.) cuando muchos cristianos, entre ellos Pedro y Pablo, fueron ajusticiados en Roma (cf. 1 Clemente, cap. 1). Más adelante, las relaciones del Imperio con el cristianismo se volvieron aún más tensas, pues los cristianos vinieron a concebirse a veces como un grupo o secta secreta, contraria a la sacralidad de Roma. En esa línea hallamos desde el principio de la iglesia dos modelos:

- *De adaptación. 1 Clemente* parecía aprobar y casi sacralizar desde el mensaje de Jesús el poder de Roma. Su autor no supone que los cristianos son solo ciudadanos del reino de Dios, exilados en el mundo (en la línea de 1 Pedro), sino ciudadanos de ambos mundos (del Imperio romano y del Reino de Dios), de manera que el imperio puede presentarse casi como como signo de Dios sobre la tierra.
- *De enfrentamiento.* El *Apocalipsis* se opone al Imperio romano que, a su juicio, quería imponer sobre todos los súbditos una economía y política de tipo opresor e idolátrico. En un plano, el imperio resultaba «tolerante»: dejaba que individuos y grupos expresaran hacia dentro (en el interior de los hogares, en grupos cerrados) sus creencias religiosas. Pero en otro plano quería imponer su modelo político (idolátrico) sobre todos los habitantes del imperio, incluidos claro está los cristianos.[107]

Pasando ya a la iglesia concreta de Roma, no sabemos quiénes fueron sus fundadores, aunque debieron ser judeo-cristianos, que llegaron a la capital a los pocos años de la muerte de Jesús, siendo acusados de provocar tumultos en tiempos de Claudio, hacia el 49 d. C. (cf. Suetonio, *Claudius* 25; Dion Casio, *Historia* 60, 6, 6). Más tarde, hacia el 59/60, llegaron Pablo y Pedro, quienes, conforme al testimonio fiable de la tradición, fueron condenados a muerte (hacia el 64), dejando el recuerdo de su vida y la memoria de su obra.

---

[106] Así lo he mostrado en *La Palabra de hizo Carne. Teología de la Biblia*, Verbo Divino, Estella 2020.

[107] Para una visión histórico-social y religiosa del tema, cf. A. Ropero, *Mártires y Perseguidores: Historia General de* las *Persecuciones siglos I-X*, Clie, Viladecavalls 2011.

En un primer momento, la comunidad o comunidades de Roma tenían una administración presbiteral, conforme al esquema o modelo de las sinagogas judías, como lo suponen 1 Clemente, e Ignacio de Antioquía (*Romanos*), con el mismo Papías. Pero, pasado un tiempo, (hacia el 150/180 d. C.), la Iglesia de Roma asumió también una estructura monárquica o episcopal, que ha durado hasta hoy. De esa forma se alejó del judaísmo rabínico, con su gobierno colegiado y dialogal de maestros, sin obispos o "monarcas" religiosos, de manera que, en un momento dado, desde finales del siglo II, los obispos de Roma adquirieron gran autoridad civil y religiosa, y apelaron a Pedro como a fundador y primer obispo de la capital del imperio.

En esa línea (hacia el 180 d. C.), queriendo apoyar la institución del episcopado, Ireneo de Lyon presentó una lista de "obispos de Roma", pues «allí se ha conservado siempre, para todos los hombres, la tradición de los apóstoles» (*Ad haer,* III, 3, 2). Como he dicho en cap. 2, no es fácil precisar el valor histórico de los nombres que aduce Ireneo (y de su condición de obispos), pero lo cierto es que, a partir de ese momento, a finales del II, y en especial desde el III (siglo de las persecuciones), los obispos de Roma (con los de otras sedes), se presentaron como sucesores de los apóstoles, logrando una gran importancia en el despliegue de la Iglesia cristiana.

Como herederos de la tradición de Pedro y Pablo, y líderes cristianos de la capital del imperio, los obispos de Roma tuvieron después una fuerte conciencia de su misión, y así aparecen investidos de gran autoridad incluso antes del Edicto de Constantino (313). Ciertamente, el peso de la Iglesia siguió estando en Oriente, donde se celebraron los siete concilios ecuménicos, de Nicea I (325) a Nicea II (787), convocados por los emperadores bizantinos. Pero, con una fuerte conciencia de su responsabilidad eclesial, los obispos de Roma (=Papas) se elevaron y quisieron actuar en el conjunto de la cristiandad como centro de la Iglesia, en una línea casi imperial (sobre todo a partir de Dámaso: 366-384)

El Imperio había empezado persiguiendo a la Iglesia, pero después la aceptó, para colaborar con ella, reconociendo al cristianismo no solo como religión lícita (313) sino como culto oficial (380), iniciando así un proceso de "contaminación" o influjo mutuo. En sentido se puede afirmar que el imperio se hace "iglesia" y la iglesia se hace imperio, de manera el emperador aparece como autoridad cristiana y los obispos como autoridad civil, prefectos o vicarios de las "diócesis" territoriales del imperio.

En esa línea, vinculándose de un modo intenso a Roma, los cristianos lograron algo que antes parecía imposible: Crearon una "ecúmene" (humanidad religiosa) por encima de las fronteras político/ militares del imperio (romano y/o bizantino), abriéndose a los diversos pueblos "bárbaros", no solo en áreas de antigua presencia "latina" (Italia, Francia, Península Ibérica) o helenista (Grecia, Siria, Palestina, Egipto, Asia Menor…), sino más allá de su frontera (entre germanos y eslavos, etíopes, árabes y persas...).

Desde el tiempo de las persecuciones, los cristianos habían instaurado redes personales de comunicación y diálogo social más allá del Imperio, creando comunidades concretas y autónomas, centradas en la ayuda a los pobres y a los expulsados de la sociedad, ofreciendo un proyecto alternativo de humanidad, mientras el gran imperio agonizaba, incapaz de ofrecer estructuras de convivencia y asistencia a sus millones de habitantes. En ese sentido podemos afirmar que la Iglesia de Roma fue continuadora del Imperio romano, ofreciendo, al mismo tiempo, una experiencia religiosa distinta de todas las que antes se habían dado.

II
Primeros Padres

Aquí no me ocupo solo de la iglesia de Roma capital, sino de las iglesias latinas, que empezaron siendo muy variadas, como seguiremos viendo. Algunas de las iglesias más significativas fueron las del norte de África, de donde provienen algunos padres latinos más significativos (Tertuliano, Cipriano, Agustín…), a quienes difícilmente podemos llamar "romanos" (en el sentido posterior de la palabra). Al final de esta época destacan los padres de la Iglesia Hispana, en comunión con Roma, pero sin ser romanos en sentido estricto. Teniendo eso en cuenta, evocaré, de un modo cronológico, algunos de los padres latinos más significativos, de varias tendencias.

1. Marción de Sinope (±85-160). Dos biblias o una[108]

Parece ser que era hijo de un rico "obispo" del Ponto (en la zona oriental del Mar Negro) y se trasladó a Roma donde entregó sus bienes a la iglesia y creó una especie de escuela teológico–eclesial, en las que destacaban algunos rasgos, que pueden vincularse al gnosticismo, conforme a la visión de Ireneo.

- *El Dios del Antiguo Testamento no es el mismo Dios del Nuevo,* sino un poder violento, vengativo y particularista, que debió ser superado por Jesús, que vino para revelar al verdadero Dios, que es fuente de amor y de perdón universal. Por eso, Marción quiso establecer un canon bíblico que incluyera solo aquellos libros donde se acogía y explicaba la doctrina del Dios bueno. Lógicamente, debían excluirse todos los del Antiguo y aquellos del Nuevo Testamento que no dejaran clara la bondad de Dios. Así quedaban solo los de San Pablo y el evangelio de Lucas.

[108] Visión clásica de Marción en A. von Harnack: Das *Evangelium vom fremden Gott,* Leipzig 1921. Visión actualizada en Th. Ruster, *El Dios falsificado,* Sígueme, Salamanca 2011. Cf. también G. May, *Ni hereje ni reformador: Marción en la definición de la ortodoxia cristiana prenicena,* en G. Bravo y R. G. Salinero (eds.), *Ideología y religión en el mundo romano,* Madrid/Salamanca, 2017, 69-86; J. González, *Historia del pensamiento cristiano,* Clie, Viladecavalls 2010, 127–131. En perspectiva bíblica, cf. S. Moll, *Marción, el primer hereje,* Sígueme, Salamanca 2014. He analizado el tema en *Teología de la Biblia,* Verbo Divino, Estella 2020, insistiendo en la continuidad y diferencia entre los dos testamentos bíblicos.

- *Marción defendía una ruptura fuerte entre judaísmo y cristianismo, que así venían a ser considerados como dos religiones distintas y opuestas.* A su juicio, el único cristianismo verdadero era el de Pablo, pues solo él entendió la novedad y ruptura de Jesús y su mensaje respecto al judaísmo. Eso significa que el Nuevo Testamento (el cristianismo) no es cumplimiento o plenitud, sino *Antítesis* del Antiguo (como indica el título de una de las obras no conservadas de Marción).

Marción expuso su doctrina en Roma donde tuvo en principio buena acogida. Pero más tarde fue condenado (año 144 d. C.) y sus afirmaciones fueron rechazadas por la Gran Iglesia que después quiso atribuirle otras doctrinas de tipo gnóstico, que quizá no había defendido. Sea como fuere, él vino a quedar como enemigo de la verdadera Iglesia, de manera que fue condenado una y otra vez como dualista (habría dos dioses: uno malo, del Antiguo Testamento, y uno bueno, del cristianismo).

A pesar de ello, de un modo más o menos velado, una parte del cristianismo posterior (y actual) tiene rasgos marcionitas, pues son muchos los cristianos que, en algún sentido, de un modo velado o abierto, afirman que la única Escritura verdadera es el Nuevo Testamento, de manera que el Antiguo solo tiene importancia en la medida en que ha sido asumido, trasformado y superado por el evangelio.[109]

2. Hipólito (+ 235). Un problema de administración eclesial[110]

Teólogo y jerarca de la Iglesia de Roma. Escribió en griego (que fue hasta el siglo III la lengua oficial de la comunidad cristiana). La tradición le hace discípulo de Ireneo, en cuya línea parece situarse. Tuvo conflictos doctrinales y administrativos con los obispos Ceferino y

[109] En esa línea, algunos cristianos actuales distinguen los libros del Antiguo Testamento, diciendo que unos están ya caducos (como el Levítico y gran parte de la legislación del Pentateuco, con los libros históricos) y añadiendo que solo tienen valor para el cristianismo las profecías más "purificadas" y algunos textos de carácter poético o sapiencial (como algunos salmos y el Cantar de los Cantares). Más que herejía oficial y abierta, esta es una desviación larvada de una parte considerable de los cristianos.

[110] Obras: PG 10. Cf. *La Tradición Apostólica*, lchthys 5, Buenos Aires 1990; *El anticristo*, Biblioteca de Patrística, Ciudad Nueva, Madrid 2012; B. Botte, *Hippolyte de Rome. La Tradition Apostolique*. SCh 1 I bis, Paris 196868). Cf. J. Frickel, *Das Dunkel um Hippolyt von Rom. Ein Lósungsversuch: Die Schriften Elenchos und Contra Noétum*, GrTS 13, Graz 1988: P. *Nautin, Hippolyte* et *Josipe, Contribution à l'histoire* de la *littérature chrétienne du troisième siècle*, Cerf, Paris 1947.

Calixto, obispos de Roma, a quienes tachó de "monarquianistas" (no admitirían claramente la Trinidad) y de poco exigentes con el orden de la Iglesia.

En torno a su persona y teología surgió un cisma y parece que él mismo actuó en algún momento como anti–papa (obispo alternativo de Roma). Pero las diferencias se superaron, de forma que murió mártir y reconciliado con la Gran Iglesia, que le venera como Santo, y sus obras han marcado la teología cristiana de los siglos posteriores. Escribió trabajos de exégesis, como los comentarios *Sobre el profeta Daniel* y el *Cantar de los Cantares*, pero su obra más conocida es la *Refutación de todas las herejías*, conocida con el título de *Philosophumena*, que a veces se ha tomado como propia de Orígenes (el único autor de su tiempo con quien puede compararse, por la hondura de su conocimiento).

Compuso también una *Crónica del mundo*, donde relata los sucesos de la historia hasta el 234 d. C. Pero su obra más significativa es la *Tradición apostólica*, traducida al latín y a casi todas las lenguas orientales (copto, sirio, armenio); de ella depende una parte considerable del derecho y de la organización litúrgica de las iglesias. Consta de dos partes. La primera se ocupa de la ordenación y ministerio de obispos y presbíteros, siguiendo las costumbres de la Iglesia de Roma, pues Hipólito quiere impedir las innovaciones, en línea litúrgica y administrativa. La segunda trata de los catecúmenos y de los neófitos, trazando los principios de la moral y la vida cristiana (con reglas sobre el ayuno y la eucaristía). Es con Clemente de Roma (cf. cap. 1) la figura más representativa de la pretensión jurídico–administrativa que caracteriza a la iglesia de Roma.

3. Cipriano (205-258).[111] Teología africana

Obispo, teólogo y mártir de Cartago, en el Norte de África. Era de familia noble y ejerció como abogado antes de su conversión al cristianismo. Hacia el año 248 fue elegido obispo por el pueblo. Se escondió en un momento de persecución, cuando la gente gritaba *Cipriano a los*

[111] Obras: PL 4 y CSEL 3. Edición y traducción en J. Campos (ed.), *Obras de San Cipriano. Tratados, cartas*, BAC, Madrid 1964: J. À. Gil–Tamayo, *Obras completas de San Cipriano* I, BAC, Madrid 2013. Cf. también *La unidad de la Iglesia; El padrenuestro; A Donato*, Biblioteca de Patrística, Ciudad Nueva 2001. Cf. J. González, *Historia del pensamiento cristiano*, Clie, Viladecavalls 2010, 204–210. Su vida y obra tuvo mucho influjo en las comunidades del Norte de África y también en España, donde el cristianismo llegó en gran parte a través de África.

leones. No todos entendieron (aceptaron) en ese momento su conducta. Por esa causa tuvo discusiones con otros obispos. También mantuvo polémicas sobre la necesidad o no necesidad de bautizar a los cristianos que hubieran apostatado. Su mayor preocupación fue la unidad de la Iglesia. En una nueva persecución se presentó ante el juez y fue martirizado. Había nacido pagano y era rico, pero, después de su conversión, vendió sus grandes propiedades y dio la mayor parte de sus riquezas a los necesitados. Entre sus libros.

- *Ad Donatum* (247). Describe la experiencia de su conversión al cristianismo, en un contexto vinculado con los cristianos rigoristas de su tiempo, que le acusan de haber dejado poco clara su relación con los perseguidores.
- *De habitu virginum* (*Sobre el vestido de las vírgenes,* 249). Habla sobre la conducta de las mujeres que quieren seguir a Jesús en la Iglesia; de un modo especial les recomienda que se alejan del deseo de las glorias y honores del mundo.
- *De lapsis* (*De los apóstatas,* 251). Expone la conducta que la Iglesia ha de seguir en caso de persecución: habla de la gloria de los mártires y de la forma en que se ha de acoger a los que han apostatado, insistiendo en la posibilidad de esconderse en caso de peligro.

El libro de Cipriano que más ha influido en la teología posterior es su tratado sobre la unidad de la Iglesia *De catholicae ecclesiae unitate* (251). Él mismo encontró fuertes dificultades con la Iglesia de Roma, con la que se mantuvo en comunión, aunque con diferencias. Pero este libro no trata de la unidad de las iglesias con la de Roma, sino de las iglesias en sí mismas, en contra de las herejías y cismas. En contra de aquellos que buscan caminos particulares fuera de la comunidad, Cipriano insiste en la salvación cristiana como experiencia básica de comunión eclesial. La eclesiología posterior de occidente ha seguido apelando a esta obra, en la que aparecen los problemas de las comunidades cristianas del siglo III, en medio de persecuciones y rupturas interiores (herejías).

De Cipriano proviene la frase *extra ecclesiam salus non est* (cf. Epístola 73, 21), que ha de entenderse en un contexto muy determinado de discusiones eclesiales. Sacada fuera de ese contexto y formulada de un modo absoluto pierde su sentido. Ella ha marcado algunas de las disputas eclesiológicas posteriores, de forma que muchos teólogos y pastores, tanto católicos como protestantes y ortodoxos, han apelado a ella, en un sentido distinto de aquel que le daba Cipriano (como si los hombres no pudieran salvarse fuera de esta iglesia concreta). Su sentido básico y permanente es que no se puede hablar salvación cristiana sin una referencia eclesial, es decir, sin comunión de fe y vida con otras personas.

Escribió también varios trabajos de tipo pastoral sobre la necesidad de la justicia dentro de la sociedad, especialmente bajo la impresión que le produjeron las invasiones de pueblos ajenos al Imperio romano. Entre ellos se encuentran: *Sobre la Moralidad* y *Sobre las obras y las limosnas*. Fue rigorista y, en medio de las persecuciones del siglo III, lamentó el fracaso de muchos cristianos, que no tenían el valor de seguir los modelos de vida y pensamiento de la primera comunidad, cuando «los creyentes eran capaces de vender sus casas y sus posesiones, consiguiendo así un tesoro en los cielos y poniendo el dinero conseguido en manos de los apóstoles, para que ellos lo distribuyeran a los necesitados:

> Pero entre nosotros, en la medida en que ha desaparecido la generosidad de nuestra caridad, se ha debilitado aquella unidad de mente. En aquellos días [al principio de la Iglesia], los creyentes eran capaces de vender sus casas y sus posesiones, consiguiendo así para ellos mismos un tesoro en los cielos y poniendo el dinero conseguido en manos de los apóstoles, para que ellos lo distribuyeran a los necesitados. En nuestro tiempo ya no damos ni siquiera las primicias de nuestro patrimonio y así, mientras Nuestro Señor nos dice que vendamos aquello que tenemos, nosotros, en cambio, compramos más cosas y las acumulamos.
>
> En la medida en que se ha marchitado entre nosotros la fe activa, nuestro pueblo ha perdido su antigua firmeza en la fe. Por eso, pensando en nuestro tiempo, Nuestro Señor dice en su Evangelio: "Cuando vuelva el Hijo del Hombre, ¿encontrará él fe sobre la tierra?" (Lc 18:8). Vemos así que él predijo cosas que están sucediendo ante nuestros ojos. Nuestra fe resulta ya incapaz de inspirar ninguna de estas cosas: ni temor de Dios, ni sentido de la justicia, ni caridad, ni buenas obras» (*De catholicae ecclesiae unitate*).

4. Novaciano (siglo III). Una iglesia pura[112]

Originario de Frigia, en Asia Menor. Teólogo y reformador de la Iglesia de Roma, fundador de una comunidad cismática, de tipo rigorista, que se mantuvo por algunos siglos. Muchas de las cosas que sabemos de él proceden de una carta que su obispo y enemigo (el Papa

[112] Para una visión de conjunto de su vida y obra, cf. C. Granado, *Novaciano. La Trinidad*, FP 6, Ciudad Nueva, Madrid 2006.

Cornelio) escribe al obispo Fabio de Antioquía (Eusebio, *Historia Eclesiástica* VI 43). Según ella, Novaciano fue uno de los presbíteros más importantes de la Iglesia de Roma y se enfrentó con su obispo Cornelio a causa de los "lapsi", es decir, de aquellos que habían apostatado en la persecución.

Cornelio era partidario de perdonarles y admitirles de nuevo en la Iglesia. Novaciano era, en cambio, más rigorista y quería que no fueran aceptados, pues solo se debía considerar cristianos a los que habían permanecido siempre fieles en la persecución. Apoyado por sus partidarios y contando con algunos obispos amigos, Novaciano fue ordenado obispo, encabezando un largo cisma en la comunidad cristiana de Roma.

El tema de fondo era la santidad de la Iglesia y, sobre todo, el poder de perdonar pecados. No se trataba solo de un "poder espiritual", al servicio de la rehabilitación de los más débiles, sino administrativo y político, pues a través de su capacidad de perdonar, los obispos podían convertirse de hecho en dirigentes supremos de sus comunidades (dictando así quiénes podían y quiénes no podían formar parte de ella). En esa línea, Novaciano quería una iglesia pura, en la que solo cupieran los santos.

Sus obras son el testimonio de la primera gran teología de la Iglesia de Roma, escrita en latín (no en griego, como en tiempos anteriores). Entre ellas se pueden citar las siguientes: *De Trinitate; De cibis judaicis; De spectaculis; De bono pudicitiae*). Desde un punto de vista teológico, la más importante es el *De Trinitate* que, según la tradición romana de ese tiempo, se sitúa en una línea de *monarquianismo dinamista*: Cristo es hijo adoptivo porque en él la inhabita el poder (*dynamis*) de Dios, que se identifica con el Logos o la Sabiduría.

Algunos intérpretes afirman que ese modalismo de Novaciano se encuentra cerca del de Sabelio, para quien el Hijo y el Espíritu Santo no serían más que "modulaciones" o formas de presencia del único Dios, de manera que no podría hablarse en sentido estricto de una Trinidad. Conforme a la visión de los monarquianistas radicales (Noeto, Praxeas) solo hay un Dios se revela en formas distintas, una de las cuales sería Cristo y otra el Espíritu Santo.

Parece que Novaciano no fue modalista puro, pues (en contra de Marción) piensa que Jesús es Hijo del Dios creador (el Dios del Antiguo Testamento), siendo hombre verdadero (en contra de los docetistas) y Dios verdadero (en contra de los adopcionistas). A su juicio, el Hijo proviene del Padre, de quien recibe su naturaleza y a quien se somete. De todas maneras, manteniendo la diferencia entre el Hijo y el

Padre, sus opositores han dicho que él ha corrido el riesgo de concebir al Hijo como inferior al Padre, planteando de esa forma un tema que solo más tarde se desarrollará y explicitará en la iglesia, a través de las controversias suscitadas por Arrio.

5. Mario Victorino. Poeta de la Trinidad (siglo IV)[113]

Retórico, filósofo y teólogo latino de origen africano. Enseñó en Roma donde obtuvo gran reputación, comentando a Cicerón y traduciendo al latín las obras de algunos filósofos griegos. Se integró de adulto en la iglesia cristiana y parece que influyó en la conversión de san Agustín. Escribió algunos poemas trinitarios, donde procuró fijar la terminología teológica, todavía imprecisa. Sus obras han tenido una gran importancia para la formulación posterior del misterio cristiano de Dios.

a. *Canto trinitario.* Con precisión terminológica y notable hondura, Mario Victorino ha cantado a la Trinidad, especificando la función de cada una de las tres personas. Para ello ha vinculado experiencia cristiana y pensamiento neoplatónico, desde un fondo de oración y entrega personal:

> Dios, Señor, Espíritu Santo. Oh bienaventurada Trinidad. Padre, Hijo, Paráclito, Oh bienaventurada Trinidad… Tú eres la fuente, Tú eres el río, Tú riegas todas las cosas, Oh bienaventurada Trinidad. En los tres, eres un acto triple… Dios es el amor, Cristo es la gracia, El Espíritu Santo es la comunicación. Oh bienaventurada Trinidad. Si hay amor, hay gracia, Si hay amor y gracia, hay comunicación.
>
> Todas las personas están por tanto en cada una y cada una en las tres, Oh bienaventurada Trinidad. Por eso Pablo, enviado de Dios, ha dicho: que la gracia del Señor Jesucristo, el amor de Dios y la comunicación del

---

[113] Obras en PL 8 y en S.Ch 68-69. Cf. M. Simonetti, *Mario Victorino,* DPAC, 2122-2125; P. Séjourné, *Victorinus Afer,* DTC XV 2, 1950, 2887-2954; M. T. Clark, *The Neoplatonism of Marius Victorinus,* Studia Patristica XI (1967) 13-79; *A Neoplatonic commentary on the Christian Trinity. Marius Victorinus: Neoplatonism and Christian thought,* Albany Univ. New York 1981; *Victorinus and Augustine. Some differences*: Augustinian Studies 17 (1986) 147-159. G. González, "Pensamiento trinitario y metafísica platonista en el "*De Generatione Divini Verbi*" de Mario Victorino", *Tópicos (México)* 58 (2018) 387-403; P. Hadot, *Marius Victorinus, Recherches sur sa vie et ses œuvres,* Études August., Paris 1971; *La structure de l'âme, image de la Trinité chez Victorinus et chez Augustin*: *Studia Patristica,* VI (1962) 409-442; A. Ziegenaus, *Die trinitarische Ausprägung der göttlichen Seinsfülle nach Marius Victorinus,* M. Hueber, München 1972.

> Espíritu Santo sean siempre con vosotros. Generador, Engendrado, Regenerador, Oh bienaventurada Trinidad. Luz verdadera, Luz verdadera de luz, Verdadera iluminación, Oh bienaventurada Trinidad. (*Tratados teológicos sobre la Trinidad, Himno* 3; SCh 68, p. 635-639).

b. *Gloria a la Trinidad.* Con una terminología que hace pensar en el neoplatonismo, que conocía bien, y anticipando algunas formulaciones de Dionisio Areopagita, Mario Victorino celebra la unidad de la Trinidad, mostrando de esa forma que ella no puede interpretarse solo de forma neoplatónica. Más allá de la especulación sobre el Uno (cf. Platón, *Parménides*), la unidad y comunicación divina se expresa y despliega en forma de oración y canto.

> Todo proviene del Uno, Todo existe por el Uno, Todo es en el Uno. ¡Oh bienaventurada Trinidad! Ingénito por toda la eternidad, Engendrado por toda la eternidad, Engendrado para que todas las cosas sean eternas, ¡Oh bienaventurada Trinidad! Tú ordenas crear, Tú creas, Tú recreas lo creado ¡Oh bienaventurada Trinidad!
>
> ¡Oh Padre, tú eres para todos la sustancia, Oh Hijo, tú eres para todos la vida, Oh Espíritu, tú eres para todos la conservación! ¡Oh bienaventurada Trinidad! Padre, a todos les das tú el ser. Tú, oh Hijo, les das la forma. Y tú, oh Espíritu, les das la nueva forma. ¡Oh bienaventurada Trinidad!
>
> Tú, Dios, tú eres el *Padre* de lo in-finito y de lo de-finido. ¡Oh bienaventurada Trinidad! Tú, oh *Hijo,* tú eres infinito, porque tú eres la vida y eres de-finido, porque devuelves la vida a los muertos. Así eres también Padre de lo in-finito y de lo de-finido. ¡Oh bienaventurada Trinidad!
>
> Tú eres también de-finido, *Espíritu Santo,* porque eres la conservación. Pero al conocer lo in-finito en lo definido, eres también Padre de lo infinito y de lo de-finido. ¡Oh bienaventurada Trinidad! Siendo uno y simple, tú eres también Uno en tres: El Espíritu, el *Logos* y Dios. ¡Oh bienaventurada Trinidad! (*Tratados teológicos sobre la Trinidad, Himno* 1. SCh 68, p. 641-645; 649-653).

6. Hilario de Poitiers (315-367)[114]

Teólogo y obispo de Galia. Estaba casado y tenía una hija. Se solidarizó con San Atanasio y fue desterrado (del 356 al 361), viviendo en oriente,

[114] Obras: PL 9–10. Cf. *La Trinidad. Edición Bilingüe,* BAC, Madrid 1986; *Comentario al Evangelio de Mateo,* BAC, Madrid 2010; *Tratado sobre los Sínodos. La fe de los orientales,* BAC, Madrid 2019. Otras obras: *Sobre Los Salmos I–III* (Salmos *I–110, 118 y 119–150),* Biblioteca de Patrística, Ciudad Nueva, Madrid 2018 y 2020; Para una visión de conjunto

donde conoció mejor las doctrinas teológicas en juego. A la vuelta del destierro siguió teniendo dificultades por su defensa de Nicea, pues en ese momento parecía triunfar la causa arriana. Escribió uno de los libros fundamentales de la teología de occidente, titulado *De Trinitate,* donde estudia la naturaleza de Dios, la generación del Hijo y la existencia del Espíritu Santo en una línea que ha sido después poco desarrollada, por el influjo mayor de San Agustín.

Su visión trinitaria fue profundamente bíblica. A su juicio, el Hijo estaba ya latente en el Antiguo Testamento, de forma que toda la Escritura y la historia de Israel fue un anuncio y promesa de la revelación de Cristo tal como ha sido ratificada en el Nuevo Testamento. Utilizando como base el Evangelio de Juan proclamó y defendió la unidad del Hijo con el Padre, en una línea en la que se vincula el argumento bíblico y el pensamiento helenista.

Hilario es uno de los Padres más doctos y profundos de Occidente, de manera que puede compararse con el mismo San Agustín, superándole incluso desde una perspectiva de historia de la salvación. Insiste en la humanidad de Jesús, que así aparece como hombre real y concreto, pero totalmente deificado, de manera que solo por estar unido plenamente a Dios puede ser salvador de los hombres.

7. Zenón de Verona (±300-380)[115]

De origen norteafricano, obispo de Verona, en Italia. Entre sus escritos se conservan varias homilías y tratados sobre la Trinidad, la Virginidad de María, los sacramentos y la resurrección. Acude con frecuencia a los símbolos bíblicos y a los personajes del Antiguo Testamento. Tiene especial importancia su doctrina social, en la que afirma que el mayor de los pecados es la explotación de los pobres:

> La avaricia… es la enemiga de la justicia. Por causa de la avaricia están llenos los graneros de algunos, mientras los estómagos de muchos se encuentran vacíos. Por causa de la avaricia el precio de las mercancías aumenta, cuando ellas son más escasas. La avaricia es causa del fraude, del perjurio, de los robos, los conflictos y las guerras. Día a día, unos buscan más riquezas, mientras otros lloran. Habitualmente, a la confiscación de los bienes de otros se le llama "industria" o habilidad; de esa forma se

de su teología, cf. A. Fierro, *La gloria en S. Hilario,* Gregoriana, Roma, 1964); L. Ladaria, *La Trinidad en Hilario de Poitiers,* Comillas, Madrid 1986.

[115] Obras en PL 31.

justifica la apetencia de los bienes de los demás, de un modo muy preciso, utilizando para ello los argumentos más agudos, con el pretexto de la propia defensa o seguridad.

De esa manera, los que carecen de medios para defenderse, aunque sean inocentes, perderán de un modo legal aquello que poseen, y esta es la peor de todas las violencias. Porque uno podrá recuperar un día aquello que le han quitado por la fuerza, pero no podrá recuperar jamás aquello que le han quitado con la protección de la ley. ¡Quien quiera enorgullecerse con ese tipo de injusticia que lo haga! Pero que sepa que aquel que se vuelve rico atropellando la miseria de los pobres es mucho más miserable que el más miserable de los pobres» (*Sobre la justicia* 3; obras en PL 31).

8. Pelagio (354-420)[116]

Monje británico de gran cultura. Hacia el año 400 se trasladó a Roma, donde escribió algunos libros que causaron preocupación en diversos círculos de partidarios de Agustín: *De fide Trinitatis libri tres; Eclogarum ex divinis Scripturis liber unus* (que no se han conservado). Pensó que la teología de la gracia de san Agustín y su visión del pecado original se oponían a la libertad del hombre y contribuían a un tipo de relativismo moral, contrario al evangelio (pues terminaban convirtiendo a las personas en autómatas en manos de Dios, sin verdadera responsabilidad). Fue duramente criticado y condenado por Agustín y por otros obispos partidarios suyos de occidente. Sin embargo, no fue condenado en Oriente (en Palestina), donde vivió por un tiempo antes de su muerte.

La cuestión del error o herejía de Pelagio ha dividido desde entonces a la Iglesia. Los pensadores de línea más agustiniana (y protestante) siguen condenándole y diciendo que niega la gracia de Dios y la redención de Cristo (negando, en el fondo, el pecado original). Por el contrario, aquellos que no destacan tanto ese pecado e interpretan la gracia de Dios como elevación del hombre más que como superación de un tipo de pecado original están dispuestos a aceptar su ortodoxia, al menos como correctiva en contra de un tipo de predestinacionismo que termina negando el valor de las obras humanas.

En el fondo, parece que Pelagio acusaba a Agustín de maniqueísmo, pues de tal forma insistía en el pecado original que condenaba al infierno a todos los no bautizados (por el hecho de estar incluidos en

---

[116] Obras: PL 21. Cf. H. *von Schubert, Praedestinatus. Ein Beitrag zur Geschichte des Pelagianismus,* TU 24, 4, Leipzig, 1903; J. González, *Historia del pensamiento cristiano,* Clie, Viladecavalls 2010, 331-335.

un delito que ellos no habían cometido). Agustín, en cambio, acusaba a Pelagio de negar la gracia de Dios y de rechazar, por tanto, el valor del sacrificio redentor de Cristo.

Son muchos los que piensan (pensamos) que el tema de la controversia de fondo entre San Agustín y Pelagio no se ha resuelto todavía, de manera que las cuestiones y experiencias básicas siguen a pendientes de estudio y de diálogo entre iglesias. No se sabe cómo murió Pelagio. Algunos afirman, incluso, que fue envenenado o asesinado por los enemigos de su teología. Sea como fuere, su figura y su doctrina deben ser estudiadas todavía.

9. Severino Boecio (480-525)[117]

Político, pensador y filósofo cristiano, posterior a la caída del Imperio romano de occidente. Fue ministro del rey ostrogodo Teodorico, quien, tras un proceso extraordinario, le condenó a muerte, haciéndole ejecutar, sospechando que quería traicionarle a favor de los bizantinos. Algunos le consideran como el último pensador romano, a caballo entre la antigüedad y la Edad Media. Tradujo al latín varias obras griegas. Escribió sobre temas de retórica, filosofía y teología, siendo uno de los transmisores fundamentales del pensamiento antiguo a la Edad Media europea. Redactó en prisión su trabajo sobre la *Consolación de la filosofía (Philosophiae consolatio)*, para alcanzar el conocimiento de Dios conforme a este esquema:

- Mientras discurre sobre los motivos de su aflicción, que no es solo personal, sino social (la caída del orden romano) se le aparece la Filosofía, en forma de dama, y le revela que todo mal consiste en haber olvidado el verdadero destino del hombre.
- Los bienes pasajeros de este mundo, tanto en un plano individual como familiar, social y político son incapaces de conceder a los hombres el verdadero consuelo, la felicidad y la paz más alta que ellos buscan.
- En ese consuele se le muestra la Dama Filosofía, diciéndole que la felicidad no reside en un tipo de valores particulares y pasajeros, como los que él antes podía tener, sino en el Bien supremo, que es Dios, pues para Dios ha sido creado el hombre.

---

[117] Obras en PL 63-64; CSEL 48, 64; cf. también H. Merle, *Courts traités de théologie. Opuscula sacra,* Cerf, Paris 1991. Traducciones: *La consolación de la filosofía,* Akal, Madrid 1997. Sobre Boecio: M. Lluch-Baixauli, Teología de Boecio: en la transición del mundo clásico al medieval, Univ. Navarra, Pamplona 1990.

- La misma Filosofía, entendida como un tipo de revelación superior, le enseña a conciliar la bondad de Dios con la existencia del mal en el mundo. No se trata, por tanto, de una filosofía puramente racional, sino de tipo y fondo religioso, tal como se expresa en la tradición cristiana.
- Finalmente, la misma Filosofía le permite descubrir la realidad de Dios, resolviendo el tema de la relación entre la omnisciencia de Dios y la libertad de la voluntad humana, inclinada a la violencia y al pecado.

La aportación más importante de Boecio al pensamiento cristiano fue la definición de la persona, en sentido trinitario y antropológico, como "substancia individual de naturaleza racional" (*rationalis naturae individua substantia*), completando en esa línea la visión de San Agustín, y permitiendo plantear mejor su visión de la Trinidad. Su reflexión ha marcado el pensamiento posterior de occidente, tomando las personas como realidades absolutas, y no como "sujetos relacionales", en un sentido que él mismo ha debido precisar, y que ha sido objeto de comentarios favorables y de disputas en la tradición posterior de la teología de la Trinidad.

> Si la persona existe solo en las sustancias racionales, y solamente en ellas, y si toda sustancia es una naturaleza que solo existe en un plano individual y no en el plano de los universales, entonces hemos encontrado la definición de la persona: es «una sustancia individual de naturaleza racional» (*rationalis naturae individua substantia*). Pues bien, por esta definición, nosotros, latinos hemos designado aquello que los griegos llaman *hipóstasis* [...].
>
> En esa línea, yo planteo la cuestión siguiente: ¿el Padre, el Hijo y el Espíritu Santo se atribuyen a la divinidad en cuanto sustancia o más bien según otro tipo de atribución? Si pregunto si el Padre es una sustancia, la respuesta será afirmativa. Si pregunto si el Hijo es una sustancia, la respuesta será la misma, y nadie pondrá en duda que el Espíritu santo es también una sustancia. Y, sin embargo, cuando reúno al Padre, al Hijo y al Espíritu Santo, no pongo ante la consideración de la mente varias sustancias, sino una única.
>
> Según eso, la sustancia única de las tres personas no puede en modo alguno ser algo separado o disyunto, no es tampoco el resultado de la unión de diversas partes en un todo; la sustancia de Dios es única de un modo absoluto. Por consecuencia, todo lo que se atribuye a la sustancia divina debe ser obligatoriamente común a las tres personas, y este será el signo de los atributos de la sustancia de la divinidad, a saber, de manera que todo lo que se dice de ella según este modo (en relación con

la sustancia) debe atribuirse por aislado a cada una de las tres personas, reunidas en la unidad de la divinidad.

Por eso, si decimos «el Padre es Dios, el Hijo es Dios y el Espíritu Santo es Dios», esto significa que Padre, Hijo y Espíritu Santo constituyen un Dios único. Si, por tanto, la deidad única de las personas constituye una sustancia única, conforme a la sustancia, el nombre *Dios* puede ser atribuido a la divinidad (y a cada persona). De igual manera, el Padre es verdad, el Hijo es verdad, el Espíritu Santo es verdad; y, sin embargo, el Padre, el Hijo y el Espíritu Santo no son tres verdades, sino una única verdad [...].

Si las tres personas son distintas, siendo la sustancia indivisa, necesariamente el nombre que se refiere a las personas no puede pertenecer a la sustancia, sino que la Trinidad está constituida por la diversidad de las personas. Por tanto, la Trinidad no pertenece a la sustancia. De aquí se sigue que ni el Padre, ni el Hijo, ni el Espíritu Santo son atributos sustanciales, sino que, como nosotros hemos dicho, ellos son atributos de relación (*Courts traités de théologie,* Cerf, Paris 1991, 59; 117-119-134).

10. Casiodoro (485-580)[118]

Senador romano, de origen sirio, nacido en Calabría (Italia), que realizó diversas funciones al servicio del emperador bizantino Justiniano. Hacia el año 555 abandonó la política y fundó en Calabria un monasterio llamado *Vivarium,* donde quiso dedicarse a la oración y a la cultura. Allí escribió una serie de libros que son fundamentales no solo para el conocimiento de la historia y cultura de su tiempo, sino también para la teología en general.

Es autor de obras históricas, como la *Historia Gothorum,* escrita por encargo del rey Teodorico y de varios libros de filosofía como el *Liber de anima,* donde recoge y sistematiza los datos bíblicos y filosóficos sobre el sentido y función del alma humana. Preparó también comentarios bíblicos como la *Expositio psalmorum,* que es una especie de glosa literaria de los Salmos.

Su obra más importante para la cultura posterior son las *Institutiones,* una especie de suma de los conocimientos de su tiempo y que consta de dos partes: la primera sobre *Institutiones divinarum*

[118] Obras latinas en PL 69–70. Edición castellana: *Iniciación a las Sagradas Escrituras,* Biblioteca de Patrística 43, Ciudad Nueva 1998. Cf. J. W. Halporn y M. Vessey, *Cassiodorus: Institutions of Divine and Secular Learning and On the Soul,* TTH 42, Liverpool UP 2004; F. Troncarelli, *Vivarium. I Libri. II Destino,* Brepols, Turnhout 1998.

litterarum (donde se recogen los conocimientos que derivan de las Escrituras) y la segunda sobre *Institutiones saecularium litterarum* (donde recoge los diversos conocimientos retóricos, artísticos y filosóficos de su tiempo). Casiodoro es un clásico de la cultura occidental y ha servido de puente entre los diversos campos del conocimiento de su tiempo.

Por una parte es heredero del mundo greco–romano antiguo, y por otra es testigo de la novedad cristiana. Por un lado es romano, por otra parte ha servido a los reyes godos, buscando una conciliación entre unos y otros. Por un lado ha sido católico (de la Gran Iglesia), por otra parte ha querido mantener contactos pacíficos con los arrianos. Ciertamente, él pertenece al mundo antiguo; pero, al mismo tiempo, puede presentarse ya como un "medieval", en el sentido amplio de la palabra.

III
Los cuatro doctores. San Agustín

Hay muchos "padres", pero la tradición ha destacado entre ellos ocho, cuatro orientales (Atanasio, Basilio, Gregorio de Nacianzo, Juan Crisóstomo) y cuatro occidentales (Ambrosio, Jerónimo, Agustín, Gregorio Magno). En caps. 3 y 4 he presentado ya a los doctores orientales, por separado, integrados entre los padres egipcios y sirios. Ahora presento a los latinos en un mismo apartado.

Por la importancia que ha tenido y sigue teniendo, quiero dedicar un espacio más extenso a san Agustín, "doctor" latino por excelencia, el pensador y teólogo más importante de la iglesia occidental. Le podemos llamar "romano", pues se sabe vinculado a la Iglesia de Roma, pero no en el sentido posterior de la palabra, pues no destaca el primado de su sede, ni el poder de su iglesia sobre las restantes. Agustín vive de un modo natural en el contexto de la gran comunión de iglesias, acepta los concilios de Oriente (Nicea, 325, Constantinopla I, 381), pero recrea con gran libertad el cristianismo en su entorno latino del norte de África.

1. Ambrosio de Milán (339-397)[119]

Político, teólogo y obispo de Milán. Nació en Tréveris (hoy Trier, Alemania), hijo de un funcionario romano. Estudió en Roma donde se preparó para la vida política y el año 370 fue nombrado prefecto/

[119] Obras: PL 14-17; CSEL 32, 62, 64, 73. Algunas han sido publicadas en FP Bilingües, Ciudad Nueva, Madrid: *Sobre las vírgenes y sobre las viudas* (1999), *Discursos consolatorios* (2011), *La virginidad* (2007). Otras en la Biblioteca de Patrística, Ciudad Nueva, Madrid: *El misterio de la Encarnación del Señor* (2005), *El espíritu Santo* (1998), *La penitencia* (1993), *Explicación del Símbolo* (2005), *Sobre la fe* (2009); *Sobre Abraham* (2011); *Hexamerón. Los seis días de la creación* (2011); *El paraíso. Caín y Abel. Noé* (2011); *Los Deberes* (2015); *Elías y el ayuno. Nabot. Tobías* (2015). Ambrosio ha sido recordado de un modo especial por su influjo en la conversión de San Agustín, pero también por sus escritos morales sobre el Antiguo Testamento: *Caín y Abel, Los Patriarcas, Noé, Abraham, Isaac, Jacob, José, Profeta, Elías, Tobías, Job, David.* Escribió también un *Comentario del Evangelio según San Lucas,* pero su obra más significativa es el tratado sobre el *Hexamerón,* en el que, apoyándose sobre unas homilías de San Basilio, expone de forma poderosa el sentido de la creación, en clave alegórica (en la línea de Filón y Orígenes), pero también histórica y científica. Casi toda la reflexión teológica medieval sobre Gn 1 deriva de este libro. Cf. H. von Campenhausen, *Ambrosius von Mailand als Kirchenpolitiker* de Gruyter, Berlín 1929.

gobernador de Liguria y Emilia, en el norte de Italia, con residencia en Milán, siendo un catecúmeno cristiano. En aquel momento, la diócesis de Milán se hallaba dividida entre partidarios del concilio de Nicea y simpatizantes del arrianismo.

Tras la muerte del obispo Auxencio surgieron grandes disputas en la comunidad cristiana y cuando Ambrosio quiso apaciguarlas, como prefecto, con autoridad política, los diversos grupos se unieron para aclamarle como obispo. A pesar de su oposición y de las dificultades que implicaba nombrar como obispo a un simple catecúmeno, Ambrosio recibió al mismo tiempo el bautismo y la ordenación episcopal.

Era un hombre culto, pero no especializado en el estudio de la Biblia y en la teología. Por eso tuvo que dedicarse especialmente a la formación cristiana, con la ayuda de un presbítero llamado Simplicio, familiarizándose no solo con la Biblia, sino con las obras más significativas de los teólogos anteriores (especialmente de Orígenes). Tuvo gran autoridad personal y escribió en diversas ocasiones contra las deficiencias morales de su tiempo, especialmente contra el deseo de riqueza, como muestra su *Homilía sobre Tobías* y su escrito *Sobre la Historia de Nabot.* Repartió entre los pobres todas sus riquezas, pues a su juicio, por su misma naturaleza, la vida cristiana se centra en el amor a Dios y a los demás, no en el dinero, en una línea de justicia y entrega por el prójimo:

> Ninguna virtud produce beneficios más abundantes… que la justicia, *que* está más relacionada con los otros que con uno mismo. La justicia nos obliga a poner en un segundo plano nuestras ventajas y a dar prioridad al bien común. Por lo tanto, si uno desea agradar a todos, tiene que esforzarse por actuar siempre de tal manera que no busque lo que es mejor para sí mismo, sino lo que es mejor para muchos, como Pablo se esforzó por hacer. Porque esto es lo que significa "conformarse a la imagen de Cristo…". Porque Cristo, Nuestro Señor estaba en la forma de Dos y se vació a sí mismo, para tomar para sí la forma humana, a la que quiso enriquecer con el poder de sus obras» (*El Paraíso original,* PL 14, 298).

Ambrosio fue por formación y carácter un "político" al servicio de la Iglesia, de manera que pudo oponerse a las intromisiones del emperador y de las autoridades del imperio. En esa línea, vino a presentarse como delegado de Dios y de la Iglesia, por encima del mismo poder del Estado, como lo muestra su incidente con el emperador Teodosio, a quien negó la comunión mientras no se arrepintiera por haber decretado una masacre en Tesalónica. En esa línea, contribuyó de un modo poderoso a la "cristianización oficial" del imperio, empleando para ello no solo el poder religioso de la fe, sino incluso el poder civil en contra del espíritu cristiano.

> Hay que reconocer que, después de haber reclamado la libertad religiosa, los cristianos pierden a su vez el sentido de la tolerancia cuando el poder se alía con ellos. Es el tiempo en que cristianos fanáticos destruyen templos paganos e incendian también sinagogas. La sinagoga de Callinicum, en Mesopotamia, fue incendiada por una turba de cristianos. Como reparación de esta fechoría, Teodosio había ordenado que se reconstruyese con el dinero de la caja eclesiástica. Puede que la medida no fuese del todo justa al cargar sobre toda la comunidad la responsabilidad de malhechores no identificados. Con su insistencia, Ambrosio logra que el emperador revoque su disposición y siente un precedente desafortunado. Recordando toda una serie de desafueros posteriores, el historiador eclesiástico no puede menos de lamentar esta victoria de Ambrosio.[120]

Pudo cometer errores, pero supo aproximarse al misterio cristiano con un gran respeto, con apertura de mente, con deseo de conocimiento. De todas formas, resulta claro que se mueve mejor en un mundo jurídico de ley que en la experiencia de gracia radical del evangelio.

2. Jerónimo y la Vulgata (343-420)[121]

Monje, traductor de la Biblia, exégeta y teólogo, uno de los cuatro Doctores de la Iglesia Latina. Nacido en Estridón, actual Croacia, estudió en Roma, consiguiendo un buen conocimiento de la literatura griega y latina. Tras una conversión radical al cristianismo, se traslada al oriente, al entorno de Antioquía de Siria, donde estudió hebreo, y fue ordenado presbítero. Asistió después al Concilio de Constantinopla (año 381), conociendo a los obispos más famosos de oriente. Se trasladó de nuevo a Roma, donde el papa Dámaso le nombró su secretario, encargándole la revisión de la traducción latina de los evangelios.

---

[120] Cf. R. Trevijano, *Patrología,* BAC, Madrid 2005, 238, cf. 231–239.

[121] Obras: PL 22-30. Hay edición bilingüe completa de su obra, en BAC, Madrid (2008/2015), 14 volúmenes (I) *Comentarios a los Salmos. Comentario a San Marcos,* (2) *Comentario a Mateo y otros escritos;* (3a) *Comentarios a los Profetas menores;* (3b): *Comentarios a los Profetas Menores;* (4) *Cuestiones relativas al Antiguo Testamento;* (5a) *Comentario a Ezequiel (Libros I-VIII);* (5b) *Comentario a Ezequiel (Libros IX-XIV). Comentario al profeta Daniel;* (6a): Comentario a Isaías (Libros I-XII); (6b) *Comentario a Isaías (Libros XIII-XVIII);* (7) *Comentario al profeta Jeremías (Libros I-VI*); (8) *Tratados apologéticos;* (9) *Comentarios paulinos;* (10a) *Epistolario I (Cartas 1-85);* (10b*) Epistolario II (Cartas 86-154).* Cf. R. Trevijano, *Patrología,* BAC, Madrid 2005, 239–247.

Muerto Dámaso, se trasladó a Belén, fundando monasterios de varones y mujeres, con una hospedería para peregrinos, e iniciando la traducción completa de la Biblia, sobre base el texto hebreo y las diversas traducciones griegas que Orígenes había recogido en su Hexapla. Su nueva traducción, llamada posteriormente *Vulgata,* ha venido a convertirse en canónica para la iglesia latina, donde su obra ha gozado de la máxima autoridad.

Esta traducción ha sido la obra literaria y teológica más importante de la Iglesia romana hasta el siglo XX. Ella ha fijado el latín eclesiástico, ha sido libro de lectura, meditación, estudio y teología de todos los clérigos hasta el siglo XVI (Reforma protestante, con las nuevas traducciones bíblicas a las lenguas naciones) y de los católicos hasta el mismo siglo XX. En la actualidad existen muchas buenas versiones de la Biblia al español y a casi todas las lenguas del mundo. Pero la de Jerónimo sigue siendo de gran importancia para las iglesias de tradición latina, que la han utilizado de un modo oficial a lo largo de un milenio y medio (desde el siglo V al XV). Por otra parte, es, una traducción muy buena, aunque pueda tener sus defectos.

San Jerónimo optó por la "veritas hebraica", expresada en lengua original del Antiguo Testamento, y supo actualizarla y comentarla de un modo extraordinariamente denso, acudiendo a los maestros judíos en un plano literario y filológico, y expresando por otro lado la novedad del mensaje cristiano. Sus restantes trabajos teológicos (de tipo exegético, polémica e incluso dogmático) son de menos importancia. El más conocido es su tratado *Sobre la Virginidad,* en el que defiende (de manera quizá unilateral) una versión ascética de la vida cristiana. También ha tenido gran influjo su controversia con Rufino sobre el origenismo, que él ha condenado. Menos clara resulta su relación con Pelagio, contra el que san Agustín había dirigido su más duro ataque.

3. Agustín de Hipona (354-430)[122]

Obispo y teólogo latino, nacido en Tagaste, Norte de África. Su aventura personal, unida de forma inseparable a su teología, ha marcado

[122] Obras: PL 32-46; CSEL 21 vol. (Viena 1865 ss.); *Corpus Christianorum,* 19 vol. (Turnhout 1950 ss.). Edición bilingüe, latino-castellana en BAC, Madrid 1953-1994, en 41 volúmenes, con varias ediciones on line. Para una visión de conjunto, cf. A. Ropero, *Obras escogidas de San Agustín* I–III, Clie, Viladecavalls 2016–2018, Hay muchas ediciones y traducciones de obras particulares de Agustín, en especial de *Regla, Confesiones, Ciudad de Dios* y *De Trinitate.* La bibliografía sobre su vida y obra resulta inabarcable. A modo

hasta hoy la cultura y la vida cristiana de occidente. Nadie ha influido como él en el desarrollo del pensamiento medieval cristiano, tanto en el plano de la filosofía, como en la teología y la vida eclesial. Su visión del mundo se expresó de muchas maneras y en diversas obras de tipo filosófico y teológico, antes y después de su conversión al cristianismo (año 386) y de su elección como obispo de Hipona (395).

Fue retórico y pensador, con gran capacidad para analizar los temas de la vida. Estudió oratoria en Cartago y siendo joven tomó una "concubina" (mujer oficial, de rango inferior, a la que podía abandonar después, para casarse con otra de su mismo rango). Estuvo casado con ella por más de doce años (hasta el 384), y tuvieron un hijo llamado Adeotado, "dado por Dios" (el año 372).

Cultivó pronto la filosofía (ya el año 372 leyó el *Hortensio* de Cicerón), inclinándose hacia un tipo de platonismo, pero sin estar convencido de la bondad de los seres. Le preocupó de un modo intenso el tema del mal, en un plano de pensamiento y vida, y se inscribió como "oyente" (auditor) en la iglesia de los maniqueos (de Mani, del he tratado en el capítulo anterior), en la que permaneció casi diez años (de los diecinueve a los veintiocho), mientras enseñaba retórica en Tagaste y en Cartago (del 374 al 383).

Su pertenencia al maniqueísmo marcó de un modo profundo no solo el camino de su vida, sino sus respuestas teológicas. Su primera experiencia de salvación no fue el encuentro con Jesús, el Cristo, en un contexto normal de comunión religiosa (desde el Antiguo Testamento), sino la búsqueda y descubrimiento del Bien Supremo, desde un fondo de maniqueísmo, que él irá superando con el platonismo. En esa línea, terminó reconociendo la creación positiva del mundo (en contra de la caída maniquea), pero le costó superar una visión negativa de la carne (materia) y de la relación sexual.

Durante esos años de maniqueísmo, el pensamiento y la iglesia de Mani no lograron convencerle del todo, pero marcaron de un modo fuerte su espíritu de buscador apasionado de la verdad. Su misma turbación interior le llevó a seguir buscando en Milán, donde se trasladó, actuando también allí como maestro de retórica (384), y donde leyó de

---

de ejemplo: E. J. Brotóns, *Felicidad y Trinidad. A la luz del De Trinitate de San Agustín,* Sec. Trinitario, Salamanca 2004; R. Flórez, *Las dos dimensiones del hombre agustiniano,* Religión y cultura, Madrid 1958; J. J. Garrido, *San Agustín: breve introducción a su pensamiento,* Fac. Teología, Valencia, 1991; E. Gilson, *Introduction a l'étude de S. Augustin* I-III, Vrin, Paris 1949; J. González, *Historia del pensamiento cristiano,* Clie, Viladecavalls, 2010, 317–354; R. Trevijano, *Patrología,* BAC, Madrid 2005, 248–259; A. Turrado, *Dios en el hombre,* BAC, Madrid 1971.

un modo intenso la obra de algunos platónicos (Plotino y Porfirio) que le permitieron superar el dualismo, gnóstico, con el descubrimiento un tipo de bondad sagrada, de tipo más alto filosófico–religioso.

En Milán escuchó los sermones de Ambrosio, con su interpretación alegórica de textos de la Biblia (en especial los de la creación, Génesis), y en esa línea pudo replantear los temas discutidos del maniqueísmo, descubriendo el carácter espiritual de Dios, el valor positivo de la vida y la importancia de la gracia, que había permanecido antes opacada o marginada. Desde ese fondo pudo avanzar hacia el evangelio y aceptar la singularidad y diferencia del cristianismo, de manera que su conversión filosófica (al platonismo) vino a desembocar en una reconstrucción religiosa (cristiana), estrictamente dicha, aunque con "heridas" maniqueas que permanecieron latentes a lo largo de su vida.

Esa conversión (año 386) contiene elementos de tipo personal social, intelectual y emotivo, que no pueden juzgarse desde nuestra perspectiva, pero que han de tenerse en cuenta para interpretar su trayectoria de vida y pensamiento. En este contexto quiero referirme de un modo especial a su relación con la mujer con quien había compartido su vida en matrimonio legalmente válido (aunque jurídicamente inferior) durante más de doce años. Lógicamente, desde nuestra visión del evangelio, una vez convertido, Agustín podría (debería) haber legalizado (cristianizado) el matrimonio jurídicamente temporal con la madre de su hijo, en vez de romperlo según ley, cuando encontrara una mujer superior para casarse definitivamente con ella.

Ciertamente, no podemos juzgar su conducta desde nuestro contexto social y cristiano, pero, siendo como era un hombre extraordinario, podríamos pedirle algo distinto, y así pensamos, según el evangelio (no desde la ley de Roma ni desde un espiritualismo platónico, contrario a la carne y a la sacralidad del matrimonio), que él debería haber "recreado" (elevado y sanado) la relación que mantenía con aquella mujer (¡cuyo nombre no cita!), integrando de esa forma su vida sexual, afectiva y familiar en un contexto cristiano.

En contra de eso, por resabio de pelagianismo (conforme al cual el matrimonio es malo, de personas de segunda clase, de carnales no de espirituales) o por espiritualismo de corte platónico, Agustín optó por abandonar (expulsar) a su esposa (que le dejó así, aunque le quería y hubiera querido mantenerse a su lado), para iniciar un camino de soledad afectiva y de renuncia a la comunión radical hombre–mujer que marcará no solo su historia de cristiano, sino la teología posterior de occidente. En una línea que puede compararse a la de Orígenes, él interpretó el cristianismo más hondo como renuncia y felicidad contemplativa (de conocimiento de Dios) que exige un tipo de *sacrificium phalli* (renuncia a la vida sexual y conyugal).

De esa manera, tras dejar a su esposa, el año 386. Agustín abandonó también su "cátedra" de retórica en Milán y se retiró a una finca cercana, en Casiciaco, con su madre y algunos amigos, para dedicarse al estudio y la meditación. El año 387 recibió el bautismo, y en el camino de retorno hacia África falleció su madre en Ostia. Al llegar a Tagaste vendió sus bienes y repartió el producto de la venta a los pobres, retirándose a una pequeña propiedad para iniciar una vida monacal, escribiendo después su famosa *Regla de Vida Común*, que ha servido de inspiración para numerosas comunidades, a lo largo de los siglos, siendo aún observada por grupos de religiosos católicos (y protestantes).

El año 391 viajó a Hipona para fundar un monasterio, pero la comunidad cristiana le eligió diácono del obispo Valerio, ministerio que él aceptó con dificultades pero con plena entrega. A la muerte de Valerio, el año 395 fue elegido obispo, y desde ese momento hasta su muerte (el 430), desarrolló una intensa actividad ministerial, dirigiendo su iglesia, escribiendo sobre teología y vida cristiana, refutando las "herejías" de su entorno y de todos los lugares de donde le escribían, pidiendo consejo sobre temas vinculados con los donatistas, arrianos, maniqueos, pelagianos, priscilianistas, etc.

Su obra condensa y refleja toda la vida de la iglesia y de la sociedad de su tiempo, que evocaré comentando cuatro de sus libos más significativos: Confesiones, Reglas de vida religiosa, Ciudad de Dios y Trinidad. Mi lectura de su pensamiento será voluntariamente "parcial" (algo sesgada), insistiendo en algunos de sus rasgos quizá más negativos, para así exponer mejor la grandeza de su proyecto cristiano, que ha de ser reasumido y recreado desde nuestra perspectiva, en el siglo XXI.

a. *Confesiones. El "pecado" de Agustín*[123]

Este es uno de los libros más influyentes de la historia universal. Ningún cristiano se había sentido obligado hasta entonces a dar cuenta

[123] He desarrollado el tema que sigue a partir de largas conversaciones con mi amigo y profesor A. Vázquez Fernández (1926-2020), catedrático de Psicología de la U. Pontificia de Salamanca, que estaba preparando un trabajo académico sobre *la psicología y la conversión de San Agustín*, que desgraciadamente ha dejado sin publicar. Él me decía: "Escríbelo tú, que eres teológico". En homenaje a su pensamiento quiero presentar aquí

de su vida, para presentarla ante la comunidad creyente. Pero Agustín quiso hacerlo, pues su experiencia anterior y su "conversión" eran hechos públicos, conocidos por muchas personas, en la iglesia y en la sociedad civil; y así escribió el libro de su vida, tras haber sido consagrado obispo (el año 395), para presentarla ante todos en forma de plegaria, de reconocimiento personal de su pasado y de comunicación ante (con) aquellos que quisieran conocerle.

Es sin duda un libro de oración, y en él confiesa y proclama la grandeza de Dios que le ha guiado y el despliegue de su propia visión del evangelio, pero es, al mismo tiempo, una obra de profundización psicológica y examen personal, que le permite reconciliarse consigo mismo, confesando también ante Dios su pequeñez pecadora. Evidentemente, Agustín es un hombre sincero y así, con plena claridad, presenta en público el despliegue de su vida hasta su conversión al cristianismo, como camino de maduración en el que puedan mirarse y tomar ejemplo aquellos que busquen al Dios de Cristo. Escribió esta obra en tres años (del 397 al 400), pasados casi catorce desde su conversión y lo hizo como obispo, hombre público en la iglesia.

Ciertamente, en un sentido, Agustín confiesa sus "pecados", y, en un plano, su juicio es verdadero y su confesión auténtica. Pero, en otro plano, más acorde con el mundo actual, y con el evangelio, esos pecados de Agustín no nos parecen hoy tales o, por lo menos, tan "mortales", de manera que podemos llamarles errores de juventud, pasiones de crecimiento, libertades sexuales. Más grave que el haber mantenido una relación afectiva, jurídicamente legítima, con una mujer a la que él quería (y de la que fue querido), durante doce años, nos parece el hecho de haber roto con ella y no haber "convertido" su relación anterior en matrimonio cristiano, y más teniendo en cuenta que habían tenido un hijo, a quien llamaron Adeodato (Por–Dios–Dado).

Conforme al derecho romano, se trataba de un matrimonio verdadero, según ley, doce largos años de búsqueda personal y convivencia con una mujer, años fundamentales para interpretar su vida, su experiencia filosófica y su forma de entender el cristianismo. Ciertamente, no podemos proyectar sobre esos años nuestra visión de las relaciones afectivas y personales, según el evangelio. Pero podríamos esperar que, él hubiera formalizado su relación con ella, llamándola

---

su interpretación. Entre sus obras, cf. *Psicología profunda y ética*, Complutense, Madrid, 1970; *Freud y Jung: dos modelos antropológicos*, Sígueme, Salamanca, 1981; *La Psicología de la Personalidad en C. G. Jung*, Sígueme, Salamanca 1981; *Notas para una lectura de las "Moradas" de Santa Teresa, desde la Psicología Profunda*, Pontificia, Salamanca 1982.

por su nombre, buscando su bien (el de ella, antes que el suyo), sin abandonarla, para buscar otra más "noble" (como hizo a instancias de su madre, Mónica) o para quedar célibe, entre un grupo de amigos célibes (como él decidirá al final).[124]

Desde nuestra perspectiva, el "pecado" de Agustín no fueron sus posibles devaneos de adolescencia, ni sus iniciaciones sexuales más o menos furtivas, ni mucho menos su matrimonio de más de doce años con la madre de su hijo, sino el hecho de abandonarla, pues él la había querido y ella le había entregado su vida, separándose luego de él cuando él se lo exigió, adelantándose incluso, sin pedir nada a cambio (ni siquiera al hijo), como él mismo confiesa:

> Mientras tanto, mis pecados se multiplicaban. Cuando se retiró de mi lado aquella mujer con la cual acostumbraba dormir y a la cual estaba yo profundamente apegado, mi corazón quedó hecho trizas y chorreando sangre. Ella había regresado a África no sin antes hacerse el voto de no conocer a ningún otro hombre y dejándome un hijo natural que de mí había concebido.
>
> Y yo, infeliz, no siendo capaz de imitar a esta mujer e impaciente de la dilación, pues tenía que esperar dos años para poderme casar con la esposa prometida y, no siendo amante del matrimonio mismo, sino solo esclavo de la sensualidad, me procuré otra mujer. No como esposa ciertamente, sino para fomentar y prolongar la enfermedad de mi alma, sirviéndome de sostén en mi mala costumbre mientras llegaba el deseado matrimonio. Pero con esta mujer no se curaba la herida causada por la separación de la primera; sino que pasada la fiebre del primero y acerbo sufrimiento, la herida se enconaba, más me dolía. Y este dolor era un dolor seco y desesperado (*Confesiones* 6, 15).

Este fue, a nuestro juicio el defecto, pecado o "condicionamiento negativo" más importante que Agustín ni siquiera confiesa. Intervino quizá la voluntad de su madre Mónica, que le pidió que abandonara a su mujer anterior, para casarse con otra de rango más alto... Intervino su ceguera de "varón superior" que no supo comprender el daño que había hecho (y que seguía haciendo) a su verdadera esposa, intervino,

---

[124] Para una visión del hombre y la mujer en Agustín y del sentido de su "matrimonio" con la madre de su hijo, cf. T. J. van Bavel, "La mujer en San Agustín", *Agustiniana* 39 (1989) 5-53. De un modo especial, cf. K. E. Børresen, *Subordination et equivalence: Nature et roîe de la femme d'après Augustin et Thomas d'Aquin*, Universitetsforlaget, Oslo1968. Trabajos sobre el tema en Varios, *El pensamiento* de *San Agustín para el hombre* de *hoy I–III, Edicep, Valencia 2010. Desde un punto de vista psicológico y literario cf. Jostein Gaarder, Vita brevis. La carta de Floria Emilia a Aurelio Agustín*. Editorial Siruela, Madrid 1997.

sobre todo, su visión de la mujer como como sexo cultural y socialmente inferior, dentro de un orden social jerárquico.

Fue un yerro de omisión evangélica y humana, el más significativo de Agustín que, para vivir al fin un amor presuntamente más alto (de negación sexual), expulsó a la mujer con la que había convivido doce años, sin descubrir que ellos podían (¡debían!) haber iniciado un camino de comunicación más honda, en línea de evangelio, conforme al mandamiento supremo que consiste en "amar al prójimo como a uno mismo" (Mc 12:31; Rm 13:9). En aquel momento, quizá por su resto pelagiano, quizá por su búsqueda de un amor personal separado (en línea platónica), y por condicionamiento cultural, Agustín fue incapaz de descubrir el sentido y exigencia del amor concreto al otro, en este caso a una mujer que le había entregado su vida.

Ciertamente, era un hombre de lucidez extraordinaria, uno de los más claros y sinceros del cristianismo occidental, y no tenemos derecho de juzgarle, pues no conocemos las entrañas y motivaciones más profundas de su vida. Más aún, él se adelantó en muchos momentos por encima de la mentalidad de su tiempo, insistiendo en el amor y la amistad dentro del matrimonio. Pero en este caso central de su vida estuvo ciego ante algo que, a nuestro juicio, resulta fundamental: no descubrió, ni tuvo en cuenta, la dignidad personal de la mujer con la que se había casado, en contra del evangelio que le pedía "amarás al otro como a ti mismo" (Mc 12:31). Evidentemente, no fue evangélico en esto, no amó a su prójimo (que era en este caso su mujer) como a sí mismo. Por recorrer su camino "espiritual" (por cultivar su propio bien) desconoció el bien de su mujer.

Como vengo diciendo, jurídicamente, según derecho romano y costumbre social, él podía expulsar (abandonar) a su mujer. Pero la experiencia bíblica de fidelidad de Dios, y la llamada de Jesús al amor como a uno mismo debería haberle capacitado para actuar de un modo distinto. Él pudo "triunfar" ante un tipo de visión de Dios, pero lo hizo sacrificando a su mujer, a la que tomó en el fondo como chivo expiatorio, no como persona autónoma. Por eso, su vida humana quedó truncada, y truncado su camino de comunión humana y matrimonio.

Ciertamente, de esa forma, él pudo insistir en la radicalidad de su decisión, en un tipo de maduración interior y de amor infinito hacia el principio infinito de la vida. Pero, conforme al ideal cristiano, el infinito de Dios pasa a través de la relación con otras personas, y en este caso con la mujer con la que estaba casado. En ese sentido, todos nosotros somos (seguimos siendo) "agustinianos", agradecemos su vida, valoramos su inmensa aportación antropológica; pero no podemos asumir sin más su conducta en relación con su mujer. Desde una perspectiva cristiana, mirando las cosas desde nuestro tiempo, hoy, año 2020, le hubiéramos pedido a "san" Agustín una respuesta diferente.[125]

b. *Vida fraterna en comunidad. La Regla*

Como he destacado, San Agustín no pudo escribir directamente un tratado *De Matrimonio,* es decir, un análisis evangélico de la *vida conyugal,* en amor y familia, en carne, cuerpo y espíritu, pues se lo impedían sus condicionamientos personales, intelectuales y eclesiales, aunque a lo largo de su vida él fue evolucionando y escribió trabajos que, liberados de su contexto androcéntrico, pueden ser, y son, muy valiosos para una visión más honda de la vida cristiana.

Ciertamente, él acepta el matrimonio cristiano, y lo alaba en sus textos, pero siempre como un tipo de mal menor, que no puede situarse en el mismo plano que la continencia. Esa fue en su vida una laguna que, como he dicho, proviene de su maniqueísmo latente y de su androcentrismo quizá platónico, pero contrario al evangelio. Solo superando esa laguna podrá entenderse al verdadero Agustín para la iglesia del futuro; de lo contrario, todo su pensamiento termina siendo para nosotros problemático, por no decir, equivocado.

---

[125] Para un replanteamiento del tema cf K. E. Børresen y E. Prinzivalli, *Las mujeres en la mirada de los antiguos escritos cristianos (siglos I-VI). Los Padres de la Iglesia* y A. Valerlio y K. E, Børresen, *Medioevo II (siglos XII-XV): entre recepción e interpretación. Medioevo y comienzo de la Edad Moderna,* Verbo Divino, Estella 2016–2017. Tras su "conversión", Agustín pensó que el modo mejor y más cristiano de responder a la llamada de Dios era vivir en una comunidad de célibes, dedicados al cultivo de los "valores superiores", en una línea de amistad espiritual (no sexual), alejada de los "peligros de la carne", y así lo hizo, marcando con su opción personal y su teología de "alejamiento de la carne" una línea fundamental de la historia posterior del cristianismo en occidente. Pero él no venía de una situación sin condicionamientos previos, sino de un camino hecho de doce años de matrimonio y su primera respuesta tendría que haber sido la de pensar en el bien de su mujer antes que en sí mismo. Pero no quiso o no pudo hacerlo, influido quizá como he dicho, por el maniqueísmo anterior y/o por un idealismo espiritualista, opuesto a la "carne". No supo leer el evangelio, que empieza pidiendo "amarás a tu prójimo como a ti mismo" (cf. también Rm 13:9). No pudo (o no supo, quizá no le convenía conforme a su psicología) transformar su matrimonio anterior de ley injusta en matrimonio de fidelidad personal en el completo (espiritual y carnal), conforme a la visión bíblica y cristiana de la carne (cuerpo total) y el espíritu. Esa respuesta, que en aquel tiempo era muy posible en la "administración" eclesial (Agustín podía haber sido obispo casado), habría dado un enfoque distinto a su pensamiento y a la vida posterior de la cristiandad occidental, que leyó sus Confesiones como un quinto evangelio.

Agustín no supo recuperar en plenitud los símbolos esponsales (eróticos y espirituales a la vez) de la tradición de los profetas (Oseas, Jeremías...), con el Cantar de los Cantares, pero vio y cantó el valor de la vida fraterna en comunidad de célibes, dedicando a ello el más profundo e influyente de todos los tratados de vida religiosa de célibes de la historia cristiana, al menos en el ámbito latino. Sin duda, las Reglas de Basilio han influido más en la iglesia oriental y la de Benito en la vida estrictamente monacal, pero la de Agustín resulta teológicamente más honda y ha podido inspirar durante más de 16 siglos muchos movimientos religiosos de comunidades de vida afectiva dentro de la Iglesia, con la consecuencia (quizá involuntaria pero lógica) de que los no célibes han podido tomarse como cristianos de segunda categoría.

Ciertamente, el celibato comunitario es una opción llena de sentido para los que así se ven "llamados", pero Agustín no era un llamado "más", sino que venía de una situación de matrimonio, a la que fue luego infiel, para hacerse "religioso célibe de comunidad". En esa línea organizó su vida a partir de su "decisión de celibato", primero en Tagaste (año 387), más tarde en Hipona (desde el 391) e incluso después de haber sido nombrado obispo (395), viviendo en comunidad de célibes y pidiendo a sus colaboradores que hicieran lo mismo, buscando un amor "espiritual" en el sentido de "no carnal", como si carne y espíritu se opusieran en el camino cristiano (a pesar de Jn 1:14). Buscó primero una comunidad de clérigos, al servicio de las tareas eclesiales. Pero también fundó y dirigió comunidades femeninas de mujeres célibes, como la de su hermana, para la que escribió una carta sobre los principios de la vida comunitaria, según el evangelio.

Esa carta y dos sermones más son la base de su *Regla* (cf. Ep. 211, en PL 33 y *Regula ad servos Dei,* PL 32), que ha sido el fundamento de la vida religiosa en occidente, asumida no solo por los agustinos propiamente dichos (entre los que podemos citar a Kempis, Erasmo y Lutero), sino también por miembros de otras muchas órdenes y congregaciones que la siguen tomando como inspiración de vida, hasta el día de hoy (2020).

Tomada en sí, esa *Regla* de vida comunitaria de célibes es uno de los testimonios más profundos de experiencia cristiana en la Iglesia, sin más principio ni ley que el amor comunitario entre célibes. Ella traza de forma espléndida el sentido de la fraternidad cristiana, pero ha corrido (y en ciertos lugares aún sigue corriendo) el riesgo de tomar un celibato espiritualista como forma más alta de amor cristiano, olvidando que lo importante es el amor, por encima de la forma concreta de expresarlo, y siempre en fidelidad al camino propio de cada uno, como sabía ya (aunque con ciertas vacilaciones), el mismo San Pablo en 1 Cor 7:27: "¿Estás casado? No busques separarte", pues lo que vale es el amor, sea de casado o de célibe (cf. 1 Cor 13).

Sea como fuere, Agustín tomó un tipo de celibato, en comunidad de amigos, sin vinculación sexual de matrimonio o paternidad... En esa línea, él supuso de hecho que el "camino y estado conyugal" (incluido el impulso y comunión de placer erótico) constituía un modelo de cristianismo inferior, y así lo mostró no solo en su experiencia, sino en su forma de entender el pecado original, vinculándolo de un modo intenso con un tipo de pasión sexual y, de un modo todavía más intenso con el conjunto social de dolores y males del mundo.

Toda su vida fue un intento de comprender y soportar esos males (el peso de la existencia humana), en línea de aguante y negación. Por eso había sido en un tiempo seguidor de Mani y se sintió amenazado por una divinidad perversa que nos oprime desde fuera, de manera que no somos responsables, sino víctimas del mal que cometemos (que el mismo Dios malo comete en nosotros). Ciertamente, superó un nivel de primer maniqueísmo, y su conversión al evangelio eclesial estuvo vinculada con el descubrimiento del valor supremo de la gracia de Dios, que se expresa en este mundo malo, pero siempre por arriba, en un plano espiritual que parece desligarse (distanciarse) del amor personal directo, vinculado a la fuerte atracción gozosa y a la generación de vida que el Dios de la Biblia ha ratificado desde el principio (Gn 1–2).

Ciertamente, en un plano teológico y pastoral, Agustín no ha podido condenar el amor total (incluido el sexo), pero ha debido interpretar la *libido* de un modo peligrosamente negativo. Toda su vida y teología es una *teología de la gracia radical,* que corre el riesgo de ser una gracia descarnada, desligada de la libido, que no aparece como elemento de la gracia, sino como un tipo de "desgracia" humana. Sin duda, él ha sido un testigo excepcional del amor positivo de Dios que transforma la vida de varones y mujeres…, pero supone que en sí (por sí mismos) unos y otras se encuentran de hecho condenados a un pecado peligrosamente entendido de forma sexual, como si el amor erótico en la línea del Cantar de los Cantares no fuera expresión y movimiento esencial de gracia.

Sin duda, superó en un plano el dualismo gnóstico (no creyó más en un Dios que era a la vez bueno y malo, ni entendió la creación como pecado), pero acentuó de manera intensa la carga de un pecado original con el que, a su juicio, nacemos, un pecado peligrosamente vinculado a la condición sexual de la vida y del amor humano. En esa línea, algunos siguen pensando que su insistencia en el mal de fondo de los hombres no proviene sin más del evangelio (de la Biblia), sino de su pasado maniqueo y de su forma de entender la humanidad como "massa damnata", condenada a la muerte y al infierno por un tipo de pecado original con rasgos sexuales, cosa que no aparece en modo alguno en su "inspirador" (san Pablo).[126]

c. *Pesimismo histórico–social: Ciudad de Dios*

Esa forma de entender el amor ha hecho que Agustín termine pareciendo negativo ante el sentido y tarea de la historia, tal como lo muestra su obra genial, pero sesgada sobre *La Ciudad de Dios,* que fue escribiendo en diversas etapas, hacia el final de su vida, desde el 413 al 426, publicándola por partes, pero con un plan de conjunto, para así defender al cristianismo ante la caída del Imperio romano. La escribió porque los paganos acusaban a los cristianos de la ruina de Roma, que había sido saqueada por los visigodos (año 410), un hecho que muchos entendieron como un cataclismo fatídico: la Ciudad Eterna había caído en manos de "bárbaros", el mundo cultural antiguo (su mundo) terminaba, quedaba condenado, como si no hubiera un futuro positivo y creador para los hombres, en especial para los cristianos.

Muchos romanos se refugiaron en el norte de África; otros pensaban que había llegado el fin de los tiempos y se preparaban para morir. ¿Qué había pasado? ¿Por qué estaba cayendo el Imperio y terminaba un orden social que los más nobles habían concebido como eterno, sancionado y apoyado en los últimos tiempos por el cristianismo? En otros momentos, los "dioses" habían defendido a la Ciudad, pero ahora que ella se estaba haciendo cristiana, caía en manos de bárbaros, a causa de haber abandonado a sus dioses.

---

[126] Esa insistencia le ha permitido destacar la importancia de la gracia, la gratuidad del amor de Dios que se ofrece y expande, como regalo en la vida de aquellos que lo acogen, amor total, que puede expresarse en forma de comunión celibataria, pero también con igual fuerza, y aún mayor, en formas de comunión personal, matrimonial, como la que Agustín podía haber establecido (y no lo ha hecho) con su esposa tras haberse convertido. Tenemos que agradecer a Agustín su visión de la "amistad" como clave de la existencia cristiana, tal como él la expresa y concreta de un modo intenso en las comunidades célibes de vida religiosa. Pero él podría haber insistido también de un modo radical en la amistad (amor gratuito) en la vida de pareja, en el matrimonio cristiano. Ha dicho lo esencial sobre el tema T. Viñas, *La amistad en la vida religiosa. San Agustín,* Claretianas, Madrid 1982, Cf. también «Vida religiosa y *amistad», La Ciudad de Dios,* 194 (1983) 377-408; *El santo amigo. Agustín de Hipona, un maestro de la amistad,* Rialp, Madrid 2019.

A fin de responder a esas preguntas escribió Agustín esta obra, que ha marcado la visión de la historia y la política cristiana de occidente. En la primera parte, él refuta a los que piensan que eran los dioses antiguos los que habían defendido a Roma, cosa que a su juicio nunca había podido hacer. En la segunda expone el tema de las dos "ciudades" que coexisten en la historia, la de Dios y la del mundo, ambas mezcladas desde el principio de los tiempos.

Agustín acepta y desarrolla de esa forma un esquema bíblico, propio de la apocalíptica judía, que aparece por ejemplo en Daniel y en Apocalipsis, pero que en sí mismo no pertenece al cristianismo, ni responde al mensaje de Jesús, ni a la experiencia pascual de los primeros cristianos, ni a la visión de Pablo en Rm 8. Había además otro tema de fondo. Los apocalípticos judíos y los primeros cristianos eran "milenaristas" en sentido intenso, incluso social: pensaban que al final de los tiempos triunfaría la Ciudad de Dios, pues la "historia de Cristo" se abre y extiende hacia la "apocatástasis" o reconstitución de todas las cosas, en línea de salvación, como lo había visto de un modo profético Efesios, y lo había destacado temáticamente Orígenes (cf. cap. 3). En contra de eso, Agustín tiende a tomar el enfrentamiento de esas dos ciudades de un modo espiritualista y negativo: la Ciudad de Dios está ya presente en el mundo por la Iglesia, pero de un modo interior, no en forma social, de amor activo, de transformación humana.

Eso significa que, a su juicio, los hombres se salvan por Cristo de un modo parcial (espiritualista) y no integral, como suponía no solo la apocalíptica judía, sino el mismo Apocalipsis de Juan. Agustín piensa que no hay salvación total, del hombre entero (cuerpo y alma), ni transformación social, ni esperanza de reconciliación en plenitud para el futuro (al fin de los tiempos), sino que ella (la salvación) se expresa y realiza en la vida interior de los creyentes, mientras el mundo externo (político, social) tiende a destruirse.

De esa manera, en contra de la salvación que esperaba la tradición anterior (para todos, en cuerpo y alma), él interpreta el "milenio" de paz y plenitud político–social de Ap 20:1–6 de un modo interior, espiritualista, en una línea más platónica (y maniquea) que bíblica. Agustín no puede hablar de un "milenio futuro" de paz, social, humana, pues este mundo en cuanto tal está bajo condena, y la esperanza del milenio solo puede entenderse en forma de liberación interior, espiritual, de los creyentes, pues la "masa mala" se está destruyendo a sí misma.

Sin duda, él defiende la acción de la divina providencia, que guía la historia de las dos ciudades. Pero tiende a entenderla en formas dualistas. Más que una historia de Dios hay "dos historias" en paralelo: La de la ciudad del mundo (dominada por poderes de muerte, bajo antiguos y nuevos enemigos); y la de la Ciudad de Dios, que se expresa en la vida interna de las almas. Eso significa que la historia de Dios (siempre amenazada) solo se puede proteger y salvar de un modo espiritual, por encima de este mundo dividido, oponiéndose al mal, sin lograr nunca vencerlo en un plano político y social.

Lógicamente, la tarea de los cristianos no consiste en transformar el mundo según Dios, sino en mantener el amor espiritual en medio de la prueba de la vida, sin perder la fe en Dios. De esa forma ha confirmado Agustín su pesimismo histórico, vinculado a una gran fe en la providencia de Dios. Desde esa perspectiva es difícil hablar de una esperanza mesiánica, abierta a la salvación futura de la historia.

No hay, por tanto, dos ciudades paralelas, en un mismo nivel, una buena y otra mala (como podía suponer el maniqueísmo), sino una ciudad superior y otra inferior, una espiritual y otra carnal. (a) Arriba está la Ciudad de Dios, con sus valores espirituales, como "república" interior de sabios y santos, dirigida por comunidades célibes. (b) Abajo está la Ciudad del Mundo, definida por los deseos posesivos y violentos de los hombres, dominados y dirigidos por violencia sexual y social.

Desde ese fondo, entiende Agustín la historia de la iglesia en forma de repliegue interior, sin impulso misionero de transformación social sin capacidad para reanimar y transformar esta humanidad concreta, en gesto de vivificación universal, como quiere Pablo en 1 Cor 15:28. Eso significa que los creyentes no pueden salvar el mundo por Cristo, sino salvarse de mundo, en un contexto marcado directamente por la lucha de unos contra otros (entre el siglo IV y V), en una iglesia (Norte de África) donde se expresaban y extendían herejías, y conflictos político–sociales marcados en el fondo por las invasiones de los "bárbaros" y el miedo a la ruina final de Roma.

- *Agustín estuvo animado por un fuerte impulso de edificación eclesial.* No conocemos a nadie que por entonces quisiera formar y alimentar comunidades como él hizo, a través de sermones y doctrinas, que se escuchaban y comentaban no solo en Hipona, sino en las iglesias del entorno y en el conjunto de la cristiandad latina, no solo en los círculos cultos, sino entre los incultos. En esa línea podemos destacar su escrito *De Catequizandis rudibus,* un manual de catequesis, con los mejores medios de la didáctica antigua, al servicio de la educación cristiana de los menos cultos. En esa línea, él fue ante todo un catequista, un transmisor de la fe, y así quiso defender a la iglesia contra los errores y las divisiones que se iban extendiendo en las comunidades.
- *Pero no pudo anunciar ni promover la llegada total (social y espiritual) del Reino de Dios, que Jesús proclamó entre los pobres y excluidos de su tiempo.* Fue sin duda un gran polemista, y quizá en su tiempo no se podía

> hacer más, como lo mostró su relación con pelagianos, que al parecer querían salvarse por sí mismos. Sin duda, él actuó de un modo espiritualmente impecable, pero dejó a los hombres y mujeres perdidos ante los nuevos poderes políticos, sociales y raciales, dentro de una iglesia en retirada, sin capacidad de transformar el mundo y recrear la historia, en gesto de amor positivo, desde el evangelio. En esa línea, en un momento determinado (quizá por su mismo pesimismo antropológico) llegó a pedir la intervención del Estado (prefec to romano) contra el riesgo de los donatistas, sin advertir que mientras ellos discutían aquel mundo (norte de África) iba a caer (estaba cayendo) en manos de bárbaros.

De esa manera, mientras que el orden social previo se destruía, y daba la impresión de que el mundo existente perecía, Agustín interpretaba el cristianismo como una experiencia interior, un "reino" que no es de este mundo. Sin duda, él había superado de un modo ejemplar el maniqueísmo de sus primeros años, pero podía dar la impresión de que al fin se imponía un tipo distinto de maniqueísmo: El mundo material fracasa, pero las almas se liberan de sus cuerpos y van al cielo. De un modo muy significativo, como espejo de su vida, Agustín murió el año 430, cuando los vándalos de Genserico estaban tomando la ciudad de la que era obispo (Tagaste).

d. *Conocimiento y amor interno: sobre la Trinidad (De Trinitate)*

Agustín murió cuando su ciudad caía sin poder para enfrentarse a los bárbaros. En contra de la nueva humanidad que podría empezar tras el derrumbamiento romano, daba la impresión de que él terminaba refugiándose en su mundo interior de conocimiento y amor propio, entendido como experiencia trinitaria. Así puede deducirse de su tratado *De Trinitate*, quizá el libro teológicamente más profundo del cristianismo, pero incapaz de responder a los problemas de la historia que estaba cambiando y que terminaría con el hundimiento y desaparición de las cristiandades del Norte de África.

En ese contexto empezó a escribir entre el 399 y el 412 un tratado que se titularía "De Trinitate" (sobre la Trinidad), redactando sus doce primeros libros (capítulos), pero los dejó sin ultimar ni publicar, quizá porque no estaba satisfecho con lo escrito. Pero unos amigos con acceso a su obra copiaron esos libros y los distribuyeron sin permiso. Molesto por ello, el año 420, Agustín escribió tres nuevos libros, revisó el conjunto de la obra y la publicó con prisa, sin haber podido replantear su visión de conjunto.

Con sus imperfecciones, esta es quizá la obra dogmática (especulativa) más importante de la teología cristiana. No es un ensayo de tipo bíblico/eclesial, como los de Basilio, Gregorio Nacianzeno e Hilario, centrados en la "economía" o presencia del Dios trinitario en la historia de la salvación, sino un tratado especulativo (dogmático) de tipo muy racional, en el que, por vez primera, un cristiano, Agustín se atreve a romper el "arcano" teológico, para desarrollar el sentido y las implicaciones del Dios en sí (su inmanencia), en una línea que se impondrá después en los tratados de teología.

Las reflexiones de este libro sobre el auto–conocimiento y auto–amor de Dios, con su especulación (dialéctica) ternaria están en la base de gran parte del pensamiento de occidente, no solo en teología, sino también en filosofía. Sin la reflexión de Agustín no hubiera sido posible la teología de Anselmo y Tomás, Escoto y Lutero. Pero tampoco se hubiera planteado el "yo pienso" de Descartes, con la "fenomenología del espíritu" de Hegel. El "De Trinitate" de Hegel es un tratado, sin duda, genial; pero precisamente en su genialidad está su riesgo, que procede, a mi juicio, de la ruptura personal, social y eclesial de Agustín, que puede resumirse como sigue:

1. *Punto de partida. Dios amor interpersonal en la historia...* A lo largo de los siete primeros libros del De Trinitate, Agustín había ido explorando y recorriendo los caminos iniciados por la tradición anterior de los Padres Orientales, vinculando al Dios trascendente (Trinidad) con su revelación histórica (encarnación del Hijo) y el despliegue de la salvación bíblica (Espíritu Santo, Iglesia). Pues bien, al llegar al libro IX, el lector tiene la impresión de que Agustín seguirá avanzando en esa línea, para desarrollar el mayor de todos los "vestigios" trinitarios, que es el encuentro y don entre los hombres (en comunidad eclesial, en familia), con la ayuda de Jesús, amor encarnado en la historia y abierto hacia los otros (los marginados y excluidos).

No se trata, pues, de buscar más allá (al Dios separado), ni tampoco de encontrarle en un nivel de pura interioridad (auto–pensamiento y auto–amor), sino de analizar y explorar la Trinidad como presencia (esencia actualizada) del amor de Dios en comunión interpersonal, como amante–amado y amor. Pero de pronto, habiendo recorrido hasta aquí el camino de la tradición eclesial, Agustín se detiene ante las posibles consecuencias de su visión (que iba en la línea de Ireneo y Orígenes, de Atanasio, los Padres Capadocios e Hilario) y realiza un giro radical en su pensamiento.

2. *Conocimiento–amor intrapersonal.* Agustín sabe con 1 Jn 4:8, 16 que Dios es caridad, de forma que quien permanece en ella (esto es, en el amor concreto y fuerte, en comunión de vida) permanece en Dios, pues él (Trinidad) es el amor mutuo, encarnado en los hombres y mujeres (en clave comunitaria o familiar). Así dice: "tres cosas son: aquel que ama, y aquel que es amado y el amor" (*De Trinitate*, VIII, 10.14: «tria *sunt: amans, et quod amatur, et amor*»). Aquí ha llegado Agustín.

De esa forma presenta al tema, y en esa línea podría haber seguido, explorando el misterio (Dios) desde la clave del amor mutuo, en línea de familia, comunidad y humanidad, encuentro interpersonal, tal como se ha encarnado (realizado) en Jesucristo, en amor social, interno y externo, de espíritu y materia, en la historia de los hombres. Así podría haber vinculado los dos principios de la revelación: (a) Dios (Trinidad) se expresa (manifiesta) en la historia y comunión del conjunto de los hombres, por amor, en la encarnación de Jesús, por el Espíritu. (b) Dios Trinidad se identifica con el despliegue y comunicación de los hombres en el mundo, vinculando de esa forma cuerpo y alma, gentes y pueblos, en gesto de amor interhumano. Esta hubiera sido la respuesta teológica más honda de Agustín, por encima del maniqueísmo y de un tipo de platonismo espiritualista.

3. *Pero al llegar a esa posibilidad él se detiene,* como si tuviera miedo de lo que se deduciría de eso y, abandonando esa línea de encarnación y comunicación de amor, desde el libro IX hasta el final (libro XV), explora otro camino. (a) A partir de ahora, la imagen y presencia de Dios no es al amante y el amado en amor (comunión) interpersonal, sino la mente que se conoce y ama a sí misma en particular, de forma que pasamos del modelo de comunión entre personas al de profundización individual, como si Dios fuera la "plena soledad" que se conoce y ama a sí misma, siendo así comunicación intra– no inter–personal. (b) Lo mismo que sucede en Dios sucede en cada ser humano que se conoce a sí mismo, formando como individuo una pequeña trinidad humana. En esa línea, al hablar del Dios (Trinidad) al conocerse/amarse a sí mismo no es preciso hablar de encarnación, de salida, presencia y comunión interhumana, pues cada uno a solas es ya Trinidad, encerrado (conociéndose y amándose), sin necesidad de conocer–amar a otros.

En esa línea, retomando y culminando la "aventura vital", que él ha evocado en *Confesiones* y ha desarrollado en la *Ciudad de Dios*, Agustín presenta a un Dios trinitario que es conocimiento–amor en sí, prototipo de cada creyente, que se conoce y ama, ciertamente, en comunión con otros, pero sin que ese amor interhumano sea constitutivo de su identidad. De esa forma, tras un esfuerzo especulativo inmenso, explorando el amor mutuo en la historia de la salvación, Agustín nos sitúa ante una Trinidad sin amor mutuo y sin encarnación (sin carne, ni historia), como si para que Dios fuera Dios no hiciera falta Cristo, ni siquiera iglesia, ni transformación social de la historia. Así culmina el argumento de dos últimos libros de su tratado (*De Trinitate,* XIV y XV), que forman la especulación más profunda que nunca se ha pensado ni dicho sobre Dios (y el hombre) que se conoce y ama a sí mismo.

Al llegar aquí, si hemos seguido el argumento, podemos descubrir la forma en que desemboca la ruptura interior de Agustín. Sabíamos que era un hombre en busca de amor (*Confesiones*...); sabíamos también que él había abandonado el camino personal del amor mutuo (inter–personal) con su mujer amada, para centrarse en un conocimiento y amor a su entender más alto (trascendente), como si lo divino fuera una interioridad superior, que se revela en la vida de cada persona, sin necesidad de comunión histórica, real y encarnada con otros. Todo eso culmina en su visión de la Trinidad, entendida en forma de conocimiento/amor intra personal.[127]

De un modo consecuente, el itinerario de Agustín nos ha llevado a través de la *Regla de los Monjes* (a quienes en el fondo hemos visto como solitarios) a la visión de la *Ciudad de Dios* (que es también una ciudad de solitarios). Pues bien, solo ahora, en esta obra genial (final)

[127] «A partir del libro IX, y hasta el comienzo del libro XV, Agustín no tiende ya la mirada directamente hacia lo alto, hacia Dios, sino que se concentra en la imagen de Dios Trinidad impresa en el hombre, y, en particular, en aquello que es más semejante a Dios: en su espíritu. Y de esa forma traza, con mano maestra, la vía de la interioridad para llegar a contemplar a Dios, siendo el primero en ilustrar, de modo incomparable, la forma en que el espíritu, creado a imagen y semejanza de Dios, se convierte por gracia en morada de la Trinidad. Su lección permanecerá por siglos, inspirando a los místicos en la experiencia inefable de la inhabitación del Dios Trinidad en el alma, a los teólogos que quieren describir la Trinidad desde la perspectiva de la analogía del espíritu humano (Dios Padre que se conoce en el Verbo y se ama en el Espíritu Santo), y a los filósofos que analizan la profundidad metafísica de la interioridad humana. Pero, ¿qué ha pasado con la otra vía, aquella del amor, del amor mutuo que llega hasta la unidad consumada de la "trinidad", esto es, del amante, del amado y del amor que les funde en uno?... ¿Por qué? Porque no era tiempo de ello, y porque Agustín no había sido "tocado" por aquella gracia del Espíritu que le habría permitido tomar y recorrer ese camino». Así responde P. Coda, Desde la Trinidad. El Advenimiento de Dios entre Historia y Profecía, Sec. Trinitario, Salamanca 2014, 441–443, y su respuesta es buena en un sentido "espiritualista", pero insuficiente en sentido crítico.

sobre la Trinidad, Agustín nos ha situado ante un Dios (y un hombre) centrados en su auto–conocimiento y auto–amor, un Dios (y un hombre) que se conocen y aman a sí mismos, Dios en sí, cada ser humano en sí, pero sin verdadera comunión interpersonal con otros y sin necesidad de encarnación real de Dios en Jesucristo.[128]

Ese descubrimiento y desarrollo teológico ha sido y sigue siendo un paso fundamental, no solo en la historia de la antropología teológica cristiana, sino en la cultura de occidente. Actualmente es imposible volver atrás, como si Agustín no hubiera existido y pensado. Todos somos de algún modo agustinianos, nos sentimos sujetos pensantes y amantes de nuestra propia vida. Por eso, el itinerario de Agustín ha permanecido y permanecerá en la Iglesia. Pero podrá y deberá completarse desde una visión más honda de Dios y de la historia como inter–comunión, superando el juicio jerárquico de los sexos y la devaluación de la "libido", en una línea antropológica, eclesial, histórica y teológica, que culmina (como seguiremos viendo) en la comprensión de la Trinidad.[129]

[128] Esta interpretación de Agustín, desde las *Confesiones* hasta el *De Trinitate,* ha sido defendida por P. Coda en el libro citado en nota anterior. En esa línea se sitúa H. Urs Von Balthasar cuando afirma que, al llegar al centro del misterio de Dios y de su teología, Agustín deja a un lado los dos "temas" centrales de la revelación, que son la encarnación y el amor interpersonal (que forman el misterio del agape). "La intersubjetividad sobre la que se funda le ética del evangelio no podía encontrar en el pensamiento clásico antiguo una fundamentación filosófica suficiente, y ni siquiera hoy ha llegado a constituirse realmente en tema capital de la filosofía cristiana. De este modo, la teología agustiniana de la *cáritas* tiene como trasfondo conceptual una metafísica en gran parte neoplatónica, por tanto no dialógica" (H. U. von Balthasar, *Gloria V. Metafísica. Edad Moderna,* Encuentro, Madrid 1988, 29–30).

[129] A la "travesía" personal y teológica de Agustín, siendo en sí genial, corre el riesgo de terminar perdiendo su base de evangelio, tanto en la forma de entender el matrimonio (*Confesiones*), como en la formulación de un amor espiritual sin encarnación (*Regla*), temas que he vinculado con su visión de la historia (*Ciudad de Dios*) y de la vida interna de Dios (*De Trinitate),* conforme a la visión del Prof. Antonio Vázquez, a quien he citado al comienzo de mi reflexión sobre las *Confesiones.* No quiero con esto devaluar el pensamiento de Agustín, sino al contrario, situarlo en su momento y circunstancia, para rehacer su camino y pensar con él, retomando en una perspectiva de inter–comunión e historia las implicaciones de la encarnación de Dios y la comunión inter, no solo intra–personal de los hombres entre sí por Cristo, y de Dios con los hombres en el mismo Cristo. Esta es a mi juicio una tarea pendiente, tanto para la iglesia católica como para las reformadas (a partir de Lutero, pues de lo contrario corremos el riesgo de dejar en el vacío la herencia teológica de Agustín, el más grande de los padres de la Iglesia.

4. Gregorio Magno. Monje y Papa (540-604)[130]

Fue monje benedictino y obispo de Roma. Pacificó los territorios del entorno de la ciudad (donde no lograba imponerse el orden bizantino) e impulsó un intenso movimiento misionero, enviando monjes a Britania y a diversos lugares del norte de Europa, iniciando una fuerte labor evangelizadora y cultural. En esa línea, debemos reconocer los valores culturales y sociales de su impulso evangélico, que a la larga fue más eficaz (¡más organizado y jerárquico!) que el emprendido por los monjes celtas, que actuaban por entonces en aquel territorio. No seríamos hoy lo que somos en Europa y occidente si en esta época (alta Edad Media), hombres como él no hubieran fomentado una fuerte misión cultural y religiosa.

- *Fue un Papa en comunión con las Iglesias de Oriente* (del 590 al 604). En aquel momento, tras el auge de Justiniano, las Iglesias de Oriente y Occidente se estaban distanciando, por cuestiones sociales y políticas. Entre las de Oriente podemos distinguir dos grupos.
  (a) El patriarcado de Constantinopla, vinculado a un emperador, que seguía actuando como "dirigente" principal de la Iglesia. A partir de ese momento, perdido gran parte de su influjo en África (Egipto) y en Asia (Siria), la sede de Constantinopla empezará a recorrer un camino propio de misión, que abrió la iglesia hacia el conjunto de los pueblos eslavos, desde los Balcanes hasta Rusia, en un proceso que resulta esencial para entender la identidad posterior de la Iglesia y del mundo.
  (b) Por el contrario, otros patriarcados (Alejandría, Antioquía, y también Jerusalén) cayeron en manos del islam (a partir del 638 d. C.), dejando de estar vinculadas al emperador bizantino. De manera lógica, aun manteniendo por siglos un testimonio ejemplar de fe y vida cristiana, ellos cayeron en manos de tendencias que parecían menos ortodoxas (monofisitas, nestorianas) y acabaron perdiendo su influjo (al menos en parte) en manos del islam.
- *Fue un Papa importante de Roma.* Más que teólogo fue monje, atento a los problemas morales de la población, necesitada de líderes humanos, con autoridad religiosa (testimonial), en

[130] Sobre su vida, cf. Ph. Henne, *Gregorio Magno,* Palabra, Madrid 2011. Obras en PL 75–76. Cf. también: *Libros morales* I–II, BP, Ciudad Nueva, Madrid 2004; *Obras,* BAC, Madrid 1958; *Regla Pastoral,* BAC, Madrid 2011. Cf. R. Trevijano, *Patrología,* BAC, Madrid 2005, 259–267.

medio de los pueblos bárbaros. En ese contexto, se sitúa su función administrativa y cultural, imitada después por otros papas que marcaron la historia posterior de la Iglesia de occidente.

- No quiso romper su unidad con la tradición bizantina, y así mantuvo los lazos religiosos, sociales y culturales con el Imperio, a pesar de los cambios que se habían ido produciendo en el último siglo. A pesar de ello, no buscó la ayuda del emperador (ni de otros reyes) para realizar su obra cultural y religiosa.
- Fue un hombre de acción, empeñado en crear desde Roma, sobre los reinos bárbaros de occidente, una iglesia autónoma (independiente del emperador bizantino), capaz de valerse a sí misma, tanto en su vida litúrgica como en su administración pastoral y en su irradiación misionera, para crear así un cristianismo independiente, centrado en temas morales más que teológicos.

- *Tuvo un pensamiento práctico.* Gregorio fue un administrador de la Iglesia, pero también un pensador, que influyó mucho en el cristianismo posterior de occidente, más centrado en la piedad personal y en un tipo de integridad moral que en la gran liturgia y teología bizantina. Desde ese fondo se entienden sus obras principales:
  - Su *Comentario a Job (=Moralia)* ha inspirado la espiritualidad y la vida cristiana de millones de personas durante la Edad Media. Es un libro de "educación integral", que toma como ejemplo a un personaje del AT (Job) a quien presenta como prototipo de sumisión y mansedumbre. No acude a las discusiones teológicas que habían marcado la vida de los cristianos de Constantinopla y de Oriente, sino a la experiencia personal de las grandes figuras de la Biblia.
  - Su *Regla pastoral* ha ofrecido por siglos un ideario de vida para pastores (obispos, presbíteros) y fieles, en una línea de "monaquismo doméstico", aplicado a la vida familiar y social; ella ha definido el tipo de compromiso personal (sobrio y piadoso) de gran parte de los ministros de la Iglesia Latina.
  - Sus *Diálogos* han marcado la espiritualidad personal de occidente, centrada en la vida de los grandes santos (Paulino de Nola, Benito de Nursia…), que aparecen como promotores de un cristianismo piadoso y monacal.

Gregorio ha sido un hombre práctico más que un pensador como Agustín, buen moralista, papa/monje piadoso, que puso de relieve, por ejemplo, el valor de la oración por los difuntos y la eficacia de las misas "celebradas" por ellos (durante 30 días) interpretando así la eucaristía en línea sacrificio de intercesión más que de celebración del amor de Dios en la comunión interhumana en Cristo. En esa línea presentó el cristianismo como un código moral para educación de los bárbaros, en una línea de sacralidad bondadosa, sin el legalismo y uniformidad canónica más exclusivista que triunfará cuatro siglos y medio más tarde con el nuevo Papa-Monje, Gregorio VII y su nueva "reforma gregoriana" (siglo XI).

IV

Roma. Una teología "magisterial"

Desde antiguo, la teología latina ha puesto de relieve la importancia del magisterio, centrado en la función arbitral y docente del Obispo de Roma. Su función ha podido ser aceptada en forma de comunión sinodal, reconociéndole incluso como "primus inter pares", no como primado de poder, como hicieron en general las iglesias ortodoxas de oriente hasta el siglo XI, pero ha sido rechazada críticamente por las iglesias de la Reforma (desde el siglo XVI en adelante).

Este motivo quedó abierto en el tiempo fundamental de la Patrología (hasta el XI d. C.), pues solo después (a partir de la Reforma Gregoriana, siglo XI–XII d. C.), la iglesia romana quiso imponer su magisterio inmediato y su primacía de poder sobre todas las iglesias. Sea como fuere, este ha sido un motivo importante en la etapa patrística, no como imposición sobre las iglesias, sino como actualización de unos temas medulares del Nuevo Testamento, desde la palabra de Jesús (tú eres Pedro y sobre esta Piedra/Roca edificaré mi Iglesia) hasta la proclamación de Ef 4:5 (un Señor, una Fe, un Bautismo), concretada en el Concilio de Constantinopla I (creo en la Iglesia que es Una, Santa, Católica y Apostólica).

Desde ese fondo citamos las palabras de varios "padres" romanos (básicamente papas) en los que se ha expresado la tradición de su magisterio, expuesto de un modo "confesional" al servicio de la "unidad", tal como iremos concretando en este capítulo y sobre todo en el siguiente (desde la perspectiva de la reforma carolingia y gregoriana). Es evidente que no todas las iglesias están de acuerdo con esta interpretación romana de la unidad de la Iglesia, pero todas están llamadas a profundizar en el tema, porque todas forman una iglesia que es "una, santa, católica y apostólica", en la línea del ideal y proyecto de Efesios: Derribar el muro de separación y unir a todos los pueblos y a todas las confesiones cristianas en Cristo (cf. Ef 2:11-18).

1. Dionisio de Roma († 268)[131]

Dirigente eclesial, de origen griego, que se trasladó a Roma en tiempo de la controversia de los "lapsi" (cristianos que habían apostatado

[131] Cf. B. Studer, *Dionigi Papa*: DPAC, 984-985. F. W. Bautz: *Dionysius Papst*: BBK I (1990) 1318; L. F. Ladaria, *El Dios vivo y verdadero. El misterio de la Trinidad,* Sec. Trinitario,

en la persecución), siendo elegido obispo Papa (259–268), asumió no solo la tarea de reorganización de su iglesia (logrando un tipo de amnistía de parte del emperador Galieno), sino también la de superar dos riesgos que amenazaban a su iglesia: el *modalismo* de Sabelio, que identificaba de tal modo las personas divinas que convertía la Trinidad en cuestión de nombres, y un tipo de *triteísmo*, que separaba tanto las personas que parecía defender la existencia de tres dioses distintos.

El año 262 escribió una carta a Dionisio de Alejandría, rechazando esos dos riesgos (triteísmo pagano y modalismo sabeliano), oponiéndose igualmente a la distinción marcionita (gnóstica) entre el Dios del Antiguo Testamento y el Dios de Jesucristo. Su carta no es un credo propiamente dicho, sino un documento teológico y tiene mucha importancia porque ofrece la primera reflexión amplia del Magisterio latino sobre el tema trinitario, en una línea que asumirán los documentos posteriores de la Iglesia de Roma. En esa línea apunta ya lo que será la gran teología occidental, pues empieza hablándose de la Trinidad, recapitulada en Dios Padre, en vez de hablar del Padre, del Hijo y del Espíritu Santo, como hace el Símbolo de los Apóstoles y como hará el Niceno-Constantinopolitano:

> *Sabelio* blasfema diciendo que el mismo Hijo es el Padre y viceversa; los marcionistas, en cambio, predican, en cierto modo, tres dioses, pues dividen la santa Unidad en tres hipóstasis absolutamente separadas entre sí. La doctrina de *Marción,* hombre de mente vana, que corta y divide en tres la unidad de principio, es enseñanza diabólica y no de los verdaderos discípulos de Cristo y de quienes se complacen en las enseñanzas del Salvador. Estos, en efecto, saben muy bien que la Trinidad es predicada por la divina Escritura, pero ni el Antiguo ni el Nuevo Testamento predican tres dioses…
>
> Ni se debe dividir en tres divinidades la admirable y divina unidad, ni disminuir con la idea de creación la dignidad y suprema grandeza del Señor; sino que hay que creer en Dios Padre omnipotente y en Jesucristo su Hijo y en el Espíritu Santo, y que en el Dios del universo está unido el Verbo… Porque de este modo es posible mantener íntegra tanto la divina Trinidad como la santa predicación de la unidad de principio (Texto transmitido por S. Atanasio, *De decretis Niceni Synodi* 26, PG 25, 462ss; Cf. Denz, 49-51; DH, 112-115).

Salamanca 1998, 173-176; M. *Simonetti, "Il problema dell ' unità di Dio a Roma da Clemente a Dionigi",* RSLR 22 (1986) 439 – 474.

2. Dámaso (366-384).[132] Símbolos vinculados a su magisterio

De origen hispano, hijo de un sacerdote de la iglesia de San Lorenzo en Roma. El año 366 fue elegido obispo de Roma, aunque una minoría votó al diácono Ursino, que ejerció de antipapa, de manera que entre los dos grupos surgieron enfrentamientos, que solo pudieron superarse con la intervención de los poderes políticos.

Dámaso rechazó el arrianismo y el apolinarismo y en su tiempo el emperador Teodosio impuso la "unidad religiosa" del imperio, a través del edicto de Tesalónica (año 380), estableciendo que todos debían aceptar la religión «que el apóstol Pedro ha consignado a los romanos y que ahora es profesada por el pontífice Dámaso y por el obispo Pedro de Alejandría» (cf. PL 13, col. 374). Un año después, el 381, se celebró el Concilio de Constantinopla I, ratificando la fe de Nicea para todo el imperio. En ese contexto, tomó la costumbre de convocar sínodos, como el de 382, cuya confesión citamos, lo mismo que un Credo que se le atribuye. Dámaso impulsó el estudio de la Biblia (encargó a Jerónimo su traducción al latín), fue poeta y autor de epigramas.

a. Confesión de fe de Dámaso (*Tomus Damasi*). Se formuló en el *Sínodo Romano* del año 382, y fue enviada por Dámaso al obispo Paulino de Antioquia. Se sitúa en la línea del Niceno-Constantinopolitano y lo concretiza desde una perspectiva «romana»: habla del Padre, del Hijo y del Espíritu Santo como única divinidad y, al final, a modo de conclusión, los identifica y unifica como Trinidad. De esa forma abre un camino (por otra parte lógico) que hará posible que se hable de la Trinidad en sí (inmanencia de Dios) y no solo de la economía trinitaria de la salvación. Citamos su última parte:

> Porque somos bautizados solamente en el Padre, en el Hijo y en el Espíritu Santo y no en el nombre de los arcángeles o de los ángeles, como los herejes o los judíos o también los dementes paganos. Esta es, pues, la salvación de los cristianos: que creyendo en la Trinidad, es decir, en el Padre, en el Hijo y en el Espíritu Santo, y bautizados en ella creamos sin duda alguna que la misma posee una sola verdadera divinidad y potencia, majestad y sustancia (Denz 58-82; DH, 162-177).

[132] Obras: PL 13. Cf. A. Ferrua (ed.), *Epigrammata Damasiana,* PIAC, Vaticano 1942. De la división de los modelos trinitarios, orientales y occidentales, desde la antigüedad cristiana, he tratado en *Enquiridion Trinitatis,* Sec. Trinitario, Salamanca 2005.

b. Credo atribuido al Papa Dámaso (Fides Damasi). De autor y tiempo incierto, debió surgir en el sur en Francia hacia el 500 e influyó mucho en la iglesia hispana posterior (y en toda la iglesia latina). Se ha atribuido también a San Jerónimo, pues a veces se le cita entre sus obras. Es un credo típicamente occidental, que expone primero el Misterio en sí (Dios trinitario, en la inmanencia divina), para confesar después la economía de la salvación. Se consolida de esa forma el esquema o modelo trinitario que se hará dominante en los textos del magisterio romano:

> Creemos en un Dios, el Padre todopoderoso, y en un Hijo de Dios, nuestro Señor Jesucristo, y en el Espíritu Santo. Un Dios, no tres dioses, sino Padre, Hijo y Espíritu Santo como un solo Dios veneramos y confesamos. Pero no como si ese único Dios esté solitario, por así decirlo, ni tampoco que siendo el Padre fuese también el Hijo, sino que es un Padre que ha engendrado, y es un Hijo que fue engendrado. El Espíritu Santo no fue engendrado ni no-engendrado, ni creado ni hecho, sino que saliendo del Padre y del Hijo es eterno con el Padre y el Hijo y con ellos posee la misma sustancia y la misma actuación...
>
> En estos tiempos postreros el Hijo ha venido del Padre para redención nuestra y en cumplimiento de las Escrituras... Porque el que era Dios nació hombre, y nacido como hombre actúa como Dios, y actuando como Dios, muere como hombre, y muriendo como hombre, resucita como Dios... (Denz, 15-16; DH, 71-72).

3. León Magno (siglo V)

Teólogo y hombre de Iglesia, obispo de Roma entre el 440 y el 461. Tenía gran autoridad moral y así pudo enfrentarse con Atila, rey de los hunos, consiguiendo que no saqueara la ciudad. Se le recuerda por sus sermones y, sobre todo, por su compendio cristológico, conocido como *Tomus Leonis*, que está en la base del decreto del Concilio de Calcedonia (451). Estas son las bases de su propuesta, aceptada por el Concilio, de gran importancia para el pensamiento cristiano posterior:

> Quedando, pues, a salvo la propiedad de una y otra naturaleza y uniéndose ambas en una sola persona, la humildad fue recibida por la majestad, la flaqueza, por la fuerza, la mortalidad, por la eternidad, y para pagar la deuda de nuestra raza, la naturaleza inviolable se unió a la naturaleza pasible. Y así —cosa que convenía para nuestro remedio— *uno solo y el mismo mediador de Dios y de los hombres, el hombre Cristo Jesús* [1 Tm 2:5], por una parte, pudiera morir y no pudiera por otra. En naturaleza, pues,

> íntegra y perfecta de verdadero hombre, nació Dios verdadero, entero en lo suyo, entero en lo nuestro...
>
> Porque el que es verdadero Dios es también verdadero hombre, y no hay en esta unidad mentira alguna, al darse juntamente la humildad del hombre y la alteza de la divinidad. Pues al modo que Dios no se muda por la misericordia, así tampoco el hombre se aniquila por la dignidad. Una y otra forma, en efecto, obra lo que le es propio, con comunión de la otra; es decir, que el Verbo obra lo que pertenece al Verbo, la carne cumple lo que atañe a la carne. Uno de ellos resplandece por los milagros, el otro sucumbe por las injurias. Y así como el Verbo no se aparta de la igualdad de la gloria paterna; así tampoco la carne abandona la naturaleza de nuestro género (DH 293).

Estas son, quizá, desde un punto de vista teológico, las palabras más importantes que un Papa teólogo ha ofrecido al pensamiento de la Iglesia universal, trazando con claridad lógica las implicaciones y sentido de las dos naturalezas de Jesús, desde una perspectiva ontológica propia del helenismo antiguo, pero, como he dicho ya al tratar del Concilio de Calcedonia, no fueron aceptadas por los patriarcados de Alejandría y Constantinopla.

4. Quicumque. Símbolo pseudo-atanasiano (siglo V)[133]

Retomando ideas de Atanasio de Alejandría (*Carta a Serapion II*), Hilario de Poitiers, Ambrosio de Milán y otros teólogos de occidente, el símbolo *Quicumque* (así llamado por su primera palabra latina), se compuso probablemente hacia mediados del siglo V, en el sur de la Galia (Francia), aunque algunos afirman que ha tenido un origen hispano, anti-priscilianista. Se tradujo más tarde al griego y tuvo mucha importancia en la Edad Media, tanto en la liturgia, como en la teología de oriente y occidente. Pone más de relieve la unidad trinitaria que distinción de personas.

Su punto de partida no es el Padre, que "engendra/envía" al Hijo Jesucristo, en el Espíritu, sino Dios en sí, que aparece desde el principio de forma dominante como Uno y Trino, en igualdad de personas. Este ha sido el credo preferido de los grandes teólogos de occidente,

[133] Cf. J. M. Pero-Sanz, *El Símbolo Atanasiano. De la Trinidad a la Encarnación*, Palabra, Madrid 1998; S. del Cura, «Símbolos de fe», *DTDC*, 1301-1303: J. N. D. Kelly, *The Athanasian Creed*, Black, London 1964; *Primitivos credos cristianos*, Sec. Trinitario, Salamanca 1980; A. Richardson, *Así se hicieron los credos*, Clie, Viladecavalls 2009.

católicos y protestantes, de manera que en algunos momentos ha parecido más importante que el mismo niceno-constantinopolitano.

(a) *Principio. Unidad e igualdad de las personas.* Todo el que quiera salvarse [*Quicumque vult salvus esse*...], es preciso ante todo que profese la fe católica: que veneremos a un solo Dios en la Trinidad Santísima y a la Trinidad en la unidad, sin confundir las personas, ni separar la sustancia. Porque una es la persona del Padre, otra la del Hijo y otra la del Espíritu Santo. Pero el Padre, el Hijo y el Espíritu Santo son una sola divinidad, les corresponde igual gloria y majestad eterna… Y sin embargo no son tres eternos, sino un solo eterno.

De la misma manera, no son tres increados, ni tres inmensos, sino un increado y un inmenso. Igualmente omnipotente el Padre, omnipotente el Hijo, omnipotente el Espíritu Santo… Porque, así como la verdad cristiana nos obliga a creer que cada persona es Dios y Señor, la religión católica nos prohíbe que hablemos de tres Dioses o Señores… Y en esta Trinidad nada hay anterior o posterior, nada mayor o menor: pues las tres personas son coeternas e iguales entre sí. De tal manera que, como ya se ha dicho antes, hemos de venerar la unidad en la Trinidad y la Trinidad en la unidad.

(b) *Encarnación e historia de Cristo.* Por tanto, quien quiera salvarse es necesario que crea estas cosas sobre la Trinidad. Pero para alcanzar la salvación eterna es preciso también creer firmemente en la Encarnación de Nuestro Señor Jesucristo. La fe verdadera consiste en que creamos y confesemos que Nuestro Señor Jesucristo, Hijo de Dios, es Dios y Hombre.

Es Dios, engendrado de la misma sustancia que el Padre, antes del tiempo; y hombre, engendrado de la sustancia de su Madre Santísima en el tiempo… Padeció por nuestra salvación: descendió a los infiernos y al tercer día resucitó de entre los muertos. Subió a los cielos y está sentado a la diestra de Dios Padre Todopoderoso: desde allí ha de venir a juzgar a los vivos y a los muertos. Y cuando venga, todos los hombres resucitarán con sus cuerpos, y cada uno rendirá cuentas de sus propios hechos. Y los que hicieron el bien gozarán de vida eterna, pero los que hicieron el mal irán al fuego eterno (Denz, 39-40, p. 12-14; DH, 75-76, p. 80-82).

V

Teólogos y padres de la iglesia hispana

Entre los últimos representantes de la iglesia latina antigua sobresalen los hispanos del siglo IV–VII d. C., que presentamos en un apartado especial, por su valor intrínseco y por el influjo que han tenido en el cristianismo posterior, en los países de cultura y tradición hispana, empezando por uno a quien la tradición ha condenado por "hereje":

1. Prisciliano (340-385)[134]

Asceta y obispo hispano, fundador de un movimiento llamado priscilianismo. Nació probablemente en la provincia romana de Galicia. Estudió retórica en Burdeos y fundó, con mucho éxito, diversos monasterios o conventos de tendencia ascética. Su visión teológica y su movimiento fue parcialmente condenado en el Concilio de Zaragoza (380), pero sus partidarios (los obispos Instancio y Salviano) lo consagraron obispo de Ávila.

El emperador Graciano le sancionó y le desterró, pero él acudió a Roma, para defenderse, aunque no logró el apoyo del Papa Dámaso. Volvió a España, donde fue acusado de magia y de conducta inmoral. Viajó para encontrar protección a Tréveris, donde residía Máximo, nuevo emperador de occidente; pero le acusaron de practicar la brujería y la astrología y le condenaron a muerte, junto con algunos seguidores, que fueron los primeros "herejes" ajusticiados por una autoridad católica oficial, en un proceso criticado por San Martín, obispo de Tours. Su movimiento se mantuvo durante varios siglos, siendo condenado por diversos concilios, que acusaron a Prisciliano y a sus seguidores de varias doctrinas heréticas de tipo general, difíciles de precisar, entre ellas el maniqueísmo. Así, por ejemplo, el Concilio de Braga, del año 561:

> Si alguno no confiesa al Padre y al Hijo y al Espíritu Santo como tres personas…, sino que dice no haber más que una sola y solitaria persona… como dijeron Sabelio y Prisciliano, sea anatema... Si alguno dice que el Hijo de Dios nuestro Señor, no existió antes de nacer de la Virgen, como

---

[134] G. Schepps ha editado *Once Tratados atribuidos a Prisciliano y otras obras,* CSEL 18, Viena 1899; Traducción castellana: *Prisciliano, Tratados y cánones,* Editora Nacional, Madrid 1975; J. M. Crespo, *Prisciliano de Ávila, Tratados,* Trotta, Madrid 2017. Cf. V. Pérez Prieto, *Prisciliano na cultura galega,* Galaxia, Vigo 2010.

> dijeron Pablo de Samosata, Fotino y Prisciliano, sea anatema... Si alguno cree que las almas humanas o los ángeles tienen su existencia de la sustancia de Dios, como dijeron Maniqueo y Prisciliano, sea anatema.
>
> Si alguno dice que las almas humanas pecaron primero en la morada celestial y por esto fueron echadas a los cuerpos humanos en la tierra, sea anatema. Si alguno dice que el diablo no fue primero un ángel bueno hecho por Dios, y que su naturaleza no fue obra de Dios, sino que emergió de las tinieblas y que no tiene ninguna autoridad por encima de sí, sino que él mismo es el principio y la sustancia del mal, como dijeron Maniqueo y Prisciliano, sea anatema.
>
> Si alguno cree que el diablo ha creado en el mundo algunas cosas y que por su propia autoridad sigue produciendo los truenos, los rayos, las tormentas y las sequías, como dijo Prisciliano, sea anatema. Si alguno tiene por inmundas las comidas de carnes que Dios dio para uso de los hombres, y se abstiene de ellas, no por motivo de mortificar su cuerpo, sino por considerarlas una impureza, de suerte que no guste ni aun verduras cocidas con carne, conforme hablaron Maniqueo y Prisciliano, sea anatema (DH 451-464).

Estas condenas identifican de algún modo el priscilianismo con el maniqueísmo, y deben tener algún motivo para ello, pues como he dicho al final del capítulo anterior el maniqueísmo se extendió por todo el occidente, pero esa identificación no fue quizá completa, pues en aquel tiempo las condenas se generalizaban de un modo poco crítico. En esa línea aparecen aquí, unidos a Prisciliano, una serie de "heresiarcas" tomados de un modo general (Sabelio, Fotino, Pablo de Samosata, Maniqueo...).

Sin entrar en más detalles podemos afirmar que Prisciliano fundó un movimiento cristiano de tipo rigorista, inspirado en tradiciones que podrían llamarse gnósticas y que parece haberse opuesto a la Iglesia Oficial, siendo perseguido por ella, y (o) de un modo más preciso por la autoridad imperial que, tras el edicto de Teodosio (380), se siente con el deber de reprimir (condenar a muerte) a los pretendidos herejes cristianos (expulsados y/o condenados por la Iglesia).

2. Prudencio (348-405)[135]

El primer poeta cristiano importante de la iglesia latina. Debió nacer en Calahorra (Hispania, en la ribera del Ebro). Conocemos pocas cosas

---

135 Obras en PL 60; CSEL 61 (1926). *Obra completa* I–II, Gredos, Madrid 1997; *Himnos a los mártires*, CSIC, Madrid 1946; *Peristephanon*, B. Metge, Barcelona 1984.

de su educación y juventud, pero sabemos que actuó como jurista, destacando al final de su vida como poeta, en Roma. Quiso cantar las glorias de los mártires cristianos, siguiendo el modelo de la poesía clásica latina, entroncando de esa forma los mártires de la Iglesia con los modelos heroicos paganos de la antigüedad romana y griega.

Utilizó las formas conocidas de la lírica latina (himnos, epinicios, elegías...). Resulta sorprendente la amplitud y riqueza de los temas y argumentos de su obra, en una línea que se inspira sobre todo en Virgilio y Horacio. Además de los motivos de los mártires cristianos, Prudencio utiliza también temas del Antiguo y Nuevo Testamento. Se le puede considerar como padre de la poesía cristiana (latina) y ha tenido un gran influjo en la antigüedad y en la Edad Media. Citamos como ejemplo el comienzo de su himno a los Santos Inocentes:

Salvete flores martyrum quos lucis ipso in limine christi insecutor substulit ceu turbo nascentes rosas. Vos prima christi victima grex immolatorum tener aram sub ipsam simplices palma et coronis luditis	Salve flores de mártires, a quienes en el mismo umbral de la luz arrebató el perseguidor de Cristo como el huracán a rosas nacientes. Sois las primeras víctimas de Cristo, tierno rebaño de inmolados, bajo el mismo altar con simples palmas y corona jugáis.

3. Idacio de Chaves (400-469)[136]

Obispo e historiador hispano-romano de la antigua Gallaecia (actual Galicia, que abarcaba el noroeste de la península ibérica). Fue Obispo de Chaves (norte de Portugal) y testigo de la desintegración del Imperio romano, con la llegada de los pueblos germanos, especialmente los suevos. Su obra más importante es una *Crónica* que lleva su nombre, en la que expone los acontecimientos sucedidos entre el 379 y el 468, en los años básicos del cambio de régimen al oeste del Imperio romano, centrándose básicamente en la provincia de *Gallaecia*. Tiene una visión pesimista de la historia, marcada por el aumento de conflictividad social, pero animada por la esperanza de la llegada o parusía de Cristo, que se vincula a la caída del Imperio romano. Se opone a la visión histórico-religiosa de los partidarios de Prisciliano. Su obra es fundamental para el conocimiento de la historiografía hispana.

---

[136] Cf. A. Tranoy (ed.), *Hydace. Chronique* I-II, SCh. 218-219, Paris 1974.

4. Martín de Braga (515-579)[137]

Monje, teólogo y obispo, de origen centroeuropeo (Panonia, actual Hungría). Recibió una sólida formación teológica. Hacia el año 550 se instaló en la Gallaecia romana, donde se habían asentado los suevos. Fue uno de los reformadores del cristianismo galaico y uno de los creadores del monacato hispano. Es uno de los escritores que han recogido y legado a las nuevas generaciones la doctrina de la Iglesia antigua y así se le puede tomar como superviviente de una civilización que desaparecía y como precursor de una etapa que estaba comenzando (Edad Media).

Fundó diversos monasterios por la zona, en especial, el de Dumio, junto a Braga, de donde fue abad y obispo (por eso se llama también Martín de Dumio). Después fue consagrado obispo de Braga y metropolita de Gallaecia. Una de sus obras (*De correctione rusticorum*), dirigida al obispo de Astorga describe la situación cultural y religiosa de la población, lo que nos permite valorar las condiciones de vida y pensamiento del noroeste hispano Recogió y organizó también diversos cánones sinodales de las iglesias de Oriente y los aplicó la vida de su Iglesia. Tradujo del griego una colección de Apotegmas o dichos de los Padres del Desierto (*Sententiae patrum Aegyptiorum*). Combatió la "herejía" de Prisciliano y dirigió el II Concilio de Braga (572).

5. Isidoro de Sevilla (560-636)[138]

Arzobispo, teólogo, historiador y polígrafo, que recopiló y transmitió para los siglos posteriores los conocimientos de su época. Su obra, con la de Beda el Venerable, ha sido básica para la transmisión de la cultura antigua en el comienzo de la Edad Media. Entre sus libros destacan: *De natura rerum* (*Sobre la naturaleza de las cosas*, que trata de astronomía e historia natural, *De ordine creaturarum, Regula monachorum, De differentiis verborum* (que trata sobre la doctrina de la Trinidad, la naturaleza de Cristo, el Paraíso, los ángeles y los hombres) y, sobre todo,

---

[137] Cf. C. W. Barlow. *Martini episcopi Bracarensis opera omnia*, Yale UP, New Haven 1950, donde se contienen: *Sententiae patrum Aegyptiorum; Formula vitae honestae; De ira; Pro repellanda iactantia; De superbia; Exhortatio humilitatis; Epistula ad Bonifacium de trina mersione; De correctione rusticorum; Inscriptiones in basilica et in refectorio; Capitula Martini; Excerptum de canonibus; Officium et missa in honorem St. Martini Ep. Turonensis*.

[138] Obras: PL 81-84. Cf. además, *Sentencias*, BAC, Madrid 2009; *Etimología*, BAC, Madrid 2018; *Oficios eclesiásticos*, P. Litúrgica, Barcelona 2011; *Sobre la fe católica, contra los judíos*, Univ. Sevilla 2012.

Originum sive etymologiarum libri viginti (es decir, el libro de las *Etimologías,* una especie de enciclopedia donde se recogen y organizan los saberes de la época, desde la gramática latina y el arte, hasta el derecho y la historia, desde la cosmología y la filosofía a la teología).

El libro de las *Etimologías* ha sido por siglos un compendio del saber antiguo, de manera que ha marcado la presencia e influjo de la cultura greco-romana en el mundo medieval. También es importante su obra historiográfica, en la que defiende la presencia (conquista) de los visigodos y de otros "bárbaros" que se instalaron en el Imperio romano. Escribe igualmente un tratado sobre los judíos (*De Fide católica contra Iudeos*) en el que se muestra partidario de que se les permita vivir (no se les mate ni persiga) dentro de una sociedad cristiana, pero con ciertas limitaciones, pues ellos deben permanecer hasta la parusía de Cristo, conforme a una visión clásica de Pablo ("y al fin todo Israel será salvado": Rm 11:26).

6. Ildefonso de Toledo (607-667)[139]

Monje, teólogo y obispo hispano. Según la tradición, fue discípulo de Isidoro de Sevilla y después monje, en el monasterio de Agali, Toledo. Como abad del monasterio, tomó parte en varios concilios (en los años 653, 655 y 656), siendo después arzobispo de la ciudad (del 657 al 667). Se le conoce, sobre todo, por una confesión trinitaria, en la que pone de relieve la igualdad del Padre, del Hijo y del Espíritu Santo y, de un modo especial, por sus escritos sobre la Virgen María.

Pero su texto más conocido se titula *De virginitate S. Mariae contra tres infideles* y se inspira en los escritos de San Agustín. Siguiendo la postura de san Jerónimo, Ildefonso defiende la virginidad de la madre de Jesús, en contra de Joviniano (un monje que afirmaba que ante Dios tiene el mismo valor el matrimonio que el celibato), de Elvidio (quien afirmaba que María había tenido otros hijos, además de Jesús) y, finalmente, de un judío anónimo (quien afirmaba que Jesús, hijo de María, no es Dios). Ese libro constituye uno de los testimonios teológicos marianos más importantes de la tradición antigua de la iglesia y ha tenido mucho influjo no solo en España, sino en todo el occidente.

---

[139] *Obras.* ML 96. Cf. J. F. Rivera, *San Ildefonso de Toledo. Biografía, época y posteridad,* BAC, Madrid 1985; J. Campos, *Santos padres españoles I. San Ildefonso de Toledo,* BAC Madrid 197. Cf. J. M. Cascante, *Doctrina mariana de San Ildefonso de Toledo,* San Paciano, Barcelona 1958.

7. Concilios de Toledo[140]

La iglesia hispana (actual España y Portugal) fue de tipo conciliar. Más que la voz de sus teólogos importa la palabra de sus concilios, que van del año 400 al 675 d. C. Ellos definieron y marcaron de forma duradera no solo la fe y la vida de los cristianos de Hispania, sino de todo el occidente latino del antiguo imperio de Roma, en comunión con el Papa (no en sometimiento al Papa):

a. Concilio de Toledo I (año 400). Celebrado en el tiempo de los emperadores Arcadio y Honorio, redactó un Credo o compendio de fe, contra todas las herejías, en especial contra los arrianos y priscilianistas:

1. *(Trinidad).* Creemos en un solo Dios verdadero, Padre, Hijo y Espíritu Santo, hacedor de lo visible y de lo invisible, por quien han sido creadas todas las cosas en el cielo y en la tierra. Creemos que Este es un solo Dios y Esta una sola Trinidad de nombre divino [de sustancia divina]... Esta Trinidad, distinta en personas, creemos que es una sola sustancia, virtud, potestad, majestad indivisible. Fuera de ella no existe naturaleza alguna divina, de ángel, o de espíritu, o de virtud alguna, que sea creída Dios...
2. (*Encarnación*). Así, pues, este Hijo de Dios, Dios nacido del Padre absolutamente antes de todo principio, santificó el vientre de la Bienaventurada Virgen María y de ella tomó al hombre verdadero, engendrado sin semen de varón, Nuestro Señor Jesucristo. No era un cuerpo imaginario o compuesto solo de forma, sino sólido [y verdadero]. Y este tuvo hambre y sed, sintió el dolor y lloró y sufrió todas las demás calamidades del cuerpo. Finalmente, fue crucificado [por los judíos], muerto y sepultado, [y] resucitó al tercer día... Creemos en la resurrección [futura] de la carne humana. El alma del hombre [decimos] no ser sustancia divina o parte de Dios, sino una criatura no caída [sino creada] por voluntad de Dios.

---

140 Cf. J. Vives (ed.), *Concilios visigóticos e hispano-romanos*, CSIC, Barcelona-Madrid 1963. Cf. Z. García Villada, *Historia Eclesiástica de España* I-III, CIAP, Madrid 1929; T. González, *Los Concilios de Toledo*, Historia Ecl. de España I (1929) 536-563; J. F. Rivera, *Los concilios de Toledo*, en: Fliche-Martin, *Historia de la Iglesia*, Edicep, Valencia 1975, V, 709-717; J. Orlandis, *La Iglesia en la España visigótica y medieval*, Eunsa, Pamplona 1976.

3. (*Anatemas*). 1. En consecuencia, [pues,] si alguno dijere y [o] creyere que este mundo, y todos sus instrumentos, no fue hecho por Dios omnipotente, sea anatema... 5. Si alguno dijere y [o] creyere que el hombre Jesucristo no fue asumido por el Hijo de Dios [v. 1.: que solo la carne sin el alma fue tomada por el Hijo de Dios], sea anatema… 8. Si alguno dijere que uno es el Dios de la antigua Ley y otro el de los Evangelios, sea anatema. 9. Si alguno dijere y [o] creyere que el mundo fue hecho por otro Dios que [y no] por Aquel de quien está escrito: En el principio hizo Dios el cielo y la tierra [cf. Gn 1:1], sea anatema. 10. Si alguno dijere y [o] creyere que los cuerpos humanos no han de resucitar [no resucitan] después de la muerte, sea anatema. 11. Si alguno dijere y [o] creyere que el alma humana es una porción de Dios o que es sustancia de Dios, sea anatema. 12. Si alguno creyere que han de tener autoridad o si hubiere venerado otras Escrituras fuera de las que ha recibido la Iglesia Católica [Si alguno dijere o creyere que han de tener autoridad o han de ser veneradas otras Escrituras, fuera de las que recibe la Iglesia Católica], sea anatema… (Denz, 19-33, p. 10-12; DH, 188-204, p.121-123).

b. Concilio de Toledo XI (675-676). La profesión de fe de este Concilio ofrece una síntesis de la teología trinitaria de la iglesia de occidente y pone de relieve la comunión y la distinción de las personas divinas. Constituye la elaboración sistemática más importante de la doctrina trinitaria, desde una perspectiva occidental y así podemos entenderla como última palabra de un desarrollo teológico anti-arriano (los arrianos habían llegada a España con los visigodos) y anti-gnóstico (en la línea de oposición a un tipo de priscilianismo que se había extendido por la península ibérica). Este Credo (que algunos atribuyeron a Eusebio de Vercelli: Pl 12, 959–968) ha sido fundamental para la teología trinitaria de Roma, en un momento en que la iglesia hispana (que caería pronto en manos del islam) era la más significativa de occidente.

1. (*Punto de partida*). Confesamos y creemos que la santa e inefable Trinidad, el Padre y el Hijo y el Espíritu Santo, es naturalmente un solo Dios de una sola sustancia, de una naturaleza, de una sola también majestad y virtud.
2. (*Padre*). Y confesamos que el Padre no es engendrado ni creado, sino ingénito. Porque Él de ninguno trae su origen, y de Él recibió su nacimiento el Hijo y el Espíritu Santo su procesión. Él es, pues, la fuente y origen de la divinidad entera.

3. *(Hijo)*. Confesamos también que el Hijo nació de la sustancia del Padre, sin principio antes de los siglos, y que, sin embargo, no fue hecho; porque ni el Padre existió jamás sin el Hijo, ni el Hijo sin el Padre… El Hijo es en todo igual a Dios Padre, porque ni empezó alguna vez a nacer ni tampoco cesó. Nosotros creemos que el Hijo tiene una sola sustancia con el Padre, por lo que se le llama *homousios* al Padre, es decir, de la misma sustancia que el Padre, pues *homo* en griego significa uno solo y *ousia* sustancia, y unidos los dos términos suena "una sola sustancia"…
4. (*Espíritu Santo*). También creemos que el Espíritu Santo, que es la tercera persona en la Trinidad, es un solo Dios e igual con Dios Padre e Hijo; no, sin embargo, engendrado y creado, sino que, procediendo de uno y otro, es el Espíritu de ambos... Así, pues, este Espíritu se cree que fue enviado por uno y otro, como el Hijo por el Padre; pero no es tenido por menor que el Padre o el Hijo, como el Hijo por razón de la carne asumida atestigua ser menor que el Padre y el Espíritu Santo.
5. (*Trinidad*). Esta es la explicación relacionada de la Santa Trinidad, la cual no debe ni decirse ni creerse triple, sino Trinidad. Tampoco puede decirse rectamente que en un solo Dios se da la Trinidad, sino que un solo Dios es Trinidad. Mas en los nombres de relación de las personas, el Padre se refiere al Hijo, el Hijo al Padre, el Espíritu Santo a uno y a otro; y diciéndose por relación tres personas, se cree, sin embargo, una sola naturaleza o sustancia… Porque lo que el Padre es, no lo es con relación a sí, sino al Hijo; y lo que el Hijo es, no lo es con relación a sí, sino al Padre; y de modo semejante, el Espíritu Santo no a sí mismo, sino al Padre y al Hijo se refiere en su relación: en que se predica Espíritu del Padre y del Hijo.
6. (*Cada persona es Dios. No hay número en la Trinidad*). Así, pues, esta santa Trinidad, que es un solo y verdadero Dios, ni se aparta del número ni cabe en el número. Porque el número se ve en la relación de las personas; pero en la sustancia de la divinidad, no se comprende qué se haya numerado. Luego solo indican número en cuanto están relacionadas entre sí; y carecen de número, en cuanto son para sí. Porque de tal suerte a esta santa Trinidad le conviene un solo nombre natural, que en tres personas no puede haber plural. Por esto, pues, creemos que se dijo en las Sagradas Letras: *Grande el Señor Dios nuestro y grande su virtud, y su sabiduría no tiene número* [Sal 147:5].

Evaluación y actualización

1. Conocer

- Elaborar una visión de conjunto de la antigua teología latina, destacando los teólogos más importantes y los símbolos de la fe o credos. Distinguir y vincular los diversos credos, indicando la importancia que se da en la iglesia de occidente a la exigencia de fijar jurídicamente el sentido de la fe.
- ¿En qué consiste el tema de los "lapsi", es decir, la condición cristiana de aquellos que en la persecución no habían mantenido con firmeza su fe? ¿Por qué ese tema es importante en la organización de las iglesias?
- Exponer una visión de conjunto de la teología de Agustín. ¿Cómo se pueden valorar hoy sus aportaciones y sus posibles riesgos? ¿Por qué Agustín no ha influido en la teología ortodoxa? ¿Hay diferencia entre católicos y protestantes en la interpretación de Agustín?
- ¿Cómo entiendes el problema de Pelagio? El Papa Francisco afirma que los dos riesgos mayores de la iglesia actual son la gnosis intimista y un tipo de pelagianismo activista. ¿Se pueden vincular esos dos riesgos? ¿Se puede afirmar que ellos son los dos más peligrosos para el cristianismo actual?

2. Juzgar

- Muchos piensan que la herejía de oriente es el gnosticismo (puro conocimiento), y la de occidente el pelagianismo (salvación por las obras…). ¿Se puede justificar esa afirmación?
- En su juventud, Agustín debió superar, tras varios años de "contagio" un tipo de gnosis (maniqueísmo); en su última etapa tuvo que oponerse al pelagianismo. ¿Cómo podrías describir su actitud ante ambos riesgos?
- Valora los diversos credos de la Iglesia de Occidente, del Papa Dámaso, el "pseudo–atanasiano", los de Toledo. ¿Por qué fue importante fijar y asegurar de ese modo la fe?
- ¿Qué significa al hecho de que la teología latina sea muy magisterial, una teología de obispos? ¿Cómo ves la relación entre teología y Derecho Canónico?

- ¿Puedes resumir la aportación teológica de los últimos padres romanos antiguos: Boecio, Casiodoro e Isidoro? ¿Tienen algo en común?

3. Actuar

- Nosotros, cristianos occidentales (católicos y evangélicos), provenimos de la teología latina. ¿Qué ventajas y desventajas tiene ese hecho frente a la teología y vida de los cristianos orientales?
- Pon de relieve los elementos más significativos de la patrística latina, mirada desde la tradición africana (Cipriano, Agustín), romana (Hipólito, León Magno), británica (Pelagio) e hispana (Isidoro, Concilios de Toledo).
- ¿Te atreverías a redactar una confesión de fe o credo en la línea del símbolo de fe del Papa Dámaso, del *Quicumque* (Pseudo-Atanasiano) o de los credos toledanos? ¿Qué elementos destacarías?
- ¿Cómo compaginas desde esta tradición romana la teología sistemática que piensa, la dogmática que fija la fe en unos credos y la pastoral que traza unas líneas de conducta?

Preguntas para reflexionar

1. ¿Cuáles son los valores y riesgos de la iglesia romana, desde el principio de su historia? ¿Puedes resumir sus aportaciones fundamentales?
2. ¿Valor y riesgo de la teología de San Agustín? ¿Puedes precisar su aportación en la historia posterior de las iglesias de tradición occidental, en la católica, en las protestantes?
3. ¿Qué ha significado y qué significa la búsqueda de la ortodoxia de las iglesias latinas, por encima de la identificación litúrgica y sacral de las iglesias de Oriente?

VI

Padres latinos II
Etapa tardía (siglos VIII-XII)

Tras la patrística antigua, con la teología y concilios de la iglesia hispano–visigoda (siglos V–VII d. C.), viene la nueva (y última) teología y patrística latina que empieza el VIII, con el renacimiento "carolingio", vinculado al rey franco Carlomagno (742–804), en un tiempo en que el centro de la iglesia latina no estaba en Roma, sino en la corte y "escuela palatina" de los reyes francos, entre la actual Francia y Alemania. Pasaré después a la patrística final, representada por los padres del siglo XII, vinculados todavía a la tradición anterior de la iglesia, antes de la irrupción de la Escolástica (siglo XIII), que traza ya un nuevo comienzo, una etapa distinta en la iglesia de occidente. Este capítulo se divide, según eso, en dos partes.

- *Primer desarrollo, reforma carolingia (siglo VIII–IX).* Traza el comienzo de la nueva iglesia de occidente con su propio "genio", es decir con su nueva identidad político–social, fundada en el recuerdo de la antigua Roma, pero expresada en el poder de los nuevos reyes (emperadores) neo–romanos, de origen "bárbaro" y en el crecimiento del poder religioso de los papas.
- *Segundo desarrollo, reforma gregoriana (siglo XI) y renacimiento del XII.* Surgió en ese momento (siglo XII) un fuerte desarrollo del pensamiento teológico, en continuidad con el pasado de los Padres de la Iglesia antiguo, antes de la irrupción de la novedad científico–social y religioso de la Escolástica del XIII.

I

Primer desarrollo. Reforma carolingia

Hacia el 407/410 los soldados romanos abandonaron Inglaterra y en los siglos siguientes, tanto en Inglaterra–Gales como en Irlanda y Escocia, se crearon comunidades cristianas de cultura mixta, con elementos romanos, celtas y germanos (sajones, vikingos). Por un lado, se mantuvo la antigua cultura romana, y, por otro, crecieron los monasterios de cultura celta y llegaron nuevos monjes latinos (con la regla de San Benito), en tiempos de Gregorio Magno (590–604). Fue un momento de cruce importantes de culturas.[141]

1. Una Iglesia de poder. Los estados pontificios

El obispo de Roma (el papado) se había mantenido entre el siglo VII y el VIII entre dos mundos: el Imperio bizantino y reinos «bárbaros» de occidente (a los que la iglesia con el papa iba ofreciendo gérmenes de identidad y cultura). El imperio de oriente se cerraba cada vez más en sí mismo, pues el islam había conquistado gran parte de sus territorios (Egipto, Siria) y, a pesar de su cultura y brillo externo, parecía incapaz de iniciar nuevos caminos de misión frente al entorno islamizado. Por su parte, el papado de occidente parecía también estancarse, bajo el dominio de los bárbaros.

Pero en la segunda mitad del VIII se iniciaron dos procesos inseparables, de grandes consecuencias (1) La constitución de los *estados pontificios,* garantizados por los reyes y emperadores francos (luego germanos). (2) El surgimiento del *Imperio franco/germánico de occidente,*

[141] Antes de ocuparnos de los "francos" (en la línea de lo dicho sobre la iglesia hispana del siglo VI–VII) podríamos evocar el despliegue de la "iglesia celta" (británica), que tuvo mucha importancia cultural y misionera entre el siglo VII y VIII. Pero, en sentido estricto, no se puede hablar de una Iglesia "celta" bien delimitada, con sus instituciones propias y su teología, aunque ese término es útil para evocar una serie de prácticas de varios grupos de cristianos, que han marcado de manera intensa el cristianismo occidental de aquel momento. Las iglesias de tipo celta estaban organizadas en torno a monasterios, que actuaban, de algún modo, como diócesis (con obispos monjes de gran autonomía y autoridad sobre las comunidades rurales del entorno). Los monjes/obispos celtas tuvieron mucho influjo no solo en Gran Bretaña e Irlanda, sino en amplias zonas de Europa continental, donde actuaron como misioneros, creando monasterios e instaurando un cristianismo de tipo más intimista, fundado en la fidelidad personal y en la movilidad social, más que en la integración territorial.

que dará paso a los estados nacionales. De esa forma se creó una nueva relación entre iglesia y estado, distinta de la que seguía existiendo en Bizancio.

Amenazado por los reinos bárbaros y sin esperanza de recibir ayuda del Imperio bizantino, el Papa Esteban II (752-757) se dirigió a los francos para pedir a su jefe, Pipino, unos «estados propios», donde ejercer su poder y mantener su libertad. Pipino respondió a la petición y conquistó para el papa unos territorios *pontificios*, que se han mantenido bajo su poder durante más de 1.100 años. Esa fue la «donación de Pipino», que más tarde se intentó justificar jurídicamente, presentándola como cumplimiento de una «constitución» (*constitutum)* de Constantino, quien, una vez convertido al cristianismo, a principios del siglo IV, se habría trasladado a su nueva capital (Constantinopla, Bizancio), dejando al Papa el poder sobre Roma, de forma que el mundo cristiano tuvo desde entonces dos centros o poderes, uno superior o eclesiástico (papa de Roma) y otro inferior o político (de los emperadores o reyes de turno).

Ese documento, "inventado" entre el IX y XI (y recogido en las *Decretales Pseudo-isidorianas* y en el *Decretum* de Graciano), sirvió para «legalizar» las conquistas de Pipino y marcó la política del papado durante la Edad Media cristiana. Surgieron así unos *Estados Pontificios (=Papales),* que han podido ofrecer ciertos valores sociales, pero convirtieron al Papa en señor temporal de un Estado entre los estados de su entorno. El papado pudo realizar sin duda una labor cultural y civilizadora, pero en contra de la intención y tarea original del evangelio. Este fue el momento clave de la *inversión constantiniana*.[142]

La donación de los Estados Pontificios no pudo haberla realizado Constantino, pero se sitúa en la lógica de aquello que empezó con

---

[142] Estos son algunos párrafos de la *Donación de Constantino*: «...Junto con todos los magistrados, con el senado y los magnates y todo el pueblo sujeto a la gloria del Imperio de Roma, Nos (Constantino)... deseamos que la Santa Iglesia Romana sea honrada con veneración... y que la sede santísima de san Pedro sea exaltada gloriosamente aún más que nuestro trono terreno... Y mandamos y decretamos que tenga la supremacía sobre las cuatro sedes eminentes de Alejandría, Antioquía, Jerusalén y Constantinopla y sobre todas las otras iglesias de Dios en toda la tierra... Y para que la dignidad pontificia no sea inferior, sino que tenga mayor gloria y potencia que la del Imperio terreno. Nos damos al mencionado santísimo pontífice nuestro Silvestre, Papa universal, y dejamos y establecemos en su poder gracias a nuestro decreto imperial, como posesiones de derecho de la Santa Iglesia Romana, no solamente nuestro palacio, como ya se ha dicho, sino también la ciudad de Roma y todas las provincias, lugares y ciudades de Italia y del Occidente». Cf. R. Romeo y G. Talamo, *Documenti storici,* I, Torino 1989, 28-31. Cf. A. Piazzoni, *Historia de las elecciones papales,* Desclée de Brouwer, Bilbao 2005, 93-94.

él, cuando, desde una perspectiva occidental, el cristianismo se entendió como un poder y quedó en manos de jerarcas sagrados que tenían gran influjo en la política. Esa donación resultaba impensable en oriente, donde el «basileus» bizantino había conservado de hecho el poder sagrado de los antiguos emperadores romanos, de manera que patriarcas e iglesia quedaban subordinados, bajo su mandato, dentro de una visión sacral (total) del orden político. Por el contrario, ella resulta «lógica» y necesaria en occidente, para ratificar la independencia y supremacía del «poder religioso» frente al político. En ese sentido, la donación de Constantino ha realizado una función positiva, cuyo influjo permanece de algún modo todavía. Pero ella implica, como he dicho, unos grandes riesgos (cristianamente unos «pecados») que de nuevo resaltamos.

- *Para ser independiente y realizar su misión, el papa necesita un poder político,* situándose para ello sobre emperadores y reyes. El Papa asume y ejerce, según eso un poder político, convirtiéndose en rey de un pequeño estado muy significativo, que aún existe: el Vaticano.
- *El problema no es que el Papa haya hecho mala política (muchas veces la hizo buena), sino que haya entrado en la política,* empleando para ello unos poderes coactivos, no evangélicos, poniéndose incluso a la cabeza de su propio ejército (desde Inocencio II hasta Julio II), cosa que los patriarcas de Bizancio nunca habían imaginado.[143]

En este fondo se inscribe un acontecimiento básico: la coronación imperial de Carlomagno, hijo de Pipino, en la Navidad del año 800, en la Basílica que Constantino había construido en la colina del Vaticano sobre la tumba de Pedro. En nombre de Dios, como sucesor de Pedro, presentándose como autoridad sobre los reyes del mundo, León III impuso la corona imperial sobre el rey de los francos, de manera que este y sus sucesores pudieron afirmar que no habían recibido el poder a través de una victoria militar (ni por tradición inmemorial, como el emperador de Bizancio) sino a través del Papa, que aparece así (simbólicamente) como autoridad suprema.

---

[143] Los Estados Pontificios en su forma externa han durado más de mil doscientos años (hasta el 1870), siendo la institución política más duradera de Europa. Ellos perduran de algún modo en el Estado Vaticano (surgido tras los pactos lateranenses de 1929) y han cumplido una función cultural. Pero, mirados en perspectiva cristiana, ellos son expresión de una ficción jurídica (no hubo donación de Constantino) y de una ceguera evangélica (el Reino de Dios ha de expresarse de otra forma).

Los ideólogos carolingios del VIII-IX (primeros teólogos «europeos» propiamente dichos), que leían y aplicaban el pensamiento de Dionisio Areopagita, comentado en latín por Escoto Erígena, interpretaron la escena desde modelos jerárquicos de tipo filosófico-religioso: el mundo entero aparecía como una «escala de poderes» que desciende desde Dios hasta los seres más bajos, pasando a través de ángeles y hombres superiores, entre ellos el Papa y el emperador. Estaba surgiendo un nuevo orden político que se decía vinculado al evangelio, pero que tenía un carácter más platónico (y feudal) que mesiánico. Esa sociedad de nombre cristiano, construida sobre bases judías y helenistas, romanas y germanas, tardará siglos en desarrollarse, para culminar y caer en la modernidad (tema aún pendiente, a comienzos del XXI).[144]

2. Iglesia de los francos. Reforma carolingia

En ese contexto se sitúa la reforma carolingia. Más que el "despertar" de los monjes británicos, representados por Beda el Venerable, y los misioneros celtas, influyó en el conjunto de la Iglesia el renacimiento carolingio, no solo en un plano de liturgia y administración, sino de teología y pensamiento. Como nuevo emperador, heredero de Roma y casi "papa" de la Iglesia latina, Carlomagno (742–814), sintió la necesidad de uniformar el culto, partiendo del modelo de su corte imperial, que así aparece como lugar de referencia para las iglesias de occidente (siguiendo en parte el modelo de la iglesia greco–bizantina). Estos son algunos elementos de su reforma:

---

[144] *El Papa* parecía ser autoridad suprema, pues concedía al emperador su legitimidad al ungirle e imponerle la corona y así debieron creerlo los clérigos de su corte; pero esa legitimidad no proviene del evangelio, sino de una tradición político-religiosa de fondo anticristiano. *El nuevo emperador* y sus sucesores recibieron la corona del Papa, pero quisieron volverse portadores de la autoridad más alta, poniendo al Papa a su servicio, como indica el sepulcro o relicario imperial de la capilla palatina de Aquisgrán, centro simbólico del nuevo imperio: en el centro está Carlomagno, como delegado de Dios, y a sus lados, en pequeño, como sometidos, están el Papa y Turpín, el obispo imperial. Aquel fue un momento clave en el nacimiento de Europa Occidental y sus dos protagonistas (Papa romano y Emperador franco-germano) seguirán vinculados y enfrentándose por siglos. Aquel fue un gesto cristiano, pero, más que representante de Cristo, el Papa parecía un Sumo Sacerdote de Jerusalén (ahora de Roma) y el emperador un nuevo David (un emperador cristiano), con el encargo de mantener la paz de Dios sobre su pueblo, comprometiéndose a emplear para ello la espada.

- *Admonitio Generalis.* A los dos años del concilio de Nicea II, Carlomagno publicó una "Admonitio" o Instrucción General (año 789), para organizar de un modo unitario la vida litúrgica de sus estados, realizando una reforma, cuyos gestores fueron clérigos de su corte, es decir, los miembros de su Capella/Capilla palatina, que serán modelo para la liturgia de sus reinos. Con ese fin, convocó a los mejores intelectuales de la época (Teodulfo, Paulino de Aquileia) y los puso bajo las órdenes de Alcuino de York, quien actúa como el hombre más importante de la iglesia occidental de este momento (desde el 782).
- *Revisión y unificación de tradiciones, influjo monástico.* Esa reforma ha de entenderse desde la experiencia de los benedictinos, portadores de las costumbres de Roma. En esa línea, los "reformadores" de Carlomagno aceptaron también tradiciones de los francos y ciertos usos de los monjes celtas, creando una liturgia más sobria que la bizantina, aunque muy rica en el aspecto musical y literario, sin necesidad de iconostasios (de separación estricta entre clero y pueblo). De la reforma de Carlomagno ha seguido viviendo hasta el siglo XX la teología y la Iglesia latina, de manera que algunas medidas de entonces han marcado hasta hoy aspectos importantes de la vida de la Iglesia.
- *En el plano bíblico.* Los "escribas" de la corte aceptaron la Biblia Vulgata de San Jerónimo, unificando los tipos y formas de los caracteres, creando las letras minúsculas, que han pervivido hasta la actualidad e introduciendo unos signos diacríticos (de separación, puntuación e interrogación) que han sido importantes desde entonces. De ese tiempo son las famosas "Biblias de Alcuino", que están en la base de todas las posteriores de occidente.
- *Liturgia, Canto Gregoriano.* Se impuso la uniformidad de la liturgia, con un Canon eucarístico y unos formularios comunes para la Celebración de las Horas, tanto de los monjes como del clero secular. Poco a poco, esta liturgia (que se llamará "romana", aunque es de origen franco) acabará por imponerse en occidente (en España lo hará solo en el siglo XI/XII). En este momento se sitúa también la expansión y unificación básica del "Canto Gregoriano", que recibió ese nombre por pensar que había sido promovido por el Papa Gregorio Magno (590-604), aunque tenía orígenes más antiguos e influjo oriental (siríaco, bizantino).
- *Confesión de fe.* Los teólogos de Carlomagno tuvieron un interés especial en unificar la confesión de fe, y así lo hicieron al oponerse al posible "adopcionismo hispano" (concilios de Frankfurt y Aquisgrán: 794 y 800), al insistir en el culto de las imágenes (como en Oriente) y al introducir el "Filioque" en el Credo de Constantinopla.

Estos cambios, que han marcado la vida cristiana de occidente, siendo aceptados básicamente por Roma, estuvieron vinculados con un nuevo método de formación (estudio y teología), que se irá extendiendo desde la corte imperial de Carlomagno (que actúa como verdadero Papa de la iglesia latina), con dos elementos fundamentales: (a) *Estudio de la Biblia y de los Santos Padres,* especialmente latinos, como transmisores de la tradición antigua de la Iglesia. (b) *Reconocimiento del pensamiento antiguo, con las artes liberales,* que forman el trívium (gramática, retórica y dialéctica) con el cuatrivium o estudio superior (aritmética, geometría, astronomía y música). Esa reforma, animada por figuras como Alcuino de York (735-804), recoge la síntesis del conocimiento antiguo, transmitido por Isidoro de Sevilla (555-636) y Beda el Venerable (672-735).

3. Derecho eclesiástico. Las pseudo-isidorianas

Paradójicamente, la "reforma" carolingia ha desembocado (y se ha expresado) en la elevación del poder de los papas, pues Carlomagno se presenta como Emperador, pero manteniendo a su lado (bajo su protección) al Papa, obispo de la ciudad imperial, que le corona emperador. De esa forma surgen o, mejor dicho, quedan ratificados los dos grandes poderes (Emperador y Papa), representantes del mismo Cristo, desde perspectivas distintas: El papa corona al emperador y le concede "poder sagrado" sobre sus súbditos; el emperador protege al Papa y garantiza su autoridad eclesiástica.

En ese contexto, para legitimar el nuevo orden socio-religioso, al lado de la Donación Apócrifa del Emperador Constantino (que habría dado a los papas el poder político sobre Roma) surgieron una serie de leyes recogidas más tarde hacia el año 850 (*Decretales pseudo-isidorianas*), publicadas bajo la autoridad de Isidoro de Sevilla, hombre clave de la iglesia occidental. Estas Decretales conciben al Papa como Jerarca supremo de la cristiandad, en Oriente y Occidente, y le elevan sobre los dos emperadores (y sobre todos los reinos posibles) como único "primado" religioso de la cristiandad (y en teoría del mundo).

Ciertamente, ellas reconocen la existencia de un poder político (el Papa no se hace emperador/rey como en la antigua Roma o China, o entre los Incas y Aztecas), pero afirman que el emperador (o los emperadores y reyes) ha de estar subordinado al Papa, pues él es quien corona al Emperador, y no al contrario. De esa forma se quiere imponer un tipo de "unificación religiosa" (una sola iglesia, un único Papa), de tipo jurídico, en la línea del "genio romano", que no ha sido creador de teología (como hicieron las iglesias de Alejandría y Antioquía), sino de organización eclesial, con dos rasgos principales:

- *Los carolingios imponen un Derecho* que concede al Papa el poder religioso universal, con la capacidad de dirigir la vida de la iglesia y de la sociedad en los nuevos tiempos. De esa forma surge la visión de un papado entendido en forma de jerarquía religiosa (de tipo imperial) con poder sagrado sobre todas las iglesias. La teología queda así en un segundo plano, como algo subordinado. La verdadera autoridad de los papas no reside en la Palabra de Dios (Biblia), ni en la teología (como en San Agustín), sino en el derecho. El evangelio se interpreta como fuente de poder, más que como experiencia de vida.
- *Surge así la nueva "teología" jurídica de las Decretales,* que aparecen como documento básico de la administración eclesial. Ellas se crearon probablemente en la cancillería de los Emperadores Francos (en torno al año 850 d. C.), para fundar el "derecho" superior de los papas, e indirectamente de los emperadores. Contienen: 1. Sesenta decretos puestos a nombre de papas, desde Clemente (siglo I) hasta Melquíades (siglo IV). 2. Un tratado sobre la Iglesia Primitiva y el Concilio de Nicea (325), con cánones históricos. 3. Cartas de papas significativos, desde Silvestre (siglo IV) hasta Gregorio II (siglo VIII).

Estas Decretales, así divididas y organizadas, forman "la Biblia" de la nueva iglesia carolingia, que en este momento (siglo IX) no logró triunfar e imponerse, pero que lo hará dos siglos más tarde (con la reforma gregoriana del XI). Ellas definirán la historia de la Iglesia posterior de Roma, ofreciendo una base para entender su constitución y gobierno, cuando, tras siglo y medio de eclipse del papado, se imponga en Roma la Reforma Gregoriana (mediados del siglo XI), que ha ratificado el centralismo papal de la Iglesia (contra el que protestarán los reformadores, siglo XVI). En algún sentido, ellas marcan y trazan el contenido más profundo de la "patrística romana", es decir, de la teología eclesial de occidente.

- *El Papa* parecía tener la autoridad suprema, pues concedía al emperador su legitimidad al ungirle e imponerle la corona y así debieron creerlo los clérigos de su corte; pero nosotros sabemos que ese poder que el Papa concedía al emperador no proviene del evangelio, sino de una tradición político-religiosa de fondo anticristiano.
- *El nuevo emperador* y sus sucesores recibieron la corona del Papa, pero quisieron volverse portadores de la autoridad más alta, convirtiendo al Papa en un subordinado, a su servicio, como lo indica el sepulcro o relicario imperial de la capilla palatina de Aquisgrán, centro simbólico del nuevo imperio: en el centro está Carlomagno, como delegado de Dios, y a sus lados, en pequeño, como sometidos, están el Papa y Turpín, el obispo imperial.

Frente a la sociedad bizantina, que mantuvo su equilibrio original durante casi un milenio (del siglo V al XV), con un emperador que parece estar sobre el patriarca, pero sin quitarle su poder religioso, el nuevo imperio de occidente nace con una dualidad de poderes (civil y eclesiástico), que se necesitan y luchan entre sí, sin que uno logre dominar al otro. En ese sentido, lo que parecía comienzo de una gran paz será principio de una disputa que, en algún sentido, continúa viva en occidente todavía, pues nos sitúa ante *poderes* (eclesiástico y civil), ambos con pretensiones religiosas. En este contexto podría hablarse las dos ciudades de San Agustín (una de Dios, otra del mundo), pero ellas reciben ahora un sentido nuevo, que marcará la historia posterior de occidente:

- El *Emperador* querrá ser representante de Dios sobre los reinos de la tierra, con autoridad sagrada. Pero su autoridad estará limitada por el Papa, que se la concede en nombre de Dios, y después por el pueblo, al que representa.
- El *Papa* aparece como delegado de Dios, para unificar espiritualmente a los hombres, pero, aunque lo intente, no podrá asumir el poder político, que está en manos del Emperador que mantiene su propia autonomía.

El *emperador* necesitaba al Papa, para recibir en nombre de Dios la corona y la unción (el poder sagrado). El *Papa* necesita que el emperador le concede unos territorios y unos privilegios políticos, que le parecen esenciales para realizar su función. Cada uno se apoya en el otro y, en algún sentido, depende del otro. Consciente de ello, el nuevo papa Esteban IV corona y unge en Reims a Ludovico Pío, hijo de Carlomagno (año 816) y Ludovico vuelve a conceder al Papa un estatuto político-religioso (*Privilegium/Pactum Hludovicianum*), ratificando su soberanía y poder político sobre el entorno de la ciudad. Emperador y Papa quieren ser independientes y supremos, pero se necesitan, pues ambos tienen rasgos religiosos y sociales.

Hay, por tanto, dos poderes, pero el eclesiástico es más grande. Además, el poder político puede dividirse (hay dos imperios: uno franco, otro bizantino), mientras que el poder del Papa es necesariamente único, como aseguran una serie de cánones de las *Decretales pseudo-isidorianas,* que le presentan como responsable de toda la iglesia, en Oriente y Occidente y le elevan sobre los dos emperadores (y sobre todos los reinos posibles) como único "primado" religioso.

Estos gestos nos sitúan ante una «globalización religiosa» (una sola iglesia, un único Papa), que se opone a la diversidad de poderes civiles (dos imperios, muchos reinos). Ellos conceden al Papa (que es único) una ventaja sobre los varios poderes políticos, que se muestran divididos. En principio, este intento de "unidad" eclesial no solo es bueno, sino también necesario, pues responde a la dinámica del Nuevo Testamento, reflejada en la Carta a los Efesios, y en el credo de Constantinopla I, que define a la Iglesia como "una y santa", pero no todas las iglesias estarán de acuerdo con la interpretación romana de esa unidad y santidad.

Como he dicho, la *Donación de Constantino* (que concedía un poder civil al Papa) había sido falso, y falsas son ahora las *Decretales isidorianas,* que le conceden un poder religioso universal, concibiendo el Papado como estructura unitaria de poder sagrado, en línea de soberanía, culminando un proceso esbozado ya por 1 Clemente, al final del siglo I (cf. cap. 1). En los próximos decenios, las Decretales tendrán poco influjo, porque los papas entrarán en una especie de colapso (finales del siglo IX, todo el siglo X), del que solo despertarán en el XI, con la Reforma Gregoriana, que ha ratificado la centralización papal y del poder de la iglesia posterior hasta la actualidad.

En esa línea, tras la apelación a las *Decretales Pseudo-Isidorianas,* los papas que habían logrado afirmar su autoridad frente a los emperadores y sobre el conjunto de la iglesia, entraron en una una gran depresión. Por un lado, tras los conflictos de tiempos de Focio (patriarca de Constantinopla entre el 858-886), los bizantinos se aislaron, dejando a la iglesia de Roma a su suerte. Tampoco los emperadores franco-germanos, carentes de poder, pudieran ejercer un influjo real sobre Roma. Finalmente, los papas, que se atribuían un poder canónico supremo, quedaron sometidos a su propia ineficacia y a las intrigas de la nobleza del entorno, a lo largo de un siglo oscuro de decadencia, en el que se pierde incluso la memoria de la distinción entre papas legítimos e ilegítimos.

> Los cien años que siguieron a la muerte del Papa Formoso, en el 896, han venido a definirse como el «siglo oscuro» del papado, que en efecto vivió uno de sus momentos más trágicos. Treinta fueron los papas y antipapas y la mitad de ellos murieron de muerte violenta, a menudo después de la deposición, de la cárcel y a veces tras mutilaciones bárbaras. La confusión institucional, la incertidumbre y la escasez de fuentes para el conocimiento de este período hacen que en algún caso resulte incluso difícil establecer con certeza qué elecciones han sido regulares y cuáles no... Uno llegó a Papa a los dieciocho años (Juan XII) y otro lo fue a los veinte (Juan

> XI). Hubo uno (Sergio III) que no tuvo dificultad en asesinar a sus dos predecesores –más o menos legítimos– y otros que cometieron injusticias y brutalidades, vendiendo bienes eclesiásticos para enriquecerse y frecuentando personas y ambientes de mala vida. Hubo, en fin, algunos que no valoraron lo que significaba ser obispo de Roma y Papa, siendo simplemente, por así decirlo, unos ineptos. No es de extrañar que la leyenda (porque de pura leyenda se trata) hable de una presunta "papisa", leyenda que ha sido ambientada, en la mayor parte de sus variantes, precisamente en este siglo.[145]

Fueron tiempos de crisis fuerte en los que prácticamente no existió el papado, al menos en el sentido posterior. A pesar de ello la iglesia siguió existiendo y realizando su función, tanto en el oriente dominado por el islam (donde la iglesia siria conoció un gran desarrollo), como en el imperio bizantino y en las tierras de Europa occidental. Y así podremos pasar en el próximo apartado a la reforma gregoriana y a la última patrística occidental del siglo XII.

---

[145] Cfr. A. M. Piazzoni, *Las elecciones papales,* Desclée de Brouwer, Bilbao 205, 116. Entre el 891 y el 1049 se suceden casi cincuenta papas (y antipapas) de los que, a excepción de Juan XV (985-996), el *Enchiridion Symbolorun* (Denz-H., pag. 311-312), solo recuerda unos nombres que, por otra parte, resultan difíciles de situar cronológicamente.

II

Pensadores o Padres fundamentales

1. Un precursor. Beda el venerable (673-735)[146]

Recogió y transmitió el conocimiento científico, filosófico y teológico de la época anterior, de manera que aparece (con Casiodoro e San Isidoro de Sevilla, de quienes hemos tratado en el capítulo anterior) como último Padre de la Iglesia Antigua y el primero de los pensadores cristianos medievales. Fue un experto en muchos campos del conocimiento: escribió comentarios a varios libros bíblicos; redactó trabajos sobre temas de cronología, historia y hagiografía; recogió poemas y homilías; preparó tratados de astronomía y geografía, de matemáticas y de física.

Su obra quizá más conocida es la *Historia ecclesiastica gentis Anglorum* (*Historia Eclesiástica de los Anglos*), que se extiende desde que Julio César conquista parte de Gran Bretaña (55 a. C.) hasta su propio tiempo, apareciendo así como fundador de la historiografía inglesa. La biblioteca de su abadía (Wearmouth, Sunderland, en el Nordeste de Inglaterra) era lugar de intensa tradición cultural y poseía gran cantidad de libros, lo que permitió que él fuera no solo experto en el conocimiento del pasado, sino el mejor exponente de la tradición y renovación de la Iglesia de Inglaterra, en un contexto en que eran muy significativos los monjes celtas.

2. Un organizador. Alcuino de York (730-804)[147]

Monje, teólogo y pedagogo, de origen inglés, que había estudiado y enseñado en la escuela benedictina de York. Carlomagno le pidió que dirigiera los estudios del Palacio de Aquisgrán, capital del reino de los

[146] Sus obras han sido recogidas en PL 90-95, aunque no todas las contenidas en esos volúmenes son auténticas. P. H. Blair, *The world of Bede,* Cambridge UP 1990; J. R. Wright, *A companion to Bede: a reader's commentary on the Ecclesiastical History of the English People,* Eerdmans. Grand Rapids 2008.

[147] Obras en PL 100-101. Entre sus escritos en contra de la "teología hispana", cf. *Liber adversus Haeresim Felices; Adversus Felicem libri VII; Adversus Elipandum libri IV; De fide sanctae et individuae Trinitatis; XXVIII quaestiones de Trinitate.* Para situar el adopcionismo, frente al que se sitúa Alcuino, cf. R. Abadal, *La batalla del adopcionismo en la desintegración de la Iglesia visigoda,* Barcelona, 1949 y J. C. Cavadini, *The Last Christology of the*

francos. Se retiró más tarde a Tours, donde fundó una escuela y biblioteca. Fue educador y político, más que pensador. Es el mejor representante de la "reforma carolingia" y se encuentra en el punto de partida del desarrollo de la liturgia y la cultura latina de occidente.

Organizó las artes liberales (gramática, lógica, retórica; geometría, aritmética, astronomía y música) como si fueran una expresión de los dones del Espíritu Santo. Mantuvo una línea teológica cercana a la de San Agustín y Boecio, oponiéndose a la visión más adopcionista de los teólogos hispanos, relacionados con el islam (Elipando de Toledo y Félix de Urgell), cuyas doctrinas cristológicas y trinitarias quiso refutar. Tuvo grandes discípulos que continuaron su labor, como Rábano Mauro (monje de Funda).

3. Un adversario. Elipando de Toledo (717-807)[148]

Monje y arzobispo de Toledo, en una zona políticamente dominada por los musulmanes. Defendió un tipo de pacto con el Islam (no una guerra directa), y buscó la independencia de la Iglesia hispana, enfrentándose por ello con el emperador Carlomagno, que quería imponer su teología en todo el occidente. Propuso con Félix de Urgell († 817) una doctrina cristológica que se ha tachado de "adopcionista", porque, a juicio de algunos, parecía negar la filiación divina (eterna, ontológica) de Jesús, definida por los concilios de Nicea y Calcedonia, diciendo que él era solo hijo adoptivo de Dios.

Sus enemigos vinculan su doctrina con el arrianismo anterior de parte de la iglesia hispana, con el *nestorianismo* (que tiende a separar al hombre de Dios) e incluso con el islam, pues para los musulmanes Jesús es profeta y no hijo de Dios, situándose así cerca de la tradición antioquena, más atenta a la humanidad de Jesús. Esta acusación parece falsa, pues Elipando se considera sucesor y defensor de la teología hispana de los concilios de Toledo, que hemos visto en el capítulo anterior.

Sea como fuere, su doctrina iba en contra de la tradición dogmática latina, ratificada e interpretada por la corte carolingia, y fue

West. Adoptionism in Spain and Gaul, en *The Middle Ages Series*, University of Pennsylvania Press, *Philadelphia 1993* 785-820.

[148] Sobre el adopcionismo hispano del siglo VIII, cf. E. Amann, "L'Adoptianisme Espagnol du VIII siècle": *Revue des Sciences Religieuses* 16 (1936) 281-317; D. Millet-Gérard, *Chrétiens mozarabes et culture islamique dans l'Espagne des VIIIe-IXe siècles*, Ét. Augustiniènnes, París 1984); J. F. Rivera Recio, *El adopcionismo en España* (s. VIII), San Ildefonso, Toledo 1980; M. D. Verdejo, *Elipando de Toledo y el Adopcionismo*, Univ. Salamanca 1968.

combatida en la España no musulmana por teólogos como Beato de Liébana y Eterio de Osma. En ese contexto se sitúa el *Concilio Imperial de Frankfurt* (794), uno de los primeros del catolicismo latino, convocado por Carlomagno, cuando aún no era emperador, para condenar la doctrina de Elipando, oponiéndose así al cristianismo hispano, más dispuesto a dialogar con el Islam.

> La costumbre de la Iglesia suele hablar de dos sustancias en Cristo, a saber, la de Dios y la de] hombre... Si, pues, es Dios verdadero el que nació de la Virgen ¿cómo puede entonces ser adoptivo o siervo? Porque a Dios, no os atrevéis en modo alguno a confesarle por siervo o adoptivo; y si el profeta le ha llamado siervo, no es por su condición de servidumbre, sino por su obediencia humilde, por la que se *hizo obediente al Padre hasta la muerte* [Flp 2:8]... En contra de la impía y nefanda herejía de Elipando, obispo de la sede de Toledo... (Denz-H 612-615).

4. Un pensador. Juan Escoto Erígena (810-877)[149]

Filósofo y teólogo de origen irlandés. Se estableció en Francia, como director de la Escuela Palatina de París, refugiándose de las invasiones vikingas; fue el gran impulsor del renacimiento cultural franco del siglo IX, el mayor pensador occidental de su tiempo, el más profundo, desde San Agustín hasta el renacimiento intelectual del siglo XII. Conoce bien el pensamiento de los neoplatónicos, cuyas obras lee directamente en griego, situándose en la línea de los maestros orientales (Dionisio Areopagita y Máximo), a quienes comenta y traduce al latín, lo mismo que a Gregorio de Nisa.

Su obra fundamental se titula *De Divisione Naturae* y fue compuesta entre el 862 y el 866, a modo de comentario filosófico/teológico de Gn 1-3, elaborando un sistema general de conocimiento, que quería abarcar y explicar el conjunto de la realidad, entendida como un despliegue de emanación, que brota desde la suma realidad que es Dios

---

[149] Obras: PL 122 y SCh. Cont. mediaevalis 50, 31. Las más importantes, con *De divisione Naturae,* son: *De divina praedestinatione,* año 851; *Versio Dionysii,* 851; *Versio Ambiguorum S. Maximi,* 862. Edición moderna: L. Velázquez (ed.), *Juan Escoto Eriugena - Sobre las naturalezas (Periphyseon),* Eunsa, Pamplona 2007. Cf. también. M. Brennan, *A Bibliography of Publications in the Field of Eriugenian Studies 1880-1975*: Studi medievali 18 (1977) 401-477; W. Beierwaltes, *Eriugena Redivivus. Zur Wirkungsgeschichte seines Denkens im MA und im Übergang zur Neuzeit,* en Actas del V Coloquio internacional sobre J. Escoto, Werner-Reimers, Bad Homburg 1987; P. Lucentini, *Platonismo Medievale. Contributi per la storia dell'Eriugenismo,* Nuova Italia, Firenze 1980.

y que, pasando por los mundos intermedios (ángeles, hombres), llega hasta la materia. Todo se concibe así en forma de unidad, todo se despliega en ritmos ternarios, conforme a un esquema de sustancia (que se relaciona con Dios), potencia (más vinculada a Cristo) y acto/energía (que se puede relacionar con el Espíritu Santo).

El mundo es según eso un despliegue de la realidad más honda de Dios, como expansión luminosa de su esencia, que va descendiendo su altura a la materia. En ese despliegue, las realidades superiores iluminan a las inferiores, en un proceso descendente que se invierte después, para ascender a lo divino, en un ertorno racional y extático, cercano al que había puesto de relieve Dionisio Areopagita. Escoto Erígena ha organizado así el conjunto de la realidad como gran sistema unitario, universal, de fondo panteísta. En el principio y centro de la realidad se encuentra Dios, increado y creador; a continuación (vinculándose al Hijo de Dios, que es Jesús) vienen los ángeles, los hombres y las cosas sensibles y materiales, en un ámbito lleno de energía divina (Espíritu Santo). De Dios viene y a Dios retorna todo, al modo neoplatónico.

Parece que, en este contexto, Escoto niega la posibilidad de una condena eterna de los hombres, es decir, un rechazo absoluto de Dios, una ruptura total en el gran todo que nace de Dios y vuelve a Dios. Él sabe que a Dios nadie le ha visto jamás, pero añade que podemos conocerle, pues el Hijo y el Espíritu Santo le han manifestado, en este mismo despliegue de la creación (salida) que es, al mismo tiempo redención (vuelta a lo divino). Por eso ha vinculado en su pensamiento la hondura del misterio impenetrable con la revelación más honda de la realidad trinitaria, que se identifica con el fluir de la naturaleza y de la vida humana.

Estas afirmaciones nos sitúan en el centro de la paradoja divina. Por un lado, todo es revelación divina, presencia ternaria (trinitaria) del Dios que, siendo sustancia, es, al mismo tiempo, potencia y energía. La misma realidad es, por tanto, divina. Pero, a la vez, debemos añadir que a Dios en sí (Padre, Hijo y Espíritu Santo) no puede verle nadie, pues se encuentra más allá de toda esencia y de toda comprensión humana:

> A Dios nadie le ha visto jamás (Jn 1:18). Si estas palabras se aplicaran solo al Padre, la cuestión se podría resolver fácilmente: podría decirse que la persona del Hijo y la del Espíritu Santo se han aparecido a menudo de forma visible, mientras que solo el Padre es inaccesible a toda mirada. Sin embargo, estas palabras no se aplican solo a una persona en particular, sino a la Trinidad toda entera. A Dios nadie le ha visto, es decir, nadie

ha visto jamás la esencia de la sustancia de la Trinidad única, porque ella sobrepasa todo entendimiento, tanto el de las creaturas dotadas de razón como el de las creaturas dotadas de inteligencia.

Resulta por tanto legítimo preguntarse sobre aquello que se aparece cuando se afirma que aparece Dios, sea de forma visible, sea de forma invisible. San Agustín afirma sin vacilaciones que el Hijo se ha aparecido en el Antiguo Testamento, pero no en su sustancia divina (por la que es igual al Padre), sino bajo el apoyo de una creatura visible o invisible. De la misma manera, cuando leemos que el Espíritu Santo se ha aparecido, por ejemplo, bajo forma de paloma, no podemos creer que él se ha aparecido así de un modo personal y en la sustancia que él tiene en común con el Padre y del Hijo, sino que se ha aparecido solamente bajo el soporte de una creatura. Lo mismo hay que decir del Padre.

En cuanto a las visiones proféticas, aquellas por las cuales se dice que los profetas han visto a Dios: ellas se producen bajo el soporte de una creatura espiritual. Pero Dionisio Areopagita afirma sin vacilación que la sustancia divina, tomada en sí misma, no se les ha aparecido en modo alguno, para evitar que se pueda pensar que el Invisible y el Incomprensible haya podido ser visto o comprendido de alguna manera por los hombres (*Comentario del Evangelio de Juan:* SCh 180, p. 119-121).

III

Renacimiento del siglo XII

Tras el renacimiento carolingio (siglo VIII) vinieron sobre el entorno de Roma dos siglos de larga oscuridad eclesial. Ciertamente, hubo monjes y sabios, pero hasta el siglo XII no se puede hablar de padres de la nueva iglesia, en sintonía con la patrística antigua. Con el siglo XIII surgirá una Iglesia distinta, más impositiva, que apela a la Escolástica racional, con una nueva política y ciencia que no son ya estrictamente hablando medievales. Por el contrario, el siglo XII ofrece la última patrística latina, que situaré en su contexto histórico, para ocuparme después de sus personajes fundamentales (Anselmo, Bernardo, Ricardo), con otras figuras que, en principio podrían llamarse menores.

1. Introducción histórica. Reforma gregoriana

Más de cien años estuvo el papado sometido a la nobleza romana, hasta que el Papa Juan XII (955-964), para independizarse de ella, ofreció a Otón I de Sajonia la corona del imperio, ungiéndole rey sagrado de la cristiandad en San Pedro de Roma el año 962. Renació así el *Sacro Imperio Romano*, que ahora se llamará *Germánico*. El emperador Otón y sus sucesores intentarán tomar todo el poder sobre el papado, pero no lo consiguieron. Tampoco los papas consiguieron todo el poder sobre el imperio. En ese contexto, la iglesia tomó rasgos del *feudalismo* germano, de tipo piramidal, que ha conservado de algún modo hasta la actualidad, con ciertos retoques, pero con un poder religioso siempre creciente.

Como sabemos, los obispos habían llegado a tener gran autoridad, viniendo a presentarse como administradores no solo religiosos, sino también socio–políticos de sus territorios o diócesis, aunque en general conservaban la memoria de que recibían su poder de la comunidad cristiana que les nombraba y apoyaba.[150] Pero ahora, en virtud de la misma concepción unitaria y piramidal del feudalismo, las comunidades dejaron de nombrar a sus representantes, de manera que empezaron a hacerlo «en su nombre» los emperadores (y reyes), de manera que los obispos se fueron convirtiendo en un tipo de «condes»

[150] Así lo ha destacado J. L. González Faus, *Ningún obispo impuesto*, Sal Terrae, Santander 1993.

(de *comes-cómites*: compañeros, hombres de confianza, delegados) de los emperadores, que les conferían autoridad civil sobre las diócesis (tomadas así como *condados*).

De un modo consecuente, los emperadores quisieron conferirles también la autoridad eclesiástica. Se planteó de esa forma la disputa sobre las *investiduras*, es decir, sobre el origen y la trasmisión del poder de los obispos. En ese contexto, desde la perspectiva del poder descendente (Dionisio Areopagita, Escoto Erígena), pero interpretado ya ahora de un modo feudal los emperadores otones (sajones) y sus sucesores, a lo largo del siglo XI, quisieron convertirse en señores supremos, de tipo político y religioso, de manera que obispos y papas fueran feudatarios suyos.

Pero los nuevos papas se opusieron y consolidaron su autoridad, a través de un proceso que suele llamarse *reforma gregoriana*, por el nombre de su personaje principal, el Papa Hildebrando (Gregorio VII: 1073-1085) La clave de esta reforma será la separación de poderes: el Emperador conserva el poder «temporal» sobre los obispos, a quienes nombra gobernantes civiles de sus obispados; el Papa, en cambio, ejerce el poder eclesiástico sobre los obispos, a quienes concede la investidura canónica. De esa forma se ratifica el principio de los dos poderes, uno civil, otro religioso, ambos vinculados. Paradójicamente, esa separación fue un triunfo de la iglesia romana, que no se dejó asimilar por los emperadores, trazando así un orden en el que pueden destacarse dos momentos.

- *Soberanía universal del Papa.* Asumiendo rasgos del esquema feudal, el Papa aparecerá como Obispo de todos los obispos (a quienes nombra y confiere autoridad sagrada) y también como Guía espiritual (no político) del emperador y de los reyes, representante de Dios para el conjunto de la cristiandad.
- *Separación y fusión parcial de planos.* En principio, los poderes se separan, de forma que el Papa y el Emperador siguen siendo independientes, pero con ciertas interferencias. Por una parte, el Papa conserva un poder civil directo sobre los Estados Pontificios y eso, unido a la supremacía del poder religioso, le permite intervenir en los asuntos políticos, al menos de un modo indirecto. Por su parte, emperadores y reyes (por lo menos hasta la Revolución Francesa) querrán intervenir e intervendrán en los asuntos eclesiásticos.

Aquí se sitúan las claves de fondo de la *reforma gregoriana*. Hasta ahora, los papas, aun teniendo pretensiones teóricas de dominio eclesiástico universal (como hemos podido ver en la reforma carolingia) han sido básicamente obispos de Roma y solo así, de un modo indirecto, podían influir en la iglesia universal. Según eso, los obispados eran en principio autónomos, de forma que cada uno se regía por sus propias tradiciones, en comunión con Roma (como han seguido haciendo las iglesias orientales, que no han aceptado la reforma gregoriana).

Como he dicho ya, a partir de la reforma gregoriana, conforme a la doctrina de *falsas decretales pseudo-isidorianas*, desde una perspectiva feudal, los papas quieren ser pontífices supremos o primados de la iglesia universal, con poder episcopal sobre todas las diócesis del mundo. Eso significa que ellos asumen toda autoridad (como emperadores eclesiásticos), de manera que los obispos aparecen de hecho como delegados suyos, en un sentido "feudal".

El feudalismo político de los emperadores fracasó bastante pronto, pues surgieron los estados nacionales, con plena autonomía, negaron la obediencia al emperador. Pero el feudalismo de los papas no solo se mantuvo, sino que creció, de forma que el Sumo Pontífice Romano se eleva como vértice supremo de la jerarquía de la Iglesia, afirmando que Dios le había concedido todo poder cristiano.

Esa visión se expresa en el *Dictatus Papae,* es decir, en las *Veintisiete máximas papales* de Gregorio VII, conforme a las cuales el Papa y la iglesia de Roma ostentan el poder supremo, como representantes inmediatos de un Dios y Cristo entendidos en línea de poder feudal. Ciertamente, esa «reforma gregoriana» tuvo otros aspectos positivos en plano social y político, pero, desde la perspectiva estructural, su aportación mayor ha consistido en proclamar que Dios ha dado toda autoridad al Papa.[151]

Según eso, la revelación suprema de Dios es la jerarquía (poder religioso de los papas); y la virtud principal de los cristianos, la obediencia. Toda la doctrina de los Santos Padres queda así asumida y

---

[151] Estas son algunas máximas del *Dictatus Papae,* del año 1075: 1. Que la Iglesia Romana ha sido fundada solamente por Dios. 2. Que solamente el Pontífice Romano es llamado "universal" con pleno derecho. 3. Que solo él puede deponer y restablecer a los obispos. 4. Que un legado suyo, aun de grado inferior, en un Concilio está por encima de todos los obispos, y puede pronunciar contra estos la sentencia de deposición... 10. Que su nombre debe ser recitado en la iglesia. 11. Que su título es único en el mundo. 12. Que le es lícito deponer al emperador. 13. Que le es lícito, según las necesidades, trasladar a los obispos de una sede a otra... 21. Que las causas de mayor importancia, de cualquier iglesia, deben ser sometidas a su juicio. 22. Que la Iglesia Romana no ha errado y no errará jamás, y esto, de acuerdo al testimonio de las Sagradas Escrituras... 26. Que no debe ser considerado católico quien no está de acuerdo con la Iglesia Romana. Cf. R. Romeo y G. Talamo, *Documenti storici,* I, Loescher, Torino 1989, 56-58.

condensada en la enseñanza y magisterio de los papas. Esta reforma incluyó algunas notas positivas, de rigor ascético, de reforma moral, de fidelidad del clero, pero la más importante fue esta *explosión* de poder eclesiástico del Papa, que absorbe y en el fondo anula todos los restantes poderes, como si la teología patrística no fuera necesaria en sí, sino en la medida en que es aprobada y proclamada por el Papa.

Evidentemente, esta "doctrina" encontró la oposición del emperador, de manera que la lucha entre esos poderes (partido del Papa y partido del emperador) fue larga, desde el *Dictatus Papae* de Gregorio VII (1075) hasta el *Concordato de Worms* (1122), que ratifica la independencia y relación entre los dos poderes: *el Emperador* mantenía su autoridad civil sobre los obispos en cuatro príncipes políticos, concediéndoles la investidura feudal, pero renunciaba a la autoridad eclesiástica; *el Papa*, por su parte, conservaba la autoridad eclesiástica, concediendo la investidura espiritual a los obispos, pero renunciaba al poder civil sobre ellos y sobre el imperio.[152] Esa solución parecía buena, pero dejaba abiertos muchos problemas, tanto en un plano social como en el eclesial, que aquí nos interesa, en relación a la Doctrina de los Padres:

> En el orden espiritual, la reforma gregoriana rompió radicalmente con la eclesiología episcopalista del primer milenio y con la concepción sinodal de la Iglesia, para organizar un gobierno central en torno a la figura de la monarquía pontificia. Es el cambio más radical, según Y. Congar, de toda la historia de la eclesiología. El Papa comenzó a ser llamado en exclusiva obispo universal, controló las iglesias nacionales, reclamó el derecho de

[152] El Concordato ratifica un doble *privilegio*. (1) *Del Emperador:* «En el nombre de la santa e indivisible Trinidad. Yo Enrique, por la gracia de Dios augusto emperador de los Romanos, por amor de Dios y de la Santa Iglesia Romana y de nuestro papa Calixto y por la salvación de mi alma cedo a Dios y a sus santos apóstoles Pedro y Pablo y a la Santa Iglesia Católica toda investidura con anillo y [báculo] pastoral, y concedo que en todas las iglesias existentes en mi reino y en mi imperio las elecciones se hagan libre y canónicamente...». (2) *Del Papa:* «Yo Calixto obispo, siervo de los siervos de Dios, concedo a ti, dilecto hijo Enrique, por la gracia de Dios augusto emperador de los Romanos, que las elecciones de obispos y abades de Alemania que toquen al reino sean hechas en tu presencia, sin simonía y sin ninguna violencia; de modo tal que si surgiese cualquier motivo de discordia entre las partes, según el consejo y el parecer del metropolitano y de los [obispos] co-provinciales, tu des tu consentimiento y tu ayuda a la parte más sana. El electo reciba de ti las regalías por medio del cetro y por ellas cumpla según la justicia sus deberes hacia ti». Texto en R. Romeo y G. Talamo, *Documenti storici*, I, Loescher, Torino, 72-74. Cf.: http://usuarios.advance.com.ar/pfernando/DocsIglMed/concordato_de_worms.htm.

nombramientos episcopales y proclamó su derecho a crear nuevas leyes y modificar las existentes, instituir diócesis, cambiar obispos, etc.

Todas las potestades, judicial, legislativa y ejecutiva, dimanaban del Papa, que reivindicaba una soberanía absoluta, como la del emperador en su reino, sobre toda la Iglesia: el control sobre las canonizaciones, la uniformización de la liturgia según el modelo romano, la exención de los monasterios respecto de la autoridad de los obispos y la supervisión de la autoridad episcopal a través de los legados pontificios, de las visitas a Roma y de la política de nombramientos. La voluntad papal, expresada en decretales y documentos, se convirtió en fuente del derecho, y se instauró un modelo personal de autoridad en el que la misma figura del papa se emancipó respecto de la iglesia local romana, a la que representaba, para convertirse de facto en una especie de Obispo Universal de toda la Iglesia, subordinando a los obispos de las locales, cuya autoridad se derivaba de la jurisdicción papal y no del sacramento de la ordenación.[153]

Evidentemente, como insistiremos en el próximo capítulo, este cambio no pudo ser aceptado por las iglesias orientales, de manera que se produjo, casi de forma automática, el "cisma" con Bizancio. Este cambio quedó ratificado, desde la perspectiva de la Iglesia, por la Bula *Unam Sanctam*, del Papa Bonifacio VIII (año 1302, cf. Denz 170–171), con su valor y sus limitaciones, que se condensan en estos tres puntos:

- *La iglesia se declara independiente del poder político*, y así lo declara el papa frente a Felipe IV, rey de Francia. Ante la emergencia de los nuevos estados nacionales, la Iglesia ratifica su propia identidad y diferencia, separando así la autoridad religiosa del poder civil. Esta declaración de la independencia religiosa no solo vale y se aplica a la iglesia romana con el papa, sino a todas las iglesias.
- *Siendo independiente, la iglesia es Una y Santa*: Es una y la misma para todos los pueblos, formando así un mismo *sôma* (cuerpo) pues se funda en el único Señor, en la misma Fe, en el mismo Bautismo (cf. Ef 4:4-5). No se trata, pues, de una unidad solo espiritual en el sentido intimista del término, sino "somática" (un cuerpo mesiánico, el único cuerpo de Cristo: 1 Cor 12–14). También esta declaración es esencial para todas las iglesias.
- *Bonifacio VIII identifica la unidad de la Iglesia con la de la iglesia romana, presidida por Papa, que tiene en ella todos los poderes.* De esa forma, siendo una, santa, católica y apostólica (credo de Nicea–Constantinopla), la

[153] J. A. Estrada, «Comunión y colegialidad en la Iglesia en una época de tensiones y globalización», en *Revista Electrónica Latinoamericana de Teología* (año 2005). La cita de Y. Congar está tomada de *Historia de los Dogmas III. 3c-d. Eclesiología, BAC,* Madrid 1976, 59.

> iglesia se define también en su esencia como "romana" (esto es, papal), cosa que los cristianos de Oriente no aceptan, ni tampoco las iglesias y comunidades reformadas a partir del siglo XVI. El tema, por tanto, no está en la unidad como tal, sino en la forma de entenderla y concretarla.

En este momento, sin anticipar lo que diremos en el próximo capítulo, podemos destacar ya el largo recorrido desde la «conversión» de Roma y la romanización de la iglesia (siglo IV) hasta la absolutización de la Iglesia romana. Hemos visto que mientras caía el Imperio en su plano político/militar se elevaba la autoridad de la iglesia, extendiéndose hacia pueblos y lugares a los que la antigua Roma no había llegado, ofreciendo su experiencia de evangelio a las nuevas naciones germanas, en las que imperaba el feudalismo. De esa manera se fueron implicando dos rasgos: la romanización de Europa; la feudalización de la iglesia.

Fue un proceso lleno de conflictos, aunque ha tenido algunas consecuencias valiosas, pues condujo a la separación de ambos poderes (civil y religioso, estatal y eclesial), de manera que ni el emperador se hizo rey sagrado (dirigente religioso), ni el Papa pudo volverse representante de Dios para todos los planos de la vida. El Papa encontró un límite en el Emperador, pues «las cosas del César» se resuelven en un plano social, con denarios y espada, no con evangelio» (cf. Mc 12:17; Rm 13:1-6). Por su parte, el emperador encontró un límite en el Papa, pues «las cosas de Dios» no se resuelven con poder ni dinero.[154]

2. Anselmo de Canterbury (1033-1109)[155]

Monje, teólogo y arzobispo. Era hijo de un noble del valle alpino de Aosta (actualmente Italia), que quiso obligarle a seguir su carrera

---

[154] El mismo Papa que concedía autonomía a los varios poderes políticos quiso convertirse en poder único en la Iglesia. Este será el cambio esencial del catolicismo romano, aunque no pudo imponerse de inmediato, de manera que los grandes teólogos del XII (últimos padres de la iglesia latina) siguieron pensando y formulando su visión del cristianismo como si aún no se hubiera dado.

[155] Obras: PL 158-159. Cf. también *Obras completas* I-II, BAC, Madrid 1952-1953. Anselmo es uno de los pensadores más estudiados de occidente, como filósofo y teólogo, como muestra la admiración que sintieron por él filósofos como Leibniz y Hegel. Sobre su vida y obra, cf. Karl Barth. *Fides Quaerens Intellectum. Anselms Beweis der Existenz Gottes im Zusammenhang seines theologischen Programms,* Th Verlag, Zürich 1931; J. Marías, *San Anselmo y el insensato,* Espasa, Madrid 1944; A. Schurr, *Die Begründung der Philos. durch Anselm von Canterbury. Eine Erörterung des ontolog. Gottesbeweises,*

social y militar, pero él huyó e ingresó en la abadía benedictina de Bec, Normandía (bajo la corona inglesa), donde realizó sus estudios, siendo elegido prior (1063) y luego abad (1078). El rey Guillermo II le nombró arzobispo de Canterbury (1093), cargo que aceptó tras larga resistencia, actuando con gran libertad, por lo que sufrió varios destierros. Quiero destacar aquí cuatro de sus "argumentos" o temas teológicos. Nadie que yo sepa había formulado con su rigor y lucidez estos temas básicos del pensamiento cristiano.

a. *Una fe que busca entendimiento*

Anselmo escribió dos libros fundamentales: *Proslogion seu fides quaerens intellectum* (Proslogion o la fe buscando entendimiento) y *Monologion* (Una sola palabra) cuyo título extenso en latín es *Exemplum meditandi de ratione fidei* (Ejemplo de cómo se medita sobre la razón de la fe). Estos dos libros constituyen una de las aportaciones más agudas del pensamiento medieval en el campo de la reflexión creyente, una especie de palabra final de la patrística latina.

En el *Proslogion,* Anselmo no empieza su argumento desde la razón que interroga y quiere transcenderse, para llegar hasta la fe (en un espacio más alto de vivencia y misterio), porque el principio de la vida humana es la fe y el pensamiento racional viene después, en contra de lo que dirá más tarde el racionalismo, partiendo de Descartes (¡pienso luego existo!). Como buen monje, siguiendo la tradición de los Padres de la Iglesia, incluido san Agustín, él empieza fundándose en la fe, en una comunidad de creyentes, pero no se limita a creer de un modo "irracional", sino que quiere dar razón de aquello en lo que cree, en la línea de 1 P 3:15, cuando pedía a los cristianos que estuvieran dispuestos a «dar razón de *la esperanza* a quienes lo pidieren».

El autor de 1 Pedro insistía en el valor de la esperanza y pedía a los cristianos que fueran capaces de "mostrar" su sentido y consecuencias, no de un modo teórico, sino práctico. Anselmo, en cambio, sin devaluar la esperanza, inicia su camino intelectual desde la fe (en la que se incluye la esperanza), entendida como experiencia fundadora

Kolhammer, Stuttgart 1966); F. Hammer, *Genugtuung und Heil. Absicht, Sinn und Grenzen der Erlösungslehre Anselms von C.*, Herder, Wien 1967); D. Luscombe y G. R. Evans (eds.), *Anselm. Aosta, Bec and Canterbury*, Academic Press, Sheffield 1996; A. H. Robinet, *Palabras de creación. La creación en la teología y el método teológico de san Anselmo de C.*, U. Católica, Santiago de Chile 2004.

de la vida humana. Solo partir del siglo XIII, desde un nuevo "racionalismo" cristiano, los escolásticos empezarán a poner primero el pensamiento racional, como si fuera la base de todo saber, para ocuparse después de la fe, como un añadido. Pues bien, en contra de eso, Anselmo sabe que la fe es el punto de partida, y que el pensamiento racional viene después, como algo que está implicado en la misma fe, que exige ser pensada (que exige entendimiento).

Anselmo no puede partir de unos hombres que son ya racionales y que después (en un segundo momento) se hagan creyentes, sino de creyentes, hombres y mujeres de fe que sean capaces de pensar desde dentro de ella, esto es, de razonarla, mostrando su coherencia interna y sus implicaciones en un mundo que quiere pensarlo todo. Desde esa perspectiva ha definido Anselmo el sentido de la teología, como proceso intelectual que no va del entendimiento a la fe, sino a la inversa, de la fe a la experiencia, pues la fe es el principio y sentido de todo pensamiento y vida de los hombres, de manera que solo a partir de ella puede hablarse de un pensamiento racional, que puede variar y varía, según las circunstancias culturales y sociales.

En ese sentido, Anselmo se mantuvo en la línea de los padres de la Iglesia, pero desarrolló su teología con un rigor intelectual desconocido hasta entonces. Fue de esa manera un creyente ilustrado, en contra del riesgo de un puro fideísmo, de una fe sin pensamiento, que no razona, no da cuenta de aquello en lo que cree. En esa línea, Anselmo pensó y razonó desde la fe en el siglo XII, y lo hizo de un modo intenso, como intelectual y monje, hombre público y representante de la libertad de la Iglesia (de los creyentes) frente a un poder civil que quería manipularle a su servicio.

Fue gran teólogo, hombre que pensó su fe y que expresó su sentido en libros breves, incisivos, geniales. A su juicio, antes que animales racionales los hombres somos "animales creyentes", pues solo por fe vivimos y podemos entender aquello que creemos.

b. *Monologion. El argumento ontológico*

En la línea anterior se entiende la más famosa de las demostraciones de Anselmo, su argumento de la existencia de Dios, que I. Kant definió como ontológico, pues no demuestra o deduce la existencia de Dios a partir de premisas racionales previas (exteriores), sino a partir de la misma fe. Este argumento que ha influido en toda la filosofía y teología posterior, se sitúa en la línea ya indicada de la fe que busca comprensión. Anselmo no parte de ideas anteriores de tipo racional para demostrar que hay Dios, sino de la misma "idea" o experiencia religiosa de los hombres. La idea de Dios que los hombres tienen no es algo que aprenden en un segundo momento, tras haber conocido otras cosas, sino que ellos descubren a Dios en la misma raíz de su pensamiento religioso (en clave de fe).

Anselmo afirma que los hombres (=creyentes) tienen en su mente la idea de Dios como ser supremo, que incluye en sí todas las posibles perfecciones, de forma que él es *id quo maius nihil cogitari potest* (=aquel mayor que el cual nada puede ser pensado). Dios es, según eso, lo más grande, el pensamiento originario (situado en un plano de fe, como ha destacado K. Barth). Eso significa que no somos nosotros los que hemos creado el pensamiento de Dios, sino que es él (=Dios), aquel que (=el que) está al fondo de ese pensamiento el que nos ha creado. Eso significa que solo podemos pensar a Dios en (=desde, a partir de) la experiencia que de él tenemos.

Más que uno entre otros, el pensamiento (=idea, experiencia) de Dios es *la verdad y sentido de todo pensamiento.* Dios es Aquel que nos desliga, nos separa del mundo en el que estamos dominados por las cosas, conduciéndonos al plano de la plena libertad, el bien supremo (es decir, de lo más grande que puede ser pensado). En esa línea afirmamos que el hombre es el viviente (=animal) que descubre en sí una idea mayor que su propia vida y que, reflexionando en sí sobre ella y elevándose así por ella, descubre y ratifica la verdad/realidad de aquello que le desborda (Dios), que se identifica en el fondo el poder del pensamiento.

Solo descubriendo en sí esa idea superior que él tiene por fe, el hombre puede preguntar y pregunta: ¿De dónde me ha venido esa idea o, mejor dicho, como he podido yo nacer partiendo de esta idea? Las respuestas a este problema (o, mejor dicho, a este descubrimiento) pueden ser diversas, según las diferentes posturas filosóficas, pero todas tienen que fundarse en un hecho originario de experiencia: Antes de todo pensamiento hay "alguien" (algo) que lo fundamenta, pues el pensamiento no nace del vacío de sí mismo, sino de una plenitud previa: De aquel mayor que el cual nada puede pensarse.

Esta era la visión patrística de la realidad: El hombre no ha inventado a Dios, sino que ha nacido como humano de la idea (experiencia) anterior/superior de lo divino. Anselmo y tras él otros grandes filósofos de Occidente (Descartes, Leibniz, Hegel...), han terminado afirmado (a pesar de su racionalismo, o, más bien, para poder fundamentarlo) que ese "pensamiento" más alto (=idea de Dios que preside nuestra mente) no puede ser un simple "invento" que hemos hecho, pues no hemos podido crear algo que nos sobrepasa.[156]

c. *Trinidad*

En una obra de impresionante lucidez, que ha inspirado gran parte de la reflexión posterior, Agustín había interpretado la realidad del Dios cristiano a partir del despliegue de la mente humana que se conoce y se ama a sí misma, en proceso de auto-realización consciente: la Trinidad avala y funda el proceso de personalización individual, en conocimiento y amor: soy humano (Padre de mí mismo) al conocerme (haciéndome idea, Hijo) y al amarme (asumiéndome a mí mismo, Espíritu Santo).

En esa línea de Agustín avanza Anselmo trazando el primer "sistema" trinitario de la Iglesia, en su segundo libro ya citado (*Monologion*, que puede traducirse como "soliloquio" o "monólogo"). Ciertamente, él no quiere "probar" la Trinidad desde una perspectiva filosófica, sino solo expresar su sentido, partiendo de la fe, en cuyo interior se sitúa, como vengo indicando. No quiere probar que hay Trinidad, sino al contrario: Sabiendo que ella existe, él quiere explorar su sentido, a partir de la analogía del desarrollo y despliegue consecuente de la mente, que se conoce y se ama (en la línea de San Agustín).

Hombre y Dios son en común "conocimiento", y todo conocimiento implica alteridad, esto es, conciencia de sí en forma de "otro", en forma dual, dialogando en/con Dios (en/con otros). El pensamiento, es decir, la realidad es un proceso de apertura, que exige (suscita y descubre) alteridad, para culminar en aceptación, esto es, en amor que implica trinidad. De esa forma, al conocerse en plenitud, al identificarse consigo mismo, Dios se escinde, no para romperse, sino para situarse

[156] Eso significa que si pensamos en Dios (si tenemos su idea en la mente), Dios debe existir en realidad (no solo en nuestra mente), pues nuestro pensamiento es una especie de reflejo misterioso de la realidad más misteriosa de Dios, como un espejo donde el mismo Dios (a quien tenemos dentro como idea) va dibujando su figura. Solo porque pensamos en (y desde) Dios tiene sentido y verdad nuestro pensamiento, de tal forma que somos pensamiento de Dios, siendo nosotros mismos. Si el Ser supremo no existiera, si Dios dejara de pensar en nosotros, perdería sentido nuestra mente, no podríamos orientarnos en el universo de las ideas y verdades, pues solo por una fe o presencia previa y más alta se puede hablar de pensamiento. Eso significa que la Idea de Dios (idea de fe) es garantía suprema de su existencia; si podemos pensar y pensamos, es porque Dios nos piensa (=se piensa en nosotros).

ante sí, de manera que es en sí siendo fuera de sí mismo, sin dividirse (sin romperse), saliendo de esa forma como "Verbo" (Palabra de sí mismo, Hijo), y volviendo para ser en plenitud, en el Espíritu Santo.

Dios viene a presentarse como Padre y como Hijo, esto es, como Cognoscente y Conocido, en ejercicio de re–conocimiento, de manera que solo puede descubrirse y ser en sí siendo (existiendo, conociéndose) fuera de sí mismo. De esa forma, Dios se encuentra y conoce (y de un modo semejante el hombre), encontrándose y conociéndose fuera de sí mismo, como dualidad. Esta es la paradoja y grandeza originaria de toda existencia verdadera: Una realidad pensante como el hombre (en la línea original de Dios) solo se puede pensar y conocer ser en sí conociéndose y siendo fuera de sí, en despliegue y camino de alteridad, pues solo así (en alteridad) puede darse el reconocimiento y el amor.

Toda realidad pensante, todo conocimiento y vida en plenitud, es relación, es decir, salida de sí, alteridad, y retorno a sí, alcanzando así su plenitud, siendo encuentro de amor (trinidad). Pues bien, en el mismo proceso de escindirse en el conocimiento, uno y otro, cognoscente y conocido, Padre e Hijo, separándose para ser en unidad, se vinculan en amor, siendo cada uno amado del otro, de manera que la realidad del conocimiento culmina y queda ratificada en forma de comunicación de amor.

Este es, en el fondo, el esquema y modelo trinitario de Anselmo, un esquema que puede criticarse, como he mostrado en el capítulo anterior al ocuparme de la versión de Agustín, diciendo que quizá puede faltarle alteridad inter–personal y encarnación. Parece que tanto Agustín como Anselmo podrían hablar de un Dios que no se encarna en Jesús, ni se introduce en la historia humana, sino que es el Ser general (original) que se Piensa y se Ama, de manera que el mismo pensamiento/amor implica y exige un movimiento interior, que se expresa en el Hijo (por conocimiento) y en el Espíritu Santo (por amor).

Pues bien, situando ahora todo este argumento en la línea antecedente de la fe, podemos y debemos afirmar que este "Dios trinitario", del que habla Anselmo (y del que antes hablaba Agustín) es el mismo Dios de Cristo, el Dios del logos encarnado. Eso significa que al hablar de la Trinidad Anselmo está hablando de hecho de la Trinidad cristiana, y no de un Dios ternario separado de Jesús y del Espíritu. Solo en ese fondo cristiano puede referirse Anselmo al origen del Hijo y a la procedencia del Espíritu Santo:

> El Hijo y el Espíritu Santo son del Padre, pero de manera diferente: uno naciendo, el otro procediendo, de tal forma que son distintos el uno en

> relación con el otro. Por tanto, si uno nace (el Hijo) no puede nacer con él aquel que es diferente de él a causa de esto mismo (el Espíritu Santo), porque el Espíritu Santo procede, pero no nace. Aquí no se trata, por tanto, de la unidad, sino de la pluralidad que se funda en el nacimiento (Hijo) y en la procesión (Espíritu Santo).
>
> Pues bien, por solo esto son diferentes el Hijo y el Espíritu Santo. [...] Esta es la única causa de la pluralidad en Dios, de suerte que ni el Padre, ni el Hijo, ni el Espíritu Santo se identifican, sino que son distintos, porque Dios proviene de Dios de los dos modos distintos, por nacimiento y por procedencia (*De la procesión del Espíritu Santo* I, *Obras de San Anselmo,* BAC II. 85-87, traducción revisada).

En esta línea, Anselmo distingue cuidadosamente las dos formas de relación trinitaria: El Hijo "nace" del Padre: el Espíritu, en cambio (conforme a una distinción elaborada por los padres de la tradición oriental, especialmente por los capadocios) procede, pero no nace. Eso significa que hay en Dios un nacimiento (dualidad personal: Padre e Hijo) y hay un proceso (relación de amor). Según eso, el Dios cristiano se define a sí mismo (en sí mismo) a modo de conocimiento–amor, como proceso de generación y encuentro. Mirado de un modo radical, este conocimiento–amor implica un tipo de intersubjetividad, por la que se define y expresa de manera humana (cristiana) la idea y realidad de Dios como lo "más alto" que puede ser pensado, la divinidad trinitaria.

d. *Cur Deus Homo. Encarnación de Jesús*

La cuarta aportación básica al pensamiento de occidente se sitúa en el plano de las "razones" de la Encarnación. Muchos habían desarrollado ese tema, pero lo habían hecho de un modo más devocional o simbólico. San Anselmo es el primero que ha elaborado (¡siempre desde la fe, no partiendo de razones!) un argumento consecuente que desde entonces ha servido como referencia para casi toda la teología posterior. A su juicio, el Hijo de Dios se encarnó para ofrecer a Dios la satisfacción debida, reparando así su honor y el orden de la creación, que había sido perturbado por el pecado.

La humanidad, creado en amor por Dios, debería haberle respondido de un modo consecuente, en obediencia y respeto, manteniendo así la armonía sacral y la justicia con su creador. Pero el pecado rompió esa armonía y el hombre se opuso a Dios, ofendiéndole de un modo infinito (pues la ofensa se mide por el ofendido, no por el ofensor). De esa forma se rompió de un modo irreparable el orden que Dios había querido, de manera que la humanidad podía haber quedado condenada sin remedio al fracaso y la destrucción.

El único capaz de "reparar" la culpa e impedir la destrucción era el mismo Dios, pero no desde fuera, imponiéndose sobre los hombres, sino poniéndose en su lugar, asumiendo la historia humana y ofreciendo la reparación debida, en justicia y amor. De un modo consecuente, para realizar esa reconciliación y recrear el orden (el sentido) de la humanidad, impidiendo su destrucción, humanamente hablando, no existe más camino que la encarnación: Que Dios mismo se introduzca en la vida de los hombres realizando de esa forma aquello que los hombres, cerrados en sí mismos, no podían realizar: Recrear el amor en gratuidad y justicia, de manera que Dios como tal desplegara su vida (como perdón, justicia y amor) en la historia de los hombres.

Esa manera de entender la causa y sentido de la encarnación ha sido criticada muchas veces (por parte de aquellos que piensan que Dios se hizo amor humano, pero desde arriba, sin entrar en la historia). En contra de eso, Anselmo ha querido poner de relieve la intervención y tarea de los hombres, capaces de responder "divinamente" a Dios. Con ese fin, para reparar (plenificar) la historia humana Dios mismo ha tenido que introducirse en la historia de los hombres, actuando (amando, siendo) en ellos.

Anselmo ha dicho así que el Hijo de Dios se ha puesto en el lugar de los hombres, asumiendo su culpa y sufriendo su muerte, para realizar (desplegar) en ellos la vida divina, no por puro "regalo" externo (que queda fuera, arriba), sino también por colaboración humana, en una línea de justicia. De esa forma, el hombre (¡que es Dios encarnado!) asume y realiza su tarea de reconciliación divina. Para eso ha sido necesaria la encarnación, no por necesidad legal, de obligación o imposición, sino de puro y pleno amor, esto es, de encarnación y responsabilidad humana.

En ese contexto podríamos afirmar que Dios ha tenido que hacerse y ser hombre a fin de conocer plenamente a los hombres (y conocerse en ellos), y a fin de que los hombres pudieran ser redimidos (reconciliados) precisamente como humanos, por sí mismos. No se trata de que Dios tenga que reparar por un tipo de obligación externa o por castigo algo que los hombres han estropeado, sino que quiere ser Dios (y lo es) en la misma vida de los hombres.[157]

---

[157] El hecho de que Dios sea "Trinidad" en la vida de los hombres podría haberse expresado quizá de otras maneras; pero en este contexto concreto de pecado y violencia ha debido hacerlo en forma de "encarnación". Eso significa que Jesús ha vivido (ha

3. Bernardo de Claraval (1090-1153)[158]

Monje, teólogo, místico y promotor de la reforma del Císter, inspirador de la segunda cruzada. Era francés (borgoñón), de noble familia e ingresó a los 23 años en la rama benedictina del Císter (Citeux), con un grupo de familiares y amigos. Fundó, al poco tiempo, el monasterio de Claraval, del que fue abad hasta su muerte. La reforma monacal, social y religiosa que él fomentó (tanto en línea de varones como de mujeres) ofreció un impulso básico al pensamiento occidental del siglo XII y XIII.

a. *Vida cristiana, un camino de Dios*

Fue un apasionado del Reino de Dios, entendido en forma de búsqueda espiritual y transformación social. A lo largo de su vida, fundó y organizó más de setenta monasterios que marcaron la espiritualidad y teología, la política y la vida cristiana de occidente. Fue predicador popular e intervino en casi todas las controversias sociales y religiosas de su tiempo. Contribuyó a la fundación de la Orden de los Templarios y predicó (año 1146) la segunda cruzada que resultó un fracaso.

Fue sobre todo un caballero de Dios, en la culminación de las grandes tradiciones feudales (sacrales) de Europa. Resulta significativa su controversia con Pedro Abelardo, que representaba una nueva forma de entender la teología y la vida cristiana, abierta a la discusión especulativa y a la libertad de pensamiento. Más que la racionalidad independiente le interesó el despliegue de la tradición cristiana anterior, con una intensa experiencia interior, vinculada a la tradición benedictina, releído desde el Cantar de los Cantares. Por eso se oponía

---

encarnado) su forma divina de ser en la vida y camino de los hombres, y solo así puede afirmarse que Dios es divino en el despliegue de la humanidad, por Jesús, y que el hombre es humano en el despliegue del mismo Jesucristo, Hijo de Dios.

[158] Obras: PL 182-183. Traducción castellana, con introducción y comentarios en: Obras completas de San Bernardo, BAC, Madrid 1947). Cf. también Elogio de la nueva milicia: los Templarios, Siruela, Madrid 2005; En la escuela del amor, BAC, Madrid 1999; Tratado sobre el amor a Dios, San Pablo, Madrid 1997. Sobre san Bernardo: M. D. Yáñez, San Bernardo de Claraval, Monte Carmelo, Burgos 2001; A. Luddy, San Bernardo. El Siglo XII de la Europa cristiana, Rialp, Madrid 1963; Th. Merton, San Bernardo, el último de los Padres, Rialp, Madrid 1956; G. Duby, San Bernardo y el arte cisterciense, Taurus, Madrid 1992; J. Leclercq, San Bernardo: monje y profeta, BAC, Madrid 1990.

a una dialéctica que, a su juicio, iba en contra de una experiencia original de fe y de amor, desarrollada en un ámbito creyente.

Interpretó la vida espiritual como despliegue de amor por el que Dios y el hombre (en especial el monje contemplativo) se vinculan en lo más hondo del alma, en un camino en el que todos los planos de la vida se encuentran vinculados, partiendo de una jerarquía sagrada, que él entendió como revelación gratuita y amorosa del misterio de Dios. De un modo consecuente, él quiso que sus monjes fueran "liberados" para la vida interior, en sobriedad y pobreza, en honda espiritualidad, marcada de manera regular por el "orden divino" que se irradia y expande al entorno social y cultural de los monasterios

En esa línea, ha sido uno de los grandes creadores de la Europa mística, monacal y caballeresca de la plenitud del Medioevo, antes del surgimiento de la escolástica y del nuevo orden burgués, mercantil, que triunfará desde el siglo XIII. Fue un hombre exigente y duro, amoroso, pacífico y visionario, un caballero radical de Dios, que parecía empeñado en convertir la cristiandad en un "monasterio de Dios", con liturgia sagrada al servicio del misterio.

Fue un hombre de amor y puso de relieve la importancia de la devoción a María, la madre de Jesús, entendida de un modo cordial (a él se le atribuye la antífona *Salve Regina*), de manera que muchos le consideran el doctor mariano por excelencia. En esa línea podemos decir que ha sido el último Caballero de Dios, al frente de una cristiandad sagrada. De manera significativa, su memoria y su teología espiritual (su devoción) ha sido y sigue siendo reconocida y aceptada por gran parte de la teología posterior.

b. *Un tema crucial: milicia de Jesús, los templarios*

El influjo de Bernardo en el despliegue del pensamiento y la vida de Europa ha sido y sigue siendo considerable, tanto en el campo de la mística del amor de Dios, como en la forma de entender el monacato y la organización de la sociedad, como reconocen católicos y protestantes. En esa línea he dicho que fue un hombre amoroso y pacífico. Pero en ese fondo debemos recordar también un rasgo que hoy nos parece "más oscuro" en su memoria, una faceta vinculada a la cruzada por la reconquista de Tierra Santa y por la fundación de la Orden del Temple (=Templo), que él interpreta como signo de una nueva revelación de Dios.

Esa faceta ha de entenderse desde la situación socio–religiosa, en un tiempo marcado por la esperanza apocalíptica, dentro de una Iglesia que estaba buscando su identidad social, apelando para ello, si hiciera falta, a unos medios de tipo militar. Así lo indica su "Regla" del Temple, escrita en torno al año 1130, en la que ofrece una visión teológico–religiosa de la nueva Orden Militar (fundada el año 1120) que marcará el pensamiento y forma de vida militante de la Iglesia en la segunda mitad del siglo XII y todo siglo XIII:

> Ha nacido una nueva Milicia, precisamente en la misma tierra que un día visitó *el sol que nace de lo alto* (Jesús), haciéndose visible en la carne. En los mismos lugares donde él dispersó con brazo robusto a los Jefes que dominan en las Tinieblas, aspira esta milicia a exterminar ahora a los hijos de la infidelidad en sus satélites actuales, para dispersarlos con la violencia de su arrojo y liberar también a su pueblo, suscitándonos una fuerza de salvación en la casa de David, su siervo» (*Ad milites Templi* 1, *Obras completas* I, Madrid 1983, 496-543).

Bernardo realiza en este pasaje y en el conjunto de la Regla una relectura bélica del Benedictus (Lc 1:67-79) partiendo del Antiguo Testamento, para remilitarizar (en línea escatológica, de guerra de Dios) un texto que Lucas (el autor cristiano del Benedictus) había desmilitarizado. Por medio de Jesús, que nace pobre y muere sin luchar de un modo militar, Dios ha vencido a los poderes enemigos, según el canto del *Benedictus* (cf. también Ef 6:12), abriendo para los oprimidos un espacio de paz universal y comunión gratuita.

Pues bien, como he dicho, cambiado el contexto del evangelio, *Bernardo* ha remilitarizado las palabras antiguas, situándolas en una matriz bélica de Antiguo Testamento, en la línea de la guerra santa. En la misma tierra de Jesús, como ministros de su guerra salvadora, los nuevos caballeros del Temple están determinados a exterminar a los hijos de la ira o infieles (cf. Ef 2:2; 5:6), que se entienden más cómo demonios que como seres humanos, para liberar a los creyentes oprimidos, suscitando así el gran reino o cuerno de salvación de Dios sobre la tierra (cf. Lc 1:69).

Bernardo nos sitúa según eso en el contexto de la *guerra escatológica*. Los religiosos militares luchan, a la vez, contra los soldados enemigos de este mundo (musulmanes) y contra poderes diabólicos del mal. Estos nuevos cruzados, defensores del Templo que Jesús había criticado (y destruido simbólicamente) se mantienen en el centro de un combate que, expresándose en formas militares de este mundo, enfrenta a los poderes más alto, los príncipes del bien (Cristo) y los del mal (Diablo), no para conquistar y poseer el viejo templo material de Jerusalén, sino para alcanzar el nuevo templo de la Jerusalén celeste del Apocalipsis (cf. Ap 21–22). Por eso, esta guerra es sacramento de vida de Dios:

> Marchad, pues, soldados, seguros al combate y cargad valientes contra los enemigos de la cruz de Cristo (cf. Flp 3:18), ciertos de que ni la vida ni la muerte podrán privaros del amor de Dios que está en Cristo Jesús (cf. Rm 8:38), quien os acompaña en todo momento de peligro, diciéndonos: Si vivimos, vivimos para el Señor; si morimos, morimos para el Señor (*De laude* 2: cf. Rm 14:8).

Las palabras que Pablo empleaba en sentido figurado (lucha interna), para expresar así la entrega de la vida como proceso de unión con el Señor pascual, se entienden ya en forma guerrera. Bernardo no ha sacralizado la guerra como tal. Él sabe que la lucha entre cristianos (y entre hombres como tales) constituye un homicidio y por ninguna causa puede proclamarse y realizarse (*Ibid.* 3). Sin embargo, él entiende la cruzada como guerra santa, expresión de la victoria de Jesús sobre las fuerzas enemigas de lo malo, un elemento clave de la llegada del Reino de Dios:

> Pero los soldados de Cristo (cf. Ef 6, 10-16) combaten confiados en las batallas del Señor, sin temor alguno a pecar por ponerse en peligro de muerte y por matar al enemigo. Para ellos, morir o matar por Cristo no implica criminalidad alguna y reporta una gran gloria... Cristo acepta gustosamente como una venganza la muerte del enemigo y más gustosamente aún se da (se entrega él mismo) como consuelo al soldado que muere por su causa.
>
> Es decir, el soldado de Cristo mata con seguridad de conciencia y muere con mayor seguridad aún... No peca como *homicida,* sino que actúa, se podría decir, como *malicida* el que mata al pecador para defender a los buenos: se considera como defensor de los cristianos y vengador de Cristo en los malhechores... La muerte del pagano es una gloria para el cristiano, pues por ella es glorificado Cristo... No es que necesariamente debamos matar a los paganos, si hay otros medios para detener sus ofensivas y reprimir su violenta opresión contra los fieles. Pero en las actuales circunstancias es preferible su muerte, para que no pese el cetro de los malvados sobre el lote de los justos (cf. Sal 124:3), no sea que los justos extiendan su mano a la maldad (*Ibid.* 4).

Bernardo piensa, según eso, desde un contexto apocalíptico, interpretando la cruzada (y la función de los religiosos del Temple) como un episodio de la guerra del fin de los tiempos, un enfrentamiento en el que ellos los monjes del Cister, colaboraban con su oración y su retiro del mundo, dejándose matar incluso, para el triunfo escatológico de Cristo. En ese contexto se sitúa la experiencia mística del encuentro con Dios, que aparece así como plenitud y cumplimiento de la gran lucha de las fuerzas del bien (del amor) contra las fuerzas enemigas.

Esta visión de la cruzada en contra de los "enemigos" de Cristo, simbolizados (expresados) por los poderes militares de los musulmanes en la Tierra Santa constituye una "culminación" (y falsificación) de los ideales de la patrística anterior. Ciertamente, hay en los santos padres elementos de violencia militar, pero nunca habían planteado y definido de esta forma la lucha de los cristianos en contra de los enemigos de la fe cristiana. En esa línea, Bernardo representa un "límite" y fracaso de la patrística "militar" de la guerra santa. Lo que vendrá después, a partir del siglo XIII será distinto. Las guerras de Dios se entenderán y plantearán de un modo puramente histórico, como guerras de linajes, estados y ciudades, por conquistar territorios y riquezas.

c. *Excurso sobre las cruzadas: guerra en defensa de la fe*

En ese contexto (Regla de los Templarios), con la visión de Bernardo sobre la lucha del fin de los tiempos (con la que termina de algún modo la patrística latina), quiero ofrecer una breve reflexión sobre la guerra santa. El siglo XII comenzó tras la *primera cruzada* (1095-1099) y la conquista de Jerusalén (1099) y terminó con la recaída de la vieja ciudad santa en manos musulmanas (1187).

No habían surgido todavía en Europa occidental los estados nacionales propiamente dichos, ni existía una estructura social independiente de la religiosa. Había *cristiandad:* reinos, principados, territorios que giraban en torno a varios centros de influjo político y de un modo especial en torno al Papa. Al norte y este quedaban aún pueblos que no habían sido bien cristianizados, pero no ofrecían gran peligro: poco a poco iban entrando en la unidad cristiana de occidente. Al oriente estaban los ortodoxos del Imperio bizantino (y Rusia). Teóricamente eran aliados; pero su misma evolución social y religiosa les había ido separando del cuerpo formado en torno al Papa.

De esa forma, *la iglesia* se identificaba para algunos con la cristiandad occidental y fuera de ella (al exterior del espacio marcado por la buena fe) se alzaban *los otros, los infieles,* es decir, los musulmanes, más allá de una línea que se inicia en el poniente (España), cruza por el centro del Mediterráneo y llega por oriente a Egipto, Palestina, Siria, Mesopotamia. El mundo parece roto en dos mitades enfrentadas en dura guerra que ahora empieza a concebirse como santa.

Los primeros cristianos habían rechazado la guerra, de manera que extendían su fe por la palabra y ejemplo de vida. Pero desde el momento en que habían asumido de hecho la "religión cristiana", tanto el imperio como los reinos de occidente tendieron a identificar el cristianismo con su propia estructura político-social. Por eso pensaron que sus luchas en contra de los "bárbaros" paganos eran combates a favor de la fe, de manera que la guerra comenzó a mirarse como permitida y hasta religiosa: protegía a los creyentes ante el riesgo que implicaban los infieles.

En línea de violencia, con elementos más cercanos a ciertos pasajes del Antiguo Testamento hebreo que al mensaje de Jesús y al nuevo judaísmo, se movían ya los musulmanes, que entendían y ejercían la guerra como medio de conquista y expansión creyente, en gesto que suponía una amenaza para muchísimos cristianos, desde España hasta Bizancio. Humanamente hablando, era normal que esa pretendida amenaza musulmana suscitara una respuesta mimética cristiana de *guerra santa.*

A pesar de ello, las cruzadas no fueron una lucha generalizada de cristianos contra musulmanes, sino combates bien localizadas en torno a Palestina, que tenían como finalidad la conquista y liberación cristiana de la pretendida Tierra Santa, centrada en el sepulcro de Jesús (dejamos ahora a un lado la cruzada hispana del IX al XV d. C.). Pero esos combates marcaron de manera muy intensa la identidad del cristianismo occidental y su actitud ante la guerra.

Parte de la nueva Iglesia de Occidente quiso volver al origen y lo hizo de una forma militar, para encontrar su identidad, su punto de partida en la tierra de Jesús y para abrirse desde allí (Jerusalén) a todas las naciones. Los cristianos, bien conscientes de sí mismos, intentaron reencontrar su fuente en la tierra donde había nacido su fe, Jerusalén, para responder de esa manera a la llamada de Dios por medio de la guerra. Ciertamente, no olvidaron la exigencia misionera pacífica. Sabían que el mensaje de Jesús ha de extenderse en momentos de paz por la palabra; pero pensaban también que ese mensaje se hallaba amenazado por la fuerza musulmana y así quisieron defenderlo con una fuerza superior cristiana.

La fe tendía a convertirse, según eso, en una institución social, en un valor originario, anterior incluso a la familia y patria, pues en la fe se funda y recibe su sentido la vida personal y social de los creyentes. La guerra que así surge, en defensa de la fe, ofrece una violencia "simétrica", pues se suponía que los *enemigos de la fe católica* empleaban también armas, utilizando así un tipo de violencia sagrada. Había, según eso, un tipo de simetría entre un bando y el otro. Una misma guerra puede ser santa en un sentido *para los musulmanes* (imitadores de un Mahoma militar) *y santa en* otro sentido *para los cristianos,* que pueden convertir la cruz en signo militar, a través de las cruzadas, entendidas como guerras de (al servicio de) la cruz de Cristo.

Esa visión ha penetrado en el lenguaje del *Derecho Canónico,* de manera que el *Decreto* de Graciano (1160), fijado pocos años después de la muerte de Bernardo, afirma que la iglesia se halla autorizada para proclamar la guerra santa (o de cruzada) contra los infieles (no cristianos), combatiendo a sus contrarios, persiguiendo a sus herejes. Esta guerra debe dirigirse en contra de los enemigos de la fe, pues constituyen una amenaza contra la vida y libertad de los cristianos, como hemos visto en la Regla del Temple de Bernardo.

Por comisión del Papa, Bernardo fue el animador, predicador e impulsor de la segunda cruzada (1144–1148) que terminó siendo un rotundo fracaso, que fue para él ocasión de gran sufrimiento de forma que murió, como frustrado a los pocos años (1153). Bernardo había pensado que la cruzada en oriente podría ser el principio de la *hora de la final de la siega* (cf. Mt 13:24-32) de manera que los combatientes podían presentarse como ministros de Jesús, encargados de arrancar la cizaña plantada por el diablo, en contra de lo que dice el mismo Jesús en el evangelio (cuando impide a los servidores de la parábola que arranquen antes del juicio final la mala semilla, cf. Mt 13:29).[159]

Bernardo es un monje que goza de simpatías en las diversas iglesias (en especial entre los protestantes). Pero es evidente que su visión de la guerra santa y la cruzada contra los "poderes del mal" debe ser actualizada, de un modo especial en un momento como el nuestro (año 2020) en que se siguen escuchando en diversos contextos voces y cantos de cruzada, en contra de los "nuevos enemigos" de la fe y

---

[159] Siglos más tarde, en un plano de parábola literaria, Don Quijote de la Mancha utilizará este mismo argumento en su batalla simbólica en contra de los "desaforados gigantes", enemigos de la cristiandad, pues "esta es buena guerra, y es gran servicio de Dios quitar tan mala simiente de sobre la haz de la tierra... Estos son gigantes, y si tienes miedo, quítate de ahí y ponte en oración en el espacio que yo voy a entrar con ellos en fiera y desigual batalla" (M. de Cervantes, *Don Quijote,* I parte, cap. 8). Ciertamente, hay gran distancia entre la cruzada de Bernardo (siglo XII) y la parábola literaria de Cervantes (Don Quijote). Pero ambos utilizan el mismo argumento: Luchar contras los "malos" e incluso matarles, para defender a los buenos. En un sentido se puede afirmar que el espíritu de cruzada de San Bernardo ha pervivido (deformado y muy deteriorado, en forma anti–cristiana) en ciertos lugares y momentos de la cristiandad, hasta nuestro mismo tiempo, como muestra la "cruzada" española del 1936–1939.

la dignidad humana, tanto desde perspectivas de poder establecido (político–económico, vinculado en general con el capitalismo) como desde perspectivas de tipo revolucionario, de rechazo de un tipo de estado y economía que condensa el poder en unas pocas manos que tienden a dirigir desde arriba la historia del mundo.

En este momento, el problema no es ya el poder del papado romano (que, evidentemente debe ser replanteado), ni la lucha contra unos enemigos "religiosos", sino el combate supra–militar contra los poderes político–económicos que destruyen la vida de los hombres. Este es un tema que ha estado al fondo de las revoluciones del siglo XX y que, actualmente, se manifiesta en muchos campos de la vida cristiana (y de la cultura mundial) al servicio de la libertad y la justicia, en línea no solo "espiritual", sino económica, ecológica y personal, incluyendo temas como la igualdad entre varones y mujeres, la liberación de los oprimidos, el reconocimiento de los emigrantes, etc.[160]

4. Ricardo de San Víctor († 1173)[161]

Teólogo de origen irlandés o escocés, fue canónigo agustino del monasterio de san Víctor en París y elaboró una preciosa doctrina mística y trinitaria, vinculando la teología de san Agustín con la tradición griega, representada, sobre todo, por Dionisio Areopagita. Como cristiano y monje, contemplativo y maestro del intelectualismo del siglo XII, representado por hombres como Anselmo, Abelardo y Bernardo, Ricardo es con ellos el mejor representante del pensamiento clásico de la Edad Media latina, antes del origen de la nueva escolástica, en el siglo XIII.

Ricardo formula una doctrina del amor, partiendo de su experiencia y de algunas palabras básicas del Nuevo Testamento (sobre todo del

[160] He situado la visión de Bernardo dentro de una "teología general" de la violencia y de su superación política, económica, religiosa y afectiva (de género) en El *Señor de los ejércitos,* PPC, Madrid 1996 y en *Violencia y Religión en la historia de occidente,* Tirant lo Blanch, Valencia 2006.

[161] Obras: PL 196. Cf. también: *De Trinitate,* SCh 63, Paris 1959; *La Trinidad,* Sígueme, Salamanca 2015,

Cf. J. Chatillon, *Richard de S. Victor*: Dict. de Spiritualité Asc. et Myst, XIII, 2, 2678-2695; G. Dumeige, *Richard de S. Victor et l'idée chrétienne de l'amour,* PUF, Paris 1952; O. González de C., *Misterio Trinitario y Existencia humana. Estudio histórico-teológico en torno a San Buenaventura,* Rialp, Madrid 1966); M. D. Melone, *Lo Spirito Santo nel 'De Trinitate' di Riccardo di S. Vittore,* Antonianum, Roma 2001; X. Pikaza, *Notas sobre la Trinidad en Ricardo de San Víctor*: Est.Trinitarios 6 (1972) 63-91; *Ricardo de San Víctor*: DTDC, 1257-1263.

evangelio de Juan y del libro de los Hechos, que habla de la unión de los primeros cristianos de Jerusalén: Hch 2:41-46 y 4:32-37). Todo eso, unido a su inmenso talento dialéctico, le capacitó para elaborar un modelo trinitario, que (con el de Anselmo) no ha sido aún superado. Sus aportaciones básicas a la visión de Dios (y del hombre) son dos: (1) El amor exige pluralidad de personas (como Padre-Hijo, como amigos); (2) la plenitud del amor implica la existencia de un tercero (el Espíritu Santo).

a. *El amor exige pluralidad de personas*

Anselmo había especulado sobre Dios como el más grande posible de los seres (*Prologion* XIV: "id quo nihil maius cogitari potest"), deduciendo de esa forma su existencia. En una línea convergente, Ricardo afirma que Dios es la caridad suprema y que la caridad, para ser soberanamente perfecta, exige que en Dios (y en los hombres) haya más de una persona. Como he insistido hablando de Anselmo, este argumento no parte de la filosofía para elevarse a Dios, sino, al contrario, parte del Dios de la fe (experiencia trinitaria) y busca su iluminación y formulación teológica:

> Sabemos que Dios, Bien supremo y absolutamente perfecto, es la Bondad total en su plenitud y en su perfección. Pero allí donde existe plenitud de bondad total debe existir necesariamente verdadera y suprema caridad; porque nada es mejor que la caridad, nada más perfecto que ella. Pero nadie puede tener caridad propiamente dicha si solo tiene un amor exclusivamente personal, hacia sí mismo. Para que exista propiamente caridad será necesario que el amor tienda hacia otro. Por consiguiente, allí donde falta la pluralidad de personas, es imposible que exista caridad…
>
> Mientras un ser no ame a otro con tanta intensidad como a sí mismo, su amor será limitado y no habrá alcanzado el grado supremo de la caridad. Por otra parte, es claro que una persona divina no podría amar a nadie dignamente como a sí misma, si no hubiera otra persona con la misma dignidad que ella. Pero una persona que no fuera Dios sería indigna de ser igual a una persona divina. Así pues, para que en esta divinidad verdadera sea posible la plenitud de la caridad, es necesario que exista una persona divina que se asocie a la persona divina, con igual dignidad, siendo por tanto divina.
>
> Ved pues con qué facilidad convence el razonamiento que nos lleva a decir que en la verdadera divinidad existe necesariamente una pluralidad de persona. Ciertamente, solo Dios es soberanamente bueno; por tanto, solo Dios puede ser soberanamente amado. Por otra parte, una persona divina no puede ofrecer un amor soberano hacia una persona que

no sea Dios. Es imposible que exista plenitud en la divinidad sin que sea plena la bondad; es imposible que exista plenitud de bondad sin plenitud de caridad; es imposible que exista plenitud de caridad sin pluralidad de personas divinas (*De Trinitate,* I, III, cap. 2; SCh 63, p. 169-171).

b. *Necesidad de un tercero. Aplicaciones*

Conforme a esta visión, la caridad auténtica no puede cerrarse en una relación entre dos, sino que supone la existencia de un tercero que garantice y ratifique la solidez del amor mutuo de las dos personas anteriores. De formas distintas, este argumento ha marcado toda la historia del amor en occidente, desde Platón hasta Freud: Solo hay verdadero amor de dos allí surge y les vincula un tercero, en forma de amor mutuo:

> Tenemos ya la certeza de que en Dios existe pluralidad de personas, pero no sabemos aún que exista Trinidad. Porque puede haber pluralidad de personas sin que exista Trinidad [...]. Pero en el amor mutuo, en el amor ardiente, no hay nada que sea más precioso ni admirable que esto: querer que el ser a quien se ama soberanamente y del que uno es soberanamente amado pueda amar a otro con el mismo amor.
>
> Así, la prueba de la caridad consumada es el deseo de que se comunique (a un tercero) la dilección con que uno es amado. Ciertamente, para aquel que ama con un amor soberano y desea ser igualmente amado, la alegría perfecta consiste en realizar este deseo, obteniendo la dilección que exige (la comunicación a un tercero) ...
>
> De esa forma, una razón manifiesta nos conduce a concluir que en ese caso no podría haber caridad en grado supremo, ni por consiguiente bondad en plenitud, si es que, por falta de querer o de poder, no se logra tener un asociado en la dilección ni se quiere comunicar la alegría más perfecta (el amor mutuo). Aquellos pues que son soberanamente amados y merecen serlo deben, uno y otro, con un mismo deseo, reclamar la existencia de un amigo común que les pertenezca, según su deseo, en una concordia perfecta.
>
> Veis, por tanto, cómo la consumación de la caridad requiere una Trinidad de personas, sin la cual no puede existir la caridad en su plenitud integral. Según eso, no existe la plenitud total y perfecta sin la caridad perfecta y menos aún sin la Trinidad verdadera. No hay, por tanto, solo pluralidad, sino Trinidad verdadera en la unidad verdadera y verdadera unidad en la verdadera Trinidad (*De Trinitate,* I. III, cap XI; SCh 63, p. 191-195).

Frente a los que piensan que el amor implica solo dualidad (dos personas cerradas en ellas mismas), Ricardo ha puesto de relieve que solo hay comunión verdadera allí donde amante y amado se vinculan entre sí expandiendo su amor hacia un tercero, de tal forma que al mirarse y regalarse el uno al otro engendran y reciben en común un tercero, al que aman juntos. Ese «tercero», como signo de unidad del Hijo con el Padre, ha recibido en la experiencia de la iglesia el nombre de Espíritu santo, como retoño (procedencia), a quien el Padre y el Hijo (como esposo/esposa, amigos) aman juntos. Eso significa que Dios (el amor) no se cierra en dos, sino que se abre a un tercero, es decir, a "todos", en forma de comunión universal de amor.

Al emplear estos esquemas para hablar de la unidad y la riqueza de la Trinidad, Ricardo destaca el ejemplo de la familia. La mejor comparación de ese amor de Dios es el amor de dos amantes (Padre/Hijo, Esposo/Esposa, dos hermanos/amigos), que se entregan existiendo uno en el otro, pero haciendo surgir al mismo tiempo un tercero común, que en la terminología trinitaria recibe el nombre de Espíritu Santo.

Dios es, según eso, un proceso o génesis de amor que se dualiza (Padre-Hijo) y que se expande en común hacia un tercero (Espíritu Santo). Según eso, el Espíritu no es el Padre en sí, ni es el Hijo engendrado del único Padre, ni es un tercero impersonal, un ello que no tiene rasgos de persona, sino la misma comunión de amor inter–divino, allí donde, por encima del mío y del tuyo, como sujetos personales contrapuestos, surge el *nosotros* también personal de la gracia compartida.

En un sentido se podría afirmar que el Espíritu es el mismo "nosotros" que forman unidos en Padre y el Hijo; pero, siendo ese nosotros, es también aquel "tercero" que surge del amor dual y que lo culmina y ratifica. Según eso, el Espíritu Santo es al mismo tiempo el "tercero", un nosotros que incluye a todos, que no expulsa a nadie, no lo deja fuera, sino que, siendo amor dual (y por serlo y para serlo de verdad) se abre a todos como amor común, en forma de culminación personal de toda vida.[162]

[162] Ricardo ofrece así, al final de la patrística latina del siglo XII, la más honda visión de la "trinidad comunitaria", como un canto a la comunión de las iglesias y de la humanidad entera. Ciertamente, él dice "qui graeci non sumus" (nosotros que no somos griegos: De Trinitate IV, 4), pero, en el fondo, su visión de la Trinidad es más griega que latina, va en la línea de la perijóresis de Juan Damasceno más que en la del auto–conocimiento de Agustín y Anselmo. En esa línea se puede y debe empalmar el final de la patrística latina (antes de la Escolástica del siglo XIII) con la teología de los bizantinos, en línea de comunicación personal, como indicaré en el próximo capítulo Estudio de conjunto en A. González, *Trinidad y liberación: la teología trinitaria considerada desde la perspectiva de la teología de la liberación,* UCA, El Salvador 1994 y en D. Gracia, "Persona y comunidad. De Boecio a Tomás de Aquino", *Cuadernos Salmantinos de filosofía,* 11(1984) 64-106. En esa dirección avanza el *Romance de la Trinidad,* de Juan de la

5. Otros padres. Ocaso de la patrística latina

De esa forma termina, en el siglo XII, la patrística latina, conforme a su contenido, y no solo conforme a la visión de Migne, *Patrología Latina,* que acaba con Inocencio III (Papa del 1198 al 1216; cf. PL 214–217). Con ello se cierra un largo ciclo cristiano, formado por doce siglos de teología y vida, en su versión latina. A los tres autores estudiados (últimos Padres de la Iglesia de Occidente) pueden sumarse otros de ese mismo tiempo:

a. *Abelardo (1079-1142). Un buscador de razones*[163]

Filósofo y pensador, importante por su aventura biográfica (relación con Eloísa) e intelectual. Estudió filosofía con G. de Champeaux (escuela catedralicia de París) y teología con Anselmo de Laon. Enseñó en Melun, Corbeil y en la Escuela Catedralicia de París. Le castró un canónigo, tío de Eloísa, con la que mantuvo una apasionante correspondencia amorosa. Es (con Anselmo y Ricardo) el mejor representante del primer intelectualismo medieval del siglo XII y quiso superar la herencia platónico/monástica, de forma que aparece como precursor de la escolástica del XIII. Le interesó la lógica, con el estudio del lenguaje y creó un método de oposiciones dialécticas, que iluminan la comprensión de la realidad.

No rechazó sin más el pasado, sino que pensaba que la verdad se expresa a través de la búsqueda racional, iluminada por la fe, que es luz final de todo conocimiento. Buscó razones y discutió problemas siguiendo un método de argumentación (sic et non, a favor y en contra), que será esencial en la escolástica. Su libro más famoso es la

Cruz: «Como amado en el amante / uno en otro residía / y aquese amor que los une / en lo mismo convenía / con el uno y con el otro / en igualdad y valía». Amado y Amante son Hijo y Padre; el Amor que los une es el Espíritu Santo, plenitud de Dios y principio de su apertura creadora. Aquí nos situó Ricardo de San Víctor al hablar de la Trinidad. Aquí seguimos estando.

[163] Obra, en PL 178, incluye: *Logica; Dialectica; De unitate et trinitate divina; Theologia christiana; Introductio ad theologiam; Dialogus inter philosophum, Judaeum et Christianum; Sic et non; Ethica seu scito se ipsum; Commentariorum super S. Pauli epistolam ad Romanos.* La más conocida es, como he dicho, la *Historia calamitatum,* que tiene muchas traducciones modernas, como *Historia Calamitatum y otros textos filosóficos,* Univ. Oviedo 1996). Otras versiones: *Diálogo entre un filósofo, un judío y un cristiano,* Yalde, Zaragoza 1988; *Ética o conócete a ti mismo,* Tecnos, Madrid 1991; Cartas de Abelardo y Eloísa, Alianza, Madrid 2007. Cf. también M. Fumagalli, Introduzione a Abelardo, Laterza, Roma 1988; R. Jolivet, Abelardo, Dialettica, Jaca, Milano 1996. H. Santiago-Otero, La Cátedra y el púlpito frente a frente: Pedro Abelardo y San Bernardo, FUE, Madrid 1983.

Historia de mis calamidades, que consta de dos partes. La primera es de tipo afectivo (relación con Eloísa); la segunda, de tipo intelectual:

> Sucedió entonces que me puse a discurrir acerca del fundamento mismo de nuestra fe mediante analogías propias de la razón humana, y a componer un tratado de teología *Sobre la Unidad y Trinidad divina* para mis alumnos que me pedían razones humanas y filosóficas y me imploraban argumentos inteligibles más que verbalismos, afirmando ser superfluas las citas no seguidas de comprensión, y que no puede creerse lo que no se entiende primero, y que es ridículo que alguien predique a otros lo que ni él ni sus alumnos pueden captar con el entendimiento, pues el Señor mismo arguye que son «ciegos que guían a ciegos» (Mateo 15:14).
>
> Habiendo visto y leído muchos este tratado, complació en general mucho a todos, ya que en él parecía darse satisfacción, por igual, a todas las cuestiones acerca de su asunto. Y pues tales cuestiones eran consideradas como las más difíciles de todas, cuanta mayor seriedad presentaban tanta mayor sutileza se juzgaba que requería su solución; muy irritados por ello mis adversarios promovieron contra mí un concilio (cap. 9).

Por ese tipo de razones sufrió condena, en un Concilio de Sens (1140), cuando era ya anciano. Abelardo apeló al Papa, escribiendo una apología de su método y de sus planteamientos teológicos; pero también apelaron los que le habían condenado, con san Bernardo, logrando que el Papa ratificara la condena (1141). Estos son algunos errores por los que le acusaron:

> [1] El Padre es potencia plena; el Hijo, cierta potencia; el Espíritu Santo, ninguna potencia. 2. El Espíritu Santo no es de la sustancia [v. 1.: de la potencia] del Padre o del Hijo. 3. El Espíritu Santo es el alma del mundo. 4. Cristo no asumió la carne para librarnos del yugo del diablo.
>
> [6] El libre albedrío basta por sí mismo para algún bien… 8. Dios no debe ni puede impedir los males. 9. De Adán no contrajimos la culpa, sino solamente la pena. 10. No pecaron los que crucificaron a Cristo por ignorancia, y cuanto se hace por ignorancia no debe atribuirse a culpa. 11. No hubo en Cristo espíritu de temor de Dios.
>
> [12] La potestad de atar y desatar fue dada solamente a los Apóstoles, no a sus sucesores… 16. El diablo mete la sugestión por operación de piedras o hierbas. 17. El advenimiento al fin del mundo puede ser atribuido al Padre.[164]

---

[164] De la Carta de Inocencio II, *Testante Apostolo,* a Enrique obispo de Sens: «Nos… de común acuerdo con nuestros hermanos los obispos cardenales, por autoridad de los Santos Cánones hemos condenado los capítulos que vuestra discreción nos ha mandado

Esta condena de Abelardo ha de entenderse en el contexto de las disputas de su tiempo, dentro del sentido de conjunto de su obra. Es posible que algunas de sus afirmaciones fueran arriesgadas, pero ellas iniciaban un camino de diálogo racional que gran parte de la teología posterior ha ratificado.

b. *Guillermo de San Thierry (1085-1148).*[165] *Un espiritual*

Monje cisterciense y teólogo franco/belga. Escribió sobre el amor, en forma práctica, no especulativa, varios tratados ascético–místicos que tuvieron gran influjo, en contra del nuevo racionalismo de la línea de Abelardo. Su visión trinitaria es un reflejo de la tradición monacal de occidente, pero se sitúa cerca de la experiencia teológica de Oriente, representada por Simeón, el Nuevo Teólogo, de quien hablaremos en el próximo capítulo. Presento a continuación dos textos de su obra. El primero presenta al Espíritu Santo como principio de comunión, en un contexto donde se vincula tiempo con eternidad, conforme al argumento del Cantar de los Cantares. El segundo evoca la inhabitación divina, es decir, la presencia de la Trinidad en la vida de los justos, e identifica de algún modo al Espíritu Santo con la hondura del amor humano.

1. La comunión en el Espíritu. Guillermo (con Aelredo de Rievaulx) forma parte de la escuela cisterciense e interpreta la mística trinitaria (inhabitación del Espíritu Santo) con la experiencia del amor interhumano, en un camino de ascenso contemplativo, de forma que el Espíritu Santo es amor interhumano y amor intradivino:

> Este abrazo afecta al hombre, pero le sobrepasa. Este abrazo es el Espíritu Santo, siendo la comunión del Padre y del Hijo de Dios…, expresándose al mismo tiempo, en el amor del Esposo y de la Esposa. En Dios el Espíritu es la majestad de su naturaleza consustancial; en nosotros, es el don de la gracia; allí es la dignidad divina, aquí es condescendencia hacia nosotros. A pesar de eso, es el mismo Espíritu, absolutamente el mismo.

---

y todas las doctrinas del mismo Pedro Abelardo juntamente con su autor, y como a hereje le hemos impuesto perpetuo silencio…» (DH 721-729).

[165] Obras: PL 180-184. Entre ellas: *Epistola ad fratres de monte Dei o Epistola Aurea; De contemplando Deo; De natura et dignitate amoris; Speculum fidei.* En castellano: *Carta de oro y oraciones meditadas,* Monte Carmelo, Burgos 2003; *Carta a los hermanos del Monte Dei,* Sígueme, Salamanca 1998; *Exposición sobre el cantar de los Cantares,* Sígueme, Salamanca 2014.

(El Espíritu Santo) es el abrazo que se inicia aquí, para culminar en perfección en el más allá. Este abismo llama a otro abismo; este éxtasis busca algo distinto (más allá de la pura visión humana); este secreto suspira por otro secreto; esta alegría imagina y busca otra alegría; esta suavidad se abre por adelantado hacia otra suavidad. La materia de estas dos felicidades es, en verdad, una misma, pero el aspecto es distinto; la naturaleza es idéntica, pero la dignidad distinta; el sentimiento es semejante, pero la majestad es distinta.

En un caso, el abrazo expresa la condición mortal, en otro la eternidad; en uno el camino, en otro la meta; en uno la santa progresión espiritual, en otro la perfección consumada y la bienaventuranza perfecta. En el momento en que el conocimiento mutuo se desvele cara a cara y de un modo perfecto (cuando la esposa conozca como ella misma es conocida), entonces el beso será integral y será integral el abrazo… Cargada de delicias, la mano derecha del esposo abrazará a la esposa en todo su ser hasta los confines de la eternidad sin fin.

Entonces el beso será integral como yo digo, el abrazo será pleno: su fuerza será la Sabiduría de Dios, su suavidad el Espíritu Santo, su perfección el pleno gozo de la divinidad, de manera que Dios será todo en todos. Allí arriba no habrá ya más vacilaciones para la fe, no habrá más miedo para la esperanza: la caridad total, en la visión total de Dios, elevará todos los ardores afectivos, unificándolos en una alegría y fruición efectiva; entonces habrá muerto todo lo que está vinculado a la corrupción y a la condición mortal, de manera que todo habrá resucitado para la vida eterna (cf. *Exposición sobre el Cantar de los Cantares,* SCh 82, p. 283-285).

2. *El Espíritu Santo, artífice de la inhabitación trinitaria.* Conforme a esta visión de Guillermo, el hombre despliega su ser y se realiza en el interior del mismo ser divino. De esa manera, antropología y teología se vinculan en la experiencia y en la vida del Espíritu Santo, pues la vida del hombre forma parte del despliegue de Vida total de lo divino:

Existe todavía otra semejanza con Dios [...], que, por lo que ella ofrece, es de tal grandeza, que no es ya semejanza, sino unidad de Espíritu. Esta unidad se realiza cuando el hombre deviene una sola cosa con Dios, un solo espíritu, no solamente por la unidad de un mismo querer (entre el hombre y Dios), sino por algo mucho más alto que, como ya hemos dicho, hace que el hombre sea incapaz de querer otra cosa.

Esto es lo que se llama "unidad de Espíritu", no solamente porque la realiza el Espíritu Santo, disponiendo para ello del *espíritu* del hombre, sino porque esa unidad se identifica efectivamente con el mismo Espíritu Santo, que es el Dios-Amor. Esta unidad se produce en efecto cuando Aquel que es el Amor del Padre y del Hijo, su Unidad, su

Suavidad, su Bien, su Beso, su Abrazo y todo aquello que puede ser común al uno y al otro, en esta Unidad soberana de la Verdad y en la Verdad de la Unidad, empieza a ser a su manera para el hombre aquello mismo que es en Dios, por la unión consustancial del Hijo con el Padre y del Padre con el Hijo.

De esa manera, la feliz conciencia del hombre (que vive en la unidad del Espíritu) se encuentra inmersa en el abrazo y el beso del Padre y del Hijo. Entonces, de una forma inefable e inimaginable, el hombre de Dios merece volverse no Dios en cuanto tal, ciertamente, pero sí *aquello* que Dios es: el hombre es por gracia aquello que Dios es por su naturaleza. (*Carta de oro,* núm. 262-263. SCh 223, p. 353-355).

c. *Hugo de San Víctor (1097-1141)*[166]

Teólogo flamenco, de los Canónigos de San Agustín, de la Abadía de San Víctor de París, donde fue prior y maestro principal. Asumió y desarrolló la tradición patrística, de fondo neoplatónico, elaborando uno de los sistemas teológicos más importantes de la iglesia, con elementos de tipo místico, filosófico y dogmático. Su escuela ha sido la primera gran institución teológica de la Edad Media latina y en ella se enseñaban todos los saberes del tiempo: Geometría. Historia, Filosofía, Lengua, Sagrada Escritura, Dogmática, Ascética y Mística. Sus obras principales son dos.

- *Didascalicon.* Introducción al estudio de la Teología, con un compendio del saber profano y sagrado de su tiempo. Sigue fundándose en la Biblia, pero, anunciando lo que serán las grandes "sumas" del siglo XIII en adelante, la Teología empieza a verse ya como una sabiduría autónoma, con sus propias normas y argumentaciones.
- *De sacramentis christianae fidei.* Tratado completo de teología, según el método anterior, exponiendo de un modo sistemático y vital los temas centrales de la fe. Conforme a su visión, en el centro de los misterios (o sacramentos) está la Encarnación, como vértice y compendio de todo cristianismo. Esta obra, apoyada en San Agustín y Escoto Erígena, en Platón y el Pseudo-Dionisio, ha sido básica para el desarrollo teológico del siglo XIII en adelante.

---

[166] Obras: PL 176. Entre las ediciones modernas, cf. *Six opuscules spirituels* (S.Ch. 155, Paris 1969). Cf. I. Illich, *Un comentario al "Didascalicon" de Hugo de San Víctor,* FCE, México 2002; R. Baron, *Science et sagesse chez Hugues de Saint-Victor,* Lethielleux, Paris 1957.

d. *Hildegarda de Bingen (1098-1179)*[167]

Escritora y teóloga benedictina de la abadía de Rupertsberg, junto a Bingen, Alemania. Tuvo fuertes experiencias religiosas desde niña, y más tarde escribió por orden del confesor sus visiones de tipo teológico, especialmente en un libro titulado *Scivias* (nombre que proviene al parecer de *sciens vias*: conociendo los caminos), que ha tenido un gran influjo en la experiencia espiritual posterior.

Fue mujer de gran sensatez y valentía. Denunció los vicios sociales y eclesiales de su tiempo, anunciando también crisis y desastres si los hombres no se convertían. Escribió además diversas obras de tipo teológico, entre ellas una *Explicación del Símbolo atanasiano.* En este contexto quiero destacar sus visiones, que siguen ejerciendo un gran influjo:

1. *Visión de luz, la perla y el fuego.* Hildegarda quiso explicar la naturaleza indivisible de la Trinidad, y así lo hace en una visión teológico/imaginativa, que le permite mostrar la unidad del ser divino y las relaciones trinitarias y diciendo así:

> Tú ves una luz esplendente que, sin ningún rasgo de ilusión, de debilidad o de engaño, representa al *Padre;* y dentro de esa luz ves una forma humana, de color de zafiro, que sin rasgo de endurecimiento, ni de envidia o de maldad, designa al *Hijo* en la divinidad, antes del tiempo y después en el tiempo, encarnado en el mundo, según su humanidad. Y esa forma humana arde totalmente, con un fuego suave y rojizo. Este fuego, sin rasgo alguno de debilidad, de muerte o de tinieblas, representa al *Espíritu Santo,* aquel por cuyo medio el Hijo de Dios ha sido concebido según la carne y ha nacido de la Virgen María en el tiempo y después ha expandido por el mundo el resplandor de luz de la verdad.
>
> Y esta *luz* esplendente y este mismo *fuego* de color rojo llenan esta forma humana (del Hijo), constituyendo así una luz única que tiene una potencia única: esto significa que el *Padre* es la equidad soberana, pero no existe sin el Hijo y el Espíritu, y que el *Espíritu* abraza el corazón de los fieles, pero que no existe sin el Padre y el Hijo, y que el *Hijo* es la plenitud de la de fecundidad, pero no existe sin el Padre y el Espíritu Santo, que son inseparables en la majestad divina. Porque el Padre no existe sin el Hijo, ni el Hijo sin el Padre, ni el Padre y el Hijo sin el Espíritu Santo.

[167] Obras: PL 197. Cf. también *Analecta Sanctae Hildegardis Opera,* Gregg, Farnborough/Hampshire 1966. En castellano: *Scivias. Conoce los caminos,* Siruela, Madrid 1999; *Sinfonía de la armonía de las revelaciones celestiales,* Siruela, Madrid 2003. Sobre Hildegarda: Ch. Singer, *The scientific views and visions of S. Hildegard,* Clarendon, Oxford 1917.

De esa forma, las tres personas constituyen un único Dios, una misma y total majestad divina, de forma que la unidad de la divinidad permanece indestructible en las tres personas, porque la divinidad no puede ser repartida, pues ella permanece siempre inviolable, sin ninguna posibilidad de cambio…

El Padre es aquel que, antes de los siglos, ha engendrado al Hijo. El Hijo es aquel por cuyo medio han sido creadas todas las cosas, al comienzo de la creación. Y el Espíritu Santo es aquel que, bajo la forma de una paloma, apareció en el bautismo de ese mismo Hijo, cuando se aproximaba el fin de los tiempos (*Scivias,* 2ª parte, visión 2ª, Cerf, París 1996, 162-163)

2. *Visión de la columna.* Hildegarda compara la Trinidad con una columna y explica el sentido de esa visión diciendo que ella sirve para mostrar la unidad de la Trinidad y la distinción de las personas y de sus acciones:

Entonces vi en el ángulo occidental del edificio una prodigiosa, secreta y poderosa columna... Era tan grande que su altura y magnitud sobrepasaba mi entendimiento, admirablemente lisa, sin rugosidad alguna. En la parte exterior tenía tres ángulos de color de acero de la base a la cima, afilados como espadas…

La columna significa que el Padre, el Verbo y el Espíritu Santo constituyen un solo Dios en Trinidad, y que esta Trinidad está unida, como columna perfecta del bien total, penetrando cimas y abismos y rigiendo todo el universo… De esa forma, el Padre, el Hijo y el Espíritu Santo atestiguan que no se distinguen por su poder, aunque se distinguen por sus personas, porque actúan simultáneamente en la unidad de una sustancia simple e inmutable.

¿Cómo sucede esto? Esto sucede porque existe el Padre que crea todas las cosas a través del Verbo, es decir, por su Hijo, en el Espíritu Santo; porque existe el Hijo, por quien todas las cosas se realizan, en el Padre y el Espíritu Santo; porque existe el Espíritu Santo, por quien todas las cosas toman forma, en el Padre y en el Hijo. Y estas tres personas existen en la unidad de una sustancia inseparable, aunque de ninguna manera se puede sustituir una por la otra. ¿Cómo sucede esto? Esto sucede porque aquel que ha engendrado es el Padre; el que ha nacido es el Hijo; y el que procede con fuerza ardiente y se ha mostrado sobre las aguas bajo forma de un ave inocente y las ha santificado y ha llenado a los apóstoles con el fuego ardiente es el Espíritu Santo.

Antes del surgimiento de los siglos, el Padre ha tenido un Hijo y el Hijo existe junto al Padre, mientras el Espíritu Santo era coeterno al Padre y al Hijo en la unidad divina. Por esta razón debemos poner de relieve que si faltaran una o dos personas de la Trinidad, no existiría Dios en su plenitud. ¿Cómo sucede esto? Esto sucede porque las personas constituyen la unidad de la divinidad y porque, si una de ellas faltara, Dios no existiría. Porque, aunque esas personas sean distintas, sin embargo, ellas constituyen una única sustancia, intacta e inmutable, sustancia de inestimable belleza, que perdura siempre en su unidad indivisible (*Scivias*, S. Ch 1996, 534-535, 545).

Evaluación y actualización

1. Conocer

- Muchos especialistas sitúan el final de la Patrística Latina en san Gregorio Magno (540–604) o en la Escuela Carolingia (siglo VIII–IX). Desde una perspectiva distinta, siguiendo la edición de Migne (PL) he incluido en ella los grandes autores del siglo XII. Razonar esa opción. ¿Por qué se pueden incluir los grandes autores del siglo XII en la Patrología?
- Conforme a mi postura, la antigüedad cristiana se extiende en Europa occidental hasta el siglo XII, en una línea de testimonio y contemplación cristiana, de tipo bíblico, con simbolismos platónicos. En ese contexto hay que situar el renacimiento celta del siglo VI–VII, y la patrística carolingia del VIII–IX.
- Precisar desde ese fondo los rasgos principales de la reforma carolingia y de la reforma gregoriana del siglo XI, con las consecuencias que tuvo para la organización de la Iglesia romana.
- Presentar en resumen los elementos fundamentales de la "patrología del siglo XII", la importancia que ella tiene para la tradición católica y la Reforma Protestante.

2. Juzgar

- En el siglo XII, las iglesias de oriente y occidente se habían separado ya en sentido externo, como veremos en el capítulo siguiente, pero esa separación no era todavía "teológicamente" significativa. ¿Qué pueden aportar los "padres" del siglo XII al conjunto de las iglesias? ¿Se puede afirmar que ellos son padres universales, para católicos, ortodoxos y reformados o hay que considerarlos valiosos únicamente para la iglesia romana?
- Precisar la novedad de los tres padres del XII, en línea más racional (Anselmo), más trinitaria (Ricardo) y más mística (Bernardo).
- ¿Por qué los autores del siglo XII pueden ser "padres", es decir, testigos de la experiencia cristiana, mientras que los escolásticos del siglo XIII, con el aristotelismo y Santo Tomás de Aquino ya no son padres de la iglesia, en sentido estricto?

- ¿Qué hemos ganado y que hemos perdido con el paso de la "patrística" del siglo XII a la teología escolástica del siglo XIII?

3. Actuar

- ¿Cómo recuperar los valores de la "edad media" patrística del siglo XII, sin rechazar los avances posteriores del siglo XIII (aristotelismo) y los del siglo XVI (reforma protestante, colonización y dominio occidental del mundo, en línea de un cristianismo de poder)?
- ¿Cómo desarrollar una mística del corazón, como la de Bernardo, sin vincularla al militarismo de los templarios? ¿Es posible una nueva teología especulativa en línea de intuición del corazón? Comparar a Bernardo con Guillermo de San–Tierry.
- ¿Cómo retomar el motivo de la comunidad de amor, desde el fondo de Ricardo de San Víctor, por encima de un Dios vinculado al poder racional?
- ¿Qué hemos ganado y que hemos perdido con el "fin" de la Patrística?

Preguntas para reflexionar

1. ¿Qué novedades ofrece la iglesia romana (latina) desde la reforma carolingia hasta la culminación de la etapa pre-escolástica del siglo XII? ¿Qué elementos positivos ofrece la teología de Anselmo, Bernardo y Ricardo de San Víctor para la posible elaboración de una teología latina común a católicos y protestantes?
2. ¿Cómo precisar los valores y riesgos de la teología y vida eclesial de la iglesia latina del siglo IX al XII, en un plano de organización y pensamiento?
3. ¿En qué se distingue en ese momento la iglesia latina de la iglesia ortodoxa? ¿Cómo se puede recuperar ese pasado común de católicos y protestantes?

VII

Patrística bizantina
Historia, autores y temas

Entre las iglesias de oriente ha sobresalido desde los siglos V y VI la del Imperio bizantino, que se había separado progresivamente de la copta/alejandrina, extendida hacia Etiopía (de tendencia monofisita) y de la siro–antioquena, extendida por Asia, hasta la India y China (de tendencia nestoriana). Esta iglesia no ha tenido una evolución comparable a la Escolástica del XIII y a la Reforma del XVI, pero es muy significativa, pues constituye una especie de patrística ampliada hasta el día de hoy.

La edición de Migne continúa introduciendo en su *Patrologia Graeca* autores y textos del XIII al XV. De todas formas, por comodidad, en paralelo con la patrística latina, nuestro estudio acaba en el siglo XIV. Resulta imposible condensar en un capítulo las aportaciones de esta iglesia, estrechamente vinculada al Imperio bizantino, no solo por su teología, sino por sus movimientos doctrinales y concilios. Aquí ofrecemos solo un esbozo, dividido en tres partes.

1. *Acontecimientos básicos*. A pesar de la separación entre los patriarcados (Antioquía, Alejandría, Roma Constantinopla) y la presión cada vez más intensa del Islam, esos siglos (del VI al XIV d. C.) fueron para la Iglesia bizantina de intensa vida, marcada por la reforma de Justiniano, la crisis iconoclasta, la expansión del Islam y la separación final entre la iglesia de Roma y la de Constantinopla. El tema de la lucha de los iconoclastas lo introduciré en el motivo del culto a las imágenes.[168]

2. *Grandes padres.* En sentido estricto se podrían dividir dos etapas: (a) Del VI al IX, antes de la separación de las iglesias; (b) del X en adelante, tras la separación de las iglesias. Insistiré en varios autores fundamentales (Dionisio Areopagita, Juan Damasceno, Simeón el Nuevo Teólogo, B. Pálamas…). Su pensamiento está muy vinculado con los temas siguientes (visión de los iconos, la madre de Jesús, la Trinidad); pero he preferido tratarlos por separado.

3. *Los grandes temas de la patrística bizantina constituyen un pasado vivo, que se expresa en tema como los iconos, la Madre de Jesús, la Trinidad y la oración hesicasta…* A diferencia de lo que he venido haciendo hasta aquí, ahora hablaré más de temas que de autores, como para indicar

[168] Como he venido señalando, la Patrística ha sido tiempo de comunión, pero también de separaciones, como la surgida tras el concilio de Calcedonia, año 451, entre los patriarcados de Roma y Constantinopla frente a Alejandría y Antioquía. En esa línea termina siendo muy importante la ruptura de las dos iglesias antes vencedoras (Roma y Constantinopla), el año 1054. Ella marca en un sentido el fin de la patrística.

que la patrística bizantina está más representada por temas o motivos principales que por unos autores, por importantes que sean.

En el capítulo anterior he presentado los teólogos latinos del siglo XII, diciendo que tras ellos irrumpe la Escolástica (más racional) y después la Reforma (más bíblica), que en parte suponen un rechazo a la patrística. A diferencia de eso, en el Oriente apenas hubo cambio: La iglesia bizantina siguió (y en parte sigue) viviendo en un estadio de patrística ampliada en la que Atanasio, Basilio y Gregorio Nacianceno son figuras de plena actualidad. En ese fondo quiero terminar mi Curso Teología Patrística con una referencia más precisa a los iconos, a la Madre de Jesús, a la Trinidad (Filioque) y a la oración de tipo hesicasta o de pacificación interior antes (desde) el misterio de Dios revelado en Cristo.

I
Acontecimientos básicos

En sentido estricto, solo se puede hablar de Iglesia bizantina a partir Justiniano, quien, de un modo semejante a lo que hará Carlomagno (como he destacado en el capítulo anterior) ha reformado y ratificado el carácter social (legal y sagrado) de la iglesia. Así comienzo hablando de él, por la importancia que ha tenido en la configuración del Imperio bizantino, para ocuparme después de la ruptura entre las iglesias de oriente y occidente. Otros temas importantes, como los referentes a la lucha iconoclasta o a las discusiones en tiempo de Focio, los evocaré en el contexto de los autores y temas más significativos.

1. La era de Justiniano (527-565)

Quiso restaurar el Imperio desde oriente, de forma que se le ha podido llamar el último emperador de Roma, pero su proyecto era irrealizable, pues no pudo imponerse de un modo efectivo en occidente, ni crear estructuras duraderas de tipo económico y social, a pesar de sus grandes conquistas militares en el norte de África, en Italia e incluso en España. Aquí destacamos su labor como dirigente de la Iglesia, convocando y dirigiendo para ello el Concilio de Constantinopla II (563).

Más que la solución de problemas puntuales le importaba la unidad de fe del Imperio, entendida como vinculación política y religiosa. Para ello tuvo que enfrentarse a las diversas "herejías", de manera que lanzó un anatematismo contra todos los «herejes» de un lado y de otro: Orígenes y Arrio, Nestorio y Eutiques, Teorodo y Platón, Maniqueo, Epicuro y Marción, etc. (cánones 11 y 12; cf. Denz-H. 421-438). Ciertamente, fue un hombre providencial, no solo para la iglesia bizantina, sino para el conjunto de las iglesias (incluida la de Roma), pero su memoria se encuentra demasiado vinculada con una visión jurídica y sacral e incluso impositiva del cristianismo.

Sus condenas deben matizarse (Platón, Orígenes...), y así lo ha hecho en gran parte la iglesia posterior. Pero su figura quedó como ejemplo de un esfuerzo por lograr la unidad católica del imperio, algo que, por otra parte, a la larga, no se pudo conseguir, pues las iglesias alejandrinas siguieron un camino monofisita y las sirias el nestoriano. Su teología quedó marcada en el Concilio de Constantinopla II (553), que quiso retomar y ratificar los cuatro anteriores (Nicea,

Constantinopa I, Éfeso y Calcedonia), en una línea religiosa y social, política y jurídica.

Este V Concilio refleja el deseo de fijar la fe común del cristianismo, avalada por el emperador, pero su teología unitaria, impuesta por ley política más que por diálogo y experiencia de fe compartida, no logró vincular de forma duradera a los diversos patriarcados. Ciertamente, la sede de Constantinopla durará por siglos y extenderá la fe hacia el norte (pueblos eslavos), pero las cristiandades del sur (Egipto) y las del Este (Antioquía) rechazarán la ortodoxia bizantina, manteniéndose entre dificultades, ante la invasión musulmana, que ellas en parte aceptaron, como protesta contra un tipo de dictado imperial que no respondía a sus problemas.

a. *Derecho común. Un cristianismo social*

La Iglesia anterior había adoptado muchos elementos del Derecho imperial, pero sin unificar sus diversos planos (político y religioso), y eso es lo que quiso hacer e hizo Justiniano, heredero del espíritu romano y responsable del buen funcionamiento del cristianismo, en sentido social. Para ello codifica y recrea el derecho (¡originalmente en latín!), aplicándolo de forma sistemática al Estado y a la Iglesia. Surge así una Iglesia "política" y un Estado "religioso", vinculados entre sí, bajo un emperador, no un Papa, como hará más tarde la Reforma Carolingia (siglo VIII–IX) y Gregoriana (siglo XI) de occidente, ya estudiadas en el capítulo anterior.

Con Justiniano culmina la recepción y codificación cristiana y civil del Derecho Romano, que antes no se había podido realizar (a pesar de la importancia del "Codex Theodosianum", 438) porque no existía un poder unificado con autoridad para imponerlo, y porque las diversas escuelas no habían unificado sus contribuciones, como hará en este momento Justiniano, llamando a los mejores juristas que codificaron el derecho romano (*Digesto, Instituta, Novellae...*), aplicándolo de un modo especial a los asuntos eclesiales.

Los compiladores del Código pensaban, de un modo natural en su contexto, que entre cristianismo y derecho romano existía una simbiosis de fondo, de manera que los principios mesiánicos del evangelio y las normas jurídicas de Roma podían vincularse y situarse casi al mismo plano. La Iglesia aparece en esa línea como uno de los poderes fácticos del Estado, quizá el más importante, quedando integrada en un orden jurídico universal. Este es, por un lado, un gesto "moderno" y muy racional, pues integra a la Iglesia en la racionalidad jurídica del Estado, pero puede conducir, al mismo tiempo, a la pérdida de su independencia mesiánica, corriendo el riesgo de convertirse en uno de los "aparatos" (grupos) del orden social unificado del imperio, perdiendo así su autonomía.

En la línea anterior, al entender el cristianismo como religión de Estado (culminando un camino que había comenzado con Teodosio: Decreto de Tesalónica, 380), Justiniano pudo emprender una política de cristianización forzada del imperio, convirtiendo por la fuerza a los paganos y obligando a la unidad de los "herejes". Para ello clausuró los santuarios tradicionales de Asia Menor, Siria, Egipto y territorios árabes, vinculados al imperio. Esa política, que pudo alcanzar cierto éxito inmediato, ha sido a la larga nociva incluso para la política del imperio, como pudo verse hacia el año 636, cuando muchos cristianos forzados de Siria o Egipto acogieron con gozo la llegada de los árabes islamizados.

En teoría, Justiniano fue un gran protector de la Iglesia, a la que concedió beneficios económicos y sociales, pero lo hizo queriendo imponer a la fuerza la fe, persiguiendo a los "herejes" y sometiendo bajo su control a los ortodoxos. Sin duda, gran parte de sus normas eclesiales resultaban sensatas y provechosas (elección de obispos, derechos y deberes de la vida monástica, regulación del culto, etc.), pero ellas dependían de la voluntad de un Emperador y no de la voluntad y despliegue creador del pueblo cristiano.

b. *Cristianismo sagrado. Culto glorioso*

La reforma de Justiniano se expresa, de un modo especial, en la liturgia, entendida como experiencia de veneración ante el misterio, vinculado con una arquitectura sagrada que convierte el espacio y tiempo en signo o presencia del mundo celeste. El cristianismo pierde su sentido original de experiencia mesiánica de conversión (transformación) social y tiende a convertirse en sacralización del orden establecido. De esa forma nace, en toda su plenitud, un tipo de religión entendida como adoración reverente, en una línea que se ha mantenido, con algunas variantes, hasta el día de hoy, no solo en oriente, sino en la misma iglesia de occidente, influida de un modo intenso por la bizantina.

- *Vida cristiana como liturgia.* Jesús no había creado una religión de culto, sino un movimiento de vida, pero la liturgia surgió pronto (en el mismo siglo II d. C.) y se fue desarrollando en los siglos posteriores, alcanzando ahora, en el siglo VI, su perfección estética y simbólica, en una línea de sacralización imperial. A través de ella, los cristianos rinden culto al Cristo-Emperador y a la corte de sus ángeles y santos, representados en imágenes gloriosas, que constituyen un signo de presencia superior, como si el culto eclesial de la tierra fuera una actualización de la liturgia celeste. La eucaristía, que era comida mesiánica ofrecida a los pobres y compartida entre los creyentes, en espera de Cristo, viene a presentarse de esa forma como celebración simbólica del Reino de Dios, actualizada por los sacerdotes en el culto.

- *El templo, un cielo en la tierra.* Los primeros lugares extensos de culto cristiano habían sido "basílicas" o casas reales, espacios de encuentro horizontal, para diálogo y administración de la justicia. Ahora, en cambio, la nueva liturgia exige espacios cargados de misterio, abiertos a la altura celeste, como muestra la Catedral de Santa Sofía (532-537), con su gran cúpula, sostenida sobre una planta basilical (cuadrada), con iconos o signos orantes de misterio. El templo no es ya espacio horizontal para reunirse en diálogo, compartiendo en amor mutuo la esperanza mesiánica, sino un orbe sacral que se alza al cielo, para elevarse en contemplación, mientras se celebra una liturgia que actualiza en la tierra la gloria del arcano divino: un espacio donde los mosaicos que llenan ábsides, arcos, pechinas y muros sitúan a los creyentes ante el orden superior de Cristo (que es la Sofía, Sabiduría de Dios), a quien rodean ángeles y santos.

El cristianismo, que había empezado siendo un movimiento mesiánico, para preparar la llegada del Reino, según la tradición israelita, se convierte en religión contemplativa, al servicio del orden sagrado del imperio, con un culto superior, centrada en la liturgia. Este cambio ha marcado la historia de la Iglesia hasta el día de hoy, no solo en oriente, sino en occidente.

2. Separación de las iglesias (1054)

Como he destacado ya en el capítulo anterior (al ocuparme del final de la patrística latina), la reforma "gregoriana" (llamada así por Gregorio VII: 1073-1084), fue un movimiento de reconstrucción jerárquica de la Iglesia latina, promovido en el siglo XI por nobles de la sociedad feudal, antes del despliegue y triunfo del nuevo poder de la burguesa. En esa línea surgió una iglesia militante y jerárquica, que ha configurado el catolicismo occidental hasta el día de hoy (año 2020). Fue una reforma necesaria, pero problemática:

- *Fue necesaria.* La iglesia de occidente había entrado en una crisis estructural que duró casi dos siglos (el IX y el X), corriendo el riesgo de disolverse. La reforma del siglo XI permitió que ella se recreara y resurgiera con fuerza, permaneciendo así durante todo el segundo milenio (aunque ello llevó a la separación de la iglesia católica, frente a la ortodoxa o bizantina). En un sentido podemos estar agradecidos a los emperadores romano–germánicos, a los monjes y a los papas y que hicieron posible esa reforma.

- *Pero fue una reforma problemática,* que impuso sobre todos una identidad jerárquica e impositiva, menos evangélica, con una estructura de dominio papal y clerical que llevó al rechazo de la iglesia de oriente (1054) y que posibilitó después la nueva reforma del protestantismo (a partir del 1517). Solo ahora, tras casi mil años de recorrido (2020), podemos mirar hacia ella con tristeza, pero también con responsabilidad, sabiéndonos llamados a retomar sus impulsos, pero en clave de evangelio, desde nuestra situación de iglesia y sociedad.

Hasta ese momento, los papas se habían limitado a gobernar básicamente la diócesis de Roma, de manera que los restantes obispos eran autónomos, actuando conforme a sus tradiciones, aunque en comunión con Roma (como habían hecho a su modo las iglesias orientales). Pero, a partir de ahora, en la línea de las *falsas decretales* (seudo-isidorianas del siglo IX, con reforma carolingia), los papas quisieron actuar (y de hecho lo hicieron en occidente) como pontífices supremos o primados de la Iglesia universal, apareciendo solo en un sentido derivado como obispos concretos de Roma. De esa forma, ellos se convirtieron en emperadores eclesiásticos, de manera que los restantes obispos aparecieron como delegados suyos.

El feudalismo político de los emperadores romano–germánicos duró poco, pues surgieron pronto los estados nacionales (Francia, Castilla–Aragón, Inglaterra, etc.) con autonomía plena, negando así el poder de los emperadores. Pues bien, en contra de eso, el poder feudal de los papas no solo se mantuvo, sino que aumentó, de forma que el Pontífice Romano ha venido a convertirse en vértice y clave de la Iglesia católica, alegando que tiene el poder directo, por don de Dios, y añadiendo que solo él, podía concederlo (=delegarlo) a los restantes obispos con su clero y, por ellos, a los fieles, conforme a una visión piramidal (platónico-feudal) del orden religioso.

Mil años había tardado la iglesia de occidente en implantar ese modelo jerárquico de poder, que se había desplegado ya de un modo inicial en la reforma carolingia (y en las decretales Pseudo-isidorianas). Otros casi mil años tardará en desarrollarlo, hasta que ahora (año 2020), cumplido un largo ciclo, muchos católicos empiezan a pensar que su estructura de poder debe revisarse, en la línea del Nuevo

Testamento y del mismo Concilio Vaticano II (1962-1965), para hacer así posible una comunión más intensa entre todas las iglesias.

Esa concepción feudal del obispo de Roma (que reclamó un poder universal sobre todas las iglesias, unificadas bajo su poder supremo) hizo inevitable la ruptura con la iglesia de oriente, iniciándose un cisma en el que cada parte ha acusado a la otra de haberse separado: (a) Los occidentales afirman que la que separado fue la Iglesia de Oriente (no aceptando el primado básico de Roma). (b) Los orientales dirán que fue Roma, al "inventar" un primado que no responde al evangelio ni a la historia anterior de las iglesias. El tema es complejo y no tiene sentido defender a unos a costa de los otros, pero en un plano objetivo es evidente que fue Roma la que introdujo más reformas, queriendo imponer sobre Bizancio unos dictados de supremacía papal que iban en contra de la tradición e identidad de las iglesias orientales.

- *Situación anterior, comunión básica.* Las iglesias de Oriente habían mantenido relaciones bastante fluidas con el Papa de Roma, al que podían aceptar como *primus inter pares* (primero entre iguales). Esas iglesias podían tomar al Papa (=Padre) de la Iglesia de Roma signo unidad y ortodoxia para el conjunto de la cristiandad (por la dignidad antigua de su sede, vinculada a Pedro y Pablo). Pero de hecho eran independientes, tanto en su administración como en su vida interna, manteniendo entre ellas y con Roma una «unidad colegial», que se expresó en los siete primeros Concilios Ecuménicos, convocados por los emperadores bizantinos y celebrados siempre en su territorio (del 1º de Nicea, el 325 al el 2º de Nicea, el 787).
- *1054, una ruptura de "ley".* Pero las cosas cambiaron a partir del siglo IX, cuando el Papa, que era "rey" sobre un Estado Pontificio, quiso imponer su visión jerárquica de la unidad eclesial, de tal forma que, al final de un largo proceso de malentendidos y oposiciones, el Papa de Roma y el patriarca de Constantinopla se excomulgaron mutuamente. La ruptura se materializó el 1054, cuando el cardenal Humberto de Moyonmoutier o Silva Cándida (delegado del Papa León IX) depositó sobre el altar de Santa Sofía de Constantinopla una bula, condenando al patriarca Miguel Cerulario (quien había criticado también a los romanos, por su forma de celebrar la eucaristía), acusándole de hereje, porque, de acuerdo a la nueva visión del papado, cualquier grupo eclesial no sometido a Roma se alejaba de la iglesia.

Fue una ruptura que en aquel contexto resultaba lógica, e incluso necesaria, si León IX quería mantener "su" autoridad sobre el conjunto de la iglesia, en la línea del "dictatus Papae", que publicará Gregorio VII pocos años después (1075). Los detalles de aquella ruptura, con la personalidad del delegado papal y el patriarca, son secundarios, e incluso anecdóticos. El hecho es que las iglesias se excomulgaron. La bizantina, separada de hecho de los patriarcados antiguos (Alejandría y Antioquía), se hallaba amenazada por los turcos, nuevos señores de oriente (que un año después, 1055, conquistarán Bagdad y al poco casi toda la parte asiática del Imperio bizantino). Por el contrario, la Iglesia romana había logrado un gran impulso, y se creía con razón y poder para extender su autoridad a todas las iglesias. Así se entiende la bula que el Cardenal Humberto colocó sobre el altar de Santa Sofía de Constantinopla (16.07.1054):

> ... La Santa Sede apostólica romana, primera de todas las sedes, a la cual, en su calidad de cabeza, compete más especialmente la solicitud de todas las Iglesias, se ha dignado enviarnos como sus apocrisarios [embajadores] a esta ciudad imperial para procurar la paz y la utilidad de la Iglesia... (Pero) después de haber recibido las admoniciones escritas de nuestro Señor el Papa León por todos estos errores y otros muchos actos culpables, Miguel Celulario ha desdeñado arrepentirse. ...
>
> Por eso, no pudiendo soportar estas injurias inauditas y estos ultrajes dirigidos a la primera Sede apostólica y viendo que con ello la fe católica recibía múltiples y graves daños, por la autoridad de la Trinidad santa e indivisible, de la Sede apostólica de la que somos embajadores, de todos los santos Padres ortodoxos de los siete concilios y de toda la Iglesia católica, firmamos contra Miguel y sus partidarios el anatema que nuestro reverendísimo Papa había pronunciado contra ellos en el caso de que no se arrepintieran... (cf. *Enchiridion Vaticanum*, II (= *Documenti ufficiali Santa Sede*), Bolonia 1963-1967, 501-503).

Unos días después (24.07.1054), el *patriarca Miguel Cerulario*, reunido en sínodo con los obispos de su entorno, apelando a la autoridad del emperador Constantino IX, excomulgó a los enviados del Papa, con argumentos en parte semejantes.

> En estos días, unos hombres impíos y execrables, hombres venidos de las tinieblas, han llegado a esta ciudad conservada por Dios, desde la cual, como de un manantial, brotan las fuentes de la ortodoxia. Estos hombres, como el rayo, como un vendaval, como granizo, han querido pervertir la recta razón con la confusión de los dogmas... Además nos acusan porque no adulteramos, como ellos, el sacrosanto símbolo [de la fe] y no decimos, como ellos, que el Espíritu Santo procede del Padre y *del Hijo*... De

> hecho, [ellos] afirman que el Espíritu procede no del Padre solamente, sino también del Hijo [*Filioque*] sin haber podido sin embargo recabar esta voz de los evangelistas, o derivar este dogma blasfemo de algún sínodo ecuménico...
>
> Actuaron pues desvergonzadamente contra la ortodoxa Iglesia de Dios porque no han venido de la antigua Roma –como decían– sino de otra parte, y de ningún modo habían sido enviados por el Papa... Más aún, se ha descubierto que los sellos de las cartas que traían eran falsos... Por eso (hemos condenado al anatema…) Sépase además que este día en el cual fueron condenados con el anatema todos aquellos a todos los blasfemaban contra la fe ortodoxa… (cf. G. D. Mansi, *Sanctorum Conciliorum nova et amplissima collectio,* Graz 1960, XIX, 811-812).

El tono de las dos bulas es parecido, aunque difiere en los matices. El delegado papal utiliza un lenguaje más jurídico y condena (excomulga) directamente al patriarca de Constantinopla, en gesto de autoridad superior. Por el contrario, Miguel Cerulario, aunque responde también con dureza, no excomulga directamente al Papa, sino que deja la puerta abierta para una posible reconciliación, suponiendo que la condena no procede de la antigua Roma fiel, sino que tiene otro origen, como, en algún sentido, es cierto (pues la antigua Roma ha cambiado). Los romanos apelan a la unidad trinitaria (santa e indivisible). Los bizantinos rechazaban el Filioque, que los romanos habían introducido en el credo, rompiendo, a su juicio, verdadera unidad trinitaria, entendida en forma de "perijóresis", sin supremacía del Hijo. Las diferencias trinitarias podrían haberse aceptado y resuelto de un modo dialogal, pero no se resolvieron y las excomuniones quedaron firmes por nueve siglos (siendo revocadas el 1964).[169]

---

[169] Este fue el primer fracaso del nuevo papado, incapaz de mantener la unidad cristiana con Oriente, pues para defender su nueva autoridad tuvo que enfrentarse con otras iglesias "ortodoxas", empezando por la bizantina. Ciertamente, también el patriarca Miguel Cerulario pudo tener responsabilidad en su actuación anterior y en su respuesta a los delegados del Papa, pero la decisión fundamental la tomaron los romanos. La iglesia había sido para Oriente una koinonía o comunión de comunidades, desde la misma fe de Cristo, expresada en el Credo niceno-constantinopolitano, que podía ser interpretado de modos distintos, sin que los romanos añadieran el "Filioque". Por otra parte, conforme a la visión tradicional de los bizantinos, resultaba innecesaria una autoridad superior unificada, con potestad universal, como en este momento quería el nuevo Papa de Roma.

Lógicamente, la responsabilidad mayor corresponde al papado, por haber querido imponer su cambio, introduciendo un poder único sobre el conjunto de los cristianos A pesar de todo, la separación tuvo también consecuencias positivas, pues ha permitido que la iglesia de occidente recorra unos caminos arriesgados pero prometedores

II
Padres fundamentales

Resulta imposible condensar en seis autores la historia riquísima de los padres de la iglesia bizantina, a quienes de algún modo presento como continuadores de los padres de la alejandrina y, en especial, de la de siria, que he presentado en caps. 3–4. Los cito y presento aquí a modo de ejemplo, pues algunos de los motivos vinculados a su vida y obra aparecen en la tercera parte de este capítulo, que trata de los temas básicos y de la actualidad de la patrística bizantina. Estos son los autores, por orden cronológico:

1. Dionisio Areopagita. Jerarquía eclesial[170]

En el contexto de Justiniano, aunque es quizá algo anterior (entre el V y VI d. C.), podemos presentar al Pseudo–Dionisio, teólogo y filósofo neoplatónico (helenista), de nombre y origen desconocido, probablemente de Siria, a quien la tradición ha vinculado con aquel Dionisio a quien Pablo habría convertido al cristianismo tras su discurso en el Areópago de Atenas (Hch 17:34). Sus libros combinan un fuerte espiritualismo griego, de tipo jerárquico, con doctrinas procedentes de un cristianismo espiritualista, más centrado en la contemplación que en la acción, en la unión con el Todo divino que en la trasformación de la sociedad.

Se le suele tomar como el primer exponente de la teología negativa, según la cual no podemos decir lo que es Dios, sino lo que *no es.* Su fuerte pensamiento ha marcado poderosamente la historia de la piedad y teología cristiana, vinculando platonismo y evangelio, en forma mística y jerárquica. En occidente, su obra fue traducida al latín

---

de creatividad cultural y de misión evangélica, entre los que se encuentra la reforma protestante del siglo XVI. Por su parte, ella ha permitido que las iglesias de oriente, que parecen más ancladas en un tipo de sacralidad antigua (sin verdadero Renacimiento ni Ilustración), hayan conservado y desarrollado tradiciones y experiencias que habrían perdido si se hubieran sometido al dictado de la reforma gregoriana.

[170] Obras: PG 3–4. Edición castellana, *Obras Completas,* BAC, Madrid, 1995. Cf. V. Muñiz, *Significado de los nombres de Dios en el Corpus Dionysiacum,* Pontificia, Salamanca 1975; R. Roques, *L'Univers dionysien,* Aubier, Paris 1954; J. Vanneste, *Le Mystère de Dieu. Essai sus la structure rationnelle de la doctrine mystique du pseudo-Denys l'Aréopagite,* Desclée de B., Paris-Louvain 1959.

por Escoto Erígena en el siglo IX, influyendo en la espiritualidad de los maestros franciscanos (Buenaventura) y en los místicos renanos (como Eckhart) e incluso en Juan de la Cruz. Se conservan cuatro obras suyas, que constituyen un corpus o compendio de vida cristiana, un resumen y canto glorioso de la patrística oriental, entendida como sistema o compendio de alabaza.

- *Los nombres de Dios.* Investiga la esencia y atributos divinos, vinculando el misterio bíblico cuyo nombre no puede pronunciarse (cf. Yahvé: Éx 3:14), con la divinidad o esencia super-esencial de los neoplatónicos, donde el no–ser del nirvana budista se transforma y convierte en ser y nombre sobre todo nombre, como proclama Flp 2:6–11.
- *Teología mística.* Presenta la experiencia radical de la Tiniebla que no puede sentirse, pensarse, ni decirse. Ciertamente, el misterio divino "es", pero es no–siendo, pues se encuentra rodeado del total silencio y oscuridad de Dios, una nada que puede estar y está representado por la cruz de Cristo, que es negación y superación de toda sabiduría (cf. 1 Cor 1:10-25), como han reafirmado también los más grandes teólogos de occidente (de Juan Erígena a Juan de la Cruz).
- *Jerarquía celeste.* Partiendo de ese gran silencio o negación, Dionisio ha podido trazar un esquema y modelo de contemplación, que comienza y se arraiga en la Trinidad, expandiéndose luego a través de una "cascada" de órdenes angélicos, agrupados en varias tríadas (Serafines, Querubines y Tronos; Dominaciones, Virtudes y Potestades; Principados, Arcángeles, Ángeles). Ese orden no había sido desarrollado por la Biblia, pero Dionisio ha tenido que establecerlo para ocupar así (sin llenarlo) el espacio entre Dios y los hombres.
- *Jerarquía eclesiástica.* Ese sistema culmina por (en) Cristo en la vida de los hombres, por medio de una Iglesia entendida como un orden jerárquico en el que destacan tres sacramentos (de purificación, iluminación y unión: Bautismo, Eucaristía, Oleos santos), tres grados de orden sacerdotal (obispos, presbíteros y diáconos) y tres grados del pueblo de Dios (laicos, monjes, ministros ordenados).

a. Teología mística. Divina tiniebla. Dionisio es el maestro de la *teología negativa*, que consiste en afirmar negando, abriendo ante Dios un silencio (en la línea de Gregorio de Nisa). En este contexto, el lector puede recibir la impresión de que la economía de la salvación histórica (en Cristo) queda en segundo plano, de tal forma que el contemplativo se introduce en el silencio-oscuridad de Dios más allá de todo lo que puede vivirse o entenderse dentro de la historia. Según eso, se ha podido decir que Dionisio ha dejado en segundo plano la humanidad de Dios y el compromiso del hombre en la historia, cosa que puede discutirse.

Sea como fuere, él ha elaborado un pensamiento de separación y distancia, propio de iniciados.

> Esta es mi oración. Timoteo, amigo mío. Entregado por completo a la contemplación mística, renuncia a los sentidos, a las operaciones intelectuales, a todo lo sensible y a lo inteligible. Despójate de todas las cosas que son y aun de las que no son y elévate así, cuanto puedas, hasta unirte en el no saber con aquel que está más allá de todo ser y de todo saber. Porque por el libre, absoluto y puro apartamiento de ti mismo y de todas las cosas, arrojándolo todo y del todo, serás elevado en puro éxtasis hasta el Rayo de tinieblas de la divina Supra-esencia.
>
> Pero ten cuidado de que nada de esto llegue a oídos de los no iniciados, aquellos que se apegan a las cosas, que se imaginan que no hay nada más allá de lo que existe en la naturaleza física, individual. Piensan, además, que con su mística razón pueden conocer a aquel que "puso su tienda en las tinieblas". Y si esos no alcanzan a comprender la iniciación a los divinos misterios, ¿qué decir de quienes son verdaderos profanos, de aquellos que describen la Causa suprema de todas las cosas por medio de los seres más bajos de la naturaleza y proclaman que nada es superior a los múltiples ídolos impíos que ellos mismos se fabrican?
>
> En realidad, debemos afirmar que siendo Causa de todos los seres habrá de atribuírsele todo cuanto se diga de los seres, porque es supraesencial a todos... Aquella Causa trasciende y es supra-esencial a todas las cosas, anterior y superior a las privaciones, pues está más allá de cualquier afirmación o negación» (*Teología mística*, en *Obras completas*, Madrid 1995, 371 ss).

b. Trinidad, vía negativa. Dionisio acepta y despliega el misterio de cristiano de Dios, vinculado a Cristo; pero tiende a dejar al Jesús histórico en un segundo plano, separado del Dios Trinidad, que se vuelve centro y meta sin fin de la teología, como un misterio que se esconde más allá de lo que puede comprender la mente. Por eso, solo la vía negativa (que consiste en conocer negando, en el silencio del que brotan todas las palabras) puede mostrar el sentido de Dios a quien no conocemos y, sin embargo, llamamos unidad y trinidad:

> La Deidad trascendente ha de ser exaltada, al mismo tiempo, como Unidad y Trinidad. Pero, en realidad, ella no puede ser conocida, ni por nosotros, ni por ningún otro ser, ni como Unidad ni como Trinidad. A fin de celebrar con toda verdad lo que en ella se identifica con el Uno en sí mismo, es decir, con este Principio que engendra en la deidad realidades divinas, con Aquel que está por encima de todo Nombre..., nosotros le atribuimos al mismo tiempo el nombre de Unidad y el de Trinidad. En

verdad, ni uno, ni tres, ni ningún otro nombre, ni unidad, ni fecundidad, ni ninguna demostración tomada de los seres o de las nociones accesibles a los seres, será capaz de revelar el misterio de la Deidad supra-esencial, que es totalmente trascendente (porque sobrepasa toda razón y toda inteligencia)...

Los teólogos han atribuido más importancia al método negativo, porque sirve para liberar al alma de los objetos que le son familiares y, a través de estas intelecciones divinas, que son inferiores en sí mismas a Aquel que trasciende todo nombre, toda razón, todo saber, ese método vincula al alma de algún modo con Aquel, en la medida en que los hombres pueden acceder a tal tipo de unión (*De los nombres divinos*).

c. Estructura eclesial. Dionisio no ha influido solo en la exposición de la experiencia mística, sino en la forma de entender la estructura de la Iglesia, desde una perspectiva jerárquica, que respondería al ser de Dios y a su revelación a través de una escala de peldaños descendentes, que comienzan por la Trinidad, hasta llegar a lo más bajo del mundo. El gran todo divino-humano (y dentro de ese todo la Iglesia) es *un orden gradual,* que proviene del Dios que *sale de sí,* bajando a través de las Ideas o planos intermedios (Logos, Alma), hasta el mundo inferior de la materia, de manera que los creyentes pueden *ascender de nuevo* a lo divino, siguiendo ese mismo orden. En ese contexto emergen las estructuras jerárquicas, ignoradas por el Nuevo Testamento:

- *El obispo* posee la ciencia de las Escrituras, en clave de perfección: por eso puede revelar su conocimiento y santidad desde lo alto, siendo signo de *tearquía* o poder divino, porque está directamente iluminado por Dios.
- *Los sacerdotes (presbíteros)* reciben la iluminación del obispo y la transmiten a los estamentos inferiores: ellos ofrecen los símbolos divinos a los fieles y purifican a los «profanos», haciéndoles nacer a la gracia a través de los sacramentos.
- *Los ministros (diáconos)* van dirigiendo a los profanos hacia la purificación de los sacerdotes, para que pueda realizarse la obra divina, dentro de un todo armónico donde el orden y estructura de todo es un gran canto de misterio (*Jerarquía eclesiástica* V, 1).

Los ministerios eclesiales se integran según eso en una visión orgánica de la realidad, presidida por la veneración al Todo divino y por un tipo de dependencia religiosa, que ahora aparece como virtud esencial de los cristianos. El sometimiento (más sacral que social, aunque ambos son inseparables) se convierte en signo supremo del cristianismo: la realidad se entiende y expresa como jerarquía, sistema de música y belleza en el que Dios domina y dirige desde arriba los movimientos y melodías del conjunto, a través de los clérigos, portadores de autoridad sagrada.[171]

2. Máximo el Confesor (580-662)[172]

Monje y teólogo bizantino. Había sido secretario del Emperador Heraclio, pero dejó el cargo para hacerse monje, siendo abad de Crisópolis, frente a Constantinopla. Se opuso a la herejía mono-teleta y mono-energeta, que negaban la voluntad y la acción humana de Cristo (en él todo era solo divino). Fue perseguido y torturado por el emperador, muriendo en el destierro (662), pero fue rehabilitado en el Concilio de Constantinopla III (680).

Sus escritos son muy influyentes y contienen comentarios bíblicos, explicaciones patrísticas y tratados dogmáticos (que en la traducción latina se titulan: *Capita theologica et oeconomica, Opuscula theologica et polémica*). Su obra más significativa ha sido su tratado de ascética y mística (*Centurias sobre la caridad, Liber asceticus*), donde aparece como hesicasta o defensor de una espiritualidad de la pacificación interior (en la línea Evagrio Póntico), de la que se hablará en la tercera parte de este capítulo. En su *Mistagogia* vincula la ascesis monástica con la celebración litúrgica, centrando la vida cristiana en la Eucaristía. En este contexto se sitúa su defensa de la voluntad y acción humana de Jesús, contra aquellos que parecían negarla (por supuesta piedad). De esa manera ha vinculado la experiencia mística y monástica de la tradición oriental con el descubrimiento y despliegue de la humanidad de Jesús.

3. Juan Damasceno. Una "summa" teológica (650-750)[173]

Monje y teólogo de origen sirio. Se le considera el último Padre de la Iglesia griega y recoge la gran tradición anterior, tras la conquista

---

171 De esa forma, abandonando la inspiración igualitaria del evangelio, la Iglesia se integró en una cultura y espiritualidad de tipo neoplatónico, que parece universal, pero ratifica un tipo de sacralidad jerárquica, que no responde al mensaje de Jesús. En aquel contexto de unidad sagrada parece lógico que fieles y ministros inferiores se subordinen a unos obispos que son culmen o clave de bóveda de la jerarquía sagrada.

172 Obras: PG 90-91. En castellano, *Tratados espirituales*, BP, Ciudad Nueva, Madrid 1997; *Meditaciones sobre la Agonía de Jesús*, Biblioteca de Patrística, Ciudad Nueva, Madrid 1990. Sobre su teología, cf. H. U. von Balthasar, *Liturgie Cosmique, Aubier*, Paris 1947.

173 Obras en PG 80, cf. *La foi orthodoxe* I–II, SCh 135–140, Paris 1966; *Homélies sur la nativité et la dormition*, S.Ch. 80, Cerf, Paris, 1961. En castellano: *Homilías cristológicas y marianas*, BP, Ciudad Nueva, Madrid 1996; *Exposición de la fe*, Biblioteca de Patrística,

musulmana de Damasco y de Jerusalén. Nace y se educa en Damasco, como hijo de un alto funcionario de la corte del Califa musulmán. Más tarde se retira al Monasterio de Mar-Saba, junto a Jerusalén, donde despliega su carrera de erudito, predicador y poeta. El Patriarca Juan V de Jerusalén le ordena sacerdote y le encarga varias tareas teológicas y administrativas, en tiempo de la crisis iconoclasta.

a. Fuente del conocimiento. Juan Damasceno defendió el culto de los iconos en sus tres *Discursos contra los iconoclastas* (PG 80, 1322-1420), diciendo lo esencial en ese campo. Pero su obra más significativa, de tipo enciclopédico, se titula *La fuente del conocimiento* (*Pegue gnoseôs*) y es una especie de *Suma Teológica*, en la que recoge y transmite, en forma de manual, la mejor tradición anterior. Tiene tres partes.

- La primera, llamada *Dialéctica*, ofrece las definiciones y el sentido de las controversias trinitarias y cristológicas. En esa línea sistematiza los "principios filosóficos" (*Kephalaia philosophika*) de la teología, ofreciendo una introducción, para que los lectores puedan entender mejor lo que sigue.
- La segunda, titulada *Peri haireseôn*, ofrece una historia de las herejías, siguiendo en la línea de los tratadistas anteriores (desde Ireneo hasta Epifanio de Salamina), incluyendo de un modo especial a los maniqueos, y al fin a los "ismaelitas", es decir, a los musulmanes, entendidos todavía como una especie de heterodoxia cristiana.
- La tercera se titula "Exposición exacta de la fe ortodoxa" (*Ekdosis akribes tês orthodoxou pisteôs)* y en ella expone los temas básicos de la teología: Dios, la creación, el hombre, la encarnación, la escatología, etc.

Este es quizá el primer tratado de teología sistemática de la Iglesia. Los escolásticos latinos lo tomaron como fuente y modelo de su elaboración conceptual, pasando quizá por alto que Juan Damasceno la había concebido como una compilación de las doctrinas de los Padres anteriores, y no como un tratado de dogmática en sí. Desde ese fondo quiero evocar tres de sus formulaciones principales.

b. Las tres hipóstasis constituyen un solo Dios. El Damasceno pone de relieve cuatro experiencias fundamentales de la tradición trinitaria

---

Ciudad Nueva, Madrid 2003. Cf. también K.-H. Uthemann, «Johannes von Damaskos», *BBK* III (1992) 331-336; J. P. Torrebiarte Aguilar, *El concepto de 'perikhóresis' en la expositio fidei de san Juan Damasceno*, en *Excerpta e dissertationibus in Sacra Teología*, Universidad de Navarra XLIV (2003) 9-72.

de oriente. (a) *Monarquía:* todo proviene y se centra en el Padre, que aparece como principio y núcleo de la divinidad. (b) *Consustancialidad*: las tres hipóstasis comparten la misma esencia o naturaleza divina. (c) *Diferencias personales:* cada hipóstasis tiene su propiedad particular, pero las tres existen relacionándose entre sí. (d). *Inhabitación (perijóresis)*: las hipóstasis habitan unas en las otras, en movimiento de vida, de manera que su unidad es comunión de personas:

> En un sentido, las tres hipóstasis supradivinas de la Santa Trinidad están en comunión, porque son consustanciales e increadas. Pero en otro no es así. Solo *el Padre* es ingénito, pues no recibe el ser de ninguna otra hipóstasis. Y solo *el Hijo* es engendrado de la esencia del Padre, desde la eternidad, fuera del tiempo. Y solo *el Espíritu Santo,* no ha sido engendrado, sino que procede de la esencia del Padre. Así es como enseña la Sagrada Escritura, aunque el modo de la generación y de la procesión resultan incomprensibles [...]. Todo lo que tiene el Hijo, lo recibe del también el Espíritu Padre, incluso el mismo ser... Nosotros diremos, además, que ellas existen unas en las otras, las tres hipóstasis, de manera que no puede hablarse de una pluralidad o multitud de dioses.
>
> De esa forma, a través de las tres hipóstasis que existen sin composición ni confusión, en consustancialidad, dado que ellas *habitan unas dentro de las otras,* por la identidad, en fin, de la voluntad, de la energía, de la potencia, de la autoridad y del movimiento, nosotros reconocemos... que Dios es uno y sin separación. Porque Dios es verdaderamente uno, Dios, su Verbo y su Espíritu Santo (*La foi orthodoxe* I, Paris 1966, 25-27).

Juan Damasceno resume la tradición ortodoxa anterior, partiendo de la *perijóresis* o *inhabitación* de la que hablaré en el siguiente apartado. Aquí solo indicaré que en ese movimiento trinitario, por el que cada persona brota de la otra y habita en ella, ocupa un lugar destacado el Padre, como "monarquía", único principio del que proceden Hijo y Espíritu.

> Cuando consideramos en Dios la causa primera, la monarquía, vemos la Unidad. Pero cuando nos fijamos en aquellos en quienes existe la Divinidad o, mejor dicho, en aquellos que son la Divinidad misma, las Personas que proceden de la causa primera, es decir, las Hipóstasis del Hijo y del Espíritu Santo, entonces adoramos a los Tres... (*De la Fe Ortodoxa,* I, 8).
>
> El Padre es el mismo Espíritu Divino, abismo de entendimiento, que engendra al Verbo y envía, por el Verbo, el Espíritu manifestante. El Padre no tiene otro verbo, sabiduría, potencia, voluntad que *el Hijo* que es la Única potencia del Padre, virtud primordial de la creación de todas las cosas. Así, como Hipóstasis perfecta proveniente de una Hipóstasis perfecta, el Hijo existe y es llamado Hijo. El Espíritu Santo es la potencia del Padre

que manifiesta el secreto de la divinidad. Procede del Padre por el Hijo, y no es engendrado. Es por eso también que el Espíritu Santo consuma en su perfección la creación de todas las cosas (*De la Fe ortodoxa,* 1, 8 y 1, 12).

4. Focio. Un autor discutido

Las iglesias más significativas del principio (Alejandría y Antioquía) estaban ya separadas. Pues bien, ahora (siglo IX) las diferencias culturales, los cambios políticos y el poder que el Papa de Roma se atribuye llevaron al distanciamiento entre las dos nuevas iglesias (Roma y Constantinopla), que empezó reflejándose en la inclusión del "Filioque" en el credo romano. Así lo vio *Focio* (820-891),[174] historiador y bibliófilo, funcionario de la corte imperial, que fue elegido patriarca, tras la destitución de Ignacio, por cuestiones de política imperial (el año 858).

El Papa le acusó de irregularidades (863) y también algunos bizantinos se opusieron a su elección, siendo destituido (867) y condenado en el Concilio de Constantinopla IV (969/970). Pero después fue repuesto (877-886) y pudo realizar una gran labor intelectual, aunque estuvo implicado en conflictos, que desembocaron en su nueva deposición (886) y muerte en el exilio (891). La Iglesia ortodoxa le venera como santo. Los católicos, en general, le han condenado, acusándole de provocar el Cisma. Entre sus aportaciones podemos destacar dos.[175]

- *Estudió la historia y rasgos propios de las diversas iglesias,* poniendo de relieve la autonomía de la bizantina, en contra de la pretensión de superioridad de la de Roma. En esa línea, defendió una visión colegial de las iglesias, que debían vincularse en forma de comunión sinodal, no de superioridad monárquica de una sobre otras, como quería la tradición latina.

---

[174] Obras: PG, 101-104). Entre ellas cf. *Sobre el Filioque; Comentarios bíblicos; Tratado contra los maniqueos; Tratado sobre el Espíritu Santo; Tratados polémicos sobre las pretensiones romanas, Decisiones canónicas,* etc. Ha sido uno de los mayores eruditos de la historia cristiana, interesado por la tradición eclesiástica. Catalogó y conservó muchas obras de la patrística oriental y de la teología bizantina que solo por él conocemos.

[175] La Iglesia católica admite como canónico el Concilio de Constantinopla IV (969/970), convocado por emperador Basilio y el Papa Adriano II, deponiendo a Focio y reponiendo a Ignacio como patriarca. Las dos iglesias (de Roma y Bizancio) volvieron a la comunión, pero se fueron distanciando cada vez más, por razones de tipo político, social y religioso. En los años siguientes, la iglesia de Roma entró en los tiempos oscuros de su historia, con Papas ineptos, sin capacidad de diálogo ni de creatividad. En ese contexto, la distancia entre la iglesia romana y la bizantina será cada vez mayor, hasta que la ruptura se vuelve irremediable.

- *Insistió en la visión tradicional de la procesión del Espíritu Santo,* condenando la inclusión del "Filioque". La tradición ortodoxa, fiel a Constantinopla I, afirma que el Espíritu Santo "proviene del Padre", destacando así su origen divino y su identidad salvadora (espiritual). En contra de eso, los latinos, al introducir el Filioque, habrían convertido al Espíritu Santo en una realidad subordinada al Hijo, quitándole su autonomía.

Los latinos decían que ellos habían introducido el Filioque con la intención de mejorar el credo, y de distinguir bien al Hijo y al Espíritu Santo. Focio en cambio pensaba desde su tradición eclesial, que el Hijo brota del Padre por generación y el Espíritu Santo por procedencia, y que de esa forma se distinguen bien, sin que uno esté sometido al otro, de un modo que resulta peligroso para la Iglesia, pues puede hacer que el Espíritu Santo quede sometido a los jerarcas de la Iglesia que aparecen como representantes del Hijo.

Ciertamente, el tema era teológicamente discutible (y todavía lo es hoy: 2020). Además los argumentos pudieron manipularse de un lado y del otro, de forma que la discusión sirvió para enturbiar las relaciones entre Iglesias, como si los bizantinos dijeran que el Espíritu Santo no estaba esencialmente vinculado al Hijo y los latinos respondieran que lo estaba (con las consecuencias que ello pudiera tener para la jerarquía de la Iglesia). Fueron años de duras disputas, con sínodos y concilios, a favor y en contra de Focio (y del Papa de Roma), como indicaré en la tercera parte de este capítulo.

5. Simeón. El Nuevo Teólogo (949-1022)[176]

El cambio de milenio, constituye una edad de oro de la teología bizantina, que desarrolló en ese tiempo sus rasgos esenciales, que se han mantenido hasta la actualidad. El mejor representante de esa nueva teología y vida cristiana es Simeón, el Nuevo Teólogo, llamado así para

[176] Obras: PG 120; SCh: 51 (*Chapitres théologiques, gnostiques et pratiques,* 1958), 96 (*Catéchèses* I, 1963), 104 (*Catéchèses* II, 1964), 113 (*Catéchèses* III, 1965), 122 (*Traités théologiques et éthiques* I, *Théol,* 1-3, *Éthiq,* 1-3, 1966), 129 (*Traités théologiques et éthiques* II. *Éthiq* 4-15, 1967), 156 (*Hymnes* I-XV, I, 1969), 174 (*Hymnes* XVI-XL, II, 1971), 196 (*Hymnes* XLI-LVIII, III, 1973). Biografía y bibliografía en K. H. Uthemann, *BBK* XI (1996) 3Cf. 30-345. En español: *Plegarias de luz y de resurrección, Sígueme,* Salamanca 2004. P. Argárate (ed.), *El Fuego de lo Alto. Capítulos Teológicos, Gnósticos y Prácticos de san Siméon el Nuevo Teólogo,* Monte Casino, Zamora 2000; F. M. *Fernández, El humanismo bizantino en san Simeón el Nuevo Teólogo. La renovación de la mística bizantina,* CSIC, Madrid 1999; *U.* Neri, *Simeone il Nuovo Teologo, Inni e preghiere. Autobiografia mistica,* Città Nuova, Roma 1996.

distinguirle de (y compararle con) Gregorio Nacianceno, a quien los bizantinos tuvieron como el mayor de los teólogos (con Juan Evangelista). Tras él presentaré a G. Pálamas, el último gran teólogo trinitario de la iglesia bizantina, vinculado como Simeón con la oración hesicasta.[177]

a. Inmerso en Dios. Simeón era natural de Capadocia, pero se formó en Constantinopla, donde fue *higúmeno* o dirigente del monasterio de san Mamas. Se mantuvo en una línea hesicasta (de espiritualidad interior, de pacificación) y es autor de escritos espirituales que han marcado el pensamiento y vida de la iglesia ortodoxa posterior. Siguió de un modo especial a Máximo el Confesor y se le conoce, sobre todo, por su doctrina de la edificación, según la cual el creyente participa de la esencia divina.

Su insistencia profética sobre la fe como experiencia del Cristo vivo (unión con él), suscitó no pocas resistencias. También creó polémica su forma carismática de comportarse, cuando canonizó en su comunidad a Simeón Estudita, su maestro, sin contar con la sanción del patriarca, que parecía necesaria. Por esas y otras razones (vinculadas a su forma de entender la oración contemplativa) tuvo que abandonar su cargo y se retiró a la ribera asiática del Bósforo. Pero fue rehabilitado en vida y canonizado poco después de su muerte.

- *Un mundo inmerso en Dios*. Simeón es el tercer "teólogo" de la iglesia ortodoxa. El primero es Juan Evangelista, el segundo es Gregorio Nacianzeno, y el tercero es Simeón. Él exploró y evocó el sentido cósmico y humano del misterio trinitario, interpretando a Dios como una luz cuyo origen no se ve, aunque ilumina todo. «Pero tú (Dios) eres tú mismo en ti mismo, único Dios, Trinidad. Solo tú te conoces, tú y tu Hijo y el Espíritu, y solo te conocen quienes comparten tu naturaleza...» (*Himno* XXXI). Desde la luz de ese Dios surgen, se iluminan y se vuelven fuente luminosa los creyentes, cuyo amor y pensamiento es una irradiación del mismo ser divino, encarnación del misterio.
- *Revelación de Dios, suprema teología.* A su juicio, lo que importa no es pensar, sino acoger y compartir el misterio, en actitud orante, en suprema tranquilidad interior o *hesigia,* como habían propuesto los

[177] He querido terminar esta lista de "padres" bizantinos con Simeón y G. Pálamas. Uno y otro elevan su voz más como testigos de la tradición y portadores de un mensaje de gracia y misterio, poesía y veneración ante el misterio, en una línea que desemboca en la oración hesicasta. Uno es más poeta y místico (Simeón). Otro es más especulativo, pero igualmente místico (Pálamas). Uno es partidario del silencio contemplativo (Simeón), otro del silencio más especulativo, pero igualmente orante (Pálamas).

> maestros de la tradición contemplativa (Gregorio de Nisa, Juan Clímaco y Evagrio Póntico). Pues bien, en esa línea de contemplación orante, Simeón ha sido quizá el más hondo teólogo cristiano de la Trinidad, retomando motivos de Máximo el Confesor (desarrollados en la parte anterior de este capítulo), a diferencia Agustín y Anselmo que han destacado la reflexión sobre el misterio (cf. caps. 5 y 6).

Simeón insiste, por tanto, en la contemplación, pues, a su juicio, Dios mismo habita en nosotros, de tal forma que podemos profundizar en su misterio, pues solo en él somos. Eso significa que el hombre existe en el "pensamiento de Dios", que se piensa y revela en cada ser humano. No podemos ver a Dios ni pensarle por fuera, sino solo desde su interior, pues la misma existencia del hombre es presencia de Dios. Lógicamente, en esa línea, la teología se convierte en plegaria, la reflexión se vuelve canto trinitario.

De un modo consecuente, Simeón no ha escrito tratados sobre el Dios Trinidad, como los de Agustín y Anselmo, sino que ha compuesto y cantado poemas, en los que expresa su experiencia y pensamiento, en forma de alabanza contemplativa más que de reflexión intelectual. En esa línea quiero evocar algunas oraciones en las que retoma la imagen del Dios sol y fuente en que somos. En esa línea, él se descubre en el interior del misterio de Dios, inmerso en una claridad paradójica, que todo lo alumbra en plena oscuridad, en cercanía total y distancia infinita:

> El Padre es una sustancia siempre entera (y dice): Yo, el Padre, soy una esencia absolutamente indivisible en partes, y mantengo mi unidad incluso con las hipóstasis divinas. Por tanto, si te aíslas en una determinada forma de existencia o te cierras en alguna parte separada, no podrás decir que has visto algo de mí. Pero, dado que tú eres hombre y eres limitado, yo también me he introducido en un límite y en un lugar, pues Uno de nosotros (de la Trinidad), haciéndose mortal, ha venido a convertirse en limitado.
>
> Sin embargo, conforme a la naturaleza que me es propia, yo soy totalmente invisible, sin límites ni figuras; soy intocable, impalpable, inmóvil y, sin embargo, estoy siempre en perpetuo movimiento, llenándolo todo, sin identificarme con ninguna parte, ni en ti, ni en ninguno de aquellos que antaño se aproximaron a mí, sean ángeles, sean profetas, pues ninguno de los seres del mundo me ha visto. De forma que no he sido jamás contemplado por ninguno (*Tratados teológicos y éticos*, VIII; SCh 129, p. 209-213).

b. Triple en la unidad, Uno en la Trinidad. Simeón no se introduce en Dios con argumentos, como Anselmo, sino que expresa su experiencia superior de fe, explicando de manera poética que el Hijo manifiesta de hecho a la Trinidad toda entera y que los tres son inseparables, una luz total, dos ojos, que son el Hijo y el Espíritu, formando el único misterio luminoso:

> Una Luz triple en la Unidad y única en la Trinidad. Unidad y Trinidad son dos aspectos de esta única Luz, Padre, Hijo y Espíritu Santo, pues es indivisible en las tres personas, sin confusión. Según la divina naturaleza, en esas tres personas solo hay un poder, una gloria, una potencia, una voluntad...
>
> Si al sol se le privara de la luz, que es su belleza, desaparecería primero el sol y después la creación entera, pues ella recibe del sol la luz y la visión. Así sucede en el orden de lo inteligible: si a Dios se le privara de uno de los dos ojos, sea del Hijo, sea del Espíritu, no sería ya Padre, no sería ni siquiera Dios vivo... (*Himno* XII, SCh 156, p. 245).

Siendo fiel a la tradición de oriente (y de occidente), Simeón destaca, al mismo tiempo la unidad y la originalidad de cada hipóstasis, los dos ojos, las dos manos a las que se había referido ya Ireneo en el siglo II d. C. No se trata de una unidad previa a los tres, independiente de la Trinidad, sino de una comunión trinitaria, como vinculación de las tres personas.

> Los tres, en efecto, convienen en lo mismo y vienen a entenderse como una sola esencia, naturaleza y reino. Por eso, si a uno se le atribuye un nombre, ese nombre conviene también a los demás según la naturaleza, exceptuando como es claro los nombres de Padre, de Hijo y de Espíritu Santo, es decir, exceptuando el hecho de engendrar, ser engendrado y proceder, pues estos son los únicos nombres que, por naturaleza y de forma distinta, pertenecen indiscutiblemente a la Santa Trinidad...
>
> Son pues estos tres nombres los que permiten que las tres personas se encuentren caracterizadas –sin que sea posible que el hijo sustituya al Padre o el Espíritu Santo al Hijo, sino que debemos decir al mismo tiempo «Padre, Hijo y Espíritu Santo», sin que en este campo se pueda hablar de ninguna diferencia de duración o de tiempo– porque con el Padre existen, al mismo tiempo, el Hijo engendrado y el Espíritu que procede (del Padre) (*Catequesis* XXXIII, SCh 113, p. 263-265).

La unión de los Tres en la Trinidad proviene de su misma naturaleza y se da en forma de conocimiento mutuo, de penetración consciente, de mirada compartida, como en el icono de la trinidad angélica, compuesto por A. Rublov, siglos más tarde. Por el contrario, la unión de los hombres con Dios se da por disposición o gracia (no por naturaleza), aunque es unión inseparable.

> ¿Podrá ser que el Padre ame al Hijo sin saberlo y que el Hijo esté con el Padre sin saberlo ni contemplarlo? ¡Responderéis, ciertamente, que no! Porque si nosotros concediéramos eso y afirmáramos que el Padre y el Hijo se ignoran mutuamente, nuestra fe se desvanecería y perdería consistencia. En efecto, si ellos se ignoran uno a otro, será necesario que nosotros les ignoremos también de un modo absoluto. Pero, en ese caso, estaríamos sin Dios, no podríamos tener el conocimiento de Dios.
>
> Pues bien, en contra de eso, la Escritura dice que el Padre conoce al Hijo y que el Hijo conoce al Padre y que, siendo Dios, el Hijo está con Dios que es Padre y que, de igual forma, el Padre está con el Hijo, como está dicho: «Como tú, Padre, en mí y yo en ti, para que ellos sean en mí y yo en ellos» (Jn 17:23). De esa forma muestra bien la igualdad y la reciprocidad de esta unión. Pero la unión del Hijo con el Padre es *por naturaleza* y, lo mismo que ellos, es una unión sin comienzo; por el contrario, nuestra unión con el Hijo es una unión *por disposición* (de Dios) y por gracia, pero, a pesar de ello, todos nosotros estamos unidos al mismo tiempo a Dios y lo estamos de un modo inseparable [...]. (*Catequesis* XXXIV, SCh 113, p. 281).

b. Himno a la Trinidad. La Trinidad es inaccesible en sí misma, ninguna palabra puede expresarla de forma adecuada, pero podemos conocerla a través de la manifestación del Padre, del Hijo y del Espíritu Santo.

> Señor, Dios nuestro: Padre, Hijo y Espíritu,
> Tú, forma sin confines, visión de toda belleza,
> Tú, resplandor supremo, a cuya luz todo es oscuro,
> Tú sobrepasas con tu claridad todo lo restante [...].
> Ningún ángel ni hombre te ha visto jamás,
> nadie ha contemplado estos misterios,
> ni sabe la forma de decirlos, pronunciarlos,
> de manera que no puede atreverse a expresarlos.
>
> ¿Cómo decir que hay en ti separación o unión,
> composición, fusión o mezcla?
> ¿Cómo decir que el Uno es tres y tres son Uno?
> Por eso, Señor, todos los fieles, confiando en tu palabra
> y aceptando tu enseñanza cantamos tu potencia.
> Pues todo lo tuyo es totalmente incomprensible,
> incognoscible e inexpresable para tus creaturas [...].
> Pero tú eres en ti mismo, el único Dios, Trinidad,
> el único que te conoces, tú y tú Hijo y el Espíritu,

y solo te conocen quienes comparten tu naturaleza [...].
Por eso, solo aquellos que te buscan
desde el fondo del alma, con un Espíritu purificado,
merecen ver la luz de tu gloria y tus claridades
y aun ellos solo como en un enigma [...].
¿Cómo podrán conocerte los seres que has creado,
cómo podrán conocer la forma en que engendras a tu Hijo,
cómo eres sin cesar Fuente del Hijo,
cómo procede de ti tu Espíritu divino,
cómo no engendras otra vez
porque lo engendraste de una vez y para siempre,
como Fuente no sufre ni escasez ni disminución?

Por eso, tú permaneces más allá de toda plenitud,
eres inagotable, más allá de todo,
y estás todo entero en cada cosa, visible e invisible,
siendo al mismo tiempo exterior a cada cosa.
Nada se te puede añadir, nada se te puede disminuir.
Estás todo entero, sin cambio alguno y permaneces siempre.
Pero, en tus operaciones, tú estás siempre en movimiento,
Porque, siendo Padre, posees una actividad incesante
y tu hijo realiza también la salvación de todos.
Tu Hijo es providencia y plenitud, sostén y alimento,
él vivifica y engendra en el Espíritu Santo.
Todo aquello que el Hijo ve que hace su Padre,
él también lo hace, de un modo semejante,
conforme a sus propias palabras.

De esa manera tú eres a la vez inmóvil
y estás, al mismo tiempo, siempre en movimiento [...].
Así lo llenas todo y estás más allá de todo [...].
Si él nos ha hecho así, a partir de la nada,
¿no tendremos miedo de explicar o de imaginar
o de hablar de aquello que sobrepasa nuestra razón
y transciende nuestro entendimiento?
(*Himno* XXXI; SCh 174, p. 385-397).

Más que objeto de razonamiento intelectual, la Trinidad es para Simeón y para el conjunto de la tradición ortodoxa un motivo de admiración, de oración contemplativa (en la línea del *hesicasmo*, que es pacificación interior) y canto. En esa línea, él pertenece a la tradición y escuela de los *hesicastas*. No es que él no sepa razones, pero sabe que el Dios de Jesús está sobre todo posible razonamiento. Por eso él se esfuerza en aquietar el corazón y tranquilizar la mente, para que así el propio ritmo de la respiración, sea signo y presencia del misterio en el que vivimos y somos.

6. Gregorio Pálamas (1296-1359)[178]

Teólogo, obispo y santo bizantino, famoso por su forma de distinguir la esencia y las energías de Dios. Nació en Constantinopla y estudió con la familia real. Escribió en contra de los enemigos del hesicasmo una obra muy significativa, titulada *Tríadas en defensa de los santos hesicastas.* Publicó también unos *Capítulos sobre la oración y la pureza de corazón* y también unos *Capítulos físicos, teológicos, éticos y prácticos.* Quiero presentarle en este curso como últimos de los Padres de la Iglesia no solo bizantina, sino universal. A pesar de las polémicas que suscitaba su doctrina, Pálamas fue elegido arzobispo de Tesalónica, viniendo a convertirse en iniciador y exponente de la tendencia teológica y espiritual más significativa de la Iglesia oriental, hasta el día de hoy, a través del llamado neopalamismo (Staniloae, Loskky, Meyendorff).

G. Pálamas tradujo y expresó en lenguaje teológico la mística de la comunión con Dios y de la visión de la luz divina, que está en el centro de la experiencia de los hesicastas (maestros de tranquilidad interior, precursores de la tradición rusa de la oración del corazón). Él ha contribuido de un modo especial a la historia del pensamiento cristiano a través de la distinción entre la esencia inaccesible (inmanencia) y energías de Dios, que se identifican de algún modo con la luz increada de Cristo, que los hesicastas reciben y veneran en (por) su oración.

a. Punto de partida. G. Pálamas desarrolla en el siglo XIV d. C., de una forma quizá extrema, no accesible a todos, un esquema ternario/trinitario que había sido iniciado ya en el siglo VI–VII por Dionisio Areopagita y Máximo el Confesor, aunque algunos pensaron que, al aplicarlo a la Trinidad, puede correr el riesgo de escavar un foso entre la inmanencia de Dios y la economía de la salvación. En esa línea, Dios parece

---

[178] Obras: PG 150–151. Cf. M. M. Garijo Güembe, «Palamismo», *DTDC,* 1029-1042. M. Kunzler, «Pálamas. Gregorius», *BBK* VI (1993) 1447-1451. Vl. Lossky, *Teología mística de la iglesia de Oriente,* Herder, Bardelona 1982; J. Meyendorff, *Introduction à l'Étude de Grégoire Palamas,* Aubier, Paris 1959. D. Staniloae, *Orthodoxe Dogmatik* I-II, Benziger, Zürich 1985; *The Experience of God. Orthodox dogmatic theology* I-II, HCO Press, Brookline MA 1994, 2000; J. Lison, *L'Esprit répandu: la pneumatología de Grégoire Palamas,* Cerf, Paris 1994.

cerrarse en un plano apofático, como realidad separada del mundo, cerrada en sí misma, fuera de la historia.

Dios aparece por un lado como separado, pero, al mismo tiempo, entre el Dios separado y la historia de los hombres introduce G. Pálamas la mediación de *las energías divinas,* que por un lado se abren a la inmanencia divina y por otro se comunican a los hombres. Esta palabra, *energeia,* que antes se utilizaba para hablar de la culminación divina del Espíritu Santo que, siendo en Dios, se abre a la historia, tiende a perder su carácter trinitario y se convierte en expresión de la presencia salvadora de Dios, del Dios total (trinitario) revelado en la historia de los hombres.

- *Hay un Dios trinitario* que responde al esquema tríadico de la realidad, un Dios que se encuentra separado del mundo y de la historia, en un nivel de *pura tiniebla y de silencio puro.* En esa línea, el Hijo y el Espíritu acaban como replegándose en el abismo original de lo divino.
- *Las energías son presencia del Dios trinitario,* revelación activa de Dios, es decir, la economía salvadora no se realiza por (ni se identifica con) las personas trinitarias sino por *las energías* que son la expresión creada de su misterio increado.
- *Por eso, la historia* no se concibe ya como despliegue de la Trinidad en sí (que se sitúa en un plano superior, de tipo supra–angélico), sino como espacio-tiempo-comunidad donde irradia la presencia (energías) de ese Dios que, en sí mismo, sigue siendo inaccesible.[179]

b. Dios como "ousía" en sí, energías divinas. Pálamas intenta salvaguardar la trascendencia de Dios (Trinidad en sí), afirmando que su dimensión trinitaria de su obra creadora se despliega y realiza a través de unas energías creadas, que reflejan en el mundo su esencia trinitaria de Dios. De esta manera eleva el misterio de Dios en sí sobre toda

[179] Cf. P. Eudokimov, *L'Esprit Saint dans la Tradition Orthodoxe,* Cerf, Paris 1969; M. E. Hussey, "The Persons-Energy Structure in the Theology of St. Gregory Palamas": *St. Vladimir's Th. Quaterly,* 18 (197 4) 22-43; X. Pikaza, "El Espíritu Santo y Jesús": *Dios como Espíritu y persona,* Salamanca 1989, 189-270; A. Radovic, "Le Filioque et l'energie incrée de la S. Trinité selon la doctriner de S. Gregoire Pálamas": *Messager de l'exarchat du patriarche russe en Europe occidentale* 89-90 (1975) 11-44. El pensamiento de G. Pálamas sigue siendo una memoria viva e influyente en la teología de la iglesia oriental, en contra de lo que sucede con *Escoto Erígena,* a quien solo le recuerdan especialistas. Sea como fuere, la memoria de ambos es fundamental, porque han interpretado el proceso de la naturaleza (de este cosmos) y en especial la vida humana desde el fondo de las procesiones trinitarias.

comprensión humana (sobre todas las energías creadas), de tal forma que algunos afirman que él separa al Dios en sí (inmanencia oculta) de su realidad para nosotros (economía, revelación).

De esa forma ha destacado Pálamas la trascendencia de Dios respecto a todo lo creado. Por un lado, insiste en la trascendencia absoluta de Dios, siempre incognoscible. Por otro lado destaca la presencia también absoluta de la "energía" de Dios en cada uno de los vivientes, y de un modo especial en los hombres (cf. *Capítulos Físicos* 112, PG 150, col 1198).

Esta distinción entre Trinidad y Energía divina ha cumplido una función muy importante en la teología ortodoxa de los últimos siglos y ha servido para destacar, al mismo tiempo, la total diferencia de Dios y su presencia, igualmente total en la vida de los hombres. Esta es la paradoja de la vida cristiana. Los Padres griegos habían destacado la divinización. Pálamas ratifica esa visión, pero precisa que el hombre viene a ser "Dios" solo por gracia y no por naturaleza, por "energía" o acción de Dios, no por *ousía* o esencia. Solo de esa forma se puede afirmar que el hombre es por participación aquello que Dios es por naturaleza *(physei).*

Eso significa que cada hombre es, por una parte, un individuo creado (distinto de Dios), siendo, por otra parte, Dios mismo por participación, esto es, por divinización, el hombre. De esa manera, a través de la "energía divina", Dios y los hombres se identifican, siendo sin embargo distintos. Estas dos afirmaciones son valiosas y han de ser simultáneamente sostenidas: La divinización del cristiano y transcendencia de Dios, en su auto-comunicación:

> Dios no se deja ver en su esencia supraesencial, sino según el don deificante y según su energía, según la gracia de la adopción, la deificación increada, el esplendor directo hipostasiado. Según Pálamas, Dios es la realidad misma y no puede ser definido por su relación con nadie, pues él en sí mismo la *ousía*. Pero, al mismo tiempo, Dios es *libre* creador del mundo y *libre* donador de la gracia.
>
> En cuanto actúa de esa forma, según Pálamas, Dios es energía. La energía es el modo por el que la naturaleza divina exterioriza su existencia, permaneciendo trascendente. Las energías son propiedades de Dios *(idiómata),* que le caracterizan y han de tener por tanto carácter divino. Sin embargo, se distinguen de la esencia divina.
>
> En tanto que causa de las energías la esencia incognoscible permanece trascendente por relación a ellas... Con otras palabras, Pálamas tiene sumo cuidado en distinguir la unión esencial *(katá physin o kat'ousían)*

de las hipóstasis trinitarias, la unión hipostática de Cristo y la unión *kat'enérgeian o katá charin*, propia de los cristianos por la divinización.[180]

Por medio de la noción de la *energía divina*, Gregorio Pálamas intenta salvar la trascendencia de Dios (Trinidad), insistiendo, al mismo tiempo, en la dimensión trinitaria de su obra creadora. De esta manera eleva el misterio de Dios sobre toda comprensión humana, afirmando, al mismo tiempo, que, como energía, él se identifica con los hombres. Esa "tensión" experiencial de G. Pálamas resulta difícil de mantener, de manera que algunos piensan que él ha corrido el riesgo de separar al Dios en sí (misterio, inmanencia) de su realidad para nosotros (economía, revelación); mientras que otros contestan que ha identificado, por la energía divina, a Dios y a los hombres. Sea como fuere, este es uno de sus textos más significativos:

> Dios es idéntico a sí mismo ya que las tres *hipóstasis* divinas están las unas con las otras y se rodean las unas a las otras de un modo natural, eterno, inseparable, pero, al mismo tiempo, sin mezcla ni confusión, ya que tienen una misma energía, cosa que no podrá encontrarse en ninguna otra creatura. La energía es, en efecto, semejante entre los seres de una misma especie, pero ella es propia de cada persona cuando ella actúa por sí misma; pero no es eso lo que pasa en las tres *hipóstasis* divinas que nosotros adoramos, porque en ellas existe en verdad una sola y misma energía.
>
> Habiendo sido suscitado por la causa primera que es el Padre, desplegándose por el Hijo y manifestándose en el Espíritu, el movimiento de la voluntad divina es uno mismo. Esto resulta evidente tan pronto como se miran sus efectos, porque por ellos se conoce toda energía natural... En el Padre, el Hijo y el Espíritu Santo, cada hipóstasis suscita un efecto que le es propio. Pero todo aquello que ha sido creado por los tres es una sola y misma obra. Partiendo de esta creación, los Padres de la Iglesia nos han hecho comprender que la energía divina es una sola y la misma en las tres personas, pues no es exclusiva de ninguna de ellas, sino que es la misma en todas, en las tres (*Capítulos Físicos* 112, PG 150, col 1198).

Esta energía es única, por ser la misma en las tres personas. Es la energía de Dios, de manera que los hombres vivimos y somos en ella, siendo por un lado distintos de Dios y estando, por otro, identificados con él. Entendida así, la energía de Dios es su propia realidad, en cuanto abierta a los hombres, siendo en sí misma trascedente.

---

[180] J.M. Garijo, *Palamismo*, en *Diccionario Teológico: El Dios cristiano*, Sed. Trinitario, Salamanca 1982.

III
Temas que permanecen. Una teología actual

A lo largo de los capítulos anteriores he dado primacía a los autores (padres) sobre los temas discutidos. Pero aquí, llegando ya al final, he querido insistir en cinco temas discutidos o, más bien abiertos que nos permiten comprender la actualidad de la patrística. Por un lado, son temas antiguos (de tiempos pasados), pero al mismo tiempo son perfectamente actuales. Me ocuparé de cuatro: (1) Imágenes, discusión de los iconos. (2) La madre de Jesús, el recuerdo de los santos. (3) Trinidad, perijóresis, comunicación divina y Filioque. (4) Oración sanadora, el hesicasmo. Los cuatro se encuentran vinculados, los cinco tienen gran actualidad en las iglesias.

1. Imagen de Dios, los iconos. Concilio de Nicea II[181]

Por influjo del islam, que se había extendido en gran parte de los territorios orientales, antes mayoritariamente cristianos, y por su misma dinámica de trascendencia, varios grupos del Imperio bizantino tendieron hacia un tipo de an-iconismo, que se tradujo de manera política violenta en las guerras de los iconoclastas que se extienden a lo largo de más de un siglo (717–843). Estos iconoclastas se opusieron a las imágenes de Dios (y de los ángeles y santos), queriendo destruirlas, para que la religión fuera culto interior. En contra de eso, defendiendo la encarnación de Jesús y la piedad popular, otros grupos, dirigidos especialmente por monjes centraron su piedad y su culto en la oración con imágenes, tomadas como "iconos" o símbolos del misterio, no como ídolos.

a. *Tema histórico*

La disputa se resolvió de un modo teológico–magisterial en el Concilio de Nicea II (año 787), que justifica y defiende la oración de las

[181] Sobre el tema de fondo, cf. F. Boespflug y N. Lossky, Nicée II. 787-1987: *Douze siècles d'images religieuses*, Cerf, Paris 1987; F. Bœspflug, «Le décret de Nicée II sur les icônes et la théologie française contemporaine» en *Connaissance des religions*, Lumière et Théophanie: l'Icône, Paris 1999,7-23; C. von Schönborn, *L'icône de Christ. Fondaments théologiques élaborés entre le I et le II Concile de Nicée (325-787)*, E. Universitaires, Fribourg 1976.

imágenes, diciendo que no se dirige a ellas, sino a lo que ellas representan, Dios encarnado en Jesús, con sus ángeles y santos. El concilio condena todo culto a las imágenes en sí, como idolatría, pero afirmando que los iconos, pintados y venerados en contexto religioso, son un signo del misterio encarnado de Dios y de la resurrección y gloria de los santos, de forma que es bueno que ellos sean mediadores en la oración.

> Porque de esta manera se mantiene la enseñanza de nuestros santos Padres, o sea, la tradición de la Iglesia Católica, que ha recibido el Evangelio de un confín a otro de la tierra; de esta manera seguimos a Pablo, que habló inspirado por Cristo [2 Cor 2:17], y seguimos al divino colegio de los Apóstoles y a los santos Padres, *manteniendo las tradiciones* [2 Ts 2:14] que hemos recibido...
>
> Así, pues, quienes se atrevan a pensar o enseñar de otra manera; o bien a desechar, siguiendo a los sacrílegos herejes, las tradiciones de la Iglesia, e inventar novedades, o rechazar alguna de las cosas consagradas a la Iglesia: el Evangelio, o la figura de la cruz, o la pintura de una imagen, o una santa reliquia de un mártir; o bien a excogitar torcida y astutamente con miras a trastornar algo de las legítimas tradiciones de la Iglesia Católica; a emplear, además, en usos profanos los sagrados vasos o los santos monasterios; si son obispos o clérigos, ordenamos que sean depuestos; si monjes o laicos, que sean separados de la comunión (Denz 302-304; pág. 111-112; DH 600-603, pág. 282-283).

Esta misma doctrina fue retomada y profundizada en Concilio de Constantinopla IV (869–870), donde los iconos se comparan de manera expresa con los libros de la Biblia. El aspecto más significativo de esa declaración fue la manera de comparar las *palabras* (hechas de sílabas) y las *imágenes* (hechas de pinturas y formas), como medio de conocimiento divino.

> Decretamos que la sagrada imagen de nuestro Señor Jesucristo sea adorada con honor igual al del libro de los Santos Evangelios. Porque a la manera que por las sílabas o letras externas de los evangelios, alcanzan todos la salvación; así, por la operación de los colores trabajados en la imagen, sabios e ignorantes, todos gozarán del provecho de lo que está delante; porque lo mismo que el lenguaje en las sílabas, eso anuncia y recomienda la pintura en los colores.
>
> Si alguno, pues, no adora la imagen de Cristo Salvador, no vea su forma en su segundo advenimiento. Asimismo, honramos y adoramos también la imagen de la Inmaculada Madre suya, y las imágenes de los santos ángeles, tal como en sus oráculos nos los caracteriza la Escritura,

además las de todos los Santos. Los que así no sientan, sean anatema» (Denz 337-338; p. 125-126; DH, 653-655; p. 304-305).

Esta equiparación o, al menos, comparación entre la Biblia (sílabas y palabras) y los iconos (colores e imágenes) constituye un campo importante de enfrentamiento y diálogo entre las diversas tradiciones cristianas. No todas admiten como "ecuménico" el Concilio de Constantinopla IV, ni aquellos que lo admiten lo hacen de igual forma, pero el tema de fondo sigue siendo esencial para establecer la diferencia y relación entre el cristianismo ortodoxo de oriente (más icónico), el reformado de occidente (más anicónico), y el catolicismo en el que pueden hallarse posturas distintas, aunque en general es partidario a las imágenes, en especial a las de Cristo y María, su madre.

Los cristianos reformados tienden a decir que, solo la Biblia es palabra de Dios, de forma que los creyentes deben realizar su oración solo por ella, sin ayuda o mediación de iconos que pueden convertirse en ocasión de idolatría. Pues bien, sin negar la prioridad de la palabra de la Biblia, los cristianos ortodoxos del oriente han insistido e insisten en los iconos como signo y mediación de Cristo encarnado y reflejado en la gloria celeste de ángeles y santos.

Ciertamente, en un sentido, los iconos son figuras pintadas o esculpidas, pero ellos evocan (reflejan, como en un "espejo") unos rasgos de Jesús de tal manera que centran los ojos y la mente de los fieles (=contemplantes) en la realidad celeste del resucitado y de los ángeles y santos ya divinizados en la gloria, como "rostro" (mirada y llamada) del misterio. La palabra de la Biblia despierta, convoca y recrea a los creyentes; pues bien, de un modo semejante, las imágenes santas, centradas siempre en unos ojos que miran, pueden y deben entenderse como llamada del misterio de Dios, encarnado en Cristo.

Los iconos son obra de pintor, producto de artista o artesano, pero, al mismo, pueden mostrarse ante el orante como signo de la realidad más honda del Dios encarnado en Cristo o revelado en los ángeles y/o santos. No son ídolos que nos cierran en sí mismos, sacándonos de nuestro interior orante y responsable, sino todo lo contrario, son iconos que despiertan en nosotros la llamada de la Biblia, y nos ponen en camino hacia el misterio de Dios revelado en Cristo, en sus ángeles y santos.

No todos los cristianos están de acuerdo con esta interpretación, ni oran "a través de los iconos" extendidos en un "iconostasio", pero todos (si son respetuosos ante la tradición de las iglesias) pueden y deben sentir un agradecimiento ante la tradición de los iconos, que ha sido y sigue siendo un elemento clave de la experiencia de los cristianos de oriente. Sin duda, algunos "iconódulos" (veneradores de iconos) pueden haber exagerado su culto (su dulía); pero muchos "iconoclastas" bizantinos antiguos (del siglo VII–IX d. C.) y algunos modernos, exageran y van en contra de la tradición cristiana cuando condenan sin más como idolatría toda "oración de las imágenes", faltando no solo al respeto que se debe a las grandes experiencias religiosas sino a la verdad cristiana que late en la vida de aquellos que entienden y viven con más profundidad su cristianismo con la ayuda de imágenes, como seguiré indicando.[182]

b. *Interpretación actual. Una patrística ampliada*

La oración de los iconos constituye una experiencia constante de fe y de piedad que se mantiene intacta, hasta el día de hoy (2022) en las iglesias de Oriente, desde el concilio de Nicea II (787), de manera que podemos afirmar que, en este sentido, ellas siguen viviendo en un tipo de "patrística ampliada". Para nosotros, occidentales (católicos o protestantes) la patrística es algo que forma parte del pasado, de manera que para entenderla o revivirla, en general, debemos hacer un esfuerzo, retrocediendo más allá de la Escolástica, con la Reforma o Contra–reforma y la Ilustración de tiempos posteriores. En contra de eso, en la mayor parte de la cristiandad ortodoxa, desde Grecia y Egipto hasta Bulgaria, Rumanía o Rusia, la Patrística sigue estando viva, y así ofrece una experiencia y palabra inmediata para los creyentes.

Esta es una experiencia central que podemos descubrir, de un modo muy intenso, en su manera de relacionarse con los iconos. En esa línea, si aceptamos la patrística, debemos aceptar (comprender, respetar) lo que ha significado la oración de las imágenes, no como opuesta a la lectura de la Biblia, con la eucaristía y la palabra del predicador, sino como experiencia personal, individual, de encuentro de fe con el Dios de la Palabra del Misterio que es el Hombre Jesús (Icono

[182] Los iconos aparecen así como "Biblia pintada", símbolo del evangelio, y sirven especialmente para centrar la atención orante de los fieles. En esa línea, esos iconos son para los orantes una irradiación del mundo superior celeste; no son ídolos que nos dominan y cierran en sí mismos, sino ventana del misterio. Es evidente que no van en contra de la Palaba de la Biblia, ni la sustituyen, pero pueden ayudarnos a entenderla y a vivirla. Así lo ha sentido la tradición ortodoxa, como he puesto de relieve, desde una perspectiva bíblica, propia del cristianismo occidental pre–reformado del siglo XIV y XV, en *La Biblia de los Pobres,* Desclée de Brouwer, Bilbao 1991.

de Dios, 2 Cor 4:4). No todas las iglesias tenemos la misma experiencia del misterio de Cristo, pero todas podemos enriquecernos, en actitud de respeto y diálogo.

Uno de los que mejor se ha situado teológicamente ante el tema ha sido P. Eudokimov (1901-1970) que ha insistido en la presencia (=revelación) de la luz sagrada de Cristo resucitado en las imágenes santas, como dice comentando el Icono de la Trinidad de Rublov. Eudokimov no habla de los Padres antiguos y de los iconos como si eso fuera un tema del pasado, sino como si él mismo viviera y vive en el tiempo eclesial de la patrística, citando como contemporáneos a Clemente Alejandrino, Dionisio Areopagita, Juan Damasceno y G. Pálamas, siendo, al mismo tiempo, un hombre moderno (casi post–moderno) del siglo XXI:

> El icono es una doxología, que se desborda de gozo y canta por sus propios medios la gloria de Dios. La verdadera belleza no necesita pruebas. El icono no demuestra nada, pero muestra; evidencia luminosa, se presenta como argumento "kalokagático" (Bello y Bueno, es decir, Verdadero) de la existencia de Dios. San Pablo formula el fundamento cristológico del icono: "Cristo es la imagen –eikon– del Dios invisible".
>
> Quiere decir que la humanidad visible de Cristo es el icono de su divinidad invisible, que es "lo visible de lo invisible" (expresión de Dionisio el Areopagita, retomada por san Juan Damasceno, *Tratado sobre los Iconos* XI). El icono de Jesús aparece así como la imagen de Dios y del hombre al mismo tiempo, el icono de Cristo total: del Dios-Hombre. Esta función reveladora que posee la humanidad de Cristo llega a ser la verdad de todo ser humano; el hombre solo es verdadero, solo es real en la medida en que refleja lo celeste: es gracia maravillosa de toda criatura ser espejo de lo increado, "imagen de Dios" …
>
> Nosotros reflejamos como un espejo la gloria del Señor; un icono es ese espejo reluciente del mayor atributo de gloria: la luz. El arte sorprendente de Rublëv en su divina Trinidad traduce el resplandor tri-solar que ilumina el mundo. Según san Gregorio Pálamas, la luz del Tabor, la luz contemplada por los santos y la luz del siglo futuro son idénticas. Para Clemente de Alejandría (*Strom.* VI, 16), la luz del primer día preexiste a la creación, es "la verdadera luz del Logos iluminando las cosas aún escondidas y por la cual toda criatura ha accedido a la existencia" …
>
> La visión, aquí, expresa la fe en el mismo sentido que san Pablo cuando la llama "visión de lo invisible" (Hb 11:1). El icono se dirige a los ojos del espíritu para que contemple "los cuerpos espirituales" (1 Cor 15:44). El estilo eclesial filtra toda visión subjetiva, pues la Iglesia es la que ve el objeto de la fe, sus misterios. Si la arquitectura sagrada del Templo ordena el espacio, y el Memorial litúrgico ordena el tiempo, el icono

experimenta lo invisible, la "forma interior" del ser; y esta interioridad surge, una vez más, de la iluminación del Tabor.[183]

Estas palabras son propias de un cristiano inmerso en la complejidad cultural y social del siglo XX (entre comunismo y capitalismo), con sus grandes revoluciones post–cristianas; pero ellas brotan, al mismo tiempo, de la experiencia original de la iglesia antigua, no como reflexión sobre la patrística, sino como patrística actualizada. No son algo nuevo respecto a la experiencia antigua, sino la misma experiencia antigua hecha palabra en pleno siglo XX. No son un comentario de la teología bizantina, sino la misma voz–palabra de la iglesia bizantina, que sigue ofreciendo su testimonio en nuestro tiempo, a través de un teólogo y pensador ruso–francés que quiere buscar un futuro para la experiencia más antigua de la iglesia de oriente. Así lo desarrolla en otro libro dedicado al tema del conocimiento de Dios en la tradición oriental de los Padres de la Iglesia, cuyo argumento he querido condensar aquí:

- *Nosotros contemplamos a la vez aquello que no se puede decir y aquello que está representado* (dice Nicea II al hablar de los iconos), no una cosa o la otra, sino una en la otra. Este milagro orienta el movimiento anagógico de la plegaria… El icono no es nunca una "ventana sobre la naturaleza", ni sobre un determinado espacio, sino un lugar donde el mundo se abre y se convierte él mismo, del todo, en una puerta del misterio de la Vida… La irrupción del más allá se posa sobre todas las cosas de este mundo y da un sentido a todo, por medio de la refracción multicolor y por el destello dorado de su luz…
- *Desde la Encarnación del Verbo, todo está dominado por la mirada de Dios, por la figura humana de Dios.* La iconografía comienza siempre por la cabeza; es ella la que da la dimensión y postura al cuerpo, ella es la que domina al resto de la composición. Incluso los elementos cósmicos toman a menudo la figura humana, pues el hombre es el "verbo" cósmico… En un plano material todo parece detenido, recogido, a la espera del mensaje y solo el rostro traduce toda la tensión de las energías en acción. Toda inquietud, todo cuidado, toda fiebre de gesticulación, se desvanecen ante la paz interior. El icono quiere mostrar al *homo cordis absconditus* (al hombre escondido en el fondo del corazón, cf. cf 1 P 3:4) …
- *Los colores (del icono) sostienen y ofrecen las llamas del Paráclito.* La maternidad cósmica, convertida en receptáculo puro, recibe sus energías cósmicas. La luz del primer día se hace presente en la armonía final de

[183] Cf. P. Eudokimov, *El arte del icono. Teología de la belleza,* Claretianas, Madrid 1991, 185-191.

> la ciudad luminosa del último día. El Espíritu Santo, hipóstasis de la belleza, hace que todas las cumbres de la cultura humana, todos sus iconos, sean el icono del reino de Dios.[184]

He querido citar estos pasajes para mostrar que la tradición patrística ortodoxa no es algo del pasado, sino un elemento inseparable de la experiencia cristiana de la actualidad, en pleno siglo XXI. Es evidente que lo que dice Eudokimov no es sin más lo que decían Juan Damasceno o Gregorio Pálamas, de quien ya hemos hablado, pero se sitúa en su mismo contexto, en continuidad directa con ellos.

Lo más significativo no es que los ortodoxos pueden seguir vinculando de esa forma su pasado patrístico y su presente "post-moderno", sino que existan también y estén aumentando los cristianos de tradición católica o protestante que parecen dispuestos a retomar esa vinculación patrística, y que lo hagan de un modo especial en la experiencia litúrgica y en la oración de los iconos. Ciertamente, muchos parecen realizar esa vinculación de un modo artificial, retomando el pasado patrístico de la teología y la liturgia, y en especial de los iconos, por un tipo de curiosidad sacral o búsqueda de novedades. Pero muchos más lo hacen por enriquecimiento cultural y convencimiento personal, por radicalidad cristiana.[185]

---

[184] C. P. Eudokimov, *La connaissance de Dieu selon la tradition orientale*, Mappus, Lyon 1967, 120-125. Trad. castellana: *El conocimiento de Dios en la tradición oriental*, Paulinas, Madrid 1969.

[185] Da la impresión de que muchos cristianos de occidente han empezado a sentir que, siendo muy valiosas, sus tradiciones (católicas, protestantes…) no tienen ya contacto con la experiencia originaria de la iglesia. En esa línea la vuelta a la patrística, con la oración de los iconos y un tipo renovado de "liturgia", puede ser el signo de una nueva actitud ante el misterio que, de un modo sorprendente, nos lleva a redescubrir la novedad (actualidad) del evangelio. Ciertamente, las iglesias han de conservar sus tradiciones propias; pero es bueno aprender unas de otras, y en especial de la patrística común como indicaré en el último apartado de este libro, que tratará de la oración *hesicasta*.
Como he dicho, Nosotros, occidentales (protestantes o católicos) tendemos a estudiar la patrística como historia pasada, de forma que debemos realizar un esfuerzo para recuperar su sentido (si es que podemos hacerlo). Por el contrario, los ortodoxos no tienen que hacer ningún esfuerzo: Ellos viven y piensan inmersos en los Padres de la Iglesia, como si fueran (y en un sentido son) sus contemporáneos, sin necesidad de haber hecho el largo y duro camino de la escolástica, la reforma protestante, el racionalismo filosófico, con la ilustración del siglo XVIII–XIX.

2. Madre de Jesús: sabiduría de Dios

Entre los temas principales de este curso de patrología, mirado al fin desde una perspectiva bizantina, entre el estudio de los iconos y el de la Trinidad, resulta necesario evocar el signo de María, la madre de Jesús, entendida como transparencia humana de la sabiduría de Dios. De un modo significativo, la madre de Jesús aparece en el ábside principal del templo dedicado a la Santa Sofía (=Sabiduría) en la "Catedral" de Constantinopla. Ciertamente, esa Sabiduría de Dios se halla encarnada en la historia en Jesús, pero Jesús aparece como niño en brazos de su madre.

Según eso, el icono primero del misterio no es Jesús solo, sino en brazos de la humanidad espiritualizada que es su Madre. Así lo mostraré citando un texto de Juan Damasceno, a quien he presentado como doctor de los iconos y de la perijóresis trinitaria, que así aparece como cantor y pintor de María.[186]

Con la tradición ortodoxa, el Damasceno (675–749) concibe a María, Madre de Jesús, como templo de Dios, signo de la divinización máxima de las criaturas, en clave de elevación y encarnación, como maternidad de Dios en forma humana. No todas las confesiones cristianas aceptan sin más está visión, pero es importante conocerla, pues forma parte del pensamiento y de la espiritualidad patrística más alta de Juan Damasceno, que forma parte de la tradición común de las iglesias oriente y occidente:

> Virgen llena de gracia divina, templo santo de Dios, que el mismo Salomón espiritual, príncipe de la paz (Cristo) ha construido y habitado; a ti no te embellecen el oro y las piedras sin alma, sino algo mejor que el oro: el mismo Espíritu es tu esplendor. Como pedrería tú tienes la perla más preciosa que es Cristo, que es ascua de la divinidad.
>
> Pídele a Cristo que toque nuestros labios a fin de que, purificados, podamos cantarle con el Padre y el Espíritu, diciendo: "Santo, Santo, Santo, Señor Sebaot", única naturaleza de la divinidad en tres personas. Santo es Dios Padre, que ha querido se cumpla en ti y por ti el misterio que había predestinado antes de los siglos.
>
> Santo es el Fuerte, el Hijo de Dios, Dios unigénito, que hoy te hace madre, a ti que eres primogénita de una madre estéril (Ana), a fin de que

[186] Así aparece en la famosa imagen de la Virgen de Jerusalén, llamada "trijerousa" (=la de las tres manos), pues la tercera mano (la del Damasceno) está en la base de la imagen, al lado de las dos de María, madre de Jesús, como signo de las manos de Dios (cf. Cap. 2, Ireneo).

> Jesús, siendo Hijo único del Padre y primogénito de toda la creación (Col 1:15), nazca de ti, siendo así Hijo único de una Virgen Madre, primogénito entre una muchedumbre de hermanos (Rm 8:29), semejante a nosotros, pues participa por ti de nuestra carne y nuestra sangre.
>
> Él no ha querido nacer solo de un padre (Dios) o solo de una madre (María), sino de los dos, para que siendo Unigénito pudiera tener el privilegio de ser hijo único: él es, por tanto, el hijo único, el único que nace de un Padre solo (Dios) y de una madre sola (tú, María). Y santo es el Inmortal, el Espíritu de toda santidad que por el rocío de su divinidad te ha guardado indemne del fuego divino; pues esto es lo que significaba por anticipado la zarza ardiente de Moisés (*Homilie sur la Nativité* 10. SCh 80, 73-75).

Esta devoción del Damasceno constituye un elemento importante de la tradición ortodoxa, que algunos (sobre todo protestantes) han podido ver como excesiva (casi idolátrica). Ciertamente, la crítica y reparo frente a una mariología (mariodoulía) que pueda hacer sombra a Jesús debe mantenerse. Pero no se puede entender y valorar la patrística de oriente a no ser que se entienda y valore también su tradición mariana.

Todas las iglesias (ortodoxa, católica, protestante) deberán realizar un discernimiento crítico de la veneración a la Madre de Jesús, empezando por comprender (antes que criticar) las diversas tradiciones, a la luz del evangelio y del dogma de Éfeso que declara a María "theotokos", como signo fuerte de una humanidad abierta al nacimiento de Dios. En ese contexto he de añadir que el presupuesto mariológico de la iglesia ortodoxa (y en especial de la bizantina) se encuentra en la doctrina trinitaria.

Como he puesto de relieve en el apartado anterior, los católicos han dado primacía a Jesús, logos de Dios, afirmando que el Espíritu deriva no solo del Padre sino también del Hijo *(Filioque).* En esa línea se ha dicho que la tradición católica sitúa al Espíritu santo en un segundo plano, atribuyendo la historia salvadora (Iglesia, gracia, sacramentos) exclusivamente a Cristo. Por eso, María queda vinculada y subordinada a Cristo, de forma que la mariología aparece como derivación y ampliación de la cristología (de manera que se ha podido decir que María, la Madre, ocupa a veces el lugar de Jesús.

Pues bien, en contra de eso, rechazando una interpretación cristológica del *Filioque,* los bizantinos se han situado de un modo distinto ante la figura de María. Ella no aparece como figura contrapuesta a Jesús, ocupando su lugar, sino más bien como epifanía del Espíritu Santo, como signo y presencia de la maternidad de Dios (del cumplimiento de la historia de Israel) en el conjunto de la humanidad.

Con una fórmula primitiva, que se encuentra ya en Ireneo (cf. cap. 2), los bizantinos siguen hablando de las «dos manos del Padre», que son el Hijo y el Espíritu que forman la «Sophia» o expresión eterna, intra-trinitaria, del misterio. Lógicamente, habrá dos signos o caminos de presencia divina. En esa línea, como he venido indicando, algunos teólogos ortodoxos del siglo XX, no solo P. Eudokimov, ya citado, sino otros como V. Lossky y S. Boulgakov, pueden presentarse como "actualizadores" de los Padres de la Iglesia antigua, como si fueran (y son) contemporáneos suyos. Desde ese fondo, ellos (y de un modo especial S. Boulgakov) han podido recuperar la mariología patrística, vinculando a la Madre de Jesús con la Sabiduría de Dios, en línea de revelación del Espíritu santo, como indicaré de un modo condenado en lo que sigue.[187]

En esa línea, se puede hablar de una "doble humanización" de Dios, conforme a la experiencia ya citada de sus "dos manos": El Hijo se encarna para infundir en los hombres el Espíritu de Dios; por su parte el Espíritu realiza su misión ratificando y universalizando la encarnación del Hijo. En esa línea se puede afirmar que Hijo y Espíritu forman, dentro del misterio trinitario, la unidad sofiánica (Sabiduría) de Dios, que se expresa de un modo privilegiado en la Madre de Jesús, que es portadora del Espíritu Santo (pneumatófora).

Así lo ha puesto de relieve S. Boulgakov (1871–1944), quizá el mayor representante (actualizador) de la teología patrística en la modernidad. Ciertamente, en la línea de Juan Damasceno, Boulgakov presenta y define a María como madre de Jesús, pero, al mismo tiempo, afirma que en ella se refleja el Espíritu divino, siendo así, como he dicho, *pneumatófora.* Frente al pesimismo antropológico de Agustín, que tiende a identificar la humanidad con el pecado, la ortodoxia bizantina (de la Iglesia oriental) expresa por María su más grande optimismo espiritual: una persona humana, pura creatura, viene a convertirse en lugar de presencia y signo transparente del poder de Dios y de su santo Pneuma.

En ese sentido, los padres bizantinos han podido afirmar que María realiza la idea originaria de la creación. A través de ella se

---

[187] Aproximación a la mariología sofiánica en R. Baron, *Marie et l'Humanisme,* en H. du Manoir, *Marie. Etudes sur la Saint-Vierge* VI, Beauchesne, Paris 1961, 679-688; E. Catta, *Sedes Sapientiae, ibid.,* 691-866; B. Schultze, *La Mariologie Sophianique Russe,* ibid., 213-219. Versión católica del tema en L. Bouyer, *Le Trône de la Sagesse,* Cerf, Paris 1987. Sobre la temática de la Sabiduría, cf. C. Lialine, *Le Débat Sophiologique:* Irenikon 13 (1936) 168-205; J. Zizioulas, *L'être ecclésial,* Labor et Fides, Genéve 1981, 23-55.

encuentran e implican la Sabiduría de Dios que se auto-ofrece como don de vida a los hombres y la sabiduría del mundo que busca en Dios su plenitud. Eso significa que el Espíritu Santo se vuelve transparente en la persona humana de María, haciéndola pneumatófora:

(a) *El Hijo se encarna como persona divina,* suscitando o asumiendo una naturaleza humana, es decir, un hombre concreto (Jesús), como lugar de su presencia total, encarnación del Verbo de Dios.

(b) *Para hacer posible la encarnación, el Espíritu de Dios* se expresa en la persona y vida humana de María, de manera que ella se vuelve transparente: viene a estar transfigurada, actualizando en su misma humanidad la gracia del Espíritu.

María concibe al Hijo porque en ella y sobre ella reposa el Espíritu Santo. Por la *efusión pneumática* el Espíritu de Dios se hace igualmente presente en la humanidad, pero no en un hombre individual, sino en la historia o conjunto de la vida de los hombres y mujeres, representados de un modo especial por María, la Madre de Jesús. *El que se encarna* es el Hijo de Dios, en Jesús. Pero aquel que "*le encarna*" (es decir, el que hace que se encarne) es el Espíritu, que desciende sobre ella, de manera que sea una especie de «dei-maternidad». En esa línea, conforme a toda la espiritualidad bizantina antigua, S. Bougakov afirma que, para que Jesús pueda nacer como Hijo de Dios sobre la tierra es necesario que María tenga (y le transmita) una humanidad hipostática, es decir, transfigurada, desde dentro de la Sofia de Dios que habita en ella, instrumento o lugar de actuación y presencia del Espíritu de Dios.[188]

Por eso, el icono o presencia plena de Dios no es un Cristo aislado sino Cristo con María. Conforme al motivo más tradicional de la Trinidad, que aparece desde el tiempo de la patrística bizantina y culmina en el icono de A. Rublev, siglo XV d. C., Dios aparece en forma de comunión angélica de tres personas. Pues bien, conforme al otro motivo, que es tan importante como eso, y también tan antiguo, propio de la patrística bizantina, la Trinidad aparece representada por el Icono de la Madre de Dios, rodeada por el nimbo divino del espíritu Santo, con el niño en sus brazos.

---

[188] Presentación del tema en S. Boulgakov, *L'Ortodoxie,* Paris 1932, 166-167, con V. Lossky, *Essai sur la théologie mystique de L'Eglise d'Orient,* Paris 1944. Para el tema en concreto, cf. S Boulgakov, *Du Verbe Incarné (Agnus Dei),* Aubier, Paris 1943, 102-103, 127–127.

María aparece así como don materno de vida, tal como se expresa en Jesús niño, en brazos de su madre. Ella no es una encarnación del Espíritu, pero puede presentarse como su «revelación hipostática»: para actuar plenamente sobre el mundo, el Espíritu de Dios hace surgir sobre la historia una persona transparente a su misterio, la Virgen María. En esa línea, culminando el misterio de la revelación divina, el Hijo de Dios que es el Logos, se ha encarnado en la humanidad por María.

Unidos ambos, la Madre con el Hijo, forman la revelación completa del misterio de Dios Padre. La Virgen Madre (Virgen como expresión del Espíritu Santo) no es encarnación de Dios, sino receptáculo animado y personal del Espíritu, una creatura que le lleva en sí, Humanidad Teófora. No puede hablarse de una encarnación pneumática, pero puede y debe hablarse de una *teofanía* hipostática.

Como persona *pneumatófora,* María se distingue radicalmente de Dios-Hombre. Ella no es Dios, es creatura; no es la redentora, ha sido redimida: no es Cristo, es una cristiana. Pero precisamente como creatura, redimida y cristiana ha colaborado de un modo muy alto en el despliegue de la redención. En ese sentido, ella aparece sentada en el lugar más noble de Santa Sofía de Constantinopla, en el ábside central, ante todos los que vienen a introducirse en el espacio de misterio del templo, como icono trinitario, con Dios Niño en sus brazos, para recibirles e iniciar con ellos el camino de la redención, que no es el camino de ella, sino el de Jesús.

Por eso se eleva, no sobre el resto de las creaturas, sino con todas ellas, como "odiguitria" (dirigente en el camino), al lado de Juan Bautista. En ese sentido, el icono de *la Madre de Dios con el Niño,* la imagen del Logos y de la creatura que, llena del Espíritu santo, le recibe en sus brazos, son signo de Dios. El Dios-Hombre y la Pneumatófora, el Hijo y la Madre, forman así una revelación del Padre.[189]

---

[189] Como hipóstasis creada, la Madre de Jesús se ha puesto en manos del Espíritu santo, fundiéndose en el Espíritu, por así decirlo. En virtud de esta transparencia, de esta perfecta penetración, ella deviene heterógena (como ajena y superior a sí misma), es decir, *deificada,* sin dejar de ser (y ser plenamente) una persona humana. Ella es una creatura enteramente impregnada por la gracia, «arca animada de Dios», es un viviente «templo consagrado». Así lo ha puesto de relieve S. Boulgakov, *Le Buisson Ardent. Aspects de la vénération orthodoxe de la Mére de Dieu,* L'Âge d'Homme, Laussane 1987, 91-92.
Desde esta perspectiva se pueden entender unas palabras fundamentales de K. Barth: «María pertenece a la humanidad, representa al ser humano ante Dios, al ser humano que tiene necesidad de la gracia y que recibe la gracia... Si hay alguien que sea de los nuestros, del todo cerca, implicado en lo más profundo de la miseria humana y de la

Cristo es una misma persona en dos naturalezas. María, en cambio, es solo persona humana; pero ella es tan profunda y transparente que viene a ser reflejo de la misma persona-naturaleza eterna del Espíritu de Dios. P. Eudokimov ha desarrollado esta visión en vertiente femenina, mostrando al Espíritu como «maternidad hipostática de Dios». En esa línea, el Espíritu Santo puede reflejarse en la existencia y persona de María de tal manera que por ella ha podido ser y ha sido "madre de Dios", conforme al dogma del Concilio de Éfeso (431).

Hay en todo esto un misterio que remite a la fecundidad original de lo divino: el Padre es el principio sin principio y de su seno brotan, en mutua implicación y causalidad recíproca, el Hijo y el Espíritu: brota el Hijo en el Espíritu, proviene el Espíritu a través del Hijo. Pues bien, esto mismo es lo que viene a reflejarse y realizarse en nuestra historia salvadora: solo porque es imagen y presencia del Espíritu, María puede ser madre del Cristo, el mismo Hijo de Dios en forma humana.

Esta es la culminación mariológica de la patrística oriental. Siendo lugar de presencia trinitaria y Madre del Hijo, los bizantinos conciben a María como icono del Espíritu. Frente a la sobriedad fiducial del protestantismo hallamos aquí la más intensa simbolización sacral de la revelación cristiana. Sin perder su historia humana y siendo una persona de este mundo, María se convierte, junto a Cristo, en el signo radical de lo divino, interpretado como amor maternal, fecundidad y donación perfecta.

Ciertamente, esta visión puede y debe ser matizada, pues, desde otras perspectivas de la tradición cristiana puede verse como excesiva. De todas formas, es importante tenerla en cuenta para entender y valorar la patrística bizantina.

3. Trinidad, perijóresis y Filioque

He podido evocar ya el tema tratando de Juan Damasceno, que ofreció un compendio del misterio trinitario, desde la perspectiva de la *perijóresis*, entendida como misterio del movimiento dialogal amoroso de

promesa divina, es sin duda María... Ella es la imagen del creyente que reconoce la fidelidad de Dios», *Adviento,* Studium, Madrid 1970, 38-45 (original: *Verheissung,* München 1960, 38. 44-45). Para una recuperación protestante de los puntos centrales de la mariología católico-ortodoxa, cf. M. Thurian, *María, Madre del Señor. figura de la Iglesia,* Hechos y Dichos, Zaragoza 1966. Para una visión de la mariología de Lutero, cf. Eliseo Tourón, El Magnificat en Lutero, Eph. Mariologicae 44 (1994) 371-390.

Dios, en una línea que puede y debe acogerse como oposición y complemente a la *Trinidad introspectiva* de Agustín y Anselmo (cf. caps. 5 y 6). Conforme a la visión de la patrística oriental, Dios es comunión de amor que se expresa como don fundante (Jesús brota de Dios) y entrega personal (Jesús pone su vida en manos de Dios), en el encuentro y culminación de vida del Espíritu (del Padre y el Hijo), donde todo alcanza su verdad perfecta.

Dios es vida eterna compartida y desplegada en la historia de los hombres, y solo por fundarse en ese Dios, la iglesia puede ser experiencia de vida: comunión de hermanos que regalan y reciben (comunican) la existencia, en torno a la mesa compartida del "cordero" de Dios, como expresa el icono "angélico" de la Trinidad, de origen muy antiguo, cuya representación más conocida es la de A. Rublov (1360–1430). El Dios encarnado en Jesús se revela y despliega en la iglesia (sin dejar de ser divino) como proceso culminado y comunión perfecta de personas que se aman, en el Espíritu Santo, como definieron los Padres de Constantinopla I (año 381).

Desde ese fondo se puede hablar de los tres momentos constitutivos y fundantes de su realidad. Dios es *ousia* o esencia fundante (Padre) que se entrega en amor y que solo existe al entregarse; Dios es *dynamis,* fuerza de amor que se comunica y comparte en el mundo en forma humana (es Hijo); Dios es finalmente *energeia,* energía divina culminada (o *entelekheia* o perfección cumplida) en el Espíritu Santo. Los tres momentos se vinculan en forma de movimiento y experiencia de amor personal.

a. *Perijóresis. Comunión divina*

Conforme a esta visión, que había sido preparado por los Padres Capadocios (cap. 4) y esbozado por Dionisio Areopagita y Máximo el Confesor, culminando en Juan Damasceno. Dios solo existe y solo puede concebirse en la medida en que se entrega a sí mismo, en generosidad interior, para compartir la vida, en forma de "triada angélica" (las tres personas divinas aparecen como ángeles, seres celestes que reflejan la hondura divina de la vida humana). Así podemos afirmar que cada persona existe en sí misma existiendo en la otra, en gesto de in-habitación mutua (en griego *perikhóresis, perijóresis*) que la tradición latina ha precisado utilizando dos palabras vinculadas y muy significativas (*circumincessio* y *circuminsessio*), que responden a las dos formas del término griego.

- *Perijôresis (περιχωρεsis) con omega ("o" larga) viene de jora (χωρα), que significa tierra o país*, y tiene el sentido de "ir hacia adelante", de avanzar, como si Dios fuera un despliegue lineal, un tiempo y camino extendido hacia el futuro, en una dirección mesiánica, esto es, judía, de búsqueda nueva que nos dirige hacia aquello que sigue estando por delante. En ese sentido se ha venido interpretando la esperanza de futuro, el más allá siempre nuevo de la historia de Dios y de la vida de los hombres, tal como se expresa en el pensamiento bíblico (judío y cristiano), al entender la historia de Dios y de los hombres como apuesta de futuro (tiempo lineal o escatológico).[190]
- *Perijóresis (περιχορεsis) con omicron ("o" breve, pequeña) que viene de joros (χορos), que es danza* (cf. "coro"). No se trata de avanzar, de cruzar un país y de ir hacia adelante, sino de moverse alrededor, esto es, de danzar, cambiando de lugar, pero manteniéndose siempre en el mismo espacio. En esta línea viene a interpretarse la visión más griega del tiempo como "plenitud dialogal", una danza en la que todos cambian, siendo siempre los mismos, como han puesto de relieve las religiones del oriente, y como han destacado algunos estudiosos modernos de las religiones.[191]

Esos dos matices fundantes de la *perijóresis* (avanzar y danzar, de forma que cada persona aparece y se muestra en relación con las otras, en forma de camino, de presencia y de mirada) han sido retomados por los teólogos latinos (occidentales) en la Edad Media, que recogen e interpretan de un modo muy preciso el sentido y los momentos básicos de la *perijóresis* trinitaria, como experiencia fundante de vida (relación) interpersonal, en clave de camino y de cumplimiento. Estas dos palabras muestran, mejor que todas las teorías, la vinculación y trasvase más hondo entre la patrología griega y la latina, que están en la base de nuestro pensamiento posterior.[192]

---

[190] Así lo ha puesto de relieve O. Cullmann, Cristo *y el tiempo,* Cristiandad, Madrid 2008 (original de 1946), como he destacado en *Dios y el tiempo. El pensamiento de O. Cullmann,* Clie, Viladecavalls 2014.

[191] Esas palabras evocan los dos matices más importantes de todo el pensamiento occidental, que se despliega en una línea más bíblico/histórica *(Dios como esperanza de futuro)* y en otra línea más mítico/filosófica *(Dios como eterno retorno de la realidad),* como ha puesto de relieve J. Moltmann, *Teología de la Esperanza,* Sígueme, Salamanca 2007 (original 1964). He estudiado el tema en Trinidad. *Itinerario de Dios al hombre,* Sígueme, Salamanca 2015.

[192] Un desarrollo más preciso y técnico del tema, apelando a las FP, especialmente a Juan Damasceno, en S. Cura Elena, *Perikhóresis* en X. Pikaza y N. Silanes, DTDC, 1086-1094. Cf. también J. Auer, *Dios uno y trino,* Herder Barcelona 1982, 325-330.

– *Circumincessio (=caminar o avanzar en torno, cada uno hacia el otro),* quizá en línea de danza, pero también en forma de itinerario. Conforme a esta palabra, cada persona existe en la medida en que "camina" (incedere) hacia la otra en proceso circular (circum) y en avance (local y personal). De esa forma, más que como triángulo abstracto (tres personas vinculadas desde sus ángulos respectivos, en la unidad del espacio divino), la Trinidad puede y debe representarse como itinerario de vida culminada: Dios no es un triángulo cerrado, sino un camino, un baile incesante, un abrazo, en el que cada persona se dirige sin cesar a la otra, en donación completa.

Eso significa que Dios es un itinerario (circumincessio), que lleva del Padre al Hijo por el Espíritu y viceversa, siendo así un camino "logrado" (en plenitud de amor), que no se pierde en el vacío, ni se tiene que repetir en una especie de eterno retorno, siempre igual, nunca completo, sino que es por Cristo camino/itinerario culminado. Por eso, a diferencia de otras religiones monoteístas (judaísmo, islam) que no se atreven a penetrar en el misterio de Dios, los cristianos podemos decir y decimos que en Cristo hemos podido conocer el ser del Padre en cuanto Padre, penetrando en su itinerario de amor, que lleva al Hijo y al Espíritu. Esto es lo que debe suceder también en los seres humanos, que son (somos) comunión. Así viene a expresarse el camino y encuentro supremo, que va de una persona a otra persona, de un humano a otro humano, hombre o mujer... Solo existimos caminando unos a otros, llegando en respeto y amor al interior de su persona y dejando que ella pueda caminar a mi interior.

– *Circuminsessio (=asentarse en torno, uno en otro).* Las personas trinitarias no caminan para pasar sin más (*incedere*), sino para quedarse (permanecer y ser) uno en la otra y con la otra (de *circum–sedere)*. Una persona solo puede aposentarse y descansar (habitar) en otra, como diría San Juan de la Cruz: "Dejeme y olvideme, cesó todo y quedeme..." (*Noche,* estrofa final). El ser humano solo puede "dejarse" y descansar (quedar para siempre) en otro ser humano, en el interior de Dios que es vida compartida.

Así ha de afirmarse que cada persona existe en sí (tiene sentido, se realiza) en la medida en que existe fuera, en comunión con aquellos de quienes recibe y con quienes comparte la existencia. Cada persona se asienta (tiene su sede y plenitud) en la otra, en movimiento y de amor y convivencia. Esta terminología de inhabitación dialogal constituye la perijóresis trinitaria e inter–personal (inter–humana), de forma que nos permite comprender el misterio de Dios y nos lleva a valorar mejor la comunión humana. En el principio y cumbre de todo lo que existe (en el misterio de Dios) hallamos un camino de donación y búsqueda mutua, que culmina como encuentro de amor y vida compartida.

En esa línea, desarrollando el sentido de la perijóresis, con Juan Damasceno y la patrística griega, podemos decir que Dios no es solo el camino que va de unas personas a otras (circumincesio), sino la comunión y habitación de amor de unas en y con las otras (circuminsessio), en *una especie de fiesta* de gloria, pues una persona solo descubre y posee (goza y despliega) su sentido y plenitud en otra persona.

Eso significa que el itinerario personal culmina cuando una persona llega hasta la otra, de manera que ellas no se limitan a compartir una vida común, pues lo "común" no es una esencia divina sobre la persona, sino que la esencia se identifica con el movimiento de cada persona a las otras. Lógicamente, la Trinidad sigue siendo misterio de adoración personal y comunitaria, experiencia de gloria. No es algo que pueda demostrarse. No es un enigma que deba resolverse con métodos de lógica o de ciencia. Pero ella puede representarse y cantarse simbólicamente como hace la teología de la patrística bizantina.

b. *Experiencia del Espíritu Santo (Filioque)*

Constantinopla y Roma fueron las iglesias vencedoras de Calcedonia (451), y así caminaron juntas durante varios siglos, como representantes de la Cristiandad Imperial. Pero en el siglo XI se escindieron por diversas razones: Cambios culturales, diferencias de tipo político, exigencias de "sometimiento" a Roma... No se trata de decir quién tuvo la culpa, cada iglesia puede culpar a la otra; lo cierto es que produjo un triste final de la patrística, como indicaremos empezando por la disputa "trinitaria", que suele vincularse a Focio (a quien he citado en el apartado anterior), para seguir por el deseo de "supremacía" de Roma y acabar describiendo brevemente la separación, más de "derecho" que de vida, pues las iglesias siguieron relacionándose de un modo más o menos amistoso durante varios siglos.

1. Griega y latina: dos formas de enfocar la Trinidad, con A. Amor Ruibal. Como he venido señalando, había dos sensibilidades trinitarias (una más intra–personal, con Agustín, y otra más inter–personal, con Juan Damasceno) y ambas podían aceptarse (e incluso complementarse) como perspectivas abiertas al misterio, no como dogmas para imponerse de una parte u otra; pero lo que pudo haber sido motivo de comunicación entre experiencias de Dios vino a convertirse en fuente de discordia:

- *La visión de Occidente*, formulada por Agustín, fijada en los credos hispanos de Toledo (siglos V–VII) y completada en los sínodos carolingios del VIII–IX, tiende a colocar la unidad del ser divino (ousia) antes de las tres personas de la Trinidad, añadiendo que el Espíritu Santo proviene no solo del Padre, sino también del Hijo, para ratificar así la diferencia entre las personas, marcando de paso la superioridad del Hijo–Cristo sobre el Espíritu, con la posibilidad de fundar así el poder cristológido de los ministros de la iglesia, en especial del Papa.
- *Por el contrario, los Padres y teólogos griegos* insistían en la Trinidad de personas o, mejor dicho, de la unidad fundante del Padre de la que surge el Hijo y proviene el Espíritu Santo. En esa línea ellos eran más tradicionales, más cercanos a la Biblia, fieles a los padres del principio (Basilio, Gregorio Nacianceno) y a los primeros concilios (Nicea y Constantinopla). No concebían el misterio como círculo divino (esencia), que se abre a modo de triángulo de personas por las relaciones divinas inmanentes, como en los latinos, sino como proceso de donación que va del Padre originario por el Hijo al Espíritu.

Esta distinción funda no solo dos teologías, sino dos formas de entender la experiencia cristiana, pero sin que ello implique una ruptura en la iglesia. En esa línea, al hablar de Juan Damasceno, he podido evocar ya la importancia de la *perijóresis*, que he desarrollado en el apartado anterior, afirmando que los latinos insistían más en la unidad previa de Dios que en la diferencia de personas, a pesar de utilizar a veces un lenguaje muy preciso (*circumincessio* y *circuminsessio*) de movimiento y diálogo entre las personas trinitarias. Por el contrario, los greco–bizantinos destacaban más la comunión entre personas y la acción propia de Espíritu Santo. Ese podía haber sido un motivo de diálogo y enriquecimiento mutuo en el diálogo, como destacó el teólogo español A. Amor Ruibal (1869–1939), en su historia del dogma:

> El sistema filosófico-teológico (griego) respecto de la Trinidad quedaba iniciado en una progresión, por decirlo así, en línea recta descendente… No se pensó, pues, primitivamente en la naturaleza o substancia previa (*res praeintellecta*) a las personas, Padre, Hijo, Espíritu Santo, sino que cada persona hubo de considerarse en sí misma concretamente.
>
> El Padre es la plenitud del ser, o Dios por antonomasia; el Hijo es Dios por el hecho concreto de su divina generación, abstrayendo de su común naturaleza con el Padre; y el Espíritu Santo lo es a su

vez por proceder del Padre con procesión que partiendo de este pasa mediante el Hijo a constituir la tercera persona divina. Así, lejos de ser la naturaleza la que sirve de centro a la Trinidad de personas son las personas las que deben decirse centro respecto de la naturaleza. En consecuencia, el concepto de unidad de naturaleza aparece como una resultante del concepto de persona, y no viceversa, como acontece en la teología latina.

La teoría latina parte de la unidad de naturaleza, y hace sobrevenir como término teológicamente subsiguiente la distinción de personas. La teoría griega parte de las personas como lógicamente anteriores a la unidad de substancia, y funda sobre aquellas la comunicación de esta. La teoría latina, al comenzar por la esencia para llegar al supuesto, hace de la persona como un modo de ser de aquella. Por el contrario, la teoría griega, comenzando por el supuesto para descubrir allí la esencia, presenta a esta como el contenido de la persona.[193]

2. *Una patrística actual (X. Zubiri).* En esa línea, conforme a la visión de los bizantinos, la Trinidad se entiende como despliegue o proceso originario del ser personal divino (Padre), que se expresa (encarna) en el Hijo Jesucristo y que culmina en la vida–amor del Espíritu Santo. Dios es Padre ingénito que engendra, *ousia* que da de sí y comunica su realidad; es Hijo-Engendrado, *dynamis* del Padre, y finalmente es Espíritu-Don, la misma *energeia* del Padre-Hijo que culmina su despliegue y se expande en lo creado (Espíritu Santo). Así lo ha puesto de relieve otro pensador hispano (X. Zubiri, 1898–1983) insistiendo en el trasfondo "filosófico" del tema.

[193] A. Amor Ruibal, *Problemas fundamentales de la filosofía y el dogma* V, Santiago s.a., 435-436 (cf. 397–436). Él quiso pasar así de un modelo ontológico (fundado en la visión de la sustancia absoluta) a un modelo relacional, que estaría en el fondo de los esquemas patrísticos de Oriente, recuperando así la teología patrística bizantina. No se trataba de rechazar el pasado "helenista" de la cristiandad, sino de recrearlo. A juicio de Amor Ruibal debía superarse un tipo de helenismo teológico, que está más vinculado a la escolástica latina), pero no al helenismo que se encuentra abierto a la visión de la realidad como relación, no en forma de jerarquía ontológica, sino como diálogo personal. Este juicio histórico de Amor Ruibal es importante para recuperar la tradición patrística. Su obra básica (*Los problemas fundamentales de la filosofía y el dogma,* Seminario, Santiago 1908–1932) ha sido reeditada en cuatro volúmenes por el CSIC, Madrid 1972/2000. He desarrollado los principios de su pensamiento en *Notas introductorias al pensamiento lingüístico de Amor Ruibal:* Compostellanum 15 (1970) 422-453. Cf. J. M. Delgado Varela, *La doctrina trinitaria de Amor Ruibal*: Rev. Esp. Teología 16 (1956) 347-374 y A. Torres Queiruga, *Constitución y evolución del Dogma. La teoría de Amor Ruibal y su aportación,* Marova, Madrid 1977.

> En Dios (*Padre*) está la infinitud del ser divino, pero como un tesoro escondido. Es la *ousia* misma de Dios…, como actividad y acción pura... Esta esencia es personalmente subsistente, y su subsistencia personal le viene de no ser recibida. La *ousia* o esencia original divina que es el Padre se expresa y despliega en el Hijo. Entonces la esencia reviste un segundo modo de ser personal… La primera persona por el éxtasis infinito de su ser se hace infinitamente patente en el Hijo. Y, por tanto, se convierte en Padre en el momento mismo en que por su expresión queda engendrado el Hijo.
>
> El Hijo es la personificación de la *dynamis* del Padre..., la expresión genética de su naturaleza... Pues bien, esa *dynamis o fuerza* de Dios que es el Hijo se personifica y despliega plenamente en forma de *energeia* del ser divino, como persona definitiva de Dios, en el Espíritu Santo. Los Padres griegos llamaron por esto al Espíritu Santo "Manifestador". Y como toda *energeia* representa un *telos*, puede decirse entonces que el Espíritu Santo es la *complectio Trinitatis*.[194]

En este contexto se repite el esquema (motivo) final de la veneración o culto a las imágenes del que he venido tratando en este capítulo.[195] De un modo sorprendente, católicos, protestantes y ortodoxos nos hallamos nuevamente inmersos en el tema trinitario, tal como lo expusieron Agustín y Anselmo (cf. caps. 5–6), con la necesidad de volver a plantearlo desde la patrística ortodoxa, volviendo a los padres capadocios (cap. 4), y de un modo especial a las disputas en torno al *Filioque*.

Algunos afirman que es un tema secundario, esto es, "bizantino", en el mal sentido de la palabra. Pero no lo es en modo alguno: La misión cristiana y la misma estructura de la Iglesia depende de la forma de entender y expresar en nuestra vida el misterio del Dios Trinidad, encarnado en Jesucristo. Evidentemente, aquí no puedo resolver el tema de fondo, ni siquiera plantearlo con la extensión que merece. Pero debo indicar que en su culminación la patrística bizantina nos sitúa otra vez ante el tema de Dios, en una línea más cercana a los evangelios, con la teología de Pablo y la escuela del Discípulo Amado que a los esquemas escolásticos de la teología occidental moderna.

---

[194] Cf. X. Zubiri, "El *ser sobrenatural*: Dios y la Deificación en la teología paulina": *Naturaleza, historia, Dios*, Ed. Nacional, Madrid 1944, 365-366. Sobre la problemática de fondo de su pensamiento cf. J. L. Cabria, *Relación teología-filosofía en el pensamiento de Xavier Zubiri*, Gregoriana, Roma 1997; J. M. Castro Cavero, *Salvar la historia. Historia, religión y religiones en Xavier Zubiri*, Seminario teológico, Palmas de Gran Canaria 2004.

[195] Cf. también *Dios como Espíritu y Persona*, Sec. Trinitario, Salamanca 1989; *Enquiridion Trinitatis*, Sec. Trinitario 2005 y *Trinidad. Itinerario de Dios al hombre*, Sígueme, Salamanca 2015.

Este ha sido el tema clave del final de primera patrística bizantina (Pseudo-Dionisio, Máximo el Confesor, Juan Damasceno…), formulado en tiempos de Focio, antes de la separación de las iglesias. Dios Padre aparece así como esencia subsistente y personal, principio de la divinidad. El Hijo concretiza la *dynamis* del Padre; es engendrado, reproduce por generación la esencia del Padre. El Espíritu, en fin, personifica la *energeia* o plenitud final de Dios, la autorrealización eterna y perfecta de sí mismo, que se abre como energía creadora (fundadora) de todo lo que existe.

En esa línea, estos padres bizantinos tienden a situar la Trinidad en un círculo de silencio, misterio puro, Padre, Hijo y Espíritu Santo, elevados por encima de todo lo que puede pensarse y decirse Pero, al mismo tiempo, ellos saben que Dios–silencio se despliega como *logos–dynamis* (principio creador, encarnado en el Hijo Jesucristo) y como *energeia–entelejeia* o potencia en la que culmina todo (Espíritu Santo), de manera que el mismo Dios en sí (silencio puro) se hace Dios en nosotros (pura vida y presencia luminosa).

Este planteamiento resultaba especialmente claro en *Dionisio Areopagita* cuando concebía a Dios como éxtasis de vida, dentro y fuera de sí mismo, conforme al esquema evocado (*ousia, dynamis, entelejeia),* en un proceso en que Dios se muestra como totalidad (todo en todos, 1 Cor 15:28), a través del Jesucristo y del Espíritu, siendo suprema libertad. *Máximo el Confesor* ha desarrollado esta visión vinculando a Dios y el mundo en una gran "sinfonía cósmica", que solo puede expresarse por la encarnación del Hijo y por la efusión del Espíritu Santo, conforme al esquema de "perijóresis" (camino y encuentro divino) que he presentado en el apartado anterior.[196]

En este esquema de fondo de Dionisio, Máximo y Juan Damasceno culmina la patrística ortodoxa antigua, con su visión del ritmo triádico o ternario de la Trinidad inmanente y de la economía salvadora. Algunos han podido acusarles de separar el ser de Dios en sí y

---

[196] Dios se entiende así como *panta (todo) en pasin,* en todas las realidades, como ratifica de un modo pascual san Pablo en 1 Cor 15:28. Así podemos distinguir los tres momentos: (a) *El principio es la génesis,* el ser activo, como *arkhê* o generador de realidad. Pero quizá más que de génesis podríamos hablar del Padre *generante,* es decir, de la *ousia,* entendida como principio de realidad y realización interna. (b) El centro es la *kinesis,* es decir, el movimiento que, conforme al esquema ya estudiado se interpreta en clave de *dynamis,* potencia de la vida del Padre hecha amor que se entrega en Jesucristo. (c) El proceso culmina y se ratifica como *stasis,* como quietud o acabamiento, que se expresa en el Espíritu Santo, donde el movimiento de Dios (todo en todos) llega a su final y culmina como plenitud de ser para los hombres.

la historia de la salvación, pero esa acusación es falsa, porque ellos (y en especial precisamente Máximo y el Damasceno) han defendido con fuerza la humanidad de Jesús (su voluntad, su acción humana), entendida de un modo radical como presencia y revelación de Dios.

Esta visión de la humanidad de Jesús, unida a la confesión de los monjes escitas (de la actual Rumanía) del siglo VI, que insistían en la radical encarnación de Dios, afirmando que "uno de la Trinidad ha padecido" (*unus de Trinitate passus est, DS,* 401), nos sitúa en el centro de la experiencia trinitaria que hoy, en el siglo XXI, estamos llamados a reformular. Ello exigirá un gran esfuerzo de recreación cristiana, para el que será necesaria la colaboración de las iglesias (ortodoxa, católica, reformada), en una línea en la que pueden recuperar quizá elementos de la tradición palamita, pero insistiendo al mismo tiempo en la encarnación de Dios en Cristo.[197]

4. Inmersión en Dios. La oración hesicasta

Me he referido ya a la teología de G. Pálamas, centrada en la unidad y diferencia entre la *ousia* de Dios Trinidad y sus *energías,* en la vida de los hombres. Ese motivo sigue siendo objeto de discusión entre los teólogos "neopalamitas" de la actualidad (como V. Lossky y J. Meyendorff).[198] Aquí me limitaré a evocar en ese fondo el sentido (y reto) de la oración hesicasta, interpretada como culmen teológico–vital de la patrística bizantina.

Más que teología especulativa y programa de acción social, la patrística ha sido y sigue siendo una experiencia y camino de oración, entendida no solo como unión (identificación) con el Dios de Cristo, sino como vinculación entre todos los creyentes (y en el fondo entre todos los hombres). Esta oración de soledad y silencio interior (hesiquía, tranquilidad), fue el motivo central de la experiencia de los monjes y los padres del desierto, entendido como lugar para recogerse, tanto en Egipto como en Siria, los dos espacios más significativos de la primera iglesia, precursores de la oración hesicasta entre los que sobresalen Evagrio Póntico y Juan Clímaco, en una línea que pasa a través de Simeón, el Nuevo Teólogo, para llegar hasta Gregorio el Sinaíta (muerto hacia el 1346) y G. Pálamas.

---

[197] Cf. H. U. von Balthasar, *Kosmische Liturgie,* Johannes, Einsiedeln, 1988; J. Papanicolau, *La cristología cósmica de Máximo el confesor,* Epifanía, Buenos Aires 2005.

[198] Cf D. Wendebourg, *Gratia increata. Un problema teológico entre oriente y occidente,* Diálogo Ecuménico 14 (1979) 57-70.

Esta experiencia ha seguido adaptándose y aplicándose a lo largo de siglos, para culminar en la *oración del corazón,* que está centrada en un tipo fórmulas sagradas, como "Señor Jesucristo, Hijo de Dios, ten piedad de mí, pecador" (cf. Lc 18:13, 38), repetidas al ritmo de una respiración interiorizada, abierta a la unión total con lo divino. Ella ha sido popularizada por los *Relatos de un Peregrino Ruso* (Sígueme, Salamanca 2018) en los que la misma de confesión creyente (Señor Jesucristo, Hijo de Dios) con invocación personal (ten misericordia de mi), repetida al ritmo de la inspiración y expiración del aliento, desemboca una ruptura y descubrimiento más alto del Dios de Jesucristo.

Esta no es una oración exclusivamente cristiana, pues aparece vinculada a técnicas muy hondas de tranquilización (hesiquía) y transcendencia en las religiones de la interioridad (budismo e hinduismo). La novedad cristiana está en el hecho de que ella se vincula con dos elementos esenciales de la experiencia del evangelio: (a) La confesión de Jesús como presencia de Dios, y la vinculación más profunda con él. El creyente no se inmerge de un modo general en lo divino, o en un tipo de nada positiva, más allá de los deseos, sino en la experiencia de Jesús como persona, presencia de Dios. (b) La experiencia de la misericordia, entendida como encuentro de amor con Jesús, certeza de su misericordia. El orante no pide básicamente perdón de los pecados, no se confiesa pecador, sino necesitado, buscando y ofreciendo compañía gratuita, por medio de Jesús. Esta oración método consta por tanto de dos planos o elementos:

a) *Uno de carácter físico, esto es, preconsciente.* El orante se concentra, busca con su mente el lugar del corazón y empieza a respirar pausadamente, como si fuera el mismo Espíritu de Dios el que le llena, el que inspira y expira en sus pulmones.
b) *Otro de carácter mental, esto es, consciente.* Centrado ya en su vida más profunda, el orante va diciendo simplemente Jesús mientras inspira-expira. También puede emplear otras palabras o sentencias (como Jesús, Hijo de David / ten piedad de mí), pero a través de todas ellas logra introducirse en un espacio de comunión superior en (con) Dios.

De ese modo, conforme a la visión de los antiguos padres hesicastas (Simeón el Nuevo, Nicéforo de Atos, Gregorio Pálamas), la vida o «energía» divina penetra en el orante, conduciéndole al espacio de la misma vida intradivina. En un nivel externo, los labios continúan diciendo la oración, mientras inspiran-expiran, al ritmo de la respiración, en sintonía con el mundo entero, que es una especie de respiración de Dios. Pero en lo profundo, el corazón ha superado el nivel de las palabras materiales, las ideas y problemas del mundo exterior, evocando un misterio superior de vida en el Dios de Jesucristo. En esa línea, orar implica aprender a trascender; lograr que las palabras propias, vinculadas al ritmo de la respiración, vengan a mostrarse como hogar de la Palabra originaria, de manera que Dios mismo se desvele en medio de ellas como fundamento superior de la existencia.[199]

Para que esta oración resulte positiva ha de cumplir una serie de condiciones que han sido exploradas y fijadas por la tradición patrística, que en este campo sigue siendo perfectamente actual, de manera que los padres hesicastas se vuelven contemporáneos nuestros, como si los siglos no hubieran pasado, como si sus caminos y problemas fueran los nuestros. Esta es la enseñanza general que ellos repiten:

- *Ha de empezarse por la concentración.* La palabra o frase repetida con la inspiración y expiración del aliento es un medio para llegar al nivel fundacional de la existencia, es decir, para que emerja aquello que los hombres somos, antes del desarrollo de nuestra racionalidad instrumental. Por eso, nos valemos de ayudas muy normales para concentrarnos: cuerpo relajado, respiración rítmica... Ciertamente, puede haber orantes que se quedan en los medios y no atienden ni siquiera a la palabra que repiten mientras buscan su equilibrio interno. Es evidente que ellos no han llegado al nivel cristiano en el que puede emerger la novedad contemplativa relacionada con Jesús.
- *La concentración se funda en Cristo (Dios).* Por eso es importante la palabra que utilizan para concentrarse: El nombre de Jesús o una frase central de su vida. En un primer momento, el orante se ha de centrar en esa palabra, reasumiendo lo que significa. Solo después, tras un tiempo de repetición, podrá dejarla al fondo, repetirla sin notarla, pues la tiene ya asumida y encarnada. Sin necesidad de una atención externa, el orante siente (sabe) que Dios mismo (Jesucristo) le sostiene y que respira (alienta) dentro de su vida. En esa línea la oración suscita (implica) un tipo superior de descentramiento. El orante descarga el peso o problema de su vida en Jesús y se siente de tal forma

199 Por un lado se expresa de esta forma el evangelio de Jesús que los orantes repiten y asumen como anuncio salvador de Dios en su vida. Por eso, orar supone vivir y revivir el evangelio, en actitud de gracia. Por otro lado se expresa, la propia pequeñez de lo orantes que buscan el apoyo y la presencia de Dios sobre una tierra iluminada por su presencia.

unido a él que sabe es el mismo Jesús quien existe en él, quien vive y se despliega en su persona, en su propio corazón, que es lugar de su presencia.

- *Esta oración implica entrega personal.* El orante ha de poner la propia vida en manos de la Vida del Dios de Jesús, todo lo que él es, lo que tiene, lo que siente. Por eso, es normal que en un momento dado él siga repitiendo la plegaria externa (Señor Jesús, ten piedad de mí), sin advertirlo ni saberlo externamente. Está en manos del amor-piedad de Cristo y vive en actitud de acción de gracias. Más allá de todas las razones y palabras del mundo en que sigue viviendo, su corazón queda lleno de Cristo, transformado por la vida de Dios que le recibe y le recrea en sus entrañas, como Pablo cuando decía: "No soy yo quien vive, es Cristo el que vive en mí" (Gá 2:20).
- *Esta es una oración de evangelio.* No basta con decir: «Jesús-Jesús», como él mismo decía en su sermón de la montaña, sino que deben cumplirse sus palabras, viviendo así en él y como él (cf. Mt 7:21-23). Por eso, esta oración vocal contemplativa ha de entenderse como un elemento en el conjunto más amplio de la liturgia de la Iglesia y del compromiso de evangelio de los fieles. Solo puede invocar a Jesús de verdad quien le conoce, quien asume su evangelio y cumple en su vida su palabra, en ejercicio de concentración abierta a la totalidad de la vida evangélica.
- *Esta oración es, en fin, un ejercicio de pacificación y vinculación interior,* de forma que las ideas, los deseos de los orantes no se pierdan (no les pierdan), llevándoles por vías que no lograr expresar, ni traducir de un modo personal en su propio camino. Situado en oración, el orante descubre que la paz interna de la mente y los deseos es un don que le viene dado. No es él quien logra vivir integrado en el misterio de Cristo por su esfuerzo, sino que es Dios (Cristo) quien habita en su respiración y en toda su vida. El orante queda así en manos de Dios, de manera que Dios ame en su propio corazón y le transforme. Solo de esa forma puede concentrarse, superando el nivel de su pensamiento, de forma que Dios mismo sea quien le piense.

Y con esto puede terminar este curso de teología patrística. De una forma natural, sin forzar en modo alguno el desarrollo de los temas, este curso puede terminar poniendo de relieve los temas principales de la tradición bizantina y quizá de toda la patrística:

La patrística ortodoxa nos sitúa ante el tema de la veneración de los iconos, como signo y presencia del misterio de Dios, entendido como presencia sagrada en la tierra. Queda así pendiente el modo de actualizar los iconos de Dios de Cristo en pleno siglo XXI.

(1) Un tipo de *devoción mariana,* entendida en forma pneumatológica, como elemento integrante de la Sabiduría divina. El axioma "solus Christus" (solo Cristo) de la tradición protestante ha de integrarse en una visión más amplia del "Cristo total" (Christus totus) en el que se incluya el camino histórico de Israel y la comunidad de los seguidores de Jesús, entre los que puede contarse de un modo especial a su madre.
(2) La *experiencia completa de Dios como Trinidad, esto es, como encuentro y comunión de personas,* tal como lo ha puesto de relieve la teología y experiencia de la iglesia ortodoxa, muy centrada en el icono de los tres ángeles dialogantes, tomados de Gn 18 (relato de Abraham), que han de interpretarse desde la vida y obra de Cristo en una línea de *perijóresis* orante y eucarística.
(3) *La oración hesicasta* de tranquilización y unión con lo divino. Queda sí pendiente la experiencia radical de la oración, como ejercicio de transformación personal. Lo que ha venido después (en la tradición latina del siglo XIII) no es patrística; ni en la tradición bizantina han existido temas superiores a estos. Conforme a la visión de la teología ortodoxa seguimos estando en la patrística.

Evaluación y actualización

1. Conocer

- La gran tradición y teología patrística de la iglesia ortodoxa de oriente (tal como culmina en los siglos VII-XIII) constituye una de las etapas más significativas de la vida de la iglesia. A diferencia de las comunidades cristianas de occidente donde irrumpió la gran novedad de la Escolástica del siglo XIII, con el surgimiento posterior de la reforma protestante y la contra-reforma católica, las iglesias de oriente permanecieron (y permanecen) casi sin cambios hasta el momento actual (siglo XXI).
- En ese sentido, los grandes teólogos ortodoxos del siglo XX (en especial los de la tradición rusa de principios del siglo XX) se han mantenido prácticamente dentro del contexto de problemas y propuestas del fin de la patrística bizantina, como si el tiempo se hubiera en parte detenido tanto en un plano litúrgico como organizativo y personal. Gran parte de la iglesia ortodoxa de la actualidad sigue anclada en los temas del neo-palamismo.

2. Juzgar

- Esa "continuidad" de la patrística oriental, que se ha mantenido viva hasta el día de hoy, tiene un gran valor: ofrece el testimonio de madurez de una iglesia que quiere seguir fiel a sí misma, con su gran experiencia litúrgica, expresada en forma contemplativa, en torno a una visión sacralizada de la eucaristía y del culto a los iconos.
- Pero, en otro sentido, esa continuidad (al menos "aparente") en la línea de la tradición tiene elementos negativos. La patrística ortodoxa ha corrido el riesgo de quedar cerrada en sí misma, sin entrar en la modernidad, sin suscitar los nuevos movimientos cristianos que se han producido en las iglesias protestantes y católicas de la modernidad, desde el siglo XVI. Quizá se ha centrado demasiado en sí misma, más que la experiencia bíblica, tal como sigue poniendo de relieve la tradición protestante.

3. Actuar

- Parece importante mantener la tradición. Pero, al mismo tiempo, resulta necesario recrear el cristianismo en una línea de fidelidad radical al principio bíblico de la revelación (cosa que la iglesia ortodoxa ha podido minusvalorar, optando por un tipo de tradición por encima de la fuente viva de la Escritura. Por otra parte, la tradición ortodoxa tiene quizá pendiente el gran tema de la inserción en el nuevo mundo de la política, economía y comunicación de la modernidad.

Preguntas para reflexionar

1. *Plano de estudio y conocimiento.* ¿Qué aporta el conocimiento de la patrística a la identidad y tareas de las iglesias actuales, en un plano de profundización y de actualización de la fe y del seguimiento de Jesús?
2. *Plano de comunicación concreta.* ¿Qué aporta el estudio de la patrística para la comunicación de los creyentes cristianos, es decir, para la unidad de las iglesias? ¿Podemos decir que la Iglesia (la comunión de las iglesias) es "una, santa, católica y apostólica"? ¿Cómo se entiende esa unidad? ¿Se podría decir que la iglesia es "una, santa, católica, evangélica, apostólica, patrística?
3. *¿Qué preguntas y temas podrían añadirse a los estudiados en este curso?*

Bibliografía

Siglas y colecciones de textos:

BAC	*Biblioteca de Autores Cristianos,* Madrid.
BBK	*Biographisch-Bibliographisches Kirchenlexikon,* T. Bautz Verlag, 2004.
BP	*Biblioteca de Patrística. Textos de padres de la Iglesia,* 110 vols., Ciudad Nueva, Madrid 1980-2018.
CChrL	*Corpus christianorum Series Latina,* Turnholt 1953 s.
CSCO	*Corpus Scriptorum Christianorum Orientalium* (Leuven).
CSEL	*Corpus Scriptorum Ecclesiasticorum Latinorum,* 68 vols, Salzburg 1894 ss.
Denz	Denzinger, E., *El Magisterio de la Iglesia,* Herder, Barcelona 1997.
Denz.H.	Denziner, E. y P. Hünermann (eds), *El magisterio de la Iglesia. Enchiridium Symbolorum, Definitionum et Declarationum de rebus fidei et morum,* Barcelona, Herder 1999.
DTC	*Dictionnaire de Théologie Catholique* I-XV, Letouzey et Ané. París 1930 ss.
DTDC	*Diccionario teológico. El Dios cristiano* (ed. X. Pikaza y N. Silanes, Sec. Trinitario, Salamanca 1991).
FP	*Fuentes patrísticas. Textos bilingües y comentarios,* 31 vols., Ciudad Nueva, Madrid 1980-2018.
NHL	M. Robinson (ed.), *The Nag Hammadi Library in English,* Brill, Leiden 1977
PG (=MG)	*Patrologiae cursus completus. Series graeca* (Ed. J. Migne) I-CLXI, París 1857-1868 (hasta el siglo XV).
PL (=ML)	*Patrologiae cursus completus. Series latina* (ed. J. Migne) I-CCXXI París, 1844-1864 (hasta el 1215).
PO	*Patrología orientalis* (colección de textos patrísticos en siríaco, árabe, copto etc., para complementa la PG y PL), editada por Brepols SJ, Bélgica.
SCh,	*Sources chrétiennes* (fuentes cristianas, colección de textos cristianos antiguos) Cerf, París (1943 en adelante).

Colecciones de textos

Biblia Comentada por los Padres de la Iglesia I–30. Obra dirigida por A. Merino, Ciudad Nueva, Madrid 2018.

Journel, A. D., *Enchiridion Patisticum,* Herder, Friburg im B. 1922.

Mansi, J. D. (ed.), *Sacrorum Conciliorum nova et amplissima collectio,* 53 vol, Venecia, 1962-1969,

Pikaza, X., *Enchiridion Trinitatis. Textos básicos sobre el Dios de los cristianos,* Sec. Trinitario, Salamanca 2005.

Ropero, A., *Grandes Autores de la fe,* colección escrita por A. Ropero, Clie, Viladecavalls, donde se incluyen obras como: *Lo mejor de los Padres Apostólicos;* Ireneo de Lyon; Juan Clímaco; Justino; Padres apostólicos... Y *Obras escogidas de Padres de la Iglesia*: Justino Mártir; Clemente de Alejandría; Tertuliano; Orígenes; Juan Crisóstomo; Agustín de Hipona I-III.

Ruiz Bueno, D., *Padres Apostólicos,* BAC, Madrid 2002; *Apologistas griegos* (s. II), BAC, Madrid 2002.

Torre, J. M. de la (ed), *Literatura cristiana antigua, entornos* y *contenidos. Antología de Textos*: Vol: 1 y 2: *Desde su origen a la formación de la gran iglesia.* Vol. 3 y 4*: Desde el constantinismo* a la *formación* de la *teología bizantina,* Monte Casino, Zamora 2002/2003.

Diccionarios

Berardino, A. di (ed.), *Diccionario Patrístico y de la antigüedad cristiana* I–II, Sígueme, Salamanca 1991/1992.

Dictionnaire de Théologie Catholique, Letouzey, Paris 1910-1972.

Dictionnaire d'Histoire et de Géographie ecclésiastiques, Letouzey, Paris 1912 ss.

Gran Enciclopedia Rialp, 24 vol., Editorial Rialp, Madrid. Actualizada desde 1989.

Lexikon für Theologie und Kirche, Verlag Herder GmbH, Freiburg – Basel – Wien 1993-2001 (en 10+1 volúmenes).

Middle Ages: A Concise Encyclopedia of the, ed. H. R. Loyn, Thames and H., London 1989.

New Catholic Encyclopedia, ed. W. McDonald 17 vols., RAC, New York 1907/1912.

Oxford Dictionary of Byzantium, ed. A. Kazhdan, Oxford UP 1991.

Oxford Dictionary of Saints, ed. D. Farmer, Oxford UP 1992.

Oxford Dictionary of the Christian Church, ed. F. Cross, Oxford UP 1974.

Pikaza, X. y N. Silanes (eds.), *Diccionario Teológico. El Dios Cristiano,* Sec. Trinitario, Salamanca 1992.

Pikaza, X., *Diccionario de Pensadores cristianos,* Verbo Divino, Estella 2010.

Reallexikon für *Antike und Christentum,* ed. H. Klauser-E. Dassmann 14 vols., Dölger Ins., Stuttgart 1950 ss.

Religion in Geschichte und Gegenwart. Handbuch für Theologie und Religionswissenschaft, ed. F. M. Schiele 6 vols., Mohr, Tübingen 1956-1962.)

Reynal, G., *Dictionnaire des Théologiens et de la Théologie Chrétienne,* Centurion, Paris 1998.

Ropero, A. (ed.), *Gran Diccionario enciclopédico de la Biblia,* Clie, Viladecavalls 2013.

Vinzent, M. y U. Volp (eds.), *Lexikon christlicher Denker,* Metzler V. Stuttgart 2000.

Wace, H. y W. C. Piercy, *Dictionary of Early Christian Biography and Literature to the End of the Sixth Century A. D,* Hendrickson, Peabody Ma 1999.

Walsh, M. (ed.), *Dictionary of Christian Biography,* Oxford UP 2005.

Patrologías

Altaner, B., *Patrología,* Espasa–Calpe, Madrid, 1956.

Berardino, *A.* (=continuación de la obra de Quasten). *Patrología III: Edad de oro literatura patrística latina,* BAC, Madrid 2007. *Patrología IV. Del concilio de Calcedonia (451) a Beda. Los Padres latinos,* BAC, Madrid 2011.

Campenhausen, H. von., *Los Padres de la Iglesia I. Los Padres griegos,* Cristiandad, Madrid 1974; *Los Padres de la Iglesia II. Los Padres Latinos,* Cristiandad, Madrid 2001; *Kirchliches Amt und geistliche Vollmacht in den ersten drei Jahrhunderten.* Mohr, Tübingen 1953; *Aus der Frühzeit des Christentums. Studien zur Kirchengeschichte des 1. und 2. Jahrhunderts.* Mohr, Tübingen 1963.

Domínguez del Val, U., *Historia de la Antigua Literatura Latina Hispanocristiana,* I–V, FUE, Madrid 1998-2003.

Drobner, H.R., *Manual de Patrología,* Herder, Barcelona 1999.

Figueredo, F., *Introducción a la patrología* I–III, Lumen, Buenos Aires 1995.

Gil Tamayo, J. A. y J. M. Fidalgo, *Patrología,* ESCR, Eunsa, Pamplona 2019.

Hamman, A., *Guía práctica de los Padres de la Iglesia,* Desclée, Bilbao 1969.

Laporte. J., *Los Padres de la Iglesia,* San Pablo, Madrid 2004.

Loarte, J.A., *El tesoro de los padres,* Rialp, Madrid 1998.

Moreschini, C. y E. Norelli, *Historia de la literatura cristiana antigua griega y latina. I Desde Pablo hasta la edad constantiniana. II: Desde el concilio de Nicea hasta los comienzos de la Edad Media,* BAC, Madrid 2007; *Patrología. Manual de literatura cristiana antigua griega y latina,* Sígueme, Salamanca 2009.

Padovese, L., *Introducción a la teología patrística,* Verbo Divino, Estella 2000.

Quasten, J., *Patrología* I–II, BAC, Madrid 1977–1981.

Ramos–Lisson, D., *Patrología,* Eunsa, Pamplona 2009.

Ratzinger, J., *Los Padres de la Iglesia* I–II, Ciudad Nueva, Madrid 2011–2012.

Trevijano, R., *Patrología,* BAC, Madrid 2005.

Uriel, J., *Los Padres de la Iglesia, Una tradición como búsqueda teológica, Apuntes de Patrología,* San Pablo, Bogotá 2005.

Viciano, A., *Patrología,* Edicep, Valencia 2001.

Historias de la iglesia antigua (de la teología, de los concilios...)

Alberigo, G. *Historia de los concilios ecuménicos,* Sígueme, Salamanca 1993.

Amor Ruibal, A., *Problemas fundamentales de la filosofía y el dogma* I–X, Seminario, Santiago de Compostela, 1914–1936 (Edición Crítica I–II, CSIC, Madrid 1972–1974).

Backhouse, E., *Historia de la Iglesia Primitiva,* Clie, Viladecavalls 2004.

Bousset, W., *Kyrios Christos. Geschichte des Christusglaubens von den Anfängen des Christentums bis Ireneus,* Vandenhoeck, Göttingen 1913.

Dumeige G. (ed.), *Storia dei concili ecumenici* I–VIII, Città del Vaticano 1994 ss.

Dvornik, F., *Bizance et la primautè romaine,* Cerf, Paris 1966; *The Making of Central Eastern Europa,* Polish Center, London 1949.

Eusebio de Cesarea, *Historia eclesiástica,* I-II, BAC Madrid 1973.

Fliche, A. y V. Martin (ed.), *Historia de la iglesia,* Edicep, Valencia 1974-1980 (30 volúmenes).

García Villoslada, R., *Historia de la Iglesia católica* I-III, Madrid, BAC, 1987-91.

Gaudemet, J., L'Église *dans l'Empire Romain (IVe.-Ve siècles). Histoire du droit et des instituciones de l'Eglise en Occident* 8, Sirey, *Paris* 1989.

Hefele, K. J. - C. Leclercq (eds.), *Histoire des conciles d'après les documents originaux* I–XI, Letouzey, Paris 1907-1952.

Jedin, H., (ed.), *Manual de historia de la iglesia* I-VIII, Herder, Barcelona 1966 ss.

Kasper, W. (ed.), *Diccionario enciclopédico de los papas y del papado,* Herder, Barcelona 2003.

Kelly, J. N. D., *Primitivos credos cristianos*, SecretariadoTrinitario, Salamanca 1972; *Early Christian Doctrines*, Black, London 1968; *Oxford Dictionary of Popes,* Oxford UP 1989.

Kottje R. y B. Moeller (eds.), *Storia ecumenica della Chiesa* I–III, Queriniana, Brescia 1981/1973.

Le Bras, G. (ed.), *Histoire du droit et des institutions de l'Église en Occidente* I–XI, Cujas, Paris 1955-1990.

Mayeur, J. M. (éd.), Histoire du christianisme des origines à nos jours I–XI, Desclée, Paris 1914–1958.

Ogier, J., A. Aubert, M. D. Knowles (eds.), *Nueva historia de la iglesia,* Cristiandad, Madrid 1984 (5 volúmenes).

Orbe, A., *Introducción a la teología de los siglos II y III, I-II,* Roma 1987, Sígueme, Salamanca 1988; *Cristología gnóstica. Introducción a la soteriología de los siglos II-III,* BAC, Madrid 1976.

Pelikan, J., *The Christian Tradition: A History of the Development of Doctrine,* Chicago UP: 1. *The Emergence of the Catholic Tradition 100–600* (1973). 2. *The Spirit of Eastern Christendom 600–1700* (1974). 3. *The Growth of Medieval Theology 600–1300* (1978); *Christianity and Classical Culture: The Metamorphosis of Natural Theology in the Christian Encounter with Hellenism,* Yale U. Press 1993; *Credo: Historical and Theological Guide to Creeds and Confessions of Faith in the Christian Tradition,* Yale U. Press 2003.

Schatz, K., *Los concilios ecuménicos,* Trotta, Madrid 1998.

Tanner, N. P., *Los Concilios de la Iglesia,* BAC, Madrid 2004.

Vilanova, E., *Historia de la teología cristiana, I. De los orígenes al siglo X,* Herder, Barcelona 1989.

Temas particulares: Ministerios, Trinidad

Arnau, R., *Orden y ministerios,* BAC, Madrid 1995.

Brotóns Tena, E. J., *Felicidad y Trinidad. A la luz del De Trinitate de San Agustín,* Secretariado Trinitario, Salamanca 2004.

Buckley, J. J. y Yeago, D. S. (eds.), *Knowing the Triune God. The Work of the Spirit in the Practices of the Church,* Eerdmans, Cambridge 2001.

Colson, J., *Ministre de Jésus-Christ ou le sacerdoce de l'Évangile. Tradition paulinienne et tradition Johannique de l'épiscopat, des origines à Saint Irénée,* Paris 1951.

Congar, Y. M., *Santa Iglesia,* Estela, Barcelona 1965.

De Régnon, Th., *Études de théologie positive sur le dogme de la Sainte Trinité.* I. *Exposé du dogme* (1892). 2: *Trinité, Théories scolastiques* (1892). 3: *Trinité, Théories grecques des processions divines* (2 vol. 1898), Retaux, Paris.

Estrada, J. A., *Como surgió la Iglesia,* Verbo Divino, Estella 1999.

Faivre, A., *Ordonner la Fraternité. Pouvoir d'innover et Retour à l'ordre dans l'Église ancienne,* Cerf, Paris 1992; *Naissance d'une hiérarchie,* Beauchesne, Paris 1977.

Figueras, P., *Introducción al cristianismo primitivo. Los primeros siglos del cristianismo,* Clie, Viladecavalls, 2016.

Granado, C., *El Espíritu Santo en la teología patrística,* Salamanca, Sígueme 1987.

Greshake, G., *El Dios Uno y Trino. Una teología de la Trinidad,* Herder, Barcelona 2001; *Creer en el Dios uno y trino. Una clave para entenderlo,* Sal Terrae, Santander 2002.

Grillmeier, A., *Jesucristo en la fe de la iglesia, desde el tiempo apostólico hasta el concilio de Calcedonia (451),* Sígueme, Salamanca 1997.

Hill, J., *The Three-Personed God: The Trinity as a Mystery of Salvation* Catholic University Press, Washington DC 1982.

Küng, H., *La Iglesia,* Herder, Barcelona 1984.

Labbé, Y., *Essai sur le monothéisme trinitaire,* Cerf, Paris 1987.

Ladaria, L., *El Espíritu en Clemente Alejandrino,* Comillas, Madrid 1980; *El Espíritu Santo en San Hilario de Poitiers,* Comillas, Madrid 1977.

Lafont, G., *Histoire théologique de l'`Eglise catholique,* Cerf, Paris 1994; *Imaginer l´´Eglise catholique,* Cerf, Paris 1995.

Sánchez, E., Polémica *entre cristianos y paganos. Problemas existenciales y problemas vivenciales,* Akal Clásica, Madrid 1986.

Wagner, W. H., *After the Apostles. Christianity in the Second Century,* Fortress, Minneapolis 1994.

Lebreton, J., *Les origines du Dogme de la Trinité des origines a Saint Augustin,* I-II, Beauchesne, Paris 1910.

Moingt, J., *La Théologie Trinitaire de Tertullien,* I-IV Aubier, Paris 1966-1969.

Prestige, J. L., *Dios en el pensamiento de los Padres,* Sec. Trin., Salamanca 1975.

Rusch, W. G. (ed.), *The Trinitarian Controversy,* Fortress, Philadelphia 1980.

Schatz, K. *Los concilios ecuménicos,* Trotta, Madrid 1983.

Schillebeeckx, E., *El ministerio eclesial. Responsables en la comunidad cristiana,* Cristiandad, Madrid 1983.

Studer, B., *Dios Salvador en los Padres de la Iglesia,* Secretariado Trinitario, Salamanca 1993.

Sullivan, F. A., *From Apostles to Bishops: The Development of the Episcopacy in the Early Church,* Newman Press Westminster, Maryland 2001.

Tillard, J.-M. R., *Iglesia de iglesias,* Sígueme, Salamanca 1991.

Torrance, T. F., *The Trinitarian Faith,* T, & T. Clark, Edinburgh 1988.

Wolfson, H. A., *La filosofia dei Padri della Chiesa I: Spirito, Trinitá, Incarnazione,* Paideia, Brescia 1978.